社会正义认知基础与现状研究

Research on the Theory and Situation of Social Justice Cognition in China

麻宝斌 杜平 ◎ 著

东北财经大学出版社 大连

Dongbei University of Finance & Economics Press

图书在版编目（CIP）数据

社会正义认知基础与现状研究 / 麻宝斌，杜平著. —大连：东北财经大学出版社，2020.10

ISBN 978-7-5654-3898-1

Ⅰ．社… Ⅱ．①麻… ②杜… Ⅲ．中国特色社会主义-正义-研究 Ⅳ．D610

中国版本图书馆CIP数据核字（2020）第121293号

东北财经大学出版社出版

（大连市黑石礁尖山街217号　邮政编码　116025）

网　　址：http://www.dufep.cn

读者信箱：dufep@dufe.edu.cn

大连图腾彩色印刷有限公司印刷　　东北财经大学出版社发行

幅面尺寸：185mm×260mm　字数：380千字　印张：17.25　插页：1

2020年10月第1版　　　　　　　2020年10月第1次印刷

责任编辑：田玉海　郭海雷　　　责任校对：孟　鑫　珉　琪

　　　　　王芃南　　　　　　　　　　　　吴　奂

封面设计：冀贵收　　　　　　　版式设计：钟福建

定价：56.00元

"中国特色社会主义进入新时代，我国社会主要矛盾已经转化为人民日益增长的美好生活需要和不平衡不充分的发展之间的矛盾。我国稳定解决了十几亿人的温饱问题，总体上实现小康，不久将全面建成小康社会，人民美好生活需要日益广泛，不仅对物质文化生活提出了更高要求，而且在民主、法治、公平、正义、安全、环境等方面的要求日益增长。同时，我国社会生产力水平总体上显著提高，社会生产能力在很多方面进入世界前列，更加突出的问题是发展不平衡不充分，这已经成为满足人民日益增长的美好生活需要的主要制约因素。"

——《中国共产党第十九次全国代表大会会议报告》

本书为

国家社会科学基金重大项目"我国社会公平正义现状测评与改善对策研究"（12&ZD060）研究成果

前 言

党的十九大报告指出："中国特色社会主义进入新时代，我国社会主要矛盾已经转化为人民日益增长的美好生活需要和不平衡不充分的发展之间的矛盾。我国稳定解决了十几亿人的温饱问题，总体上实现小康，不久将全面建成小康社会，人民美好生活需要日益广泛，不仅对物质文化生活提出了更高要求，而且在民主、法治、公平、正义、安全、环境等方面的要求日益增长。"深入了解日益增长的社会需要，对于深入贯彻以人民为中心思想、推进国家治理体系和治理能力现代化具有重要意义。社会公平正义要求是美好生活需要的重要组成部分，具有发展变化的特征，并且这种变化又会不断对相关政策提出新的要求，因此，需要深入了解民众的社会公平正义要求现状。本书是首都经济贸易大学麻宝斌教授主持的国家社科基金重大项目"我国社会公平正义现状测评与改善对策研究"（项目批准号为12&ZD060）的研究成果，旨在立足国家治理现代化的背景，以社会正义认知为切入点，系统分析目前的社会需要状况，并且基于相关研究发现提出进一步促进国家治理现代化的政策建议。

社会公平正义认知是人们对于社会公平正义状况的主观感受和评价标准，在实质上反映的是社会公平正义要求状况。在系统梳理社会正义理论的基础上，课题组基于2014年开展的问卷调查数据，从正义观念和公平感受等多个方面系统阐释了当前社会公平正义要求的主要特征和影响因素等问题。相关研究结果表明，从总体上看，人们普遍认为公平正义是一项重要的社会价值，而且更为看重分配结果的合理性。得益于国家政策的不断完善，无论是当前的社会公平感受，还是义务教育、公共医疗等具体政策的公平感受均呈现出不断提高的趋势，这充分说明人们能够切实感受到相关政策的持续完善所带来的好处。与此同时，受教育程度等因素都能对社会公平正义要求产生显著的影响。站在新时代的历史方位，面对日益增长的美好生活需要，只有不断提高社会总体的收入水平、完善收入分配制度、提升整体的教育水平、健全公共政策体系，才能切实贯彻落实以人民为中心思想、推进国家治理体系和治理能力的现代化，把我国的制度优势转化为国家治理效能。

在项目研究以及本书的撰写过程中，得到了众多专家学者的指导和帮助，在此表示衷心的感谢！

限于能力及时间，书中可能存在不足与疏漏之处，敬请广大读者提出宝贵意见，在此一并表示感谢！

麻宝斌

2020年秋

目　录

第一章

导　论

第一节　研究的背景

人类是以群体的形式生存和发展的。任何社会群体都难免有利益差别和利益冲突，这必然带来人类的紧张、焦虑与思考。这样就形成了不同层次的人类社会理想。较高层次的社会理想是，人与人之间的利益矛盾和冲突能得以调解，人们不至于陷入无休止的冲突甚至崩溃。从更高层次的要求来看，人们则希望构建一个人与人能够和平共处，能营造出良好生活的社会。从历史上看，几乎所有社会都是消极的社会，也就是用公平正义来防止倾轧而不是用爱带来和谐。这意味着，社会是建立在法律和公平正义的基础之上的，而不是建立在爱与友谊的基础上。公平正义能清除和平的障碍，所以其间接功效是和平。但爱的直接功效就是和平，因为爱是一种团结的力量，其本质是产生和平。这意味着，如果存在着公正的政府，同时公正地实施了法律，就可以防止人们的相互伤害、相互争斗，实现人与人之间的和平共处。如果没有公平和正义，人类社会可能无法长期存在。因此我们说，公平正义是人与国家之间的纽带。但继续追问下去，公平正义就足以让社会成为良好社会吗？公平正义就足以使社会为人类的目的服务吗？在一个社会中，公平正义的普及能有益于人类的利益和目标吗？如果我们只是希望有一个防止人们彼此伤害的社会，那么我们应该会满足于一个建立在公平正义之上的社会。但如果你认为，人们联合起来是为了完善自己，为了让他们每个人都可能拥有的完美人生，那么，仅有正义还不能尽如人意。人们还希望得到爱与友谊。当然，只有天使生活的地方才仅仅依赖爱和友谊而存在，人类社会还需要两大原则，既需要爱，也需要公平正义。

"国不以利为利，以义为利也。"维护与促进公平正义是社会稳定的必要条件，是政府不容推卸的责任，是不同国家在各自治理进程中所面临的共同挑战。就中国而言，以经济改革为先导的改革开放，使中国的经济社会领域发生了巨大变化。改革开放40年来，中国的经济发展取得了举世瞩目的成就。从内容上来看，中国的现代化是一项系统工程，不仅仅指经济发展，还包括社会发展等内容。公平正义是社会主义的本质要求，是社会主义和谐社会的重要特征。但是，中国现代化过程中存在的一个不争事实就是，社会建设的步伐明显滞后于经济的高速发展。这种不协调导致了一些比较突出的社会问题：社会结构分化加快，社会分层现象日益明显；收入分配不公问题比较明显，地区差距、城乡差距、行业差距不断拉大；基本公共服务均等化程度不高；司法不公现象时有发生；部分公共职位招录过程公开程度不足等。这些社会不公问题成为影响社会稳定和谐、人心向背乃至执政兴衰成败的重要因素。近年来，随着党和政府对社会公平正义认识的不断深化，社会公平正义被提高到一个前所未有的高度来看待，促进社会公平正义成为党执政兴国的重要任务。在此背景下，以人为本、公平正义、共享改革发展成果已经成为中国社会主义现代化建设新阶段的最显著特征和最鲜明旗帜。党的十九大报告指出："中国特色社会主义进入新时代，我国社会主要矛盾已经转化为人民日益增长的美好生活需要和不平衡不充分的发展之间的矛盾。我国稳定解决了十几亿人的温饱问题，总体上实现小康，不久将全面建成小康社会，人民美好生活需要日益广泛，不仅对物质文化生活提出了更高要求，而且在民主、法治、公平、正义、安全、环境等方面的要求日益增长。同时，我国社会生产力水平总体上显著提高，社会生产能力在很多方面进入世界前列，更加突出的问题是发展不平衡不充分，这已经成为满足人民日益增长的美好生活需要的主要制约因素。"

实现社会公平正义是政府的重要责任，而公共政策则是政府实现社会公平正义的重要途径。因此，社会公平正义的实现程度与公共政策的有效性是息息相关的。通过公共政策来促进社会公平正义离不开对于社会正义现状的准确把握。"推进国家治理体系和治理能力现代化"是中国全面深化改革的总目标，从内容上来看，政府促进社会公平正义的能力是国家治理能力的重要组成部分。因此，有效提升政府促进社会公平正义的能力、改善社会公平正义状况，实现国家治理能力的现代化，必须在深入了解社会公平正义现状的基础上不断优化公共政策体系。然而，国内外政策实践与学术研究成果表明：（1）在类似中国这样的发展中国家里，政府常常要在一定的 GDP、财政收入和就业增速约束下去履行其包括维护社会公平正义在内的多维治理责任，"增长"和"就业"往往在施政官员的政策考量中居于优先地位。所以，如果不能提供有力的事实依据让决策者充分认识到实现社会公平正义的重要价值，让他们切实理解平衡社会公平正义与其传统施政目标间关系的必要性，那么中央政府的统一部署就难以得到切实地响应和贯彻。（2）由于"社会公平正义"这个概念自身所包含的"主体"（哪些社会成员或群体间的公平正义）、"客体"（分配或实行哪些价值的公平正义）以及"原则"（以哪些标准来判断是否公平正义）具有相当的异质性、抽象性、动态性和系统性①，决策者往往难于全面、深入、准确地对其予以把握，这在很大程度上妨碍了他们在实践中对具体地区内不断变化的社会公平正义状况形成科学的判断。（3）概念的复杂性使得对不同地区、不同领域在不同时期内社会公平正义状况影响因素的梳理也变得比较困难，但决策者们为了改善社会公平正义状况，通常急须了解这些因素间的相互关系和相对重要程度，甚至

---

① 王绍光. 安邦之道：国家转型的目标与途径 [M]. 上海：上海三联书店，2007：198-246.

还要基于这些影响因素展开与相邻或情况相近地区的比较，才能有针对性地推动政策调整和创新，促进社会公平正义的实现。（4）要保证旨在促进社会公平正义的政策措施的有效性、不断完善它们的制定、执行、监督和问责，就必须持续开展对相关政策实施效果的评价，并为政府和决策者提供科学、直观、便于操作的评价工具。

相比之下，中国现有的社会公平正义研究，尽管已经可以为政府在相关领域的战略决策提供理论支持，但在帮助各级政府和决策者解决上述问题、应对现实挑战的能力上明显不足，亟待提高。因此，本书着力于从主观认知方面对当前社会公平正义状况加以测评，进而根据测评结果提出政策建议，以期推进政府治理能力现代化的进程。具体来看，本书力图通过问卷调查方法了解当前民众对社会公平正义的主观认知现状。为了更清晰地揭示出人们头脑中对社会公平正义的主观认知状况，我们区分了正义感和正义观两个范畴。其中，前者主要是针对公民对教育、医疗、就业等不同领域不平等状况的主观感受，通过纵向和横向的比较来了解公民公平感的变化状况；后者则指向人们作出某种判断的潜在依据和价值前提，核心是公民在不同情景下具体行为所遵循的正义原则。具体来说，本研究是根据课题组确定的社会公平正义现状测评分析框架，围绕着公平正义是否重要、公平正义认知的总体特征、公平感受状况及其影响因素、正义观念状况及其影响因素等问题加以系统分析。本书的主要研究内容包括五个方面：（1）对公平正义在我国公民价值观体系中重要性问题的研究，努力揭示出民众对公平正义、经济发展、社会安全、政治稳定、民族团结、环境优美等诸多社会价值的排序。（2）从历时态角度来看，社会正义表现为从传统的社群正义向现代社会正义的演进，其核心特征是民众的社会公平正义认知重心会逐渐从公平向公正转变。我国正处在社会转型时期，受社会转型和生活经历变化的影响，民众的社会公平正义认知也会相应地发生变化。为此，有必要了解当前民众对社会公平正义认知的总体特征。（3）依据问卷调查数据分析当前民众的总体社会公平感受及其影响因素，进而从户籍、医疗卫生、教育、就业和政治参与等几个特定领域，对民众具体的社会公平感受及其影响因素问题进行分析。（4）从分配主体、分配客体、分配原则和比较对象等维度分析当前民众正义观念的总体特征，进而分析影响民众正义观念转型的主要因素。（5）基于社会公平正义状况测评分析框架，以社会总体公平感受和城镇居民住房政策偏好为例，对我国社会公平正义认知状况进行了整合性分析。就前者而言，着重考察社会结构、公平观念和生活经历等因素对总体公平感的影响；就后者而言，主要从社会经济地位、实际住房状况、房价接受能力、住房满意度、房价上涨归因等方面分析城镇居民住房政策偏好的影响因素。

第二节　研究的意义

一、研究的理论价值

第一，在社会公平正义问题研究上引入实证研究，通过规范研究与实证研究的互动，实现社会公平正义理论的创新。社会公平正义是人类社会面临的永恒主题。因此，无论是在中国还是在西方国家，社会正义都是政治学、公共管理学和社会学等学科关注的核心问题。社会公平正义既是人类的普遍追求，也是具体的、历史的社会现象。换言之，西方的公平正义理论不能为中国的实践提供足够的指导，只有中国的实践才是中国社会公平正义理论旺盛生命力的源头活水。近年来，中国的社会公平正义研究取得了长足进展，这些成果主要集中在采用规范研究方法对正义原则等内容进行探讨。作为社会科学的研究领域，社会公平正义问题的研究需要规范研究与实证研究的共同支撑，两者缺一不可。相比规范研究，中国社会公平正义问题的实证研究比较欠缺，导致学术界对于如何衡量社会公平正义状况，不同社会群体对于社会公平正义的现实体验和主观感受有何差异，通过何种方式了解社会公众的正义观念，影响社会公平正义最突出的问题有哪些，都还处于较宏观而模糊的状态，没有源于科学评估指标体系的实证资料和调查数据的客观分析，这使得相关规范研究的结论得不到有效验证、缺乏足够的解释力。

鉴于社会公平正义问题的理论研究需要实现规范研究与实证研究的有机统一，促进两者的有机结合。一方面，课题组在梳理、吸收国内外理论资源的基础上，形成初步的理论预设，立足中国实际，采取实证研究的方法，通过全面的指标体系对于社会正义状况进行测量与评价，并充分利用实证研究的结论，反思社会公平正义理论，弥补社会公平正义规范研究中的不足。另一方面，课题组运用问卷调查的方法，从宏观和微观的不同层面揭示当前民众公平感受和正义观念的基本状况，进而分析其背后的影响因素。从这个角度来看，本书的理论意义主要体现为，通过对以公正和公平为核心的社会正义客观、主观内容的实证研究，实现规范研究与实证研究的双向互动，推动社会公平正义理论的进一步发展，从而为中国社会公平正义理论建构作出一种新的尝试和贡献。

第二，以社会公平正义问题为载体，通过跨学科研究，推动哲学社会科学的学科综合。科学研究对象的复杂化，使得单一学科不能给出有说服力的解释，科学研究的跨学科趋势因此越来越明显。基于这种考虑，20世纪末期以来，西方学术界开始对已有的学术生产体制进行反思，在此过程中，作为反思的结果，跨学科研究得到了充分的重视。就中国来看，跨学科研究也成为科学研究的最新发展趋势，这种趋势在哲学社会研究领域也具有明显的体现。社会公平正义问题非常复杂，涉及分配领域、教育领域、代际公平、公民权益保障、族群之间和性别之间的公正问题、文化差异与承认正义等诸多方面。如此多领域、多层面的重大问题，已经不仅局限在伦理学或政治学范畴，同时也是法学、社会学、经济学、心理学等学科共同关注的问题。社会公平正义问题的复杂性，使得其学术研究几乎涉及整个哲学社会科学领域。尽管中国的社会公平正义问题研究取得了很大的成绩，但是这些研究仍然停留在单一学科的视角，如经济学对收入分配的研究、宪法学对基本权利的研究、政治学对政府责任的研究、公共管理学对基本公共服务均等化的研究、行政学对政府公共服务职能的研究、社会学对社会分层的研究、社会心理学对相对剥夺感的研究、法社会学对国家法与民间习俗之间关系的研究。不同学科在社会公平正义问题研究上"各自为战"，虽然凸显出专业研究的优势，却难以实现不同学科研究成果之间的整合。本书试图以社会公平正义问题研究为载体，借鉴单一学科研究成果，打通不同学科之间的界限，通过跨学科综合研究，为实现哲学社会科学之间的渗透融合、相互借鉴作出具有创新性的探索。

二、研究的现实意义

公共政策是政府对社会价值进行的权威性分配,在弥补市场失灵、协调社会不同群体之间的利益关系、促进社会公平正义的过程中发挥着重要作用。因此,公共政策质量的高低与社会公平正义的实现程度密切相关。本书的实践意义就在于回应经济社会发展新阶段的要求,通过实证研究的结论为公共政策的制定与完善提供系统的信息支撑和理论指导,推动公共政策价值取向的清晰化、公共政策体系设计的系统化以及公共政策制定过程的优化,实现政府治理能力的现代化,促进社会的公平正义,维护社会的和谐与稳定。

第一,本研究将为公共政策价值取向的清晰化奠定理论基础。中国40多年改革开放取得重大成就的同时,社会利益结构的分化与重组明显加快,在此过程中出现的弱势群体权利保障不足、贫富悬殊、城乡和地区差距扩大等问题不断影响着社会稳定与可持续发展。社会公平正义已经成为国家急须解决的重大实践问题。可以说,在改革开放和发展社会主义市场经济的条件下,公平正义已经成为推动科学发展、构建和谐社会的基本准则,成为重新凝聚改革共识的价值基础。政府一般借助相应的公共政策,通过对公共资源的再分配来平衡社会各阶层的利益关系。在这种意义上,公共政策直接关系公平正义目标的实现,而公共政策的关键又在于客观、准确的信息反馈。只有掌握了准确的信息,政府才能实现公共政策价值取向的更新,作出符合实际的政策选择。由于中国社会公平正义方面的实证研究相对不足,规范研究产生的理论由于缺乏科学的验证可能会存在一些与实际不符的问题。这些问题会影响到公共政策价值取向的选择,从而使得公共政策的设计可能无法与社会实践吻合。

本研究试图探寻一种客观的衡量标准和尺度,全面了解社会公平正义现状和社会公众的正义观念,以此度量和评估公共资源的配置和相应公共政策的实施在多大程度上促进了社会公平正义的实现,并且通过对社会公平正义状况的动态跟踪为政府评估和调整公共政策提供客观、准确的信息反馈。社会公平正义状况测评研究的实践意义在于,借助科学客观的分析手段,在各种相互纠缠的利益冲突中,确定哪类不公正现象是政府应该首要关注和重点解决的,并且以此为基础,明确公共政策的价值取向和问题取向,为公共政策制定者提供更为合理的路径选择。显然,这是社会公平正义的规范研究难以解决的工具选择问题。

第二,本研究能够推进社会公平正义政策体系的整体优化。实现公平正义是政府的重要责任,公共政策是政府实现责任的重要途径。近年来,面对经济社会领域存在的较为突出的问题,政府陆续出台了一些旨在更好推动社会公平正义的公共政策。从实施效果来看,这些公共政策均不同程度地促进了社会的公平正义与和谐稳定。但是,已有的公共政策还存在着以下不足:政策的碎片化,现有政策主要分散在具体领域,不同领域政策之间缺乏一致性,整个政策体系不完整,缺乏系统的顶层设计;政策供给不足,覆盖率不是很高,存在一些空白领域;制度化程度较低,政策的实施有时更多地取决于领导者的个人因素，一些政策经常因为领导人的变动而发生变化、缺乏可持续性，不能为社会公众提供稳定的预期，也不能建立起应对社会不公问题的长效机制。社会不公状况以及公众不公平感的产生，在很大程度上源于现有政策有效供给的不足，缺乏完整统一并具有稳定约束力的政策体系。因此，相关政策的制定既要注重顶层制度设计以及政策体系的完善，又要注重具体制度规则的设置以及政策领域的覆盖。

本书尝试在已有社会公平正义政策研究的基础之上，针对其存在的不足，从以下几个方面推动社会公平正义政策体系的完善：通过各领域公共政策的整合，加强政策体系的顶层设计；健全能够覆盖社会公平正义全部领域且层次多元的政策体系；建立政策实施的长效机制，确保政策的可持续性。应该说，推进政策体系的顶层设计不仅仅是本书区别于以往研究的一个重要标志，也是本书实践意义的又一个极为重要的体现。

第三，本研究能够促进公共政策制定过程的完善。公共政策是政府实现社会公平正义的重要途径。实现政策制定过程的科学化与民主化，是中国政治体制改革、行政体制改革的重要内容。从理论上来看，决策过程的封闭必然会使得政府决策信息不足，容易使得决策失误或质量低下，导致社会不公现象出现。从现实来看，对政府决策民主化、透明度不够所产生的质疑，也是引发社会公众不公平感的重要因素。尽管中国在政策制定环节开始引入听证制度，但是这些制度还不完善，也没有得到大范围推广。在民主化、法治化不断推进的时代背景下，只有不断推进政策制定的程序化、民主化与透明化，才能积极贯彻落实科学治理的理念，才能广泛地将社会公众吸收到政策制定过程中，才能将社会公众的利益诉求反映到政策方案中，才能提高公共政策的质量，才能从根本上减少社会的不和谐因素、促进社会的公平与正义。由此可见，本书的实践意义还表现在，通过实证研究为主的方法，在对社会公平正义的现状进行测评的基础上，发现政策制定过程不足与社会不公问题之间的联系，有针对性地提出促进公共政策制定过程优化的建议，以此来提高社会公平正义的水平，推进社会主义和谐社会建设进程。

第三节 文献的评述

一、社会正义的规范研究

人类需要面向未来规定与改造现实，用理想引导自己走向未来。一方面，人类总是依据一定的正义观念批判和改造现实，并且总是在不断地追求新的理想，因此，现实永远不会完全满足人类的正义要求；另一方面，理想的正义必然不断被部分地移植到现实世界，通过一系列制度与政策表现出来，正义的理想不可能完全脱离人的现实生存状态和可能生活。基于人自身超越性而形成的理想意义上的正义是"应然正义"，即"应当的"公正，反映了人们对正义的"纯粹的"价值追求。应然正义的研究主题是"正义应当是怎样的"或者"在一个理智的社会成员看来，何为真正的公平"。基于现实社会条件约束而形成的正义则为"实然正义"，即正义的实现状态和真实世界中人们对正义或公平的主观感受。一般来说，"应然正义"与"实然正义"的统一程度越高，就意味着社会公正的实现程度越高。相应地，对社会正义问题的研究，基本上是分别遵循上述两个脉络展开的，前者为规范性研究，后者为实证性研究。

对社会正义的规范性研究由来已久，研究内容主要包括社会正义的理论内涵、基本类型和基本原则等。古典主义的正义观集中体现在古希腊时期，核心是"正义即善"。柏拉图在《理想国》中把正义定义为一种德性。他认为，人内心中的正义乃是内心中若干德性的恰当协调或和谐状态，同样，国家中的正义就是社会中各等级的人各司其职、各守其序、各得其所。亚里士多德也认为正义是一种德性，它植根于人们心中的意愿。一个正义的人只愿意做正义之事，当他在他自己和其他人之间或者其他两者之间进行分配时不会把大家想要的东西大部分留给自己而把少部分留给别人。"公正就是在非自愿交往中的所得与损失的中庸，交往以前和交往以后所得相等。"① 他进一步将正义分为"特殊"正义和"一般"正义。特殊正义，亦即"分配正义"（distributive justice）和"交换正义"（commutative justice），分别对应着商品分配的公平和商品交易的公平，由客观的平等关系所决定，因而是作为一种特殊德性的正义的实质。就分配正义来说，则是指确保应该得到回报的人按他们的美德得到利益的原则。即，正义意味着给予人们所"应得"的东西，而"应得"总是与美德联系在一起。与之相对的"一般"正义则具有"完全的德性"，因为"具有此种德性的人不仅能够自己展现这种德性，而且还能够对其他人施以这种德行"。"完全的德性"包括了所有的道德德性，而这是就其行为旨在实现其他人的利益而言的。

柏拉图和亚里士多德所代表的美德正义观，依赖于城邦共同体的特定背景而产生。城邦的失败则可以看作政治思想史上一条十分明确的分界线。② 此后，人们依然择群而居，但"帝国"、"社会"和"国家"取代了城邦共同体。德国社会学家滕尼斯（Ferdinand Tönnies，1855—1936）对共同体（community）和社会（society）作出了学理上的重要区分。共同体指的是"一切亲密的、私人的和排他性的共同生活"③，主要以血缘、感情和伦理团结为纽带自然生长起来。社会则是"公共的生活——它是世界本身"④，这是一种为了要完成一件任务而结合的社会，它是机械的和人为的聚合体。一般认为，从"共同体"到"社会"，或者说从"礼俗社会"到"法理社会"，从"身份社会"到"契约社会"，从"自然社会"到"人为社会"，折射出15、16世纪以来人类社会形态的巨大转变。可以说，没有这种时代的巨变，就不会产生现代意义上的分配正义概念。"现代意义上的分配正义，要求国家保证财产在全社会分配，以便让每个人都得到一定程度的物质手段。分配正义的辩论往往集中在可保证的手段的数量，以及保证这些手段的分配得到执行所需的国家干预程度。"⑤ 这种社会正义的观念表明，"要看一个社会是否公正，就要看它如何分配我们所看重的物品——收入与财富、义务与权利、权力与机会、公共职务与荣誉，等等。一个公正的社会以正当的方式分配这些物品，它

① 苗力田. 亚里士多德全集：第八卷 [M]. 北京：中国人民大学出版社，1992：103.
② 萨拜因. 政治学说史 [M]. 邓正来，译. 上海：上海人民出版社，2008，183.
③ 滕尼斯. 共同体与社会 [M]. 林荣远，译. 北京：商务印书馆，1999：52.
④ 滕尼斯. 共同体与社会 [M]. 林荣远，译. 北京：商务印书馆，1999：53.
⑤ 弗莱施哈克尔. 分配正义简史 [M]. 吴万伟，译. 南京：译林出版社，2010：5.

给予每个人以应得的东西。"①

但是，并不是所有学者都认同上述观点。基于德性思考正义问题的视角，依然可以在20世纪80年代兴起的社群主义（communitarianism）中看到。社群主义相信共同体从未消失，它一直存在于共同的社会习俗、文化传统以及社会共识中。社群主义反对新自由主义把自我和个人当作理解和分析社会政治现象和政治制度的基本变量，认为自我及个人最终是他或她所在的社群决定的。因此，社群才是政治分析的基本变量，应该以公益政治学代替权利政治学。社群主义的主要的代表人物包括麦金太尔（Alasdair Macintyre，1929—）、德沃金（Ronald M.Dworkin，1931—2013）和桑德尔（Michael J. Sandel，1953—）等人。如果说罗尔斯突破了20世纪初自G.E.摩尔以降至60年代史蒂文森所形成的分析（元）伦理学封锁，重新开创了现代西方规范伦理的繁荣局面，那么，麦金太尔则是在一种更广阔、更深远的意义上，率先对整个现代西方伦理学进行了一种全面的批判和反省，提出了重返古典美德伦理传统、克服现代性伦理单面歧向的警言。法哲学家德沃金对自然权利理论作了相当精辟的分析，他挑战了在西方曾占主导地位的反对自然权利理论的功利主义者和实证主义者，着力论证了"认真对待权利"的主张。同样，桑德尔也是以批评罗尔斯的正义论而闻名。罗尔斯认为"权利优先于善"，"权利"包括人们所拥有的基本的自由、机会、财富、收入和自尊的基础。自由主义大都赞成并坚持罗尔斯关于"权利"的描述。而桑德尔等社群主义者则反对这一命题，他们始终将自由主义与个人主义的暧昧视为一种邪恶和谬误。

社会正义的理论可以分为目的论和义务论两种类型。上述探讨的社群主义正义理论属于目的论伦理，同样是沿着这条思维路线，也产生了以实现福利最大化为主旨的功利主义正义观。以边沁（Jeremy Bentham，1748—1832）和密尔（John Stuart Mill，1806—1873）为代表，此外，布兰特（R. B. Brandt）、海萨尼（J. Harsanyi）、黑尔（R. M. Hare）、斯马特（J. J. Smlut）和西季维克（H. Sidgwick）等人也持这种观点。作为功利主义开拓者的边沁认为，正当的行为就是任何使功利最大化的行为。因此，功利主义的核心是实现"最大多数人的最大幸福"，也就是将个人利益最大化的相加，最后得到社会的最大幸福。对此有两类反驳的声音：一是认为它没有给予人类尊严和个体权利以足够的重视；二是它错误地将一切具有道德重要性的事物都化为单一的、快乐与痛苦的尺度。密尔继承并修正了边沁的理论。一方面，密尔认为，一个人要对社会负责的唯一一种行为，就是影响他人的行为。只要我不伤害任何他人，那么我的权利的独立性就是绝对的。另一方面，与边沁把快乐作为最终目标不同，密尔把幸福作为道德的终极标准。按照他的"最大多数人的最大幸福"原则，判断一个人行为是否符合道德，不是看该行为给行为者本人带来多少幸福，而是看该行为所带来的社会幸福是多少。这种观点克服了边沁快乐理论中关于个人幸福的片面性及狭隘性。总之，在功利主义者眼中，正义就意味着使功利或福利最大化。

与目的论伦理学相反，康德则主张道义论或义务论伦理。在正义理论方面，康德代

---

① 桑德尔. 公正：该如何做是好？[M]. 朱慧玲，译. 北京：中信出版社，2011：20.

表了欧洲启蒙运动之后先验制度主义（transcendental institutionalism）的主流观点，力求通过正确的制度实现绝对的正义。这种观念与契约论的思维模式有关。该模式由托马斯·霍布斯最先提出，经洛克、卢梭和康德相继予以发展。"该模式假想社会按某种虚拟的契约运作，用这种理想模式取代否则有可能发生的社会无序。"①从社会契约中，康德推导出正义与权利。他把这种假想的集体同意的行为，看作任何一项公共法律的正义性的试金石。康德认为，"每一个人——一般来说就是每一个理性存在——都是作为目的本身而存在，而不仅仅是这种或那种意志所任意使用的手段。"也就是说，人不是被仅仅当作手段而加以利用的东西，人不仅具有一种相对价值，而且具有一种绝对的价值、一种本质性的价值。由此，正义的要求就是支持所有人的人权，无论他们生活在哪里以及与我们是什么关系，仅仅因为他们是人类，具有理性能力，就因此值得尊重。为了促进人的发展和最大限度地开发人的潜能，社会也会具有相应的道德义务。由此，康德不仅被看作法律和政治严格自由派观点的源头——这与他所坚持的财产权保护的主张有关，他也为后来的福利自由派思想提供了养分。罗尔斯（John B. Rawls）和阿马蒂亚·森（Amartya Sen）的政治哲学都受到康德哲学的影响。罗尔斯更是直接运用了与康德类似的普遍的、抽象的、假设性的契约方法。由于康德倾向于由国家管理对穷人的救济，这使得"康德或许为当今政治谱系中的最激进的自由派提供了有价值的论点，但是他的政策建议让他比许多福利自由派还左倾"②。哈贝马斯（Jürgen Habermas）是法兰克福学派第二代批判理论家的代表。他试图设计出一套让不同的人能够和平相处的平等主义的程序或达成共识的条件。这套程序或条件以基础性的制度（宪法、法律等）为中轴，通过对话、沟通达成共识或重叠共识，既能满足理性的需求（捍卫自由权利），也能满足民主的合法性（人民主权）。哈贝马斯倡导立足于主体间性的商谈政治，构建当代西方参与民主的理论基础，努力建立一个具有普遍约束力的人际交往理论。他的商谈伦理明确主张：交往与商谈本身并不规定什么是合理的，什么是合乎正义的，一切应当交由建立在公共理性基础上的协商民主过程决定。这种在民主基础上形成的共识正义不同于以往的决定主义的、本质主义的正义。

虽然千百年来关于社会正义的话题一直被人们讨论，但这类研究直到18—19世纪欧洲启蒙运动时期才真正蓬勃发展起来。在启蒙运动中发展起来的自由主义，为市场经济秩序和公共政治社会进行了合理性论证，逐渐发展成为西方主流思想。基于自由思考正义的进路形成了十分宽泛的学说，这些理论大多强调对个体权利的尊重，尽管它们自身在哪些权利最为重要的问题上存有分歧。当代最激烈的争论体现在罗尔斯和诺齐克（Robert Nozick，1938—2002）之间。罗尔斯在《正义论》、《政治自由主义》和《公平的正义再陈述》等一系列著作中系统阐述了他的"作为公平的正义"的社会正义理论，这被认为是一种内含于一个健全持久的社会合作体系中的正义观。"社会正义原则的主要问题是社会的基本结构，是一种合作体系中的主要的社会制度安排。"③这种基于自

① 森. 正义的理念 [M]. 王磊，李航，译. 北京：中国人民大学出版社，2012，引言第5页.
② 弗莱施哈克尔. 分配正义简史 [M]. 吴万伟，译. 南京：译林出版社，2010：97.
③ 罗尔斯. 正义论 [M]. 何怀宏，等译. 北京：中国社会科学出版社，1988：50.

由主义框架所阐发的理论中，也包含了社会正义的实质平等观念的某些要素，其核心概念是自由优先、兼顾平等，即在过程公正的基础上限制结果不平等，"所有的社会基本善（primary social goods）——自由和机会、收入和财富及自尊的基础——都应被平等地分配，除非对一些或所有社会基本善的一种不平等分配有利于最不利者"①。诺齐克则主张一种"持有的正义"，他认为：自由即公正，过程公正即结果公正，如果一个所有者最初财产的来源是清白的，其后的每次财产增值又都是来自公正的自由交易而无任何欺诈与强取，则他的最终所有无论多少，都是公正的持有，不应受任何限制。罗尔斯与诺齐克正义理论的共同之处在于坚决维护个人的自由和平等权利。而诺齐克更重视一种程序上的平等或"平等的机会"，反对所谓"实质性的平等"或"平等的结果"。可以大体上认为诺齐克的"平等"是一种"弱平等"或"低调的平等"，而罗尔斯的"平等"则是一种"强平等"或"高调的平等"。可以说，罗尔斯所代表的是自由主义的左派，即自由优先主义，这种自由与平等相兼容；诺齐克所代表的是自由主义的右派，即自由至上主义，其思想与哈耶克（Friedrich August Hayek，1899—1992）和弗里德曼（Milton Friedman，1912—2006）一脉相承。

在全球化蔓延和文化多元主义渗透的时代背景下，在自由主义与社群主义大讨论的理论背景下，多元主义则独辟蹊径，从社会文化、价值理念、历史背景的差异性出发，结合社会现实环境考察社会正义，形成了多元主义正义观。其主要包括：以米勒（David Miller）为代表的社会情境多元正义理论，以沃尔泽（Michael Walzer）为代表的社会物品多元正义理论和以霍耐特（Axel Honneth）为代表的基于承认的正义理论。米勒按照"人类关系的模式"把社会群体分为工具性联合体（instrumental association）、团结性社群（solidaristic community）和公民身份（citizenship）三种形式，认为适用何种正义原则要根据所在社会团体的性质而定。在工具性联合体中，应得是分配正义的首要标准；在公民身份联合体中，平等是分配正义的首要标准；在团结性联合体中，需要是分配正义的首要标准。②在沃尔泽看来，政治理论的核心问题就是各种物质和社会资源（如官职、财富、荣誉、教育、卫生、成员资格、安全等）应该如何分配的问题。所有事物都有社会性，分配标准及其安排都与社会属性有着内在的关联。因此，分配原则来源于事物的社会意义，而社会意义是有其历史属性的，因而正义与不正义的分配会随着时间的变化而变化。也就是说，分配正义是相对于某个特殊社群的社会意义而言的。从这一相对主义立场出发，沃尔泽阐明了其多元主义正义理论。正义原则自身在形式上是多元的，不同的社会资源应该按照不同的理由、不同的程序并在不同的人中进行分配。③霍耐特则直接推动了正义理论研究从专注物质资源的平等分配向重视尊严和荣誉的平等承认的转向。他认为，在当代社会，承认是比再分配更重要、更根本的问题。人类尊严的承认是社会正义的中心原则，社会不公的体验总是与公认的、合法的权利、利益和尊严没有得到承认有关，因此，合理分配的社会理想的实现依赖于"为承认而斗

① 罗尔斯. 正义论［M］. 何怀宏，等译. 北京：中国社会科学出版社，1988：291.
② 米勒. 社会正义原则［M］. 应奇，译. 南京：江苏人民出版社，2001：22-44.
③ WALZER M. Spheres of Justice：A Defense of Pluralism and Equality［J］. Blackwell，1983（6）.

争"。霍耐特的相互承认关系可以表述为："以爱与关心（即遵循需要原则）为主导观念的私密情感关系；以平等的权利保障（即遵循平等原则）为主导规范的法权关系；以个人成就（即遵循贡献原则）为主导规范的社会团结关系。"[①]每个社会成员从三种承认关系中分别形成他的自信、自尊和自豪。承认的全面实现，就是他的"好生活"的实现，也即一个理想社会的实现。或者说，一个正义的社会就在于它能使其成员作为一个完整的人而存在，在每一种承认领域中获取积极的自我认同。

与上述几种正义理论不同的是，阿马蒂亚·森的正义理论难以被贴上特定标签，其目的在于回答如何促进公正和减少不公正的问题，而非刻画一个绝对公正的社会。阿马蒂亚·森的正义理论的特点是"关注实际的生活与现实，而不是停留在抽象的制度和规则之上；关注如何减少不公正，而不是局限于寻找绝对的公正；可以遍布全球，而不只是局限于某个国家的边界范围之内；允许多种不同的正义缘由同时存在，而不是只允许一种正义缘由存在"[②]。在方法论上，森没有遵循始于霍布斯并为罗尔斯、诺齐克等共同遵循的契约主义（contractarian）传统，而是采取"社会选择论"的视角，认为公正最终与人们的生活方式有关，而并非仅仅与周遭的制度有关。为此而关注人们不同生活方式的比较，同时也正视制度、人们的实际行为及社会互动及其他因素对生活方式的共同影响。允许存在不完整的排序，而非寻求面面俱到的完美方案；认识到存在多种合理的，而不是唯一正确的判断原则。在正义的实质层面，森将自由与可行能力紧密相联。他指出，在评价生活的时候，我们有理由不仅对能过上什么样的生活产生兴趣，而且关注在不同生活方式之间进行选择的自由。更大的自由不仅使我们有机会去获得所珍视的事物，也意味着我们可以不受他人施加的限制，而决定自己要去获得的事物。这样，可行能力就与自由和正义相联系了。由此，只有能够促进与主观能动性自由相联系的可行能力发展的行为和政策，才符合正义的要求。关于正义的实现方式，森从公共理性（public reasoning）的角度看待民主，将民主诠释为协商式治理。如果民主不被简单视为设立一些具体制度或制定新的法律，而是视为能有多大可能、在多大的范围内体现公共理性，就可以推动全球民主与全球正义的实现。

此外，当代对社会正义还有一些新的研究途径。比如，后现代主义哲学家利奥塔从语用学的角度对正义所做的分析更为透彻。他从维特根斯坦的反本体论、反形而上学的多元化语言哲学观出发，指出，语言是一系列游戏。科学语言属于描述性的游戏，而社会公正则属于一种指令性的语言游戏，就是"你必须公正"。公正本身是抽象的、先验的，是无内容、无标准、无法定义的，它只有使人承担义务的功能。由于人们不存在自然科学中那种共识，因此就不会有统一的公正标准，而只能是在没有任何标准的情况下进行判断。"你必须公正"的指令，如同康德绝对的道德命令，是没有发出命令的人的。传统的和现代的极权主义之所以是不公正的，就是因为某个主体占据了"发出指令的空缺"，致使其他人无法参与公正的游戏。"如果义务的语用关系也即继续公正游戏的可能

———————————
① 冯颜利，贾可卿. 霍耐特的承认理论与多元正义述评 [M] //邓正来，郝雨凡. 转型中国的社会正义问题. 桂林：广西师范大学出版社，2013：138.
② 森. 正义的理念 [M]. 王磊，李航，译. 北京：中国人民大学出版社，2012，译者前言第2页.

性被否定，绝对的不公正就将发生。"①

西方正义理论发展简图如图1-1所示。

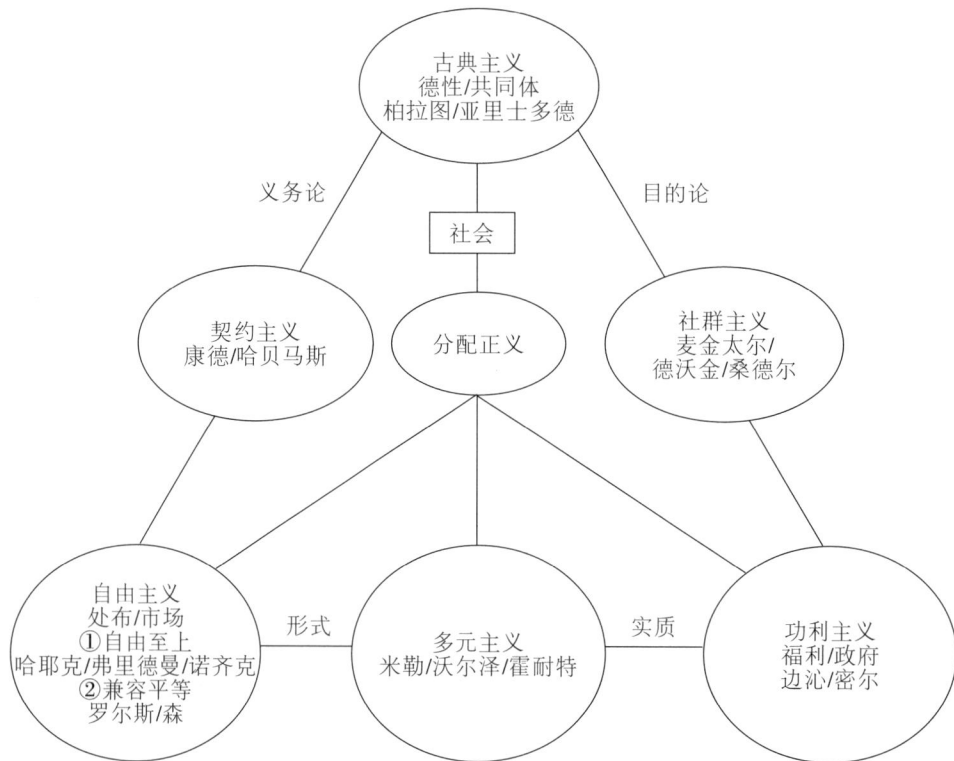

图1-1 西方正义理论发展简图

从国内范围看，自20世纪90年代中期以来，随着以贫富差距扩大为核心的社会问题日益突出和构建和谐社会的需要，对社会正义的学术研究呈现出强劲增长势头，成为社会学、经济学、哲学、政治学、法学、伦理学等众多学科所高度关注的"显学"。相关研究成果主要集中在基本理论和对重大现实问题的理论分析两个层面。基本理论层面的研究内容包括：对公正、公平和平等等概念的辨析；对社会公正基本依据和原则的探讨；初次分配和再分配的公正问题；程序公正和代际公正；社会公正与社会政策的关系，等等。面向现实的理论研究主要围绕贫富差距过大和社会阶层分化问题而展开，集中体现为对公平与效率关系的反思、社会歧视和社会利益协调等方面。总体上看，规范性研究是有关社会正义研究的"先行军"，更多地扮演着"批判者"的角色，规范性正义研究已经随着社会实践而发展出多元的理论体系，但由于规范性研究自身所具有的抽象性、概括性和自身理论体系的逻辑完备性等特点，难免导致不同理论体系之间的争执不下、理论研究与现实需要之间的脱节，也注定无法直接转化为基本的制度安排和具体的社会政策。因此，无论是从丰富理论成果、提升学术水平的理论研究需要来看，还是从制定社会政策、调节社会矛盾和促进社会和谐的现实需要出发，都急需加强对社会公

---

① 利奥塔. 后现代性与公正游戏 [M]. 谈瀛洲，译. 上海：上海人民出版社，1997：61.

正问题的实证研究。本书亦将通讨多维度的实证研究，力求更全面地描述和解释社会公正的实现状况，并从宏观层面为社会政策的制定与完善提供建议。

二、社会正义的实证研究

在规范研究中，学者们通常关注构建分配正义某种客体的道德合理性，同时借助逻辑推演来描绘主体内部得以公正分配该客体后的理想状态。相比之下，客体在主体内部分配的现状如何、这种现状在过去和未来的变化趋势怎样、何种政策能够有效改善分配现状以及公正分配该客体的理想状态究竟能否实现，这些重要问题则都被留给实证研究加以求解。而求解的起点，便是对各种公正客体在特定主体内分配不均状况的测度。也就是说，分配正义是社会公正实证研究的中心问题，主要是要回答社会基本善，即主要的福利、利益、物质成果，抑或某种生活负担（税收或劳役）在人们中间进行分配的合理性与正当性如何。从实证研究方法在系统描述事实、严谨检验理论推演以及科学发现并验证因果关系等环节公认的效力来看，现有研究在探索分配公正原则时主要将其应用于下列领域：第一，通过系统、全面的测度工作来客观反映各种公正客体在特定主体内分配不均的状况；第二，调查特定主体对各种客体分配事实的认知情况；第三，分析并验证前述认知情况同特定主体所持的公正原则间的联系；第四，综合前述三方面信息（客体分配不均状况、主体认知差异和潜在公正原则）来系统分析现实中分配正义问题的行为与社会影响及成因与对策。

社会正义实证研究的核心内容是社会正义现状的测量与评价。已有社会正义测评的研究主要是基于社会正义现状的客观和主观两个维度，沿着这两条线索展开的。客观测量主要包括两方面：对从社会角度对社会价值进行分配的客观平等性的考察，对从政府角度提供公共服务的客观均等化程度的考察。主观评价则围绕着主观正义感受和主观正义观念两方面展开。社会正义现状的两个维度之间既相互区别，又相互联系。只有将两者有机整合在一起，才能全面了解社会正义的现状。实际上，这两条线索分别对应着"应然正义"与"实然正义"两种社会正义的研究进路。"应然正义"理论是对理想正义状态的勾勒，"实然正义"则是基于现实社会条件约束而形成的正义现实。从二者关系来看，一方面，"应然正义"与"实然正义"之间存在着永恒的距离，因为一旦某种"应然正义"得以实现，就会产生更高层次的正义要求，这又向现实提出新的挑战；另一方面，"实然正义"始终应当趋向于"应然正义"。社会正义的实现程度，可以归结为"应然正义"与"实然正义"的统一程度。在这个意义上，社会正义的测评就是通过了解客观因素与主观因素的相互影响来全面描述社会正义的现状，进而发现理想与现实之间的差距。

那么，社会正义的现状究竟包含哪些内容呢？从历史发展和理论沿革来看，社会正义测评的内容具有动态性的特征。在一开始，社会正义测评的研究集中在收入和财产等内容。后来，随着研究的深入，测评的内容逐渐向健康、教育、医疗、能力以及消费等领域拓展。并且，开始整合多个内容进行综合测评。例如，联合国开发计划署（UNDP）从1990年起连续发布《人类发展报告》，使用由预期寿命指数、教育成绩指数和实际人均GDP指数复合而成的人类发展指数（HDI）对世界上不同国家和地区的发展状况进行评估和比较。这些测评虽然能够精确地描述收入和财产等在数量上的差距，但却不能解释一些令人困惑的问题：为什么收入水平的普遍提高没有提升全部社会成员的生活满意度？为什么一些根据收入差距测量结果对社会问题进行的预测没有得到应验？为什么一些收入水平相对较低的个人或群体的主观幸福感反而更高？为什么经济社会地位较差的个人或群体对政府再分配的支持程度却最低？

这说明，社会正义的现状不仅包括客观因素，还包括主观因素。后者导致社会正义测评"很难用一种完全客观的方式来描述不平等，如果不考虑进伦理的概念，就不可能度量出不平等的水平"[①]。当主观评价因素进入人们的视野之后，实践带给我们的上述困惑也就变得明晰起来。实质上，它们所反映的是人们观念正义的差别。观念正义是一个特定社会中不同的个人或群体对社会资源分配状况的主观认知，包括正义感受和正义观念两部分内容。其中，正义感受是人们对于社会资源分配状况公平性和公正性的直观感受；而正义观念则是人们对社会资源分配公平性和公正性进行评价时遵循的价值标准。由于"人们生活在自己所理解的世界之中。缺乏对行动者主观世界的关注，难以对社会行动作出恰如其分的解释"[②]。但是，在相当长的时间里，相关学科"对于经济正义和政治正义问题的讨论仍没有对普通人的观念加以关注"[③]。20世纪末期以来，国际社会正义调查项目（International Social Justice Project）、国际社会调查项目（International Social Survey Program）等都开始从不同方面关注民众的正义观念。在过去的几十年，来自社会学、心理学以及经济学等学科的越来越多的研究成果表明，民众对于不平等的观念要比社会的实际不平等程度以及民众个人在社会分层中所处的位置更加能够产生深远的，可以评价的，态度上、情感上以及行为上的影响。[④]当把主观因素纳入进来对社会正义现状进行测评时，我们就会发现，单纯依靠客观测评得出的结论可能缺乏说服力。怀默霆（Martin K.Whyte）对中国民众正义观念的研究发现：尽管受访者对当前不平等的一些方面确有微词，但他们总体上仍倾向于认为目前的资源分配模式是比较公平的；通过与"国际社会公正调查"项目的比较发现，中国受访者对社会不平等批评相对较少，也更对个人通过勤奋努力来实现向上流动的机会持乐观态度；农村受访者反而对社会不平等状况的反应较为温和。[⑤]据此，怀默霆将那些预测社会不平等可能会引发社会问题的观点称为"社会火山的误读"[⑥]。

1.正义感受[⑦]

正义感受是民众对于社会资源实际分配状况公平性和公正性的"外显"的直观感

① 森. 论经济不平等/不平等之再考察 [M]. 王利文, 于占杰, 译. 北京: 社会科学文献出版社, 2006: 4.
② 张静. 转型中国: 社会公正观研究 [M]. 北京: 中国人民大学出版社, 2008: 51.
③ JAMES R, KLUEGEL, MASON D S, et al.. Wegener. Social justice and political change: public opinion in capitalist and post communist states [M]. Berlin: Walter De Gruyter, 1995: 1.
④ HAN C. Rural-Urban Cleavages in Perceptions of Inequality in Contemporary China [M]. Cambridge: Harvard University Press, 2007: 1.
⑤ 怀默霆. 中国民众如何看待当前的社会不平等 [J]. 社会学研究, 2009 (1).
⑥ WHYTE M K. Myth of the social volcano: perceptions of inequality and distributive injustice incontemporary China. Redwood: Stanford University Press, 2010.
⑦ 目前, 学术界更倾向于使用"公平感", 而不是正义感受的概念。但从已有"公平感"研究的内容来看, 有些测量已经超出了结果和机会等公平所涵盖的内容, 涉及程序等公正感受的层面。因此, 为了更好地区分这两个概念, 我们主张使用正义感受的概念。当然, 也可以理解为"公平感"是学术界对于正义感受的一种约定俗成的用法。

受，其测评主要集中在居民对收入不平等问题的态度、对于结果和机会的公平感受等几个方面。

围绕正义感受问题，有学者从"应得"与"实得"的比较来对人们的社会公平评价问题进行了分析。[①] 总体来看，对于民众正义感的研究集中在从结果公平维度进行的研究[②]和从机会和结果维度进行的研究[③]两个方面。这些研究的主要内容就是比较不同群体的正义感受：韩春萍根据中国综合社会调查数据，对城镇居民、农村居民和流动人口的公平感进行了比较[④]；怀默霆对北京和华沙居民的公平感比较发现，总体上看，华沙居民的不公平感比北京居民更为强烈[⑤]。在民众公平感影响因素的研究中，经过纵向或横向比较而产生的相对剥夺感也是重要内容。[⑥]例如，研究发现，中国民众的公平感呈现趋同性的趋势，这是因为已有划分标准已不能反映现实，应当从收入、地位的实际变化进行研究。[⑦]此外，不同职业或者阶层之间较为顺利的流动也会对民众的正义感受产生很大的影响。[⑧]

2.正义观念

相对于正义感受而言，正义观念则是对社会资源分配的公平性和公正性进行评价时所遵循的"内隐"的价值标准。因此，"民众对收入差距的容忍和接纳程度仍然与他们对公平、合理与否的判断密切相连"[⑨]。在内容上，正义观念的测评主要是围绕民众对由谁来分配、分配什么、按照何种原则分配、多元的原则如何在不同情境中适用等问题[⑩]的理解展开的。

个人是理性的经济人，还是具有正义动机？这是首先需要解决的问题，因为，如果每个人都是理性的经济人，那么对正义动机进行研究就显得意义不大了。自从行为经济学兴起后，民众正义动机的实证研究逐渐繁荣，这些研究是采用最后通牒实验方法[⑪]进

---

① 李路路，秦广强. 当代中国的阶层结构分析 [M]. 北京：中国人民大学出版社，2016.
② 马磊，刘欣. 中国城市居民的分配公平感研究 [J]. 社会学研究，2010（5）；王甫勤.当代中国大城市居民的分配公平感：一项基于上海的实证研究 [J]. 社会，2011（3）；史耀疆，等.公民公平观及其对社会公平评价和生活满意度影响分析 [J]. 管理世界，2006（10）；张海东.城市居民对社会不平等现象的态度研究 [J]. 社会学研究，2004（6）.
③ 孟天广. 转型期中国公众的分配公平感：结果公平与机会公平 [J]. 社会，2012（6）.
④ HAN C . Rural-Urban Cleavages in Perceptions of Inequality in Contemporary China [M]. Cambridge：Harvard University. 2007.
⑤ WHYTE M K . Han C . Popular Attitudes toward Distributive Injustice：Bei Jing and Warsaw Compared [J]. Journal of Chinese Political Science，2008，13（1）：29-51.
⑥ WALKER I，SMITH H J . Relative Deprivation：specification，development，and Integration [M]. Cambridge：Cambridge University Press，2002；郭星华.城市居民相对剥夺感的实证研究 [J]. 中国人民大学学报，2001（（3）.
⑦ 刘少杰. 改革变迁中社会公正感的趋同性与差异性 [J]. 甘肃社会科学，2011（4）.
⑧ 王甫勤. 社会流动与分配公平感研究 [D]. 上海：复旦大学，2010；胡建国.社会流动对收入分配公平感的影响——中国公众收入分配公平感的再探讨 [J]. 人文杂志，2012（6）.
⑨ 李路路，秦广强. 当代中国的阶层结构分析 [M]. 北京：中国人民大学出版社，2016：227-228.
⑩ 分配正义的分析应当包含那些维度？不同学者提出了不同的观点。罗伯特·莱恩（Robert E.Lane）按照"由谁按照怎样的标准、程序和结果，向谁分配何种资源"的主题将分配正义的分析框架分为分配主体（who distributes）、待分配资源（goods）、分配对象（to whom）、分配原则（criteria）、分配程序（procedures）和分配结果（outcomes）等六个维度。LANE R E .Market Justice，Political Justice [J]. The American Political Science Review，1986，80（2）. 莫顿（Morton Deutsch）提出的维度包括：待分配资源的内容、质量和数量；涉及的角色，由谁分配给谁；分配的方式和时间；分配的原则；分配的规则和标准；测量程序；政策制定过程；分配对象的范围；分配的效果。DEUTSCH M . Distributive Justice：A Social-Psychological Perspective [M]. New Haven：Yale University Press，1985：2-4.
⑪ 最后通牒实验是让两个人来共同分配一定数额的货币，其中一方是提出分配方案的提案者，另一方则是对所提方案进行表决的回应者。在分配过程中，提案者提议将这笔钱中的一部分分给回应者。回应者可以选择接受，也可以选择放弃，如果选择放弃，双方什么也得不到。对于自利的经济人来说，最可能的结果是，提议者将最小可能的数额分给回应者，然后回应者选择接受。但是，结果却不是这样。如果提议者分配给对方的比例份额过小，这一提议往往会遭到拒绝。

行的。埃尔斯特·费尔（Ernst Fehr）等回顾了有关研究，发现有60%～80%的受试者选择40%～50%之间的份额，只有大约3%选择20%以下的份额。[①]一项大范围的研究发现，文化差异对分配方案的选择有很大的影响，不同文化之间拒绝的分配比例份额存在很大的差异。[②]叶航等的实验研究也证明了民众公平偏好的存在。[③]诺曼·弗罗利希（Norman Frohlich）等采用实验方法，通过模拟"无知之幕"，对美国大学生所持的分配正义原则进行了研究，发现调查对象在正义原则上基本能够达成一致，但是，所选择的原则不是罗尔斯正义原则，而是罗尔斯正义原则与豪尔绍尼正义原则的折中。[④]丁建峰也进行了类似研究，其结论也大致相似。[⑤]此外，陈叶烽等通过实验考察了分配动机的公平和分配结果的公平对人行为决策的影响，发现响应者对提议者"分配动机公平"有显著不同的反应，这又证明了个人公正偏好的存在。[⑥]由于实验研究是在"真空"的环境中进行的，因此，通过实验方法来证明正义动机的存在，只是一个最为基本的问题。接下来，正义测评要回答民众在现实生活中所遵循的正义判断标准问题。

那么，在现实中，民众会接受不平等吗？史蒂芬·斯瓦福尔（Stefan Svallfors）根据国际社会调查数据，对瑞典和英国民众对于不平等的态度进行了比较，对"瑞典民众比英国民众更具有平等偏好"的观点进行了验证，发现瑞典民众的公平偏好并不比英国民众强烈。[⑦]凯利（Jonathan Kelly）等对国际社会调查数据的研究发现，人们普遍认可结构化不平等的合理性，即同意一些职业应当有高收入，而另一些职业的收入水平相对较低。但是，在对于多大差距才是合理的问题上却没有形成共识。[⑧]马库斯·哈德勒（Markus Hadler）对世界上30多个国家和地区的大约35 000名民众的研究发现，民众能够接受不平等，但是在数量和比例上存在差别[⑨]。李路路等的研究发现，改革开放以来，中国民众对于社会分层以及收入差距有了更高的接纳程度。[⑩]史耀疆等从经济分配公平、程序公平、社会比较以及自身感受等方面对于民众正义观念进行了分析。[⑪]詹姆斯·克鲁格尔（James R.Kluegel）等通过调查对象应得收入与实得收入比较，对一些资

① FEHR E, SCHMIDT K M. A Theory of Fairness, Competition, and Cooperation [J]. The Quarterly Journal of Economics, 1999, 114 (3).
② 韦倩. 纳入公平偏好的经济学研究：理论与实证 [J]. 经济研究, 2010 (9).
③ 叶航, 陈叶烽, 贾拥民. 超越经济人：人类的亲社会行为与社会偏好 [M]. 北京：高等教育出版社, 2013；陈叶烽. 社会偏好的检验：一个超越经济人的实验研究 [D]. 杭州：浙江大学, 2010：1.
④ FROHLICH N, JOE A. Oppenheimer and Cheryl L.Eavey. Choices of Principles of Distributive Justice in Experimental Groups [J]. American Journal of Political Science, 1987, 31 (3)；FROHLICH N, JOE A, OPPENHEIMER, et al.. Laboratory Results on Rawls's Distributive Justice [J]. British Journal of Political Science, 1987, 17 (1)；FROHLICH N, JOE A, OPPENHEIMER. Choosing Justice: an Experimental Approach to Ethical Theory [M]. Berkeley: University of California Press, 1992.
⑤ 丁建峰. 无知之幕下的社会福利判断：实验经济学的研究 [J]. 经济社会体制比较, 2010 (3).
⑥ 陈叶烽, 周业安, 宋紫峰. 人们关注的是分配动机还是分配结果？——最后通牒实验视角下两种公平观的考察 [J]. 经济研究, 2011 (6).
⑦ SVALLFORS S. Dimensions of Inequality: A Comparison of Attitudes in Sweden and Britain [J]. European Sociological Review [J]. 1993, 9 (3).
⑧ KELLY J, EVANS M D R. The Legitimation of Inequality: Occupational Earnings in Nine Nations [J]. American Journal of Sociology, 1993, 99 (1).
⑨ HADLER M. Why Do People Accept Different Income Ratios? A Multi-Level Comparison of Thirty Countries [J]. Acta Sociologica, 2005, 48 (2).
⑩ 李路路, 唐丽娜, 秦广强. "患不均、更患不公"——转型期的"公平感"与"冲突感"[J]. 中国人民大学学报, 2012 (4).
⑪ 史耀疆, 等. 公民公平观及其对社会公平评价和生活满意度影响分析 [J]. 管理世界, 2006 (10).

本主义国家和前社会主义国家民众对于社会不平等的态度进行了研究。[1]

在分配主体上，民众的偏好是什么？市场分配、政府再分配、还是亲戚邻里之间的帮助？2008 年，北京大学中国国情研究中心的调查发现，大多数人支持，"为了保证平等，由政府给予社会下层的人们一些额外的帮助"[2]。韩春萍等对中国民众的政府再分配偏好的研究发现，经济社会条件相对较差的农村居民反而对政府控制收入差距和提供公共服务的支持程度最低，农村居民的偏好与农村的公共服务相对薄弱有关。[3]潘春阳等从个人利益和分配公平两个维度，对中国民众的政府再分配偏好及其影响因素进行了实证研究，结果发现，个人利益因素和分配公平的动机都会对政府再分配的偏好产生明显的影响。[4]

民众的公平原则和公正原则之间，有无序列性？张明澍对中国民众民主观的实证研究发现，民众普遍重视结果而非程序。[5]杜建政等的研究得出了类似的结论。[6]相反，张光等对中国农村居民关于村委会公平性情景实验的研究发现，农民普遍认为程序公平高于结果有利。[7]刘祥琪等根据对 2010 年中国 17 个农业大省农民土地权益抽样调查数据的研究发现，只有当政府事先与农民就征地补偿水平进行协商时，征地补偿实际水平较高的农民才会明显感到满意，这表明农民重视程序优先于结果。[8]张静等的研究还发现，正义原则在不同时期也具有不同的序列。[9]

民众的正义原则有哪些内容？这些原则在不同的情景中如何适用？杜建政等的实证研究发现，民众的正义原则是多元的。[10][11]莫顿·多伊奇（Morton Deutsch）列出了 11 种原则[12]，这些原则可以分为需要、均等和衡平三个层次，各有其适用情景。[13]张静等对中国民众正义观念的研究发现，多元的原则既有分领域的专用性，又有跨领域的通用性[14]。李强认为对中国民众正义观念的研究，首先要对农村和城市进行区分，其次，在农村，要对家庭内部和家庭之间进行区分；在城市，要对"体制内单位"和"体制外单位"区分。[15]

文化、政治经济传统以及社会的转型能不能对民众正义观念产生影响？在文化影响

① KLUEGEL J R，SMITH E R . Beliefs About Inequality：Americans' Views of What is and What Ought to Be [M]. Berlin：Aldine De Gruyter，1986；KLUEGEL J K，MASON D S，WEGENER B . Social justice and political change：public opinion in capitalist and post communist states [M]. Berlin：Walter De Gruyter，1995；HOCHSCHILD J L. What's Fair？American Beliefs about Distributive Justice [M]. Cambridge：Harvard University Press. 1981.
② 沈明明，等. 中国公民意识调查数据报告（2008）[M]. 北京：社会科学文献出版社，2009：194-199.
③ HAN C . Rural-Urban Cleavages in Perceptions of Inequality in Contemporary China [D]. Cambridge：Harvard University Press，2007.
④ 潘春阳，何立新. 独善其身还是兼济天下？——中国居民再分配偏好的实证研究 [J]. 经济评论，2011（5）.
⑤ 张明澍. 中国"政治人"——中国公民政治素质调查报告 [M]. 北京：中国社会科学出版社，1994；张明澍.中国人想要什么样民主 [M]. 北京：社会科学文献出版社，2013.
⑥ 杜建政，等. 国民公正观的结构 [J]. 心理科学进展，2010（7）.
⑦ 张光，等. 中国农民的公平观念：基于村委会选举调查的实证研究 [J]. 社会学研究，2010（1）.
⑧ 刘祥琪，等. 程序公正先于货币补偿：农民征地满意度的决定 [J]. 管理世界，2012（2）.
⑨ 张静. 转型中国：社会公正观研究 [M]. 北京：中国人民大学出版社，2008.
⑩ 该研究发现，民众的正义原则分为权利、衡平、救济、报应、平等、平均等 6 个维度，同时，这些维度又可以归纳为"均等"和"对等"两类。
⑪ 杜建政，等. 国民公正观的结构 [J]. 心理科学进展，2010（7）.
⑫ 这些原则包括：数量average等；比例相等；按需要分配；按能力或潜力分配；按努力程度分配；按成绩和进步幅度分配；按工作取得的社会价值分配；按共同利益分配；按所有成员的所得不低于某一最低标准分配；按别人对自己的帮助分配；按互利原则分配。
⑬ DEUTSCH M. Distributive Justice：A Social-Psychological perspective [M]. New Haven：Yale University Press. 1985.
⑭ 张静. 转型中国：社会公正观研究 [M]. 北京：中国人民大学出版社，2008：81.
⑮ 李强. 社会分层与社会空间领域的公平、公正 [J]. 中国人民大学学报，2012（1）.

的研究上：从"义"、"理"和"情"等对华人社会的观念进行研究[①]；从传统的等级观对中国民众正义观念进行研究[②]；从"等级公正观"、"革命公正观"、外来的公正观等方面对中国民众正义观念进行研究[③]。在政治经济传统的影响上：卢晖临通过案例研究发现，中国农民的平均主义观念主要是受计划经济时期制度的影响[④]；汉斯·朱根（Hans-Jürgen）等根据国际社会调查数据，对德国（东德、西德）、挪威以及美国民众对福利国家态度的研究表明，东德地区民众对福利国家的支持程度最高，这显然受到转型之前政策的影响[⑤]；还有一项对多个国家民众社会保护偏好的研究发现，国家传统的差异是民众偏好不同的原因[⑥]。在经济发展的影响上：凯利（Jonathan Kelly）等根据国际社会调查数据的研究发现，经济发达国家的民众对于不平等的容忍程度要比欠发达国家的低，这表明经济发展会使民众更具有平等的观念[⑦]；英格尔哈特（Ronald F. Inglehart）的研究发现，当经济水平较低时，民众会将重心放在经济、安全上，随着经济的发展，尽管经济、安全还是不可或缺，但是个人会更加关注参与[⑧]。在社会转型的影响上：大卫·马森（David S. Mason）等根据国际社会正义调查数据对中欧、东欧一些前社会主义国家的转型对民众正义观念的影响进行了考察[⑨]；孙明的研究发现，市场分配制度的确立使中国民众树立了应得原则的观念，但是平均原则却是社会底层持有的观念[⑩]。

三、社会正义的客观测量

在本书中，我们把对社会正义客观测量的研究内容笼统地分为两个部分：一是从社会角度测量社会价值分配的客观平等性程度；二是从政府角度考察其提供公共服务的客观均等化程度。在这里，我们将前者称为对"客观平等"状况的研究，将后者称为对"客观均等"状况的研究。下面将分而述之。

1.客观平等状况

平等（equality）是"一个相对客观的、能够用某种客观尺度加以衡量的概念"[⑪]，它要求能够精确地进行量化。因此，客观平等状况测量的是不同个人或群体的收入、财产、健康等在数量上的差距。

① 张志学. 中国人的分配正义观［M］//杨国枢等. 华人本土心理学（下）. 重庆：重庆大学出版社，2008.
② 谢宇. 认识中国的不平等［J］. 社会，2010（3）；阎云翔. 差序格局与中国文化的等级观［J］. 社会学研究，2006（4）.
③ 李强. 社会分层与社会空间领域的公平、公正［J］. 中国人民大学学报，2012（1）.
④ 卢晖临. 集体化与农民平均主义心态的形成——关于房屋的故事［J］. 社会学研究，2006（6）.
⑤ HANS-JÜRGEN.Four Worlds of Welfare State Attitudes？A Comparison of Germany，Norway，and the United States［J］. European Sociological Review，2001，17（4）.
⑥ GIULIANO B .Public Attitudes to Social Protection and Political Economy Traditions in Western Europe［J］. European Societies，2000，2（4）.
⑦ HALLER M，JOWELL R，SMITH T W . The International Social Survey Programme，1984—2009：Charting the globe［M］. New York：Routledge，2009.
⑧ 英格尔哈特. 发达工业社会的文化转型［M］. 张秀琴，译. 北京：社会科学文献出版社，2013；英格尔哈特.现代化与后现代化：43个国家的文化、经济与政治变迁［M］. 严挺，译. 北京：社会科学文献出版社，2013.
⑨ MASON D S，KLUEGEL J R. Marketing Democracy：Changing Opinion about Inequality and Politics in East Central Europe［M］. Washington：Rowman & Littlefield，2000.
⑩ 孙明. 市场转型与民众的分配公平观［J］. 社会学研究，2009（3）.
⑪ 樊纲. 平等、公平与经济发展［M］//姚洋.转轨中国：审视社会公正和平等. 北京：中国人民大学出版社，2004：612.

其中，使用基尼系数、变异系数和泰尔指数[①]等对收入分配差距进行测量是开始较早的。例如，王丰通过基尼系数和泰尔指数从所有制类型、行业、地域和工作组织等维度对中国城市的收入差距进行了比较[②]；李实等对于中国居民财产分布的不平等进行了测量[③]；赵人伟、薛进军和万广华等也对于收入不平等进行了测量[④]。郝令昕等还介绍了从分布属性的角度对于不平等进行测量的三种方法：概要测量、基于分位数的测量以及基于相对分布的测量等[⑤]。"不管用什么度量方法，数据的质量是关键。然而，涉及人们的收入和财产这些最敏感的个人隐私话题，获取准确的数据绝非易事。即使在制度十分健全的国家，地下经济和偷税漏税也难以避免，有关收入和财产的数据也存在瑕疵"[⑥]。为了克服已有测量在数据收集方面存在的不足，王小鲁采用问卷调查方法对中国的隐性收入问题进行了测量。[⑦]平等的对象包括尊严、权利、机会、收入、资产、幸福、资源、能力和参与。[⑧]随着研究的深入，客观平等状况测评的内容也不断向消费、健康和住房等领域扩展。[⑨]

平等的内容是多元的，单一内容的测量并不能充分反映客观平等状况。相应地，从多个方面进行测量逐渐兴起。比较有代表性的是20世纪末期在欧洲兴起的以社会赋权、社会包容、社会经济保障和社会凝聚为支撑的社会质量研究。其中的客观生活质量研究就是从多个方面对客观平等状况进行综合测量。例如，2001—2005年，欧洲社会质量基金会（EFSQ）构建了95个社会质量的指标（即欧洲社会质量，ESQ），并用这些指标评估了14个欧洲国家公民的社会质量。之后，社会质量的研究逐步向其他地区传播。从2007年开始，亚洲一些国家和地区的学者就根据亚洲的实际，重新设计了亚洲社会质量（ASQ）指标。[⑩]《中国人类发展报告2005》从财产与收入、机会与能力、社会保障与公共支出等方面对中国的公平状况进行了测评。[⑪]中国国家统计局课题组设计的和谐社会指标体系中就包括公平正义指标：用"基尼系数"来反映不同利益阶层之间的收入分配差距；用"城乡居民收入比"反映城乡居民的收入分配差距；用"地区经济发展差异系数"来反映不同地区之间的生活水平差异；用"高中阶段毕业生性别比"来反映教育的性别公平。测量结果发现，在2000—2003年间，"基尼系数"、"城乡居民收入比"和"地区经济发展差异系数"均呈下降趋势，而"高中阶段毕业生性别比"则呈显

① ALLISON P D . Measures of Inequality ［J］. American Sociological Review，1978，43（6）.
② FENG W . Boundaries and Categories：Rising Inequality in Post‐Socialist Urban China ［M］. Redwood：Stanford University Press，2008.
③ 李实，等. 中国居民财产分布不均等及其原因的经验分析 ［J］. 经济研究，2005（6）.
④ 赵人伟，等. 中国居民收入分配再研究：经济改革和发展中的收入分配 ［M］. 北京：中国财政经济出版社，1999；薛进军. 不平等的增长：收入分配的国际比较 ［M］. 北京：社会科学文献出版社，2013.
⑤ 郝令昕，奈曼. 评估不平等 ［M］. 巫锡炜，译. 上海：格致出版社、上海人民出版社，2012.此外，阿玛蒂亚·森对于经济不平等的测量方法也有详细的介绍，参见：森. 论经济不平等/不平等之再考察 ［M］. 王利文，于占杰，译. 北京：社会科学文献出版社，2006.
⑥ 王绍光. 安邦之道：国家转型的目标与途径 ［M］. 北京：三联书店，2007：230.
⑦ 王小鲁. 我国的灰色收入与居民收入差距 ［M］//吴敬琏. 比较. 第31辑. 北京：中信出版社，2007：33-70；王小鲁. 灰色收入与国民收入分配 ［M］//吴敬琏.比较.第48辑. 北京：中信出版社，2010：1-29；王小鲁. 灰色收入与国民收入分配：2013年报告 ［M］//吴敬琏. 比较. 第六十八辑. 北京：中信出版社，2013：1-50.
⑧ 王绍光. 安邦之道：国家转型的目标与途径 ［M］. 北京：三联书店，2007：205-213.
⑨ 罗楚亮. 城镇居民住房不均等性的变化 ［J］. 中国人口科学，2013（4）.
⑩ 王丽容. 亚洲社会质量指标：社会是独特的？［M］//张海东. 社会质量研究：理论、方法与检验. 北京：社会科学文献出版社，2011：156-187.
⑪ 联合国开发计划署驻华代表处等.中国人类发展报告2005：追求公平的人类发展 ［M］. 北京：中国对外翻译出版公司，2005.

著上升趋势。①宋洪远等利用人类发展指数计算了中国按城乡分的收入指数、教育指数和出生时预期寿命指数，并进一步构建了按城乡分的人类发展指数。测量发现，20世纪90年代以来，城乡在收入指数上的差距始终是最大的，并且在整体上呈现出扩大的趋势；城乡教育指数的差距要小于收入指数的差距，并且在整体上呈现出缩小的趋势；城乡人口出生时预期寿命指数始终是最小的，然而这种差距却在扩大。②此外，周长城设计了包括健康、物质福利、消费、社会保障、社会公正、公共安全、环境、休闲、教育、居住状况等在内的客观生活质量评价指标体系。③

2.客观均等状况

"确保所有社会成员平等享有义务教育、公共卫生与基本医疗、基本社会保障、公共就业服务等基本公共服务的权利"④是政府促进基本公共服务均等化的目标。均等（equity）可以理解为公平，它不是数量上的绝对平等（equality），而是承认数量上的差距，但是要将这种差距控制在一定的范围内。由于均等"包含均衡、相等的意思，而均衡有着调节、平衡的过程，最后达到相等"⑤，因此，客观均等状况所测量的是政府基本公共服务均等化的绩效。

在对单一公共服务绩效的测评中，法比安·费佛（Fabian T.Pfeffer）使用对数线性模型和对数乘积模型从教育流动性对世界上20个国家和地区的教育不平等现状进行了分析，结果发现父母的受教育程度与子女的受教育程度有很强的联系，这可以称为教育机会的"持久不平等"（persistentinequality），这一现象与相关制度是存在联系的。⑥无论个人的收入水平如何，具有相同医疗需求的人，能否得到相同的医疗服务？亚当·沃格斯达夫（Adam Wagstaff）等从"水平不平等"（horizontal inequality）的角度对于健康服务的均等化程度进行了测量，该研究根据已有测量指数存在的局限，提出了一个新的测量指数，并且使用两种指数对荷兰的社区医疗、医生和住院部门进行了测量，结果发现，有些方面对于穷人较为有利，而有些方面则对于富人更为有利。⑦王小鲁对于居民从医疗保险中实际受益情况的研究表明，高收入居民从医保和公费医疗体系的受益要远高于中低收入的居民，特别是低收入居民。⑧李春玲基于2005年人口抽样调查数据对于高等教育扩张政策的平等化效应进行了实证研究，发现大学扩招并没有促进中国阶层、民族和性别之间的教育机会均等，反而导致了城乡教育不平等的上升。改革开放以来中国教育机会不平等的产生与政策变化有很大关系。⑨

① 国家统计局课题组. 和谐社会统计监测指标体系研究 [J]. 统计研究，2006（5）.
② 宋洪远，马永良. 使用人类发展指数对中国城乡差距的一种估计 [J]. 经济研究，2004（11）.
③ 周长城，等. 生活质量的指标构建及其现状评价 [M]. 北京：经济科学出版社，2009：465-466.
④ 联合国开发计划署. 中国人类发展报告（2007—2008）：惠及13亿人的基本公共服务 [M]. 北京：中国对外翻译出版公司，2008：60.
⑤ 安体富，任强. 公共服务均等化：理论、问题与对策 [J]. 财贸经济，2007（8）.
⑥ PFEFFER F T. Persistent Inequality in Educational Attainment and its Institutional Context [J]. European Sociological Review，2008，24（5）.
⑦ WAGSTAFF A，DOORSLAER E. Measuring and Testing for Inequality in the Delivery of Health Care [J]. The Journal of Human Resources，2000，35（4）.
⑧ 王小鲁. 灰色收入与国民收入分配：2013年报告 [M] //吴敬琏. 比较. 第六十八辑. 北京：中信出版社，2013：1-50.
⑨ 李春玲. 高等教育扩张与教育机会不平等——高校扩招的平等化效应考查 [J]. 社会学研究，2010（3）；李春玲. 社会政治变迁与教育机会不平等——家庭背景及制度因素对教育获得的影响（1940—2001）[J]. 中国社会科学，2003（3）.

在综合测评中，陈昌盛和蔡跃洲设计了一个包括 8 个子系统共 165 个指标的体系，采用基准法和数据包络分析方法，从"投入—产出—受益"维度测量了 2000—2004 年间中国公共服务的综合绩效，投入—产出效率和改善程度；并且对地区之间、城乡之间在基础教育、公共卫生和社会保障等领域存在的差距进行了测量。①《中国人类发展报告 2007—2008》比较了中国城乡、区域和性别之间基本公共服务的差距，还特别针对农民工群体的基本公共服务状况进行了测量②。卢洪友等也从"投入—产出—受益"维度对中国基本公共服务的均等化进行了测评，并且对于各省（自治区、直辖市）之间在教育、卫生、文化、就业、环境等基本公共服务上的差距进行了比较。③安体富等设计了一个包含 4 个级别共 25 个指标的指标体系，对中国地区之间社会保障、公共卫生、基础教育等公共服务的绩效进行了比较。结果发现：2000—2006 年地区间公共服务水平的差距呈现出扩大的趋势；在 2006 年，公共服务项目按不均程度由大到小依次是科学技术、社会保障、环境保护、公共卫生、基础教育、基础设施和公共安全。④解垩从筹资公平、健康消费公平、服务利用及健康公平等三个方面对于中国城乡卫生医疗服务均等化进行了测评，并且提出了政策建议。⑤石绍宾从融资制度、可及性以及办学条件等方面对中国城乡基础教育均等化进行了测评。⑥

四、已有研究存在的局限

总体来看，尽管对当前中国民众社会正义认知问题的研究在很多方面都达成了明显的共识，但是依然存在如下几个方面的局限，需要进一步完善。

（一）社会正义认知状况的内容有待进一步理清

随着社会不平等问题研究的逐渐深入，人们对于社会资源分配状况是否合理的主观感受等问题逐渐开始进入相关研究的视野，是否将类似问题纳入分析视野将会得出截然不同的结论。在已有相关研究中，既有围绕社会资源分配合理性的主观感受等问题进行的分析，又有针对人们评价社会资源分配状况的合理性时所持有的价值标准进行的探讨。那么，作为社会正义认知状况的组成部分，正义感受（人们对于社会资源分配状况是否合理的主观感受）、正义观念（评价社会资源分配状况的合理性时所持有的价值标准）等问题之间是一种怎样的关系？类似的问题还需要进一步的分析，而其中的关键在于理清社会正义状况、社会正义认知状况等各自所包含的内容。

（二）对民众正义认知状况的研究需要引入历时态的分析视角

民众正义观念研究可以分为历时态视角和共时态视角两种，两者相互交叉构成了民众正义观念问题研究的坐标系。相比较而言，已有中国民众正义观念问题的研究大多数

①　陈昌盛，蔡跃洲. 中国政府公共服务：体制变迁与地区综合评估［M］. 北京：中国社会科学出版社，2007.
②　联合国开发计划署. 中国人类发展报告（2007—2008）：惠及 13 亿人的基本公共服务［M］. 北京：中国对外翻译出版公司，2008.
③　卢洪友，等. 中国基本公共服务均等化进程报告［M］. 北京：人民出版社，2012.
④　安体富，任强. 中国公共服务均等化水平指标体系的构建——基于地区差别视角的量化分析［J］. 财贸经济，2008（6）.
⑤　解垩. 城乡卫生医疗服务均等化研究［M］. 北京：经济科学出版社，2009.
⑥　石绍宾. 城乡基础教育均等化供给研究［M］. 北京：经济科学出版社，2008.

是从共时态的视角展开的。然而，对处于急剧社会转型时期的中国来说，从这一视角出发进行的研究只能揭示出当前不同群体的正义观念之间的差异，却不能对这种差异的原因以及影响因素等问题进行更为充分和全面的解释。因此，对当前中国民众社会正义认知问题的研究有必要引入历时态的视角，将其放在从传统社会到现代社会变迁的时代坐标系中来进行认识，从而揭示出社会转型对民众正义观念变迁的影响机理，进而为推动民众正义观念的现代转型提出积极的政策建议。

（三）传统社群正义观念的总体特征需要系统"还原"

在中国现代化的过程中，与社会正义高度相连的社会、权利和正义等诸多概念都是逐渐从西方发达国家逐渐传入中国的，但是，这并不意味着中国古代没有类似的概念，更不意味着传统社会的民众心目中对于应如何合理分配社会资源没有理解。其中的区别在于，在传统社会，民众是采用一系列具有强烈"本土化"特征的话语体系来表达的。例如，"过日子"、"人情"、"报应"、"面子"和"说法"等都是传统民众正义观念的一种表述。随着中国社会现代化进程的不断深入，为了更好地对民众正义观念变迁的问题进行研究，需要借助于现代社会正义的一系列话语体系来"还原"中国传统民众正义观念的主要特征以及相应的社会根源。只有这样才能准确地对民众正义观念的现代化状况进行测量，才能发现社会转型与民众正义观念变迁的内在逻辑。

（四）需要进一步加强社会正义认知状况的实证研究

采取实证研究方法对相关社会正义的原则进行检验是正义问题研究的一项重要内容，虽然很多学者都提出了自己的正义理论，但是，在现实中，民众心目中持有的正义观念又是否和相关理论的主张相同，这也是一个需要回答的问题。其中比较具有代表性的成果有：豪尔绍尼对罗尔斯正义原则的检验[1]；米歇尔·伯克利对戴维·米勒正义原则进行的检验[2]。近年来，随着中国民众看待社会不平等态度等相关问题研究的逐渐深入，民众的正义原则偏好有了较大的进展，但是总体来看，运用问卷调查、案例分析以及行为实验等方法进行的实证研究还需要进一步强化。

基于以上几点认识，本书认为，深入推进民众正义观念问题的研究需要通过问题导向来有效整合民众正义观念不同维度的各项内容，积极引入历时态的分析视角，在"还原"中国传统社群正义观念的特征以及相应社会根源的基础上，进而采用实证研究方法来分析社会转型对民众正义观念变迁所产生影响的内在机理就成为民众社会正义认知问题研究所面临的主要任务。

第四节　研究的内容

本书的研究内容主要包括以下几个方面：

---

　　① HARSANYI J C . Can the Maximin Principle Serve as a Basis for Morality? A Critique of John Rawls's Theory [J]. The American Political Science Review，1975，69（2）.
　　② BUCKLEY M . Justice in Context：Assesssing Contextualism as an Approach to Justice [J]. Ethics & Global Politics，2012，5（2）.

一、关于社会正义的理论研究

虽然本书主要是对社会正义状况测评的实证研究，但是这并不意味着一定会拒绝和排斥相关的理论研究。因此，对公平正义的规范研究在本书的研究设计中也将占有一席之地，而且具有不可忽视的价值，是后续实证研究得以展开的重要基础。由于社会公平正义原则具有较大的理论张力，不同的思想家对社会公平正义的认知及实现方式的理解存在诸多不同。所以，本书将会系统梳理国内外公平正义理论的不同学术流派与演进历程，并且对该领域的一些有争议的概念进行介绍，提出本书研究对于所涉及的核心概念的理解与界定，提出贯穿课题始终的分析框架，为整个研究的中心内容——社会公平正义现状测评及对策——奠定扎实的基础，以期有效避免由于概念界定不清等问题而影响课题研究的顺利开展。此外，本书还将从社会公平正义理论研究的相关内容中汲取营养，对社会公平正义涵盖的领域进行系统深入的了解，提出社会正义状况的分析框架，为后续的相关研究提供参考和依据。

二、对当前中国民众社会正义主观认知的研究

公平正义不仅涉及收入分配和公共服务供给的客观平等问题，还涉及人们对社会资源分配状况是否合理的主观评判。在本研究中，我们将民众的社会公平正义认知区分为公平感受和正义观念两个部分。其中，正义观念是人们评价社会资源分配是否合理时所持有的价值标准，反映的是怎样分配才公平、合理的问题；公平感受是人们根据特定正义观念对社会资源实际分配状况加以判断进而形成的主观感受，反映的是资源分配是否公平、合理的问题。我们在明确区分了正义观念和公平感受的基础上，运用社会调查数据对这两个方面分别进行了较为详尽的描述和分析，同时也进一步作了整合性的分析。关于正义观念，我们的研究主要关注这样几个问题：公平正义的重要性程度，社会转型时期民众正义观念的总体特征，民众正义观念在分配主体、分配客体、分配原则和比较对象选择等方面呈现出的具体特征，立足社会转型的背景分析民众正义观念转型的相关影响因素。关于公平感受，我们则从宏观和微观的不同侧面予以关注。在宏观层面，重点分析民众对社会公平正义总体感受状况及影响因素。在微观层面，从医疗卫生、教育、政治参与、就业和户籍政策入手，对具体的民众社会公平感受及其影响因素问题进行分析。

三、对传统社群正义观念问题的研究

正义这一概念在中西方具有不同的演进历程。在西方，至少从柏拉图时代开始便有了对于正义是什么等相关问题的详细讨论。在中国，正义概念却是自从现代化开始之后才陆续从西方传入的，但这并不意味中国传统社会就没有类似的表达，在传统中国社会，人们主要是通过一系列具有鲜明"本土化"特征的话语来表达对于社会资源"由谁来分配""按照怎样的原则分配""分配什么""分配原则如何适用"等问题的认知。随着现代化进程的持续深入，正义等概念陆续传入中国，人们也开始用相应的概念来表达

对于社会资源分配等问题的理解。但是，由于传统的"本土化"以及现代的"正义"两种不同的表述形式的存在，在该问题的研究中可能会出现的问题是：正义观念的研究中的两种表达形式不能充分"接轨"。为了有效避免这种问题的产生，需要基于现代正义理论的分析框架来"还原"传统的社群正义观念。系统"还原"传统社群正义观念的主要特征、阐释其社会根源具有极为重要的意义，不仅是测量当前的民众正义观念在现代化的道路上究竟走了有多远的前提，也是正义观念现代转型问题研究的"原点"。

四、对促进社会正义共识相关政策建议的研究

目前的社会正义认知中存在一些明显的"失衡"现象。首先，社会基本结构与民众正义观念之间存在"失衡"。从转型的视角来看，社会正义不仅要求社会结构的现代化，还要求民众正义观念的现代化，但两者的步调并不总是一致的。从社会转型的实践来看，两者之间的不同步现象在当前民众正义观念领域也存在，这就导致了社会基本结构与民众正义观念之间出现"失衡"现象，民众正义观念中的一些内容明显是与现代社会结构的要求相违背的。与此同时，不同社会群体的生活经历是存在差异的，这会导致不同社会群体正义观念之间的"失衡"现象。因此，如何有效促进社会正义共识的形成、推动正义观念的现代转型是相关研究需要回答的一个重要问题。本书根据民众社会正义认知现状的相关研究，从多个方面提出了有效推动民众正义观念转型、促进社会正义共识形成、切实提高社会公平正义程度的相关政策建议。

第五节　研究的方法

本书对于当前中国民众社会正义认知状况问题的研究是采用理论研究和实证研究相结合的方法进行的。

一、理论研究方法

就理论研究而言，本书主要是通过对于正义理论演进历程的系统梳理，明确了社会正义（现代分配正义）理论的主要特征，并基于现代社会正义理论的构成要素提出了民众社会正义认知状况的分析维度。此外，本书还通过对于社会转型、生命历程、社会价值观念变迁等相关理论的梳理，进一步明确了社会价值观念变迁的一般规律和影响因素。最后，本书以上述理论为基础，构建起了民众社会正义认知状况及影响因素问题的分析框架，也就是社会转型通过改变人们的生活经历对正义认知状况的变迁产生影响。这一分析框架为后续民众社会正义认知状况的实证研究奠定了较为坚实的基础。

二、实证研究方法

就实证研究而言，本书对于当前民众社会正义认知状况的分析是采用问卷调查方法进行的，基于问卷调查结果对当前民众社会正义认知状况的特征以及影响因素等问题进行了统计分析。除非特别说明，本书所使用的数据全部来源于 2014 年 6—8 月间，国家

社会科学基金重大项目"我国社会公平正义现状测评与改善对策研究"课题组通过问卷调查方法在全国范围内实施的"当代中国社会公平感状况调查"。此次调查的抽样是根据第六次全国人口普查数据结果，采用分层分阶段法实施的。首先将全国分为直辖市、东部、中部和西部四个地区。其次，以省、自治区和直辖市为初级抽样单位（不包括新疆、西藏、青海）。以区（直辖市、省会城市和地级市所辖区）、县（包括县级市）为二级抽样单位；以街道、乡镇为三级抽样单位；以居民委员会、村民委员会为四级抽样单位；在居委会或村委会中抽取家庭户，并通过生日法在家庭住户中选择一个生日（公历）与7月20日（公历）最接近的18周岁以上成年常住人口为最终抽样单位。最后，共抽取北京、上海、山东、广东、河南、湖南、内蒙古、陕西等8个省级单位，19个区县级单位，32个街道或乡镇级单位，96个居委会或村级单位。调查共发放问卷2 600份，回收有效问卷2 425份，回收率为93.3%。

第六节　创新与不足

一、本研究的创新与特色

（一）系统梳理社会正义的基础理论

社会公平正义问题十分复杂，涉及多个学科的研究领域。全面考察中国社会公平正义问题研究的已有研究成果，我们发现，有关正义的研究成果充满了冲突与歧异，究其原因，主要在于对正义及相关概念的理论认识存在莫衷一是的问题。在本书中，为了达到设计社会正义测评指标的直接目标，我们必须首先系统梳理社会正义的相关理论和研究成果。出于这种认识，我们选择了以历史分析为主、以比较研究为辅的研究方法，从思想史的角度挖掘社会正义的基本内涵的演进与变化，从而得出对平等、正义、公平、公正等相关概念的理论界定。这一工作不仅为本书的后续研究奠定了扎实的基础，也从政治学角度丰富了对社会公平正义问题的研究成果。

（二）理论研究与实证研究方法的综合运用

理论研究和实证研究之间是相互支持、相互促进的。相比较而言，中国学术界对社会公平正义问题的研究主要集中在理论研究方面，理论研究的成果不断完善、丰富社会公平正义理论体系。作为哲学社会科学的重要研究对象，社会公平正义的研究同样需要做到规范研究与实证研究的结合。本书的一个重要特征就是以规范研究的成果为基础，根据相关理论，形成研究的理论预设，然后采用实证研究为主的方法对当前的社会正义认知状况进行深入的研究，为公平正义理论体系的完善进行一些有价值的尝试。

（三）区分了社会正义主观与客观的不同面向

社会正义的现状主要包括哪些内容？这可能是一个为相关研究所忽视的基础性问题。事实上，这种局限在很大程度上制约了社会公平正义测评研究的深入。本书研究立足已有相关研究成果，尝试将社会正义的现状划分为主观和客观两个维度，包括客观平等状况、客观均等状况、主观正义观念和主观正义感受等四项内容。不同维度的各项内容是相互联系的。按照这种划分标准来审视学术界对社会公平正义测评问题的研究，我们可以发现以下几个突出的特点：客观测量较多，积累了一定的方法，并且形成了一些评价指标，如基尼系数、恩格尔指数等；主观感受测评较少，对于公众公平感的研究处于起步状态；目前有关中国社会公民正义观的研究，大多未能运用社会科学的研究方法对社会正义认知进行实证研究，已有的为数不多的对民众正义观的考察主要是从个案展开的，尚未有采用社会调查方法对社会公众正义观进行全面考察的成果出现；对主观维度与客观维度不同内容之间相互关系的研究上还亟待深入推进。与已有研究相比，本书一方面区分了主观评价与客观测量两种研究路线，另一方面在主观评价与客观测量的综合分析中推动社会公平正义理论研究的进展。

（四）揭示出转型期正义观念的特征及转型方向

本研究认为公众社会公平正义主观认知状况是公众对社会资源实际分配状况合理性的评价标准以及在此基础上形成的主观感受，体现在公平和公正两个方面。立足社会转型的时代背景，课题组采用问卷调查等实证研究方法，将公平和公正整合起来对公众社会公平正义主观认知状况进行了测评，研究成果厘清了当前中国民众正义观念呈现"实质正义优先于程序正义"的态势，表明当前中国民众正义观念与社会现实之间存在冲突，主流正义观念未能调适或缓和社会矛盾的作用。着眼未来，中国人的正义观念要向凝聚程序正义共识的方向转型。为了推进国人正义观念的现代转型，需要从促进经济发展、提升整体受教育程度、规范收入分配等方面着手努力。

二、本书存在的不足

（一）需进一步丰富社会正义认知状况的研究方法

本研究主要是运用问卷调查法对民众社会正义认知状况进行了分析，也围绕民众社会正义认知状况的特征及影响因素等问题得出了一些初步的研究结论。但是，由于问卷调查方法也有其自身的局限和不足，因此，为了进一步细化研究主题、验证已有研究假设，民众社会正义认知状况的研究还需要继续丰富相应的研究方法，积极引入行为实验、访谈以及案例分析等相关研究方法。

（二）需对民众社会正义认知状况的动态跟踪研究

已有对民众社会正义认知状况的研究大多采用的是横截面数据，其不足是不能有效揭示民众社会正义认知状况的动态变化。已有的近十年来社会公平评价特征的研究表明，社会公平评价处于动态的变化中。[①]那么，民众正义观念是否也在不断变化？只有动态跟踪研究才能有效回答类似的问题。因此，主要通过动态的跟踪数据才能充分揭示民众社会正义认知状况的实际变化，从一个侧面来深入观察巨大变迁时代"中国体验"的发展变化情况。

上述不足是我们在今后的研究中需要进一步加以关注的问题。

---

① 李炜. 近十年来中国公众社会公平评价的特征分析［J］. 山东大学学报：哲学社会科学版，2016（6）.

第二章

社会正义的相关理论

第一节　概念辨析

一、正义及历史演进

正义包括两个基本方面：一是对个人行为正当性的追问；二是对社会关系正当性的追问。单就人类的社会正义理想来说，它无疑是最久远和最重要的一个社会理想。也可以这样说，所有的人类社会理想中都或多或少地包含着正义的因素与要求，所有的人类社会理想都可以看作对正义社会的不同表达与描述。或者说，正义乃是人类对理想社会状态的一种描述，是对人的社会行为与社会关系是否正当的一种追问。从客观上说，人与人之间的社会关系和利益冲突是正义问题产生的实践前提。如果人们生活在互不相干、没有利害冲突的状态，就不会有正义与否的判断和对正义的要求。从主观上说，人自身的超越本性和自我意识的发展是正义问题产生的思想条件。虽然有些动物也依靠群体生活，但它们没有理性意志，没有理想追求，更没有能力改变自然所安排的生活秩序，所以也不会提出正义的要求。人的生活实践在本质上是积极能动的，不仅要适应环境，还会积极地改造环境，以自由自觉的活动满足自己的需要，正是在改造世界的实践中，人才会提出正义的要求。因此，正义是人在社会实践中的反思，正义产生于人的超越本性与社会现实之间的矛盾。现代社会利益关系日趋复杂，利益冲突与矛盾在所难免，如果不能为人类的各种活动提供有序的安排和稳定的社会规则秩序，就不能创造出令人满意的社会生活样式。

人需要面向未来规定与改造现在，用理想引导自己走向未来。一方面，人类总是用理想的正义观念不断批判和改造现实，并且总是在不断地追求新的理想，因此，现实永远不会完全满足人的正义要求；另一方面，理想的正义必然不断地被部分地移植到现实世界，通过一系列制度与程序表现出来，真正的正义理想不可能完全脱离人的现实生存状态和可能的生活状态。"正是在不把理想视为现实时，理想才改进着现实"。基于人自身超越性而形成的理想意义上的正义可以称为"应然正义"，也即"应当的"公正，反映了人们对于正义的一种"纯粹的"价值追求。应然正义的研究主题是"正义应当是怎样的"或者"在一个理智的社会成员看来，何为真正的公平"。基于现实社会条件约束而形成的正义可以称为"实然正义"，也即正义的实际实现状态和真实世界中人们对公平的主观感受。从二者的关系来看，一方面，应然正义与实然正义之间存在着永恒的距离，因为一旦某种应然正义得以实现，就会产生更高层次的正义要求，向现实提出新的挑战，这正如理想与现实的关系一样。另一方面，实然正义始终是趋向于应然正义的，社会正义的实现程度，可以归结为"应然正义"与"实然正义"的统一程度问题。应然正义与实然正义的统一程度越高，就意味着社会公正的实现程度越高。

进一步说，应然正义与实然正义是一个相互转化的过程，在这一过程中，可以区分出三种样态的正义：观念正义、制度正义和行为正义。

首先，观念正义是指在一个特定社会中，不同的社会群体对社会公正实现程度的主观感知。需要指出的是，这种"体验到的正义"并不是根据逻辑思辨从"思想实验"得出的"概念化的正义"。在现代社会中，既可以通过社会调查方法来获取相关数据，也可以经由实验方式获得。比如，Frohlinch 和 Openheimer 合作的一系列实证研究（1987；1992）以及 Oleson（2001）在澳大利亚、加拿大、波兰、日本和美国的精密实验，都致力于发现现实中的人们是否会遵照罗尔斯等理论家所论证的公平原则行事。遗憾的是，实验结果表明，理论与现实之间往往存在着"可信者不可爱，可爱者不可信"的矛盾。观念正义各有不同，它反映的是人们主观的生活理想，为人们提供不同的世界图画。就社会交易或社会资源分配来说，Deutsch（1985）就列出了11种分配原则，例如按劳动量分配、按需要的紧迫程度分配等，在不同文化、不同情境和不同人群之中，这些原则中的任何一种都会被认为是公平的。从总体上看，这些分配原则可以分为三个层次：一是需求（need）法则，认为利益的分配应当满足接受者的合理需求，而不管他们个别的贡献大小；二是平等（equality）法则，不管每个人客观贡献的大小，要求大家一律平均分配经济活动的最终成果（利润及损失）；三是公平或衡平（equity）法则，主张每个人都应当依其贡献比例的大小获得相当的报酬。公平法则包含两方面含义：一是每个人都会关心自己的收益与付出的比例，二是人们同时也关心别人的收益与付出比例。不同的分配原则总是与特定的社会文化环境相关联。每种文化环境都有其独特的结构情境，生活于其中的个体会以不同的方式来思考和协调人际关系，占有和分配社会资源。"不同的世界图景，表现着不同时代、处于不同地位的人们对于身处世界的不同理解、不同观点和不同追求"。如果收入分配明显违背了社会成员大致认可的正义原则，便会导致社会成员不满情绪，甚至引发社会矛盾与社会冲突。特别是在从传统社会向现代社会的转变过程中，随着人们交往范围的扩大，各种分配原则之间的冲突日益凸显，要消解这种价值观的冲突，就需要该社会中不同阶层和群体达成基本的正义共识，通过价值观的调和来缓解社会利益矛盾。

其次，制度正义所关注的是社会制度或政策是否符合社会普遍的道德伦理和价值，以及社会大多数成员对所处的制度是否有认同感和归属感。制度正义上承观念化的正义理念与价值，使正义观念转化为制度现实，有什么样的正义观念就有什么样的制度设计；同时它又具有规范化、客观化、可操作化和效果评价化的特征，规定了人们的行动框架。制度正义是观念正义与行为正义的交接地带，是应然正义向实然正义的转换环节。制度和政策的公正性主要体现为它是否有效地回应了各种社会问题和压力，是否有助于这些社会问题和社会矛盾的解决。随着现代化进程以及社会主义市场经济的推进，中国社会发生了历史性的巨大变化，同时也出现了许多新的问题。其中，直接涉及社会公正方面的问题愈发凸显，并影响社会的方方面面，如社会贫富差距扩大问题、东西部发展的差距问题、就业和失业问题、社会保障问题等，愈发为社会公众所普遍关注，成为影响中国社会转型和社会发展的重要问题。这些问题若不能得到应有的重视并予以制度化解决，就会直接影响社会稳定，降低整个社会的发展质量，甚至危及社会的安全运行和健康发展。

最后，制度本身的正义性与制度运作的正义性不是一回事，前者只需要遵循普遍正义的政治原则来进行制度设计、制度选择和制度安排；而后者还需要政治权力的公共运作（政府运作）、公共管理者的制度化行为示范和对于社会非正义结果的合理有效的社会校正机制等实践资源或条件。[1]也就是说，正义的制度本身并不能确保社会正义的普遍、持久实现，它只有与具体的公共行政行为和公共政策结合起来，才能转化为现实。换言之，观念正义和制度正义需要通过行政正义加以贯彻和落实。行政正义，可以简单理解为政府行为层面的社会正义，即通过公共权力的行使保证政府所提供的社会福利、可提供的机会尽可能在社会成员之间分配，集中表现为政府在施政过程中平等、公正地对待当事人，排除各种可能造成不平等或偏见的因素。制度正义与行政正义相结合，就构成了人们通常所说的"法治"，即"已成立的法律获得普遍的服从，而大家服从的法律又应该本身是制定的良好的法律。"[2]中国有着长期的"人治"传统，又处于社会转型时期，人们头脑中的规则意识相对淡漠，而规则体系本身又频繁变动，这就容易造成行为正义的缺损，具体表现为制度和政策的具体落实遭遇梗阻，公共权力异化导致腐败、寻租，严重损害了公共权力主体的形象和声誉，也在一定程度上造成了社会公众对政府的信任危机。

二、正义的类型划分

正义可以从不同角度进行分类。从正义所存在的社会领域来看，可以分为政治正义、经济正义、社会正义和环境正义。从时间维度上考察社会正义，则包括三个层面：宏观层面的代际正义、中观层面的社会政策与社会分配（机制）正义、微观层面的以社会成员（群体或个体）为中心的经济正义（收入公平、财产公平和消费公平）。从正义的空间范围来看，也包括三个层面：宏观层面的全球正义、中观层面的民族国家范围内的社会正义、微观层面的组织正义和个人正义。在这里，我们不对所有上述正义的类型作详细阐述，只重点介绍个人正义与社会正义、自然正义与约定正义。在我们看来，这两对范畴对于我们理解正义观念有着重要的意义。

---

[1] 万俊人. 制度的美德及其局限 [J]. 中国人民大学学报，2005（3）.
[2] 亚里士多德. 政治学 [M]. 吴寿彭，译. 北京：商务印书馆，1965：129.

（一）个人正义与社会正义

正义问题存在于个人行为和社会关系两个领域，正义观念同时关注个人行为和社会关系的公正性。因此，正义概念本身就具有道德和伦理两方面的含义，或者说，正义既是一项道德原则，又是一项伦理原则。作为道德原则，正义本质上是个人内心向往追求善的道德情感，宗旨在于规范个人的行为；作为伦理原则，正义本质上是调节人们之间各种社会关系的一种规范，宗旨在于建构合理的社会合作体系，为人的幸福生活提供条件和保证。直观来看，个人正义意味着一种行为得到相应的回报，或者，一种回报来自相应的行为，即善有善报，恶有恶报。这是个人正义的基本内容。社会正义作为以社会为行为主体的公正，核心在于社会所进行的权利与义务的分配行为。

从个人正义到社会正义，反映了人类社会的历史发展进程。古典正义主要关注个人品质，并将正义视为"美德"。而自 19 世纪末开始流行的"社会正义"观念，主要关注社会全体成员的基本需要及"分配正义"或"经济正义"问题。当今许多人认为，社会正义及其所代表的复杂思想是古老的词汇，在亚里士多德时代，人们就在评价社会时使用这个概念。塞缪尔·弗莱施哈克尔的研究表明，社会正义（分配正义）这一词汇在历史上经历了从古典到现代的含义转换。亚里士多德认为，"分配正义"指的是确保应该得到回报的人按他们的美德得到利益的原则，尤其是考虑他们的政治地位；而"现代意义上的'分配正义'，要求国家保证财产在全社会分配，以便让每个人都得到一定程度的物质手段。分配正义的辩论往往集中在可保证的手段的数量，以及保证这些手段的分配得到执行所需的国家干预程度。"①也就是说，分配正义的现代意义认为，人们应得到某种东西，不管他们的品质如何，也不管他们做了什么。社会正义观念萌芽于 18 世纪末期，那时，关注弱势群体成为上流社会的一种风尚。人们不再认为穷人应该永远留在社会底层，他们也可以通过智慧、勤奋和运气获得相应的社会地位。这种态度的变化，连同一系列科技发展和政治进步，让消除贫困有了实现的可能，并从中诞生了分配正义的现代观念，即国家能够并且应该帮助人们摆脱贫困。也就是说，分配或者重新分配财富成为政府工作的一部分。但在整个 19 世纪，不仅那些反对国家重新分配财富的人拒绝分配正义，就连实证主义、社会主义和功利主义这些支持财富重新分配的哲学派别也拒绝使用"分配正义"来描述其目标，这就阻碍了基于正义的社会对话。直到 20 世纪上半叶，政府负有减少贫困的义务的观念才成为各国福利实践的道德基础，社会正义的观念才开始影响公共政策。而直到罗尔斯发表《正义论》，这种源自 19 世纪末人们的直觉的社会正义观念才得到了系统化的理论阐释，并不断得以丰富。

当然，理论界依然存在对社会正义观念的质疑与批判。哈耶克的理论极具代表性。哈耶克经由阐释正义的适用范围和条件，主张正义只适用于个人行为，而"不能有意义地适用于个人未意图或无力预见的结果或事态"，进而阐明了关注结果或事态的"社会正义"，不能有意义地拓展适用于自由市场秩序。"人们之所以动不动就把正义的概念套用于收入的分配，完全是因为他们用那种错误的拟人化方式把社会解释成了组织而非自

---

① 弗莱施哈克尔. 分配正义简史 [M]. 吴万伟，译. 南京：译林出版社，2010：5.

生自发秩序所致"①。在哈耶克看来，这种所谓"拟人化"的社会观扭曲了社会的真正本质——社会并不是逻辑建构的产物，而是所有人都对它作出过贡献的日渐演化的过程，超出了单个人的智识或意志的控制范围。按此逻辑，给定自由市场秩序的非意图或非设计性质，则无论人们做什么都不可能彻底消除所谓的"社会不正义"。同时，更为严重的是，一种具有从外部强加给社会的共同目的的组织秩序，将最终渐渐地侵吞那种只具有个人目的的自由市场秩序。这意味着，那种试图按照"社会正义"并运用权力机构的强制性力量去根除自由市场秩序中的不平等情形，或消除贫富差距的努力，必定会导致一些不可预知的经济后果和政治后果。为此，哈耶克最终得出一个结论，"对于一个由自由人构成的社会来说，'社会正义'这个说法实是毫无意义可言的"②。所有试图按照"社会正义"确保一种"正义"分配的努力都必定会把自由市场秩序变成一种组织秩序，甚至还必定会把它变成一种全权性的秩序。因为对社会正义的追求必定会要求以专断的方式制定各种差别待遇的规则并采取各种强制安排的措施，而通过这些规则和措施，那些旨在使人们追求特定结果的命令或者旨在实现"社会正义"的"社会法律"便会渐渐地取代那些"目的独立"的正当行为规则，进而摧毁自由市场秩序。

接下来，我们考察中西方社会不同的正义观念。在我们看来，人们的生活状态如何，在很大程度上是被文化传统"训练"出来的。在西方，从柏拉图开始就把是非看得比亲情重。古希腊的尤什伏赫能痛苦不堪地跑到法庭去告发其父杀了人；苏格拉底拒绝学生帮他逃跑，选择冤死狱中而不违法越狱。在中国，人们更关注亲情与人际关系，对正义问题的思考也无法脱离伦理的框架。这无疑与中国传统社会的"共同体"特质有着相互依存的关系。米勒将这种"共同体"称为"团结性社群"，"人们之间产生了相互理解和相互信任的面对面的关系，但它也能超出直接互动的群体，扩展到更大的圈子，这一圈子中的人们既是由亲戚关系或相互熟识，也是由共同的信仰或文化联系在一起的"③。在米勒看来，在团结性社群内部，实质性的正义原则是按需分配。的确，与西方基于个人主义传统的正义观相比，中国传统正义观更加强调个人是否符合共同体规范的要求，焦点在于通过约束人们的行为，维持社会关系的稳定和社会生活的正常运转。社会关系是有亲疏远近之别的，为此，在处理问题时就要求针对不同情况采取不同对待方式。比如，孔子认为，如果父亲偷了别人的东西，要"子为父隐"，当孝子。也就是说，别人的父亲偷了我家的东西，就是"贼"，我家的父亲偷了东西，却要保护他，不能告发。同时，孔子还认为，以德报怨是没有准则的做法，应当"以直报怨，以德报德"。从表面上看，中国人对公正的理解通常包含两层含义：一是无私；二是不偏不倚，反映的是一种中立、无偏的伦理要求。但这种正义观始终无法摆脱人情和关系的羁绊。这就注定了中国传统正义观在情与理、特殊主义与普遍主义之间的纠结与徘徊。应该说，从价值合理性的角度来看，对个人伦理观念的重视是合乎人类理想的，人类社会

① 哈耶克. 自由秩序的若干原则 [M] //哈耶克. 哈耶克论文集. 邓正来，译. 北京：首都经济贸易大学出版社，2001：138.
② 哈耶克. 自由秩序的若干原则 [M] //哈耶克. 哈耶克论文集. 邓正来，译. 北京：首都经济贸易大学出版社，2001：177.
③ 米勒. 社会正义原则 [M]. 应奇，译. 南京：江苏人民出版社，2005：28.

不仅需要一种普遍公正而持久稳定的社会秩序，还要满足人们对幸福生活和和谐美好的社会关系的持久增升的价值期待。但是，正义的实现需要一定历史条件，从工具合理性角度看，这种早熟的理想在客观上不利于以制度为中心的社会正义的进步。

与之相反，西方思想传统中的"正义"最初也是实质正义，即"给每个人应得的"。柏拉图讨论的是"个人正义"，他认为正义是个体心灵在"和谐"状态的性质，进而提出正义存在于社会有机体各个部分间的和谐关系之中。但西方社会则较早地从伦理正义观转向了法律正义观，把正义问题理解为对外在于人的规则的严格遵从，从而始终致力于法律与制度建设。亚里士多德在谈到正义的时候，也说它是一种美德，即位于"不及"和"过分"之间的"黄金中庸"。但不及与过分，依不同情境而不同，故而，亚里士多德的正义与"社会"和"情境"密切相关。他在《政治学》中将正义理解为城邦国家"这一政治共同体秩序的基础"，是城邦国家"为政的准绳"。他认为，"公正就是在非自愿交往中的所得与损失的中庸，交往以前和交往以后所得相等。"①中世纪自然法传统的延续，使自然法与自然正义成为同义语。比如，阿奎那把正义看作"一种习惯，依据这种习惯，一个人以一种永恒不变的意愿使每个人获得其应得的东西。"②可见，对正义，通常的理解始终是与自然法观念共存并纠缠在一起的，对正义的追寻从而被换算成对法律的遵行，这来自希伯来传统所开辟的"法律与正义是相同的"观念。其实，柏拉图在《理想国》里提到过基于"社会契约"的"社会正义"，但没有更多阐发。与此类似，柏拉图也提到过"自然法"。亚里士多德也因其《修辞学》被有争议地认为是"自然法之父"。近代以来，人们更多地在讨论和关注"社会正义"。美国当代著名哲学家罗尔斯更是一针见血地指出："社会正义原则的主要问题是社会的基本结构，是一种合作体系中的主要的社会制度安排。"③从自然正义到社会正义，西方社会中的正义观念与法律始终有着紧密的联系。人们认为，一个人如果服从他生活于其中的社会群体的法律，那么他就是公正的。公正的人就是守法公民，犯了法的罪犯就是不义之人。现实中法律的正义又体现在两个社会层面：一是体现在横向的社会交往关系中，在现代社会，经济交往是人们社会交往的中轴，所以，经济生活和社会交往中的交换行为是否公正就成为社会正义考察的一个重要方面；二是体现在纵向的社会关系中，核心是公共权力执掌者与权力指向对象之间的关系，着重考察一个国家的政治制度和公共政策是否符合正义原则。

（二）自然正义与约定正义

在人类从共同体走向社会以后，法律就开始成为调节社会关系的主要手段。人们认为，正义的社会必然是一个法治的社会。亚里士多德认为，法治包括两方面要求：一是法是良法，二是良法得到遵行。这使我们想到，正义不仅在于守法，还必须要思考法律本身的正义性问题。因为如果一个人所遵守的法律本身不公正，那么，他就不应该也不会去遵守这个法律。就像在一个专制独裁国家或法西斯政权统治下，许多法律本身是不

---

① 苗力田. 亚里士多德全集：第八卷 [M]. 北京：中国人民大学出版社，1992：103.
② 博登海默. 法理学：法哲学及其方法 [M]. 邓正来，姬敬武，译. 北京：华夏出版社，1987：254.
③ 罗尔斯. 正义论 [M]. 何怀宏，等译. 北京：中国社会科学出版社，1988：50.

公正的。服从这样一个国家的法律是无法产生正人君子和正派的言行举止的。

法律本身的正义性和个人因守法而公正这两个说法的不同，又引发了自然正义和约定正义相互区别的问题。这一问题同样是由亚里士多德最早提出来的。他认为，必须基于自然正义的原理来衡量正义。只有这样，我们才能讨论法律正义与否。比如，偷盗或谋杀，即使在没有制定相关法律的情况下，也是一种自然的非正义行为。因此，一部禁止谋杀或禁止偷盗的法律，不应该归入习惯法，而应归入自然法。正义是以对偷盗和谋杀这类行为的自然对错的判断为基础的。假如在法律背后或法律之先没有正义，也就是缺乏衡量法律之正义的尺度，我们对公正或不公正的法律就无法评价。由是观之，衡量现有社会的法律就只有唯一的尺度，无论何时何地，无论在任何社会中，都有一个放之四海而皆准的正义准绳。这种存在于法律背后又高于法律的东西决定了人们合法行动时他的行为是否公正的问题。除了亚里士多德，古希腊、古罗马的哲学家，中世纪哲学家和现代哲学家中，还有很多人都主张自然正义有一个原则，它是法律和治理上正义的基础。持这种观点的人或多或少认为，人的理性会告诉我们什么是对的或错的，借助于人的理性，我们可以判断像偷盗和谋杀这类行为是错的，犯有这类罪的人应受惩处。进而，他们倾向于认为，人的尊严包含每个人不可让渡的自然权利，每个人都拥有保护生命、追求自由和幸福的权利。如果政府和法律尊重和保护这些权利，那么政府和法律就是公正的，是好政府；如果它们违背了这些权利，这样的政府就是不公正的政府，是坏政府。

当然，对于人们在守法的情况下正义与否的问题，人们的看法并不一致。历史上也有相当一部分人否认自然正义的存在。比如托马斯·霍布斯和斯宾诺莎。他们主张在任何社会中都由政府和法律来决定什么是公正或不公正，不同的社会有不同的法律和政府，所有正义都取决于政府是什么样的政府，或法律是何种法律。正义仅仅在于遵守你所在国的法律，违背了本国法就是不正义。无论法律是怎样的，国家都有权强制施行法律。而国家所强制施行的法律本身无所谓公正或不公正，因为没有什么原理或尺度可以来判定这些法律本身是正义的还是非正义的。这很容易使我们想到"强权即公理"。一方面，按照这一逻辑，人民的所有权利都是国家依法赋予他们的，国家也就可以剥夺人民的权利。另一方面，人们守法，并不是因为法律本身是公正的，而是因为他们害怕惩罚，惩罚是可行的权宜手段。推而广之，在国与国之间更不可能存在所谓"国际正义"一类的东西。因为人民生活在各自的国家中，正义只存在每个国家内部，接受具体国家的法律的约束。国与国之间没有正义可言，国际法没有理由成为衡量主权国家之间行动和国际事务正义与否的标准。可见，自然正义与约定正义相区别的问题以及对此持何种观念，是政治哲学中一个十分重要的问题。

当我们关心对某种错误或伤害行为所作出的反应是否公正时，我们就进入了矫正正义的范畴。比如，矫正正义观念要求一个人偿还他偷窃他人的物品，为本人对他人所造成的伤害进行赔偿，等等。在任何一个人类社会群体当中，都无法避免犯罪或其他社会伤害行为。针对这种不当行为，我们既需要予以纠正，也需要加以震慑，并防范其重复发生。对这类行为的反应可以是多种多样的，人们可能忽视或原谅犯错者的行为，或满足于仅仅告诉犯错者其行为是错误的，或者要求他们纠正其错误行为（停止损害或恢复原状），或者在特定情况下对他们进行必要的惩罚（赔偿甚至入狱）。很遗憾，到底采取怎样的手段和方法去纠正不当行为并没有统一的药方。通常，我们只能运用如下的分析框架去思考此类问题。第一，要确认错误社会行为的重要性，既要区分违法与犯罪的界限，同时还要审视错误行为的程度、持续状态、实际影响和恶性程度。第二，要确认行为者（个人或群体）引发错误行为方面的重要特征，包括行为人在产生错误行为时的精神状态如何（故意、鲁莽、疏忽、对行为后果的了解程度、控制行为、责任或义务、价值权衡）、是否有前科、品格与性格特征、悔改程度和在群体行为中所发挥的作用。第三，要确认行为人本身的错误程度，包括确认个人或群体是直接还是间接造成了错误行为，他（们）是否有能力避免错误行为。第四，评估对错误行为的通常反应及每种反应的目的。第五，在选择矫正方法时也需要考虑其他一些价值和利益。比如，我们需要在纠正、防范与震慑这几种目的之间权衡，同时，充分考虑到分配正义、犯错者的人格尊严、生命的价值、个人自由、经济成本、比例相称等问题。事实上，这些社会价值之间是存在冲突的，也必然会困扰人们作出决策。

第二节　理论回顾

一、分配正义：社会正义的实质

自罗尔斯以来，社会正义与分配正义已经紧密结合在一起了。以分配为核心的社会正义理论要回答社会基本或主要的福利、利益和物质成果，或者某种生活负担（税收或劳役）在人们中间进行分配的合理性与正当性的问题。因此，分配正义包括紧密相连的三方面内容：分配对象——应该分配给谁；分配客体——应该分配什么东西；分配原则——应该如何来分配。

（一）分配对象

对分配对象的测量，既涉及分配对象的范围大小，也涉及分配对象之间的实际差别。考察分配对象的范围，重在考察所分配的价值是否惠及所有目标群体，比如，居民最低生活保障的要求是做到"应保尽保"，若未能实现这一目标，就意味着公平性不足。考察分配对象的差别，则要考察人与人之间是否实现了平等，这就涉及个体之间和群体之间的差别两个方面。在理想状态下，如果社会的同质性和信息的可获取性很高，分配对象应该是单独个体，所有社会成员个体之间应该是平等的。选举中的"一人一票"便是如此。也有很多关于收入分配的研究是以个体为单位的。对个体或家庭分配不平等的状况，可以采用基尼系数、泰尔系数等方法衡量。但群体之间的平等与否更受人们关注。这是因为群体之间的分配不公更容易引发社会冲突。反之，如果群体之间的差别很小，社会和谐比较容易保持。不同群体的形成有自然原因（如性别差别、年龄差别、种族差别）、地理原因（如地区差别）、文化原因（如民族差别、宗教差别）、社会与政治原因（如阶级差别、城乡差别、国际差别）。有时，不同的群体差别可能相互重叠，如地区差别与种族/民族差别、宗教差别重叠。从政治上看，几种差别重叠是高风险的，它可能强化所涉人群的对内认同感和对外疏离感。这类人群倾向于认为他们与其他人群之间的差别是不公正的、不可接受的。当人群被分为两个（如男女、城乡）、三个（如东中西三大区域）或不多的若干个（如阶级、宗教）群体时，对群体间差别的测量就需要采取其他更适合的方法。

就当下中国整体而言，最重要的群体差别恐怕是地区差别、民族差别、城乡差别、城市居民与外来人口之间的差别、性别差别以及阶层差别。自20世纪90年代中期以来，地区差距已引起了广泛的关注；近年来，城乡差距不仅引起了理论研究者极大的关注，也为实务工作者所关注，一些地方正在着力于户籍制度的调整与改革，北京、成都、重庆等地正在进行城乡一体化的统筹发展，实现城乡之间基本公共服务均等化的改革向纵深推进。但目前在阶层差别、城市居民与外来人口之间的差别，以及性别差别方面，系统性的学术研究还不太多，仍有待加强。随着中国社会家庭结构的核心化以及人口的老龄化，不同年龄群之间的收入和福利差别会日渐突出，应引起研究者的高度关注。此外，由于中国的社会主义市场经济脱胎于计划经济，市场化的总体水平不高，各地市场化水平也参差不齐，造成了公共部门与私人部门之间、不同行业之间、不同所有制企业之间、企业中管理层与普通员工之间的收入差距过大问题，也应该加强这些方面的实证研究，为相关政策的制定提供必要的依据。

（二）分配客体

从历史上看，几乎所有的政治思想流派都力图争取某种价值（收入、财富、福利、自由等）的公平分配，但他们对什么应该纳入这个价值清单则看法各异。有人把注意力集中于积极价值（如权利与利益），也有人更注重消极价值（负担和义务）的分配；有人看重有形的经济利益，也有人注重无形的机会与权利；有人注重底线的尊严与权利，也有人注重作为目标的幸福。由于理论总是追求自身的逻辑完整性，其内部逻辑的完整却往往表现为外部的局限性。从现象上看，一个流派认定某种东西的平等至关重要后，它完全可以容忍其他东西的不平等。我们认为，可以依据分配客体对人自身的效用层次和作用方式不同将其分为三类：第一类是基础价值，可视为人类发展的社会条件，包括尊严、权利和机会；第二类是外在价值，即人类发展的经济条件，包括收入、资产、资源；第三类是内在价值，是所有基础价值和外在价值所服务的目标，包括幸福与能力。

基础价值包括三类：（1）尊严。启蒙运动以来，人作为人是平等的，应该享受同样的关怀和尊严，这已经成为一种共识。这一原则已被各种政治思想流派视为"平等的底线"①。但人的尊严的平等始终面临着操作上的困境，要形成一个清晰的道德准则，必须将这个抽象的原则更加具体化。（2）权利。以洛克及其传人为代表的自由放任主义者（libertarians），强调人的自由和私有产权，反对社会权利与再分配。他们认为，除了自由和权利的平等外，追求其他任何东西的平等都是危险的。（3）机会。市场经济会造成结果的不平等，其原因既可能是基于个人努力与勤奋程度的不同，也可能是基于个人背

---

① KYMLICKA, WILL.Contemporary Political Philosophy [M]. Oxford: Clarendon Press，1990：5.

景或所处环境（如家庭环境、社会关系、性别、所处地理环境、所工作行业）的不同，由后者造成的差异大多反映的是机会不平等。如果一个社会的发展机会长期被特定人群垄断或控制，就容易造成贫富两极分化和极端贫穷，引发社会不满，极端情况下还会出现社会动荡。为此就需要两类"机会的平等"：一是作为平等利用的机会平等，要求所有的社会地位对所有人开放，反对任何基于种族、民族、性别、出生地、宗教信仰的歧视，或要求交易的平等自由权利，即每个经济主体都具有独立的自由决定权和参与竞争权，任何人不得强行干涉或侵犯，不得以出身、背景、民族、能力、性别等方面的差异来剥夺其参与市场自由交换的平等权利；二是作为平等起点的机会平等，即为了平等地利用机会，从一开始就应具备平等的物质条件，这需要依靠公平的再分配机制来实现。

外在价值包括三类：（1）收入。分配的焦点在于货币收入。货币是交换的媒介，人们可以在自己预算的许可范围内，凭借金钱购买自己需要（needs）和想要（wants）的物品和服务。从一定意义上说，货币收入给了人自由。人的收入越高，预算许可的范围越宽，人们的自由度越大。收入平等的目的是让所有人在大致相同的水平上享受这种自由。（2）资产。收入分配的一部分不是由个人努力程度决定的，而是由资产（金融资产和实物资产）的分布决定的。既然在劳动收入之外还有资产收入，而且资产对人们的收入状况与消费水平有至关重要的影响，那么社会分配就应该考虑资产分配的状况是否公平。（3）资源。批评幸福平等观的政治理论家认为，虽然人们不必为超出他们控制的外在环境（家庭的经济条件、社会地位和政治资源）和先天禀赋（如性别、种族、肤色、聪慧程度等）负责，但他们应该为自己的决定和行为负责。从道德的角度看，个人所处的外在环境和与生俱来的先天禀赋完全是由偶然因素决定的，这两方面的差别理应得到补偿，由此产生的人生机会理应得到调整。补偿和调整要求，在人生道路的开端，所有人能平等地占有资源。而由不同方式使用这些资源造成的差异，则不在补偿与调整之列，应由作出决定的个人负责。不过，持有资源平等观的理论家们对于哪些"资源"应平等分配的认识仍存在严重分歧。

内在价值包括两类：（1）幸福。人们主张幸福应该平等，是因为道义上最重要的问题是人们是否幸福。主张幸福平等的人认为，其他理论关心的权利、机会、收入、财富等分配客体只有在增进人们幸福时才是有价值的；最终的判断标准只能是幸福本身。相反的观点则认为，正义原则在社会基本结构层面上只负责分配"基本善"，清单上应包括权利、自由、机会、收入、财富以及自尊的社会基础。而基本善既不等于尊严也不等于幸福，它们只是实现尊严和幸福的社会基础以及必要条件[①]。（2）能力。与一般福利理论或资源理论不同，能力理论所要回答的问题不是"人们在多大程度上满意"，也不是"他们能支配多少资源"，而是"他们实际上能够做什么或成为什么"。因此，平等的客体自然便是诺贝尔奖得主阿玛蒂亚·森（Amartya Sen）所说的"能力"或"自由"。正是根据森的基于使人获得能力和权力的发展理论，联合国开发计划署（UNDP）提出了人类发展概念，并从1990年起发布《人类发展报告》，比较和评估各国的发展状况。

---

① 周濂. 正义是幸福的保障［N］. 时代周报，2011-03-07.

其使用的人文发展指数（HDI）是由预期寿命指数、教育成绩指数和实际人均GDP指数三大指标复合而成。按照这一指标，中国大陆2009年排名第92位（0.772）；2010年在169个国家和地区中排名第89位（0.663）；2014年在188个国家和地区中排名第90位（0.727），总体上看，排名位次变化不大。

（三）分配原则

关于分配原则——用以解决如何分配的问题——的争论从来就没有停止过。当代政治哲学家桑德尔认为，"要看一个社会是否公正，就要看它如何分配我们所看重的物品——收入与财富、义务与权利、权力与机会、公共职务与荣誉，等等。一个公正的社会以正当的方式分配这些物品，它给予每个人以应得的东西。"[①]当然，对分配原则的测量，基本上属于分配正义的主观测量范畴。这部分实证研究的目的是要澄清特定社会中人们更认可怎样的或哪种或哪些分配原则，也就是说，支持什么样的人应得什么样的东西以及为何如此。

在市场经济高度发达、宪政体制基本完备的背景下，以怎样的分配正义原则指导政策制定是当代政治哲学研究的焦点问题。在市场经济条件下，公平分配的原则要求所有社会成员在参与经济竞争中有着同等的机会，在竞争过程中遵循同等的规则，在分配方面能获得与个人所付出的劳动相当的收入。也就是说，分配正义可能意指三个不同层面的内容：一是能否提供"平等的机会"。"平等的机会"包括两层含义：（1）作为平等利用的机会平等，表现为交易的平等自由权利，即每个经济主体都具有独立的自由决定权和参与竞争权，任何人不得强行干涉或侵犯，不得以出身、背景、民族、能力、性别等方面的差异来剥夺其参与市场自由交换的平等权利；（2）作为平等起点的机会平等，即为了平等地利用机会，从一开始就应具备平等的物质条件，这需要依靠公平地再分配来实现。二是能否保证"过程的公正"。其基本要求是，既要存在对社会成员没有差别对待的普遍竞争规则，同时该规则能够在现实中得到公正地执行，不必考虑人们行为的结果。三是能否实现"公平的结果"。前面我们谈到，主要的分配原则包括需要原则、均等原则和公平原则三类。三者之中，均等原则可能是最原始的"公平"观念，主张"生而平等的人应当得到平等对待"。需要原则关注的是绝对量（维持基本生活的供给量）上的得益。在物资比较匮乏的时候，需要原则会成为迫切需要的主导性原则。在供给能够满足人们的基本需要，或者说进入经济剩余或"奢侈品"领域，尤其是在人们对合作者的投入具有比较充分的信息的时候，公平分配原则的影响范围会越来越大。当然，这三类原则的区分只是理论意义上的，在现实中，"公平"感不会来源于任何单一的原因，而是人们在几个原则中的权衡考虑。

从整体角度来看现代社会，其分配机制主要有三个层次：初次分配、再分配和第三次分配。初次分配是按照各生产要素对国民收入贡献的大小进行的分配，主要由市场机制形成。在初次分配中，人们的基本共识是，主要看分配与劳动等各种生产要素的贡献是否相称，贡献多则收入多，反之则收入少。但对于劳动、资本、知识等要素到底应占

---

① 桑德尔. 公正：该如何做是好？[M]. 朱慧玲，译. 北京：中信出版社，2011：20.

怎样的份额，还是会不断争论下去。再分配是指在初次分配的基础上，把国民收入中的一部分拿出来通过税收和社会保险系统进行重新分配，主要由政府调控机制起作用。第三次分配是指动员社会力量，建立社会救助、民间捐赠、慈善事业、志愿者行动等多种形式的制度和机制，是社会互助对于政府调控的补充。在这个层次上，主要应看一个社会中高收入群体是否承担社会责任，拿出部分财富帮助困难群体。如果这三个层次的分配机制都建立起来并有效运作，该社会就大体上可以视为分配比较公平的社会。

通过自由竞争谋求效率是市场经济活动的基本原则，失去了效率，就失去了一切。为了保证竞争的真实性和有效性，就需要保证作为平等利用的机会平等和公平的竞争规则，对此，赞同市场经济基本逻辑的人士大体上都是支持的。问题在于，如果完全由效率原则来支配社会财富分配，财富的两极分化不仅会带来人们在社会经济方面的不平等，甚至会影响人们政治权利的平等，也就是所谓公平与效率的矛盾。对于承担国民收入再分配任务的政治机构来说，到底是以损失一定的效率为代价而获得更全面的平等，还是放弃一定的平等以谋求更高的效率，就成为一个两难的选择。

二、程序正义：作为公正的正义

现代"正义理论"把人类社会的"正义"分成两大类：一是"形式正义"（formal justice），也称为程序正义（procedural justice），是"作为公正的正义"（justice as impartiality），指群体中的成员认为应当用何种程序来决定分配资源的方式，它总是与人们如何贯彻、实行既定原则相关，其作用在于摒弃身份、特权等先赋性因素的影响，保证社会成员能够有参与财富等社会资源分配的平等机会，得到公正的对待；二是"实质正义"（substantive justice），是"作为公平的正义"（justice as fairness），倾向于描述人们之间的关系，尤其是利益方面的关系是否符合某种实质性的标准或原则。两种类型的正义在理论上是应该统合在一起的，但在实践中也存在着冲突，对于二者之间的冲突，人们的看法也充满了冲突。简单地说，程序正义犹如交通规则，红灯停绿灯行即可。牺牲程序正义来实现实质正义的做法就好比在确定车少人稀、不会出现交通事故的情况下闯红灯。这种情况确实会提高交通通行效率。但以此心态和行为，不仅会提高交通事故的概率，也会破坏人们自觉遵守规则的习惯。再比如，警察在高速公路上抓获两名超速驾驶者，如果两人错误情节相同，尽管其中一人和办案的警察有亲戚关系，但他们都得到了相同程度的处罚，我们就认为实现了形式正义，而此时的形式正义并不违背任何实质正义原则。如果两人中有一人是因为要将一位生命垂危的病人送到医院急救而超速，警察为此而没有对其加以处罚，这种情况下，我们会认为实现了实质正义，但是却违背了形式正义的要求。再假设一名超速驾驶者碰巧撞死了一名警察正在追捕的在逃杀人犯，我们会因此认为肇事者是"英雄"并可以免于处罚吗？思考这一问题时，我们其实已经陷入了实质正义与形式正义何者优先的困惑中。

当我们关心收集信息或作出决策的方式是否是正义的时候，常常就开始了程序正义的思考。程序正义是体现在（法律或制度）程序中的正义，它说明规则本身具有独立于结果的价值。根据罗尔斯的研究，可以从能否产生公正结果的角度将程序正义分为三种类型：一是完美无缺的程序正义：（1）它有一个什么是公正结果的独立标准，这一标准是与随后进行的程序选择分离开来确定的，并先于程序选择；（2）有可能设计出一种程序并使之有很大的机会得到适当的结果。二是纯粹的程序正义。打赌或其他形式的赌博就是如此。三是不完善的程序正义，如刑事审判，存在制定正确结果的独立标准，但没有一种可行的肯定在任何情况下都会导致公正结果的程序。也就是说，即便严格遵循了规则，也不一定会在每一个特定的案例中都产生公正的结果。但为了提高产生公正结果的概率，人们始终在孜孜以求。比如，戈尔丁（Martin P. Golding）就在总结前人研究和实践经验的基础上提出了与审判有关的程序正义的九条要求和标准，分别是：（1）"与自身有关的人不应该是法官"；（2）结果中不应包含纠纷解决者的个人利益；（3）纠纷解决者不应有支持或反对某一方的偏见；（4）当事人的诉讼都应给予公平的注意；（5）纠纷的解决者应听取双方的论据和证据；（6）纠纷解决者应只在另一方在场的情况下听取一方意见；（7）各方当事人都应得到公平机会对另一方提出的论据和证据作出反响；（8）解决的诸项条件应以理性推演为依据；（9）推理应论及所提出的论据和证据。[①]

在现实政治生活中，政府机构拥有严重影响公民生命和财产权的公共权力，为防止这些行政权力被滥用，就需要制定一系列规则和程序来限制行政权力并规范其运用。比如，法律规定政府非经正当程序不得剥夺公民的生命、自由和财产权。具体来说，这可能意味着若没有经过公开听证，政府就不能采取反对当事人的行为；或者意味着政府在从嫌疑人那里收集信息或对其实施逮捕时，也必须尊重其隐私权、人格尊严与自由。在政治领域内的程序正义要求人们只是关心收集信息或作出决策的程序与方法是否公正，而不是去关心信息或决策本身。即便如此，程序正义的价值依然是明显的，主要体现在三个方面：（1）提高发现制定英明和正确决策所需可靠信息的概率；（2）保证决策过程中信息使用的公平与公正；（3）保护隐私权、人格尊严、自由、分配正义和效率等重要的人类价值与利益。正因为程序正义所具有的独特价值，许多学者认为，可以根据一个政府在警察、法院和其他执法机构活动中对程序正义的重视程度来评判其对人权与自由的重视程度。

在思考和检测程序正义的过程中，我们需要遵循一定的思维框架。为了在收集信息和制定决策的情景下实现程序正义，一般要遵循五个步骤，或者说，一般需要思考五个方面的问题。一是明确信息收集的目的。比如，我们正在收集什么信息？为什么这些信息是必需的？二是评估信息收集的程序。评估内容通常包括：（1）程序是否全面、完整，这些程序能否保证制定有效决策所需的必要信息可以从全部利益相关人处收集到；（2）程序是否提供了充足的告知或警告时间，以保证当事人或利益相关人可以做足够的准备；（3）程序是否允许利益相关人有效展示他们希望在决策过程中被考虑的信息；（4）程序是否具有能促进正义的可预见性（提前制定并公布）和灵活性（能够根据形势变化适当修改）；（5）程序能否确保所采集的信息的可靠性或可信度。三是评估用以制定决策的程序能否确保收集到的信息被英明而公正地使用。需要考虑的因素包括：

---

① 戈尔丁. 法律哲学 [M]. 齐海滨，译. 北京：三联书店，1987：240-241.

（1）程序能否确保决策制定过程中的公正（无偏私和偏见）；（2）所运用的程序是否允许公众中的利益相关者去观察在决策制定过程中是如何使用信息的；（3）是否允许利益相关者进行辩论以便发现和纠正错误。四是我们所运用的程序是否有利于保护重要的相关价值和利益。比如，程序是否有助于保护个人隐私与自由？程序是否违反了人人享有平等的人类尊严的基本观念？程序是否违反了基本的分配正义原则？程序是否符合合理而现实的要求？五是反思所有程序是否完全服务于程序正义的目标。通常我们可以运用发散思维或逆向思维，去考虑如果有变化，会产生什么样的结果。

三、实质正义：作为公平的正义

在这里，我们需要进一步区分正义（justice）、公平（fairness）和公正（impartiality）等概念。正义是内涵最为宽泛的概念，是对社会关系正当性的应然判断。它既关注个人（行为）的正当性，也关注社会（关系）的正当性。在社会正义范畴内，分配正义是当代各国关注的核心问题。就分配正义来说，则包括分配过程和分配结果两个主要方面。"公正"与"公平"分别对应着分配的过程与分配的结果两个方面。一般来说，"公正"更多地强调社会权威机构和个人在处理社会事务中所应持有的不偏不倚、公而无私的立场和态度；"公平"一般用于地位相等的人们之间，是一种同位对等性的用语。以法官（仲裁者）和双方当事人所构成的法律关系为例，公平观念侧重于考察双方当事人权利的享有与维护，公正则侧重于对居间者行为公允而无私的要求；公平的核心是平等，同等案件同等对待；公正的核心是无私、中立，它意味着居间者既要不受自身情绪的影响，又要排除外界的任何压力，还要无视当事人双方的任何身份背景等。

人们对社会价值分配结果的判断，首先体现出不同实质正义分配原则之间的争论。当代最具影响力的分配正义原则有七种，见表2-1。概括来看，为了实现"公平的结果"，可能要均衡地考虑三类分配原则：需要原则、均等原则和公平原则。三者之中，均等原则可能是最原始的"公平"观念，主张"生而平等的人应当得到平等对待"。需要原则关注的是绝对量（维持基本生活的供给量）上的得益。在物资比较匮乏的时候，需要原则会成为迫切需要的主导性原则。在供给能够满足人们的基本需要，或者说进入经济剩余或"奢侈品"领域，尤其是在人们对合作者的投入具有比较充分的信息的时候，公平分配原则的影响范围会越来越大。当然，这三类原则的区分只是理论意义上的，在现实中，"公平感"不会来源于任何单一的原因，而是人们在多项原则中的权衡考虑。

其次，人们对社会价值分配结果的判断，或者说他们所遵循的实质正义原则，总是与他们所生存的社会环境息息相关。因为，社会正义本身是动态的、历史的范畴，人的生活实践及其历史是正义观念的真正发源地，"公平或公正的规则完全决定于人们所处的特定状况和环境"①。人们所追求的正义在不断更新、变化。昨天的追求之物往往就是今天的否定之物，今天被看作正义的，明天就可能变成非正义的。这是因为人们所追

---

① 休谟. 休谟政治论文选 [M]. 张若衡，译. 北京：商务印书馆，1993：176.

求的价值需要在现实中实现，但当它实现时，人们就不满足于现存的生活，就会要求更好的理性存在。

表2-1 各种分配主义原则①

	主体	客体	分配原则
功利主义原则	全体人民	幸福/福利	整体效用的最大化
自由放任原则	个人	权利	反对政府再分配
罗尔斯原则	个人	社会基本物品	最大最小化
平均原则	个人	收入、财富	平等分配
应得原则	个人	收入、资源	以贡献、努力或成本大小分配
马克思主义原则	阶级	生产资料	消灭阶级
女权主义原则	性别群体	社会地位	不同但是平等

大体上说，西方社会推崇形式正义，认为形式正义优先于实质正义，关注焦点在于起点和游戏规则是否公平，而不在于游戏的结果；而中国社会崇尚实质正义，强调实质正义优先于形式正义。西方社会对形式正义的重视与其长期以来形成的法治传统息息相关。前面提到，法治包括两方面要求：一是法律本身是良法，即法律是具有正义的价值与特质的规范，含有对个人价值与尊严的尊重，这要求法律必须是善意的、合乎情理的；二是已成立的法律获得普遍的遵从。前者体现实体正义，后者体现形式正义。二者都起源于古老的"自然公正"（Natural justice）原则，这一原则又起源于自然法观念。司法正义是自然法、万民法和神法的基本内容。长期的习惯法司法实践证明，只有依靠正当的程序才能保证实质正义的实现。"程序优先于权利"所表述的正是这一事实。在近代英国，"自然公正"概念通常表示处理纷争的一般原则和最起码的公平标准，它包含两项内容：一是任何人不能审理自己或与自己有利害关系的案件，即任何人或团体不能作为自己案件的法官；二是任何一方的诉词都要被听取，即今天所谓任何人或团体在行使权力可能使别人受到不利影响时，必须听取双方意见，每个人都有为自己辩护和防卫的权利。在当代，主流学者们依然持类似的主张。例如，布坎南所主张的"注意力的焦点应该放在权利和要求的分配先于市场过程本身，而不应该放在社会产品的最终分配。"②罗尔斯更是直言不讳地指出，形式正义就是指公共规则的正规和公正的执行，在适用于法律制度时，就等同于法治。他主张"公平的机会优先于差别原则"，他的"作为公平的正义"的命题"旨在建立一种公平的程序，以使任何被一致同意的原则都将是正义的"。③

在中国，人们倾向于认为分配结果优先于分配程序，而且，在面临利益冲突时，又

---

① 王绍光. 安邦之道：国家转型的目标与途径 [M]. 北京：三联书店，2007.
② 布坎南. 自由、市场和国家——20世纪80年代的政治经济学 [M]. 吴良健，桑伍，曾获，译. 北京：北京经济学院出版社，1988：124.
③ 罗尔斯. 正义论 [M]. 何怀宏，等译. 北京：中国社会科学出版社，1988：131.

倾向于依靠权威人士或机构（而不是规则）来解决冲突。即便是制定规则，"因人论事"的惯性思维也使人们往往根据既定的结果倒推出规则。中国台湾学者黄光国教授从社会心理学角度研究了中国人的思想观念和行为方式，他认为，按照儒家"庶人伦理"的要求："在人际互动的场合，应当先根据'尊尊'的原则，解决'程序正义'的问题，决定谁是资源支配者，有权选择资源分配或交易的方式，然后再由他根据'亲亲'的原则，……将资源分配给其他人。"①这一理论从社会层面上再次诠释了中国人头脑中根深蒂固的实质正义观念。历史上形成的"不患寡而患不均"的传统，为计划经济体制所强化了的"平均主义"观念，乃至近年来，随着社会成员之间贫富差距的加大，人们对社会财富分配结果的关注几乎成为对社会公正的全部理解，同样反映出中国人所追求的实质正义观。

四、平等与均等

关于社会正义的规范理论，都要求在某些事物上实现平等，这些事物（可能是收入、自由、权利或效用）是该正义理论的核心内容。不同的正义理论之间充满争论，但又都在某些方面要求实现平等。这表明，社会资源与社会价值的分配离不开平等的要求，平等也与正义有不解之缘。但平等（equality）并不等于公平（equity）或正义（justice），它们之间有着错综复杂的关系。简单地说，平等与不平等相对，所描述的是社会资源分配的客观状况。与之相比，公平则是依据作为某一社会的共识的正义原则，对社会不平等的正当性所作出的判断，强调的是社会成员对社会有价资源的分配方式或分配结果在道德上所能接受的程度。如果说分配平等所研究的是"谁获得了什么、为什么获得"的问题，那么，分配公平所研究的则是"谁应该获得什么"的问题。一些有价社会资源的分配虽然是显著不平等的，但因其分配方式和分配结果都与社会正义原则相一致，这样的不平等就能够被人们接受并被认为是公平的；而一些有价社会资源的分配结果虽然相对平等，但其分配方式和分配结果的正当性不被社会认可，那么它的分配就会被认为是不公平的。也就是说，客观的分配过程和分配结果与人们的主观的公平感之间并不是简单的对应关系，二者之间还有一个主观判断的过程。其判断的标准在于社会成员对正义原则所达成的共识。

平等既可以理解为一种表示抗议的理想，也可以理解为一种建设性理想。作为前者，平等是有感召力的，也容易理解；作为后者，则把人们带入了争论的漩涡。究其原因，首先在于平等是一个同时与"相同性"和"正义"联系在一起的概念。相同性，意味着两个或更多的人或客体，在某些或所有方面处于相同的或相似的状态；正义，则意味着平等是一种道德要求和伦理原则，此时，我们追求平等是因为我们认为它是一个正义的目标，而不是因为人们确实是相似的。亚里士多德颇具远见，他将平等区分为"数量的平等"（numerical equality）和"比例的平等"（proportional equality）。前者是指对所有人同样对待，也就是绝对平等；后者是指同样情况同等对待，每个人得到其所应

---

① 黄光国，胡先缙，等. 面子：中国人的权力游戏 [M]. 北京：中国人民大学出版社，2004：65.

得。这已经反映出平等分配原则的内在矛盾。从历史上看，每个时代所认为的朝着更大的平等的进步，不是反映了相同的正义观得到了更多的贯彻，就是反映了由变化的正义观加以引导的新创制。人们一直在追求消灭某些差别，促进某种平等。因此，平等的历史进步也就逐渐形成了平等的价值清单。对此，乔·萨托利（G.Sartori）作出了卓有成效的研究。他把平等分为五个不同类别[1]：

1.法律-政治平等：使每个人都有相同的法律和政治权利，即反抗政治权力的法定权力。

2.社会平等：使每个人都有相同的社会尊严，即反抗社会歧视的权力。

3.作为平等利用的机会平等，即对平等的功绩给予平等的承认（例如职务向才能开放的说法），也就是在进取和升迁方面没有歧视，为平等的能力提供平等的利用机会，即每个人都能够靠自己的功绩获得利益。

4.表现为平等起点（或平等出发点）的机会平等，即为了平等地利用机会，使每个人从一开始就有足够的权力（物质条件）以便得到相同的能力而与所有其他人并驾齐驱。

5.经济相同性，就是说，要么使大家都有相同的财富，要么一切财富归国家所有，不给任何人以任何（经济）权力。

在萨托利看来，前三项的顺序反映了一种历史继承性，其中各项平等均已得到确认。后两项则提出了一些替代方案，以求解决人们尚未享有或者是以最令人恼火的方式享有的平等问题。以往一些研究者把法律与政治的平等，以及作为利用机会的平等看作"形式上的平等"，否定其价值。事实上，法律与政治的平等也好，作为平等利用的机会平等也好，恰恰体现了形式正义的内在价值，也构成了其他形式的平等的前提。就第四类平等来说，平等起点的概念包含了两条思考的路径：一是基于效用或资源（关注于收入、财富和资源等外部条件）的思考路径，二是基于可行能力（关注于主体实际拥有的做他所珍视的事情的自由）的路径[2]。作为机会平等的一种形式，作为平等起点的机会平等与作为平等利用的机会平等并不矛盾。因为一旦每个人被赋予最大可能的公平起点（即允许他发挥全部潜力），据此，在这个起点之后就应当让个人通过自身的功绩和能力争取上进。第四类和第五类平等的共性则在于，它们都需要国家或政府进行不断干预。但这种干预常常以迥异的方式出现并抱有不同的目标：要么赋予每个人以足够的权力（平等的权力资源），使其享有平等的进取机会，要么以平等（相同）本身为由而剥夺每个人的一切权力。简言之，对待平等有两种根本不同的方式：平等对待，即相同的公平待遇；平等的结果，即相同的结果或最终状态。平等对待的基本观点是，人类在若干方面应当得到平等对待而不管他们存在什么差别；平等结果的观点则是，人类不应当有差

① 萨托利.民主新论［M］.冯克利，阎克文，译.北京：东方出版社，1998：388-389.
② 森.正义的理念［M］.王磊，李航，译.北京：中国人民大学出版社，2012：212-217.在森看来，自由的重要性在于两个方面：一是自由的过程——当我们把注意力放在选择的过程上时，我们不希望因他人施加的限制而被迫处于某种状态；二是自由的机会——更大的自由使我们有更多的机会去实现我们的目标，也就是那些我们所珍视的事物。自由在这个方面所关注的，是我们实现自己所珍视的事物的能力。能力的概念就这样和自由的机会方面紧密地联系在一起了。可行能力的视角指出了能力不平等在社会不平等的评估中的核心作用。虽然可行能力的理论和方法并不要求任何具体的政策决定和宏大的社会蓝图，却能引导人们关注必须作出的决定和必须考虑到的对适当信息的政策分析。这种方法所关注的信息，可以深刻影响对于社会及社会制度的评价。

别。平等对待并不排除差别，即并不产生平等结果；反之，平等的最终状态必然要求不平等的手段，即要求歧视性（不同的）对待。历史经验证明，由于追求平等结果会损害平等对待，以至无法保证所追求的仍然是它所宣布的目标。我们似乎应该更加重视平等对待的"形式"价值，同时更加慎重地对待对平等结果的追求，防止平等化政策脱离平等利用的要旨，演化为更具消极功能的再分配政策，甚至是剥夺性政策。

谈到平等，总要涉及它与自由的关系。"从时间和事实上来讲，自由应当先于平等而实现。自由率先到来，是根据这个简单的认识：如果没有自由，人们甚至无法提出平等的要求。"①然而，自由的境况一旦刺激了要求平等的欲望，自由的理想便会发现自己处于不利的地位，而平等的吸引力则证明更为强大。这是因为平等所包含的相同性和正义两种内涵。如果平等意味着"相同"，我们就会追求强迫一致、相似或整齐划一，从而否定并试图消灭差异，我们就会越来越远离自由。"以自由为工具，少数或多数都不可能完全成功地彼此压制，而以平等的名义或以平等为手段，多数和少数都将发现自己给套上了锁链。"②因此我们说，只有在平等的起点上寻求环境的平等化，对平等的追求和对自由的需求才能达成平衡。只要平等被理解为环境的平等化，那就涉及（最低限度）不断的再分配，也就意味着政府将插手调节市场分配机制。当我们说到再分配的时候，均等这一概念就出现了。与平等不同，均等不是指数量上的绝对相等，而是指数量上的大致相等。在中国当前的发展阶段，政府正致力实现基本公共服务的均等化（equalization），这是一个包括基本民生性服务（如就业服务、社会救助、养老保障等）、公共事业性服务（如公共教育、公共卫生、公共文化、科学技术、人口控制等）、公益基础性服务（如公共设施、生态维护、环境保护等）和公共安全性服务（如社会治安、生产安全、消费安全、国防安全等）的综合性政策体系，旨在通过政府为社会成员提供大致均等的公共服务，实现人们生存和发展最基本条件的均等，从而促进社会的公平与正义。

第三节 公共政策与社会正义

一、社会正义：公共政策的价值追求

公共政策被认为是政治系统对社会价值进行的权威性分配③，在维护和促进社会正义的过程中发挥着重要作用。也有国内学者认为，"公共政策是政府依据特定时期的目标，通过对社会种各种利益进行选择与整合，在追求有效增进与公平分配的过程中所制定的行为准则"④。"在社会政策领域，一个比较常见的思路是把社会政策作为实现社会

---

① 萨托利. 民主新论 [M]. 冯克利, 阎克文, 译. 北京：东方出版社, 1998：403.
② 萨托利. 民主新论 [M]. 冯克利, 阎克文, 译. 北京：东方出版社, 1998：409.
③ EASTON D. The Political System：An Inquiry into the State of Political Science [M]. NewYork：Knopf, 1971：129-134.
④ 陈庆云. 公共政策分析 [M]. 北京：北京大学出版社, 2006：10.

公正的手段，直接用社会公正来检验社会政策，并利用社会政策来改变社会不公。"[①]但在实践中，社会正义能否真正构成可操作的公共政策目标呢？旨在促进社会正义的公共政策又能够达成其目的吗？我们认为，这两个方面的问题都未必能获得让人满意的答案，也就是说，公共政策应以社会正义为制定的出发点，并使社会正义贯穿于整个政策过程始终，这一观念本身更多的是具有宣示意义，而不是操作意义。

一方面，人们对社会正义的理解不一致，直接导致公共政策缺乏清晰的目标。前面我们谈到，关于社会正义，有不同的理论解释，也有不同的理论流派，基于这些不同的理解和理论，对同一社会问题，也必然会发展出不同的政策主张。比如，对待社会再分配问题，各理论流派就展现了充满冲突与对立的观点。马克思主义支持社会再分配，并设法让人们不至于因为贫富差距过大而产生相互嫉妒，甚至产生犯罪。功利主义认为一个社会应该最大限度地实现社会福利，所以，特定政策只要能够增加幸福总量就算是有意义的。自由主义则反对政府干预，主张分配应该在个人之间实现。同时自由主义内部也存在不同看法，右派自由主义强调个人自由与自立是绝对重要的，人只属于自己，因此，国家的干预应该尽量减少，特别是通过再分配的方式进行干预应该受到严格的限制；左派自由主义虽然同意右派自由主义关于个人属于自己的主张，但同时也认为"外在"的资源应该是平等的。社群主义则强调社会利益和社会和谐优先，认为应当关注社会资本的构建。他们主张实行再分配，但不一定是通过国家按照单一的配置原则来提供福利，而是可以通过不同的社区和群体按照符合分配的物品的特征和社会所能接受的原则来提供社会福利。多元主义正义观则更加鲜明地反映了多元社会中人们正义观念的差异。在当下社会中，人们对社会正义的理解已经难以达成共识，除非是公民认同度很高的社会或者是专制社会或许有可能接受单一的正义观，否则，在一个多元化的民主社会中要实现高度的公民认同性，往往只是一个理想。正如森所指出的，西方正义理论多年来的一个误区就是试图寻找出一套普适性，仿佛可以运用客观性的原则来应对具体的伦理问题。结果是，由于无法就这样的客观性达成共识，必然陷入无休无止的争论之中，这必然导致公共政策难以有确定的价值目标，也就无法实现一些具体而实在的目标。

另一方面，针对社会不公而制定的公共政策可能会造成新的社会不公，常常成为下一轮争论的焦点问题。社会正义的核心是遵循什么（分配正义）原则将什么（何种社会资源和社会价值）分配给谁（政策受益群体）的问题，也就是所谓"谁之正义""何种合理性"的问题。这样看来，一项从社会集体利益最大化出发的公共政策主张个人和少数人的利益让位于多数人的利益。这样的政策在实践中很容易得到多数人的支持，对于政策制定者来说，这似乎就达成了公正的结果。但对那些利益受到了损害的少数人而言，很难想象他们会支持同样的政策。这种情况在历史上并不鲜见：种族歧视、排斥外来人口和城市规划与开发过程中的很多政策往往都是基于多数人利益的考量，却损害了少数人的利益。再比如，北欧各国长期以来坚持高福利的社会政策，这来自社会成员间的高度认同。但近年来，面对日益增多的外来移民，这些国家的公民感到自己的福利待

① 李秉勤. 社会公正的理论与英国的实践分析 [M] //邓正来，郝雨凡. 转型中国的社会正义问题. 桂林：广西师范大学出版社，2013：225.

遇和对福利国家的贡献受到了外来移民的侵蚀，感到自己没有必要为不相关、没有纳税记录的人支付福利，从而提出了收缩对移民和其他类型外来人口福利政策的主张，也形成了比较棘手的社会排斥问题，成为社会不安定的隐患。[①]由此可见，一项旨在消除社会不公，实现社会正义的公共政策从一开始恐怕就难以彻底实现社会正义的目标，除非在全社会范围内就什么是社会正义达成共识，而且，这种正义共识又不会随着时间的推移而发生重大变化。

当然，即便按照普遍公认的社会正义原则运行的理想社会并不存在，要在全社会范围内就如何实现正义的社会的理想达成共识也不可能，但这并不意味着持有不同正义观的社会成员不能在具体问题的处理上达成共识或妥协，也不意味着旨在促进社会正义的公共政策在消除社会不公问题上始终束手无策。为此，我们的主张是，对社会正义与公共政策之间关系的探讨，不能仅仅局限于应然性的价值层面，还必须要深入实然性的操作层面。任何具体的公共政策，都应该有明确、具体、更具可操作性的政策目标，比如消除贫苦和社会排斥、缩小收入差距、降低婴儿死亡率、提高基础教育入学率、提高人均寿命等。要分析这些具体公共政策的效果，我们仍然可以把社会正义作为一个参照系和评价维度，作为探索和发现新问题的工具。接下来，我们就在经验层面上具体阐述基于社会正义性评估公共政策的主要内容与方法。

二、公共服务：如何反映社会正义程度

从规范的意义上来看，公共政策是如何促进社会正义的实现呢？美国著名行政学家洛伊按政策功能将公共政策分为四类：一是分配性政策，体现为政府希望利用资源调配来回应特殊的社会问题，满足特殊的社会群体的需要，或者按照既定的经济社会发展计划来实施社会发展的措施；二是规制性政策，体现为利用政府的权威对社会和经济发展中出现的各种不良现象进行管制和约束；三是再分配政策，主要是利用税收政策来有区别地把社会资源集中，然后再利用福利政策，为公民提供教育、医疗卫生等必需的福利，核心是通过社会资源的再调配，以达到社会公平的目的；四是构成性政策，主要是针对政府机构和组织制度进行设计、变更、完善的组织政策。洛伊的政策分类方案，比较全面地反映了公共政策所发挥的基本功能。其中，分配性政策与再分配政策，集中体现了政府对社会资源进行配置的责任，对于保障社会正义的实现和有序运行起着至关重要的作用。弗雷泽（N.Fraser）则提出了两种正义的实现策略：肯定（affirmation）和变革（transformation）。肯定是指以再分配处理社会不公正时不改变社会结构；变革是指以承认处理社会不公正时致力于改变构成社会不公正基础的社会结构。与这两种策略对应有四种具体情况[②]：一是肯定的再分配；二是变革的再分配；三是肯定的承认；四是变革的承认。中国政治学者桑玉成则认为，政府的政策行为通常在如下的范围内履行其

① JENNIFER, HYNDMAN.Migration wars：refuge or refusal？[J]. Geoforum, 2005, 36（1）.

② FRASER N. Justice Interruptus：Critical Reflections on the "postsocialist" [M]. New York：Routledge, 1997：23-30.

利益协调、维系社会公正的功能①：一是维护合法权益；二是缩小利益差别；三是缓解利益矛盾；四是增进共同富裕。

根据政策内容或政策领域的不同，公共政策又可以分为政治政策、经济政策、社会政策、文化政策、军事政策和外交政策等。政治政策是指国家/政府在政治和行政领域制定的专门针对政治体制、政党行为、组织制度、组织机构、国际关系等的政策。政治政策属于基本性政策，也包括对公民政治权利的具体规定和保护措施，所以直接反映了一个国家在政治正义方面的基本状况。经济政策主要是在经济领域的针对经济市场、经济活动、经济关系而制定的政策。社会经济生活的核心是如何合理、有效地配置各种社会资源，追求生产效率，以满足人们不断增长的物质和精神生活的需要。但效率与公平之间有着密不可分的关系，就经济政策来说，不仅涉及对经济主体的平等保护，对市场竞争规则的维护，也涉及成本和收益分配的公平性问题，所以，经济政策也与社会正义息息相关，且直接影响经济效率的高低。社会政策是通过国家立法和政府行政干预，解决社会问题、促进社会安全、改善社会环境、增进社会福利的一系列政策、行为准则和规定。狭义的社会政策仅指社会福利政策，只涉及劳工及贫民生活。广义的社会政策包括国民福利、就业、住房、健康、文化、教育、人口、婚姻和家庭生活、社区及社会公共环境以及宗教等，对应各种社会问题的解决。一般认为，良好的社会政策一方面通过保证所有人的基本的社会和经济安全，满足人们生存的基本需要，可增强社会的稳定，推进社会正义与社会整合，营造经济长期稳定增长所必需的良好环境；另一方面它通过发展和释放人力潜能，降低社会工作风险，可以直接促进生产效率的提高。可见，公共政策与社会正义的联系是广泛而普遍的，综合体现在政治、经济和社会生活的各个领域。

就社会政策来说，在历史上形成了两种主要模式：一种是自由主义社会政策模式，又称"社会政策的剩余福利模式"，主张国家的干预只能在市场这只"看不见的手"不能满足个人需要时才能介入，要力争把政府干预保持在最低限度；另一种是制度性的再分配模式，要求实行资源的社会性再分配，对社会弱势群体进行某种形式的补偿，以保证全体公民生活的安全。这种社会政策的核心是权利和公平。权利是指各种社会服务是公民的平等权利，而不是社会上一部分人对另一部分人的恩惠。公平则意味着社会服务的提供不应针对特殊群体的特殊需要，而是基于人们的普遍需要。从历史发展来看，社会政策的领域不断扩展。纵向上，社会政策的主线是阐述社会各个领域内政府与市场的关系；横向上，社会政策则体现为社会发展的方方面面，如社会保障、医疗、就业、住房、教育等。随着社会发展，从"权利"与"公平"的基点出发，又发展出社会歧视（social discrimination）和社会排斥（social exclusion）等概念，为社会政策的制定和应用指出了新的发展方向。社会歧视是社会上的某一群体或社会成员对某些弱势群体所持有的不公平、不合理、排斥性的社会行为和社会制度。社会排斥是指某些人或地区遇到诸如失业、技能缺乏、收入低下、住房困难、罪案高发环境、丧失健康以及家庭破裂等交

---

① 桑玉成. 政策预期与政策认同及其对于社会公正的意义［M］//邓正来，郝雨凡. 转型中国的社会正义问题. 桂林：广西师范大学出版社，2013：451-452.

织在一起的综合性问题时所发生的现象。"社会排斥"的概念最早出现在法国的政治辩论中，主要用以描述法国的外来人口不能融入社会，长期被排斥在社会"主流"之外，并且无法摆脱贫困代际传递的现象。

20世纪90年代中期以来，欧洲兴起了社会质量的思想。社会质量概念的产生是对社会政策长期从属于经济政策这一现实的回应。社会质量被看作人们在提升他们的福祉和潜能的条件下，能够参与所在社区的社会与经济生活的程度。一般认为，有四个方面的因素决定了社会质量实现的机会：社会结构的支持度（社会赋权）；制度和群体的开放性（社会包容）；人们获得社会参与所需要的物质、环境和其他资源的可能性（社会经济保障）；在社会和社区层面凝聚的实现方式与实现程度（社会凝聚）。我们认为，社会赋权、社会包容、社会保障和社会凝聚，正是运用社会政策，促进社会正义的基本途径。只有基于全面提升社会质量的价值基点，依靠全面系统的社会政策体系，才能逐步解决一个社会中明显的社会不公问题，切实提高社会正义程度。

公共服务（public service）是21世纪公共行政和政府改革的核心理念，包括加强城乡公共设施建设，发展教育、科技、文化、卫生、体育等公共事业，为社会公众参与社会经济、政治、文化活动等提供保障。公共服务以合作为基础，强调政府的服务性，强调公民的权利。政府同时还有经济调节、市场监管和社会管理等职能，这方面的政府活动虽然也同公民发生关系，也是公民从事经济发展与社会发展所必需的政府工作，却并不是在满足公民的生活、生存与发展的某种直接需求，公民也不会从中感到享受，只是公民活动的间接公共需求的满足，所以类似的政府行为不属于狭义的公共服务。

公共服务有基本公共服务和非基本公共服务之分。所谓基本公共服务，是指建立在一定社会共识基础上，根据一国经济社会发展阶段和总体水平，为维持本国经济社会的稳定、基本的社会正义和凝聚力，保护个人最基本的生存权和发展权，为实现人的全面发展所需要的基本社会条件。[①]基本公共服务包括三个基本点：一是保障人类的基本生存权（或生存的基本需要），为了实现这个目标，需要政府及社会为每个社会成员提供基本就业保障、基本养老保障、基本生活保障等；二是满足基本尊严（或体面）和基本能力的需要，需要政府及社会为每个人都提供基本的教育和文化服务；三是满足基本健康的需要，需要政府及社会为每个人提供基本的健康保障。随着经济的发展和文明的进步，一个社会基本公共服务的范围会逐步扩展，水平也会逐步提高。

经过40多年的改革开放，中国总体上从"生存型社会"进入"发展型社会"，发展阶段的提升不仅给经济社会发展注入了巨大发展活力，同时也给社会发展带来了新的问题与挑战。其中，引起人们普遍关注的一个问题是，全社会公共需求全面快速增长与公共产品短缺、公共服务不到位的矛盾。在这样的背景下，中国政府把加强公共服务、推进基本公共服务均等化作为一项施政方针。2005年10月11日，中共十六届五中全会在通过的《中共中央关于制定国民经济和社会发展第十一个五年规划的建议》中，首次提出"按照公共服务均等化原则，加大国家对欠发达地区的支持力度，加快革命老区、民

---

① 中国（海南）改革发展研究院. 基本公共服务与中国人类发展 [M]. 北京：中国经济出版社，2008：11.

族地区、边疆地区和贫困地区经济社会发展"。2006年10月，中共十六届六中全会审议通过了《中共中央关于构建社会主义和谐社会若干重大问题的决定》，确定了2020年构建和谐社会的目标和主要任务，其中包括"基本公共服务体系更加完备，政府管理和服务水平有较大提高"，提出逐步形成惠及全民的基本公共服务体系，把"建设服务型政府"作为重要内容。2007年10月召开的党的十七大，进一步把社会建设列为全面建设小康社会的重要目标和任务，并确立了社会建设中改善民生、加快公共服务体系建设的基本方针和中心内容。党的十七大报告指出，"缩小区域发展差距，必须注重实现基本公共服务均等化，引导生产要素跨区域合理流动"，要"围绕推进基本公共服务均等化和主体功能区建设，完善公共财政体系"。党的十八大报告进一步明确提出了到2020年基本公共服务均等化总体实现的目标。当前，着力推进基本公共服务均等化，努力实现惠及全体人民的基本公共服务均等化目标，是人们共享现代化成果的重要举措，是改善民生、统筹城乡发展、构建和谐社会的重要任务。

近年来，随着国家对公共服务的高度重视以及持续投入，我国基本公共服务水平和均等化程度有了显著提高，主要表现在：一是公共服务的范围不断延伸，如公共服务不仅在社会保障、公共卫生体系、基本医疗保障等物质领域有了拓展，还关注精神文化领域，对公共博物馆、纪念馆、体育馆等公共文化体育资源逐步实行免费开放，丰富人们的精神文化生活。二是公共服务的质量有所提高，如免费义务教育的全面实施，使义务教育实现了从"有书读"的外延扩张到"读好书"的内涵建设跨越，义务教育服务质量全面提升。在充分肯定成绩的同时，我们也要看到，我国基本公共服务供给不足、分配不均的矛盾依然突出，地区间、城乡间、不同群体之间在基础教育、公共医疗、社会保障等基本公共服务方面的差距较大，并已成为社会公平正义的焦点问题之一。为此，实现基本公共服务均等化被认为是促进社会正义的重要政策手段，是缩小城乡差距和贫富差距，促进地区间均衡发展的重要途径。

实现基本公共服务均等化的目标，首先要在操作层面上明确界定基本公共服务的内容。从中国的现实看，可以运用基础性、广泛性、迫切性和可行性四个标准来界定。所谓基础性，是指那些对人类发展有着重要影响的公共服务，它们的缺失将严重影响人类发展。所谓广泛性，是指那些影响全社会每一个家庭和个人的公共服务供给。所谓迫切性，是指事关广大社会最直接、最现实、最迫切利益的公共服务。所谓可行性，是指公共服务的提供要与一定的经济发展水平和公共财政能力相适应。综合上述标准，义务教育、公共卫生和基本医疗、基本社会保障、公共就业服务，是广大城乡居民最关心、最迫切需要的公共服务，是建立社会安全网、保障全体社会成员基本生存权和发展权必须提供的公共服务，成为现阶段中国基本公共服务的主要内容。

那么，基本公共服务均等化与社会正义的关联何在呢？首先，享受均等化的基本公共服务是公民的基本权利，而保证权利平等是社会正义的内在要求。基本公共服务均等化与计划经济时代的平均主义并不相同。均等化并不要求在实物量、构成或价值量上完全等同，也就是并不以"结果平等"为目标，而是要实现和保障全体公民在经济和社会方面的基本权利，也就是促进环境的平等化，保障每个公民作为"平等利用"和"平等起点"这两个方面的机会平等，充其量是为实现结果公平创造必要的条件。权利的平等保护对于人类发展至关重要。从世界范围来看，已经不仅认可了公民平等的普选权、言论自由和宗教自由等基本权利，也广泛认同了教育、医疗、就业、社会保障等多项人的基本权利，各国也进行了普遍的实践。在《世界人权宣言》《经济、社会及文化权利国家公约》中都有关于享受社会保障权、受教育权的相关人权规定。同时，实现公共服务均等化也是现代政府追求的目标。从19世纪末期到20世纪70年代末期，西方发达国家为克服自由资本主义的弊端，强化政府对公共经济领域的垄断地位，推动公用事业等重要行业的国有化，建立和完善公共财政体制，基本实现了公共服务均等化或均质化。亚洲地区现代化的进程起步时间不一，各国公共服务均等化程度差别较大。第二次世界大战后，日本、韩国、新加坡等国纷纷通过在公共财政、基础教育、公共卫生、社会保障、公用事业等方面有效的制度安排，使公共服务均等化程度维持在相对较高的水平。

其次，基本公共服务均等化有利于扩展人的能力，而促进人的能力体现了社会正义理论的最新发展。阿玛蒂亚·森认为，发展的目的在于扩展人的能力（自由）。自由，是指享有人们有理由珍视的那种生活的可行能力，包括免受困苦，如饥饿、营养不良、可避免的疾病、过早死亡等基本的可行能力，以及能够识字算数、进行政治参与等。人的基本可行能力对人的自身发展具有极端重要性，也对其他方面的可行能力提高具有举足轻重的影响。由此可见，教育、医疗、就业服务和社会保障这些基本的公共服务都是促进个人及国家发展的基础设施。教育和健康方面的基本公共服务直接影响人们教育水平和健康水平的提高。教育落后直接制约着个体的技能，他们不得不陷入"收入水平低→人力资本投资不足→谋生能力差→收入水平低"的恶性循环。公共就业服务不仅意味着稳定的收入来源，还关系人的尊严和自信。基本社会保障服务则为人们提供基本的安全感，而且有可能影响家庭对子女教育的投资和下一代人的可行能力。

再次，基本公共服务均等化有利于缓解社会矛盾，减少社会不公，从而促进社会公平正义。（1）基本公共服务的供给有助于减少绝对贫困。绝对贫困往往与基本公共服务的可获得性密切相关。通过基本公共服务的供给可以为贫困人口和有可能陷入贫困的低收入群体提供基础性保障，有利于形成有效的社会安全网。中国从早期的"输血式扶贫"转向后期的"开发式扶贫"所取得的一系列成效，已经说明投资于人力资本的效果要优于救济。（2）保障全体社会成员的基本公共服务，有助于弱势人群获得基本的经济机会，防止收入差距进一步扩大。正是在这个意义上，规范稳定的基本社会保障被看作社会的"安全网"和"减震器"，有助于提高全体社会成员的生活质量，营造安定有序的社会环境。（3）基本公共服务是居民收入的重要组成部分。因此，加快公共服务体系建设，实现均衡的基本公共服务供给，可以在一定程度上校正社会财富初次分配的不平衡，并对初次分配产生积极影响，有利于缓解和抑制利益分化进程及其引发的社会矛盾。（4）在没有外部力量的干预下，贫困和不平等很容易在代际之间复制。因此，保障全体社会成员的基本公共服务，有助于避免贫困和不平等在代际传递。[①]

①　中国（海南）改革发展研究院. 基本公共服务与中国人类发展［M］. 北京：中国经济出版社，2008：20-21.

最后，基本公共服务均等化有利于促进以人为本的高质量发展。人的发展离不开一个国家（地区）的基本公共服务供给状况。因此，基本公共服务是人类发展的重要条件和重要内容。其中，教育承担着社会、经济、文化、政治等功能，是直接影响人类发展的重要因素。教育是提高人力资本存量、推动经济发展的基本途径。教育有助于促进社会流动，促进社会整合与社会正义。义务教育是整个教育体系的基础，义务教育公平体现着个人成长的起点和未来发展机会的公平。公共卫生与基本医疗服务造福于人类，在国民经济和社会发展中具有独特的地位。从社会角度讲，健康构成一个社会人口素质的基础。投资于健康就是投资于未来经济发展，社会拥有了健康就等于拥有了"财富"。就业，首先是人民群众改善生活的基本前提和基本途径，决定着每个家庭的生计。从社会角度看，就业关系亿万劳动者及其家庭的切身利益，是促进社会和谐的重要基础；对经济发展而言，就业关系劳动力要素与其他生产要素的结合，是生产力发展的基本保证；对国家而言，就业是民生之本，国家稳定之基，也是安国之策。因此，公共就业服务是促进就业的重要手段，是缓解就业压力的重要途径。

三、社会正义：公共政策的评估维度

公共政策的正义性评估有助于公共政策坚持公平、正义的核心价值取向，促进社会正义融入公共政策顶层设计，发挥对社会各阶层的利益关系的平衡作用，从而促进社会正义的实现。

公共政策的正义性评估主要考量的是分配正义问题。前面论及，正义蕴含公平与公正两方面内容，分配正义在此基础上可笼统地分为两类：一类是"作为公正的正义"，即"形式正义"或"程序正义"；另一类是"实质正义"，是"作为公平的正义"。关于社会资源、社会财富等的分配是否正当、合理，有两种不同的思考维度。形式正义的思考维度是强调资源、财富等的分配本身是否合理，强调分配的过程、分配的规则和分配的机会是否公正合理；实质正义的思考维度侧重于资源、财富等的分配结果，注重考察社会资源和财富等的分配、分布是否有差异。两种类型的正义之间是内容与形式、目的与手段的关系。[①]

分配正义中形式正义和实质正义的划分，也可以成为观察公共政策系统的两个维度。公共政策系统可划分为内部系统和外部系统，内部系统包括作为公共政策主体的官方决策者和非官方参与者；外部系统包括公共政策客体以及公共政策环境，公共政策客体又包括社会问题和目标群体。从形式正义角度看，公共政策的制定应符合正义的程序、规则；从实质正义角度看，公共政策应公平分配自然的和社会的各种资源。这样，就可以以形式正义和实质正义为纵轴，公共政策系统的内部与外部为横轴，组成一个完整的对公共政策进行正义性评估的四个象限，形成以优先性、公正性、公平性、外部性为主要内容的多元复合型评估坐标系，如图2-1所示。第一象限公共政策的"外部-形式"维度为政策优先性指标，即政策的正义性考量与环境保护、经济发展等价值之间的

---

① 麻宝斌. 社会公平正义测评的理论前提与基本逻辑 [J]. 中共天津市委党校学报，2012（5）.

权衡问题。第二象限公共政策"内部-形式"评估维度，考量内部程序的公正性指标，相应的评估标准选择的是公众参与度与政策合法性。第三象限是"内部-实质"评估，包括政策对权利与利益的分配，即分配结果的公平性评估。实际上，公平性评估的核心是对不同社会群体之间在公平原则方面所达成的共识性程度的评估。第四象限是"外部-实质"评估，评估政策在空间和时间层面上的溢出效果，即外部性审查评估。运用正义性评估方法，可以帮助决策者清晰界定一项公共政策在相关要素所确立的坐标轴上的实现正义诉求的具体效果。

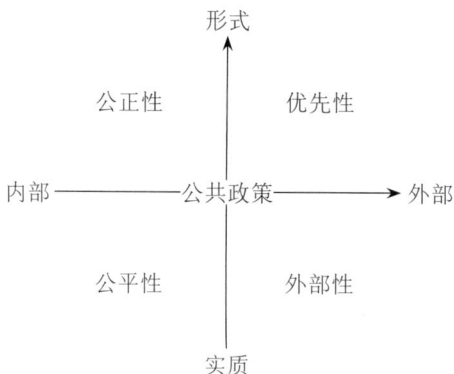

图2-1 公共政策正义性测量框架

（一）"外部-形式"评估

坐标系的第一象限是以形式正义测量公共政策系统外部，需要评估的是政策选择的优先价值。显性层面需要考察该政策可能推出的时机，受益主体和范围，隐形层面考察的则是公共政策对生态协调、经济效率、社会公平三方面的衡量结果。经济、环境、社会的发展的基本价值取向分别是效益、可持续性和公平正义，相应地，经济政策的出发点是增加效益促进经济增长，环境政策的出发点是保障优质环境，社会政策的出发点则是维护公平正义、促进社会和谐。政策必须实现三个基本价值取向的统筹协调，对任何一种价值的忽略和过度侧重都会损害发展的宏观进程。

经济、环境、社会三个发展系统间存在着对立统一关系，统筹发展中的潜在冲突需要公共政策选择的优先纳入来解决，这就需要厘清三者间的层级与依赖关系。包含型模型用大、中、小三个圆圈的"同心圆"较好地诠释了三个系统间的层级依赖关系，形成生态资本包含社会资本，社会资本包含经济资本的包含型圆圈。生态环境是最大的外圈，是社会和经济的前提条件和发展边界，社会经济发展的物质规模受到自然系统的约束，应在确定可以消耗的自然资本流量规模的情况下考虑社会公平与经济效率的关系。[①]社会转型期重视经济、环境和社会的和谐发展，政策优先的顺序应首先是由生态规模决定的容量问题，其次是社会伦理决定的公平问题，最后才是经济发展决定的效率问题。

"效率优先"是改革开放初期政策优先性的考量，导致公共政策的核心主题是以经

---

① 诸大建，刘淑妍. 基于生态限制模型的中国可持续发展政策创新研究［J］. 公共管理与政策评论，2012（1）.

济建设为中心，政策导向是单纯追求GDP增长。这种政策导向未看到资源环境消耗规模的边界，从而把经济看作不依赖于环境和社会的孤立发展系统。由此认为效率优先中伴生的社会问题会随着经济增长、物质财富的增加自然解决；而环境问题也能通过市场和技术的作用提高自然资源的利用效率以及高成本的末端环境治理而解决。这就导致在政策制定和实施中的唯经济增长论，使环境保护、社会发展服从和让位于经济增长。这样的发展方式在造就中国经济增长奇迹的同时却阻碍了对发展中存在的社会问题的认识和界定，扭曲了公共政策应该追求的公平正义的基本价值取向。社会正义与社会稳定不会因经济增长的繁荣而自然产生，对公共政策价值目标的片面理解，对经济增长的过度强调，已经为中国带来了严重环境问题和以社会保障、贫富差距、失业为代表的诸多社会问题。为此，必须扭转公共政策长期重视效率、优先追求经济单一增长的理念。中国当前真正的公共问题是社会公正的缺失，亟待解决的是资源环境保护问题。"外部-形式"评估主要测量的是政策制定、实施中是否把环保优先纳入发展规划与重大经济发展项目的决策中，有没有把真正的社会公共问题提上政策议程。

（二）"内部-形式"评估

公共政策的"内部-形式"评估是用形式正义来测量公共政策内部系统，是对决策程序公正性的考量。程序公正可以限制结果的不平等，是实现结果正义的最佳方法。罗尔斯最为重视程序正义，强调"旨在建立一种公平的程序，以使任何被一致同意的原则都将是正义的"[①]。公共政策程序包括政策制定、执行、监控、终结、评估等过程。公共政策过程的各个环节都应体现公共性和公正性，在此基础上相应评估标准选择的是公众参与度与政策合法性。

程序公正性评估显性层面考量的是公共政策程序对公共性的体现。公共问题无法由决策者单方判定，公共利益亦不能由政府意志任意创造。社会问题需要通过利益相关者协商讨论才能够进入政策议程，成为公共问题。公共利益应当由公共协商而认定，体现在政府与各种社会力量的互动过程中。公共政策应综合反映社会公众对经济效率提高、生态协调、社会公平以及基本公共服务等方面利益的需求。因此，政策的制定和执行过程中应当强化公民参与的范围和水平，注重公民平等参与和谈判协商，积极回应公民诉求。"正义制度的创设取决于利益相关人之间能否建立一个谈判与协商的机制。符合程序正义要求的协商与谈判机制应能够保证各个利益群体包括边缘化的社会群体可以进行充分的表意和谈判，在遵循必要的和共同认可的规则与程序的前提下，形成能够被社会各利益群体普遍接受的意见和做法。"[②]公民的有效参与要求公共政策过程要保持高度的开放性和透明度，以保证社会公众或团体都有机会参与和了解公共政策制定的过程，通过协商和讨论充分表达民意。并且政府可以认真听取并采纳意见与建议，这是尊重公民权利与尊严的正义的要求。只有吸纳多元主体参与决策，实现由权威独断向集体协商的转变，才能形成合法有序、公正合理的政策参与秩序。遵循程序正义的公众参与途径有公民调查、公民会议、公民旁听、听证会制度、行政程序制度、信息公开制度、协商谈

① 罗尔斯. 正义论 [M]. 何怀宏，等译. 北京：中国社会科学出版社，1988：131.
② 麻宝斌. 社会正义何以可能 [J]. 吉林大学社会科学学报，2006（7）.

判制度、民意调查制度。缺少公民参与的政策议程是涉嫌程序违法的公共政策，这些公民参与途径可以保障公共政策合法性，是程序正义的要求。

程序公正性评估隐性层面考量的是公共政策程序的合法性。公共政策的制定和执行过程乃至评估必须按法定程序进行，政策过程的合法性是公共政策的民主化、科学化的具体体现，也是依法治国的根本要求。在现实中，法律和制度的公正性主要体现为对社会问题和压力的有效回应和解决。解决社会问题和社会矛盾必须严格遵循法律、规则和制度，决不能任意而为、就事论事地出台公共政策。基本规则和基本制度设计必不可少，制度如有不合理处则需协商、讨论、修改。公共政策的内容必须符合公众认同的基本规范。政策立法、规章制度的实行应当严格有序，政策的形成、决策和实施的程序必须符合法律法规，如果没有内容和程序上的公正，特殊利益集团就可能凭借所占的优势操纵和绑架公共政策，使公共政策成为谋取私利的工具。

（三）"内部–实质"评估

该象限从实质正义角度测量公共政策内部系统，侧重对政策结果的公平性评估。公共政策在利益的分配中能体现公平的结果，能促进形成多元利益主体关于利益分配合理性的主观共识，增进民众对政府的信任和认同。这样的公共政策才能具有内容上的合法性并为人接受。威廉·邓恩将政策评估标准分为六个方面：效果、效率、充足性、公平性、回应性、适宜性。其中，公平性指的是公共政策所投入的工作量以及产生的绩效在社会不同群体间公平分配的程度，其说明性的指标有帕累托准则、卡尔多–希克斯准则、罗尔斯准则[1]。它们分别呼应三类社会分配机制即初次分配、再分配和第三次分配，可用于考察公共政策对权利和利益分配的实质正义程度。

帕累托准则是效率意义上的公平，如果一种资源配置使至少一个人的境况较前变好而又没有使任何人的境况较之前变坏，那它就是有效率的、公平的配置。初次分配由市场机制形成，是生产成果在劳动、资本、资源、技术、管理等生产要素之间，按照各自贡献份额进行分配的过程。效率的提高导致的社会经济福利增加，是公平分配的物质基础。中国的改革开放初期是"双赢博弈"，保证效率可以调动参与经济建设的劳动者的积极性，所有社会群体也都从效率的提高中获益。今天，改革开放已经奠定一定物质基础，生产要素之间存在着分配份额中的倾斜现象，以及获取方式、途径的不公平、不透明和不合理现象，都要求在分配的起点用公平原则加以矫正，理顺分配关系，规范分配秩序。

大多数政府政策的实施会改变不同利益集团之间的利益格局，使一些人获益的同时使另外一些人受损。如果利大于弊，即带来卡尔多–希克斯意义上的改进。政府可以通过适当的转移支付手段向获益者征税来补偿受损人。与该准则相对应，再分配是国家通过税收、财政转移支付、各类社会保险和社会救助项目等对初次分配的结果进行调节的过程。再分配过程中，可以借助政策杠杆推进基本社会保障均等化，直接缩小城乡、地区和不同人群之间的收入差距，缓解机会不平等问题。再分配不健全会导致初次分配中

---

① 陈庆云. 公共政策分析 [M]. 北京：北京大学出版社，2006.

不平等日益扩大，通常的解决途径在于优化财政支出结构，提高一般性转移支付规模。

罗尔斯的正义观是"所有的社会基本善——自由和机会、收入和财富及自尊的基础——都应被平等地分配，除非对一些或所有社会基本善的一种不平等分配有利于最不利者"①。他认为社会中财富和权力的不平等是存在的，但社会和经济的不平等只有在结果上能给每一个人，尤其是那些最少受惠者带来补偿利益时才是正义的，应在社会竞争和分配中保护弱者的利益。符合罗尔斯准则的第三次分配是在加大对弱势产业和弱势群体的财政投入和政策扶持力度，对其在教育、医疗、就业、社会保障等方面的利益实行适当的保护和补偿。动员社会力量，建立社会救助、民间捐赠、慈善事业、志愿者行动等多种形式的制度和机制。

从中国社会转型期的现实情况分析，对帕累托改进带来的物质成果的满足感已经逐步让位于分配不公带来的相对剥夺感，对于先做大蛋糕的共识已经让位于分好蛋糕的呼声。对于社会公众而言，如果不公平，即使与从前相比所得更多仍会不满意。在经济发展到一定程度的今天，卡尔多-希克斯准则和罗尔斯准则的现实意义更为凸显。公共政策应当按照三种准则促进相应三层次的分配机制的建立和有效运作，才能促进权利平等、机会公平、规则公平，从而使改革开放取得的丰富物质成果得到公平分配。结果公平性评估主要考量公共政策对利益的分配在何种情况下满足何种准则，能否在满足大多数人利益需要的同时兼顾少数人的利益和诉求，尤其是弱势群体的权益；政策是否有利于社会稳定与进步，能不能增进各阶层的团结；政策能不能使公民有效获得和正常行使平等的生存权和发展权等。

也可以说，公平性评估的核心是对不同社会群体之间在公平原则方面所达成的共识性程度的评估。这可以通过公众的公平感反映出来，应该说，公平感测量的重点并不在于精确的数字，而在于具体的感知。每个人心中都有自己公平正义的标尺，不同情况下平均分配或按劳分配都有可能是正义的。社会公众的共识和心理认同是公共政策的逻辑基础和顺利执行的保障。一项政策不可能让所有人都满意和受益，但通过教育、说服可以使人们不局限于眼前利益得失，而是放眼长远和整体利益认可政策，从而使政策推行更加平稳有序。现实中没有绝对的公平正义，但教育、引导等方式却能最大限度地凝聚共识。对政策的解释如能取得公众的最大认同，就等于达到了最大可能性的公正。共识性的达成除了依赖于政府的传播机制外，也需要客观中立的公共政策研究专家、学者、组织对人们观念的引导，以及政策制定者的必要解释，从而使目标群体充分认同政策而感受公平。

（四）"外部-实质"评估

第四象限是用实质正义测量公共政策外部系统，政策可能对并非它们针对的环境或团体产生溢出效果，政府通过政策干预来纠正市场失灵，可能产生无法预料的副作用。促进社会福利提高的副作用是正外部性；反之，降低社会福利水平，对生态平衡、社会公正、市场运行产生负面影响则为负外部性。这种公共政策的外部性在政策实施过程的

① 罗尔斯. 正义论 [M]. 何怀宏，等译. 北京：中国社会科学出版社，1988：292.

多个环节广泛存在并影响着政策实施效果。对公共政策的外部性进行评估可以促进公共决策质量的改善，拓宽政策分析的空间和时间领域。

从显性层面看，公共政策的外部性空间是多层面的。第一层面是政府间的政策外部性，具体来说就是特定政府的政策行为对其他政府的影响。国内地方政府间与各国政府之间的政策都存在着外部性。国际层次的外部性包括宏观上全球范围各国政府间政策的外部性和区域一体化的权益分配两类。第二层面是强调政策间的相互影响的政策外部性，这个层次的政策外部性包括政府各个组成部门之间的政策影响引起的一国之内的政策间外部性，主要集中在全球化和区域一体化过程中的各种经济、环境等政策协调问题上的、超出国界的政策间公共政策外部性。

隐性外部性是表现在时间维度上的代际公平问题。代际正义的逻辑起点在于人类代际关系的独特性，"未来世代人类对现存人类的强烈依赖性；现存人类对未来世代人类形成的单向性的全面的控制关系；未来世代遭受到的利益缺失和不平等待遇，使未来世代人类在与现存人类的比较中处于绝对弱势地位"，"未来世代人类处于'缺场'状态，他们的利益无法表达，容易被忽视"①。在制定公共政策时应当考虑到保证每代人都均等地享有环境资源等权利，不能因为后代人的"缺场"而无法表达其自身的利益诉求，本代人就过度利用资源与环境而危及后代人的生存与发展。今天的中国步入了高增长、高能耗、高污染、高龄化的社会阶段，可能成为世界上代际差距最大的国家之一，回应和解决代际正义的问题，更成为公共政策的方向②。环境层面的正义，从政策实施结果对人类社会环境影响出发，要求政策施行必须注意土地公平利用、污染防治、资源平等分享等问题，避免不同种族、文化、收入、阶层者受到不公平的环境侵害。还应使关注代际公平的公众或者组织参与到对公共政策实施过程的监督之中，以促进符合代际正义要求的政策制定。

公共政策外部性复杂多样，在具体评估时，首先要确认政策是否产生外部性和外部性的类别，它的影响程度和范围怎样，与预期的政策目标存在怎样的关系。政策调整时要考虑如何促进正外部性、减少负外部性。代际负外部性需要相当长的时间才可以显现，揭示亦具难度。评估中要看公共政策制定和实施中是否表达了代际正义的内在要求，有没有遵循"既要满足当代人的需要，又不对后代人满足其需要的能力构成危害的发展"的可持续发展原则。

第四节　社会正义状况测评的研究假设

构建和谐公正的社会是人类永恒的理想追求，是社会主义市场经济稳定、健康发展的重要前提，也是政府的重要责任。政府一般借助相应的公共政策，通过对公共资源的再分配来平衡社会各阶层的利益关系。在这种意义上，政府决策直接关系政府责任目标的实现，而成功决策的关键又在于客观、准确的信息反馈。测评社会正义基本状况的意

①　周光辉，赵闯. 跨越时间之维的正义追求——代际正义的可能性研究 [J]. 政治学研究，2009（3）.
②　麻宝斌. 社会公正测量的五个维度 [J]. 理论探讨，2012（1）.

义在于，借助科学客观的分析手段，在各种相互纠缠的利益冲突中，确定哪类不公正现象是政府应该首要关注和重点解决的，并为决策者提供更为合理的路径选择，这是规范研究难以解决的工具选择问题。社会正义度量研究的主要目标并非要寻找绝对的社会正义，而是要探寻一种社会正义状况的衡量标准和尺度，依此度量和评估公共资源的配置和相应公共政策的推行在多大程度上促进社会正义的实现，为政府评估和调整公共政策提供客观、准确的信息反馈。

因此，无论是从丰富理论成果，提升学术水平的理论研究需要来看，还是从制定社会政策，调节社会矛盾和促进社会和谐的现实需要出发，都亟待加强对社会正义测评问题的研究。为此，首先要明确社会正义测评的整合性分析框架，课题组所提出的是一个包括客观维度和主观维度的综合性分析框架。接下来，我们在回顾对社会正义状况所做的实际测评工作和相关研究设计的基础上，初步提出了社会正义客观测量的两个框架：一是从社会视角就资源与福利分配状况的评估框架；二是从政府角度针对公共服务均等化政策的分析框架。这是进行下一步指标设计和实际检验的理论前提。

前文谈到，对社会正义问题的研究，主要是遵循规范性研究和实证性研究两个脉络展开的。社会正义实证研究的中心问题是分配正义，意在回答社会基本善，即主要的福利、利益、物质成果，或某种生活负担（税收或劳役）在人们中间进行分配的合理性与正当性如何。若要对特定或某些社会中分配正义的实现程度进行经验性描述，可以采取不同的研究路径和方法：（1）从研究取向来看，可以分为正向测量方法与反向测量方法两类。正向测量方法是预设一个理想的社会公平状态，据此判断现实状况与理想状态的差距；反向测量方法则力图在无法就理想状态达成共识的情况下，在不同维度上进行不同社会之间公正程度差异的比较，或者是通过衡量人际"不公平"程度来比较社会公正性的差异。因为，"从社会面来看，公平的描述只是在不公平连续体上一个理想点，'不公平'比公平给人的感觉更具体、清晰与明显"[①]。（2）从研究内容来看，可以立足于"社会"和"人"两个角度。前者着眼于社会整体，力图揭示社会公正的客观实现程度；后者着眼于"人"，力图揭示人们头脑中的主观判断。后者又可以区分出公平感和公正观两条线索："公平感"研究主要是针对公民对不同领域（教育、医疗、就业等）的公平状况的主观感受得出的满意度指数，通过纵向和横向比较说明公民公平感的变化状况。"公正观"则指向人们作出某种判断的潜在依据和价值前提，核心在于公民在不同情境下具体行为所遵循的正义原则。（3）从研究方法来看，目前主要有四种研究路径：一是通过预先设置的指标体系来全面、客观地反映特定社会（间）各种分配客体在特定主体间的分配不均状况；二是运用社会调查和案例研究等方法，了解特定主体对各种分配不均事实的认知情况；三是采取实验方法或基于场景的问卷调查法，分析并验证人们的正义认知同既定正义原则之间的联系；四是以数理建模和统计分析等研究方法综合前述三方面信息来系统分析现实中分配行为的社会影响、成因及对策等[②]。

① ANDERSON, FARKAS. Integration Theory Applied to Models of Inequity [J]. Personality and Social Psychology Bulletin, 1975（4）.
② 麻宝斌. 社会公正测量的五个维度 [J]. 理论探讨, 2012（1）.

从前期研究来看，学者们从不同角度对社会正义的测评取得了较丰富的成果。但是，对于不同维度和不同内容之间相互关系的测评还稍显薄弱。在一定程度上，这也影响了对于社会正义现状的总体把握。为了进一步推进社会正义测评的研究，在明确主题与内容的基础上，需要将不同测评内容整合起来进行分析。

一、社会正义测评整合性分析框架的内容

正义是"'人'这一主体对社会'这一客体'的价值评判"，对于社会正义的测评需要系统整合"'社会'和'人'这两个因素"[①]。从这个角度来看，社会正义的测评需要将主观和客观两个维度整合起来。同时，由于不同个人或群体的客观分配状况和主观评价是存在差异的，这就决定了社会正义的测评还需要在不同个人或群体之间进行比较。按照社会正义测评"维度整合""个人或群体比较"两方面的要求，我们提出了一个社会正义测评的整合性分析框架，如图2-2所示。

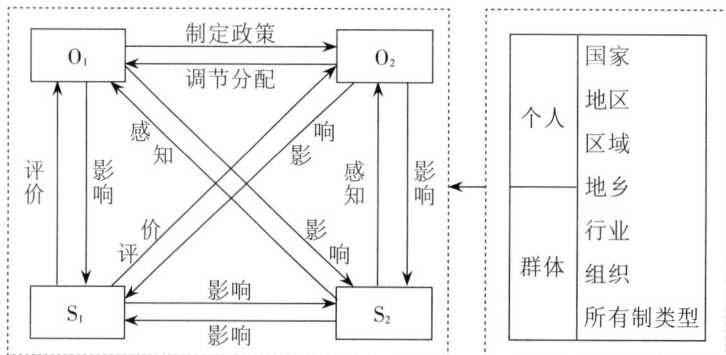

图2-2 社会正义测评分析框架

具体来看，该分析框架是由两部分组成的。左边部分是由两层两维四要素构成的社会正义测评内容。其中，上层所指的是社会正义测评的客观维度，用O（objective）来表示，具体包括O_1和O_2两项内容：O_1是指社会资源分配的客观平等状况，即收入、财产、消费等在数量上的差距；O_2是指公共政策和公共服务的客观均等状况，即政府调节收入分配、推进基本公共服务均等化的实际效果。下层代表社会正义测评的主观维度，用S（subjective）表示，包括S_1和S_2两项内容：S_1是指民众的主观正义观念，即民众对于社会资源分配状况的公平性和公正性进行评价时遵循的价值标准；S_2是指民众的主观正义感受，即民众对于社会资源分配状况公平性和公正性的直观感受和满意度。在该部分中，社会正义测评不同维度的不同内容之间是相互联系的。而将它们有机连接起来的就是公平性和公正性：一方面，主观维度是民众对于客观维度公平性和公正性的主观评价；另一方面，客观维度又会对民众公平性和公正性的正义观念和正义感受产生影响。以S_1（民众的主观正义观念）和O_2（公共政策和公共服务的客观均等状况）的相互关系为例：S_1是民众对于O_2的公平性和公正性进行评价时遵循的价值标准；换一个角度来看，O_2则又会对S_1产生影响。

---

① 任理轩. 理性看待当前的社会公正问题 ［N］. 人民日报，2011-02-16（1）.

该分析框架的右边部分是对于个人或群体在主观和客观状况上的差异进行比较时可以选择的不同维度。在社会正义测评的过程中，可以对特定国家或地区的个人或群体之间的差异进行比较。具体来看，在特定国家或地区内部，这种比较可以根据实际情况，选择从区域、城乡、行业、组织和所有制类型中的不同维度进行。此外，还可以对世界上不同国家、地区之间个人或群体的差异进行比较。这种比较同样可以根据实际情况，按照区域、行业、组织和所有制类型等维度展开。

二、社会正义现状整合性测评框架的要求

为了全面揭示社会正义的现状，以社会正义整合性分析框架为依据对社会正义的现状进行测评，需要按"先分后总"的要求进行，即在对不同维度的内容之间相互关系进行测评的基础上，将两个不同维度的内容整合起来进行测评。

首先，不同维度的内容之间相互关系的测评。在客观因素方面，需要测评的是两个方面的问题，即政府能否根据社会资源分配的客观平等状况，按照公平、公正的原则制定相关的旨在调节收入分配、促进基本公共服务均等化的政策？政府调节收入分配差距、推进基本公共服务均等化的相关政策取得了怎样的实际效果？同理，在主观因素方面，需要测评的内容也包含两个方面的问题，即不同个人或群体正义观念的差异，是如何影响其对于社会资源分配公平性和公正性的评价和感受的？不同个人或群体之间观念和感受的差别，如何反映其对于社会资源分配公平性和公正性评价所持有价值标准的差异？

其次，不同维度之间相互关系的测评。在对主观和客观两个维度间相互关系的测评上，需要解决两个方面的问题：第一个方面是客观因素对主观因素的影响。具体来看，要回答社会资源分配的客观均等状况和政府的公共政策、公共服务是如何对不同个人或群体之间正义观念和正义感受产生影响的。第二个方面是主观因素对客观因素的评价。它所要回答的是，民众对社会资源分配的客观均等状况和政府公共政策、公共服务的公平性与公正性是如何进行评价的，民众的社会正义认知是如何影响政府的政策设计和政策执行效果的。

总之，社会正义的现状体现在主观与客观两个不同的维度，包括多个方面的内容。只有将不同维度的不同内容系统整合起来，发现相互之间的联系，才能全面揭示社会正义的现状。为了进一步推进社会正义测评的研究，本书在回顾已有文献的基础上，尝试从测评主题、测评内容和分析框架等方面对社会正义测评的相关问题进行了回答。相比以往的研究，本书研究所提出的分析框架不仅详细区分了不同维度和内容，还主张以公平性和公正性为纽带将不同内容联系起来，进而对它们之间的相互影响进行分析。在这里，我们对客观维度测评内容和方法进行简要介绍，主要包括对社会客观不平等状况的测量和对政府公共服务非均等化程度的测量两个方面。

第三章

当前中国民众的社会正义认知状况

对于民众来说，社会正义是否是一项重要的社会价值？与其他社会价值相比，社会正义的重要性处于什么样的位置？这些都是社会正义认知状况需要回答的问题。从内容上看，社会正义原则可以分为结果（公平）和过程（公正）两个维度，因此，社会正义认知状况研究的另外一项重要内容就是将公平和公正两个维度整合起来分析民众社会正义认知重心状况的特征及影响因素。此外，由于医疗卫生、教育等政策在分配社会资源、促进社会正义过程中具有重要作用，因此社会正义认知状况的研究还要关注民众的社会总体正义感受与不同政策正义感受之间的差别问题。在这一章，本书将围绕上述问题对当前民众社会正义认知状况的总体特征进行介绍。

第一节 社会正义的重要性认知

一、社会正义是否重要？

社会的发展和进步需要多元价值的共同作用，例如，效率与经济发展有关，只有经济发展水平不断提高，人们的生活水平和质量才能随之提升；公平则是与权利和义务、合作收益的分配问题相关，合理的分配不仅能够有效促进效率的提高，也有助于社会的和谐；诚信与社会成员之间的关系有关，一个诚信的社会有助于降低交易成本，在交往过程中为人们提供稳定的预期。虽然这些价值都是重要的，但是在现实中，民众对多种价值观念的偏好是不同的，因此，这些不同的价值在民众心中会呈现出一种"词典式"的序列。并且，这些价值之间的排列顺序也不是固定不变的，而是随着经济社会的发展而不断发生变化。例如，著名学者英格尔哈特主持的世界价值观调查项目发现，在欧美发达国家，随着经济的发展以及生活水平的提高，人们的关注重心会从经济和安全等物质主义价值观向关注参与等后物质主义的价值观转变[1]。那么，在现阶段，在多元的社会价值中，中国民众更倾向于哪些类型的社会价值？2013 年中国社会科学院"中国社

---

[1] 英格尔哈特. 发达工业社会的文化转型 [M]. 张秀琴，译. 北京：社会科学文献出版社，2013；英格尔哈特. 现代化与后现代化：43 个国家的文化、经济与政治变迁 [M]. 严挺，译. 北京：社会科学文献出版社，2013.

会状况综合调查"项目在全国31个省、市、自治区中的15个县（区）604个社区完成了个人问卷 10 268 份。该调查要求调查对象就一个好的社会应该包括的特征，从备选的19个社会价值观（平等、民主、文明、公正、和谐、富强、尊重人权、尊崇宪法、团结、爱国、诚信、法治、自由、创新、包容、崇尚科学、友善、敬业、集体主义）中选择5项。按照规定要求只选择5项的一共有 7 065 人。结果显示，排名前5位的选择依次是：平等、民主、文明、公正、和谐。其中，平等的选择比例超过了一半，达到了50.96%[①]。

　　为了更进一步了解当前中国社会价值观的相关问题，以社会主义核心价值观的内容为指导，在借鉴已有相关研究的基础上，课题组根据研究的需要设计了一个由15个选项（养老和医疗保障、经济发展、社会安全、政治稳定、官员廉洁、国力强大、环境优美、收入分配公平、权利平等、机会均等、民族团结、诚信友爱、公民参与、新闻自由和其他）组成的选择题。在调查过程中，由调查对象根据自身实际从中选择出自己认为最重要的三项社会价值，如果前14项中没有自己的选择，由调查对象自己在第15个选项中按照自己的偏好进行填答，最终调查结果见表3-1。

表3-1　　　　　　　　　　　　当前中国的社会价值观状况

选项	数量	比例
养老和医疗保障	1 181	16.4%
经济发展	1 154	16.0%
社会安全	942	13.1%
政治稳定	692	9.6%
官员廉洁	546	7.6%
国力强大	502	7.0%
环境优美	495	6.9%
收入分配公平	431	6.0%
权利平等	336	4.7%
民族团结	330	4.6%
诚信友爱	165	2.3%
公民参与	163	2.3%
机会均等	148	2.1%
新闻自由	105	1.5%
其他	12	0.2%
总和	7 200	100.0%

---

　　① 王俊秀，杨宜音. 中国社会心态研究报告（2014）[M]. 北京：社会科学文献出版社，2014：14-15.

从表 3-1 中可以看出，调查结果表明，养老和医疗保障、经济发展和社会安全是调查对象选择最多的三项，而公民参与、机会均等和新闻自由则是调查对象选择最少的三项。其中，选择最多的三项分别与正义、效率和安全价值有关，并且，相互之间的差距并不是很大，这表明，当前中国民众的价值偏好集中在正义、效率和安全上，对这些价值重要性的认识要远远超过了对于新闻自由、公民参与等价值重要性的认识。

二、什么客体的正义最为重要？

正义是重要的社会价值之一，因为人类社会需要按照它在社会成员之间分配稀缺的社会资源、协调各种不同的利益关系，从而有效达成一种合理的公共秩序。从历史演进的视角来审视正义的内涵，我们可以发现，正义具有古典与现代的划分，两者之间具有明显的区别。其中，古典的正义是与美德联系在一起的，也就是说，人们获得社会资源的基础是个人的美德；而现代正义则是与权利联系在一起的，从这个意义上来看，任何一个社会成员都有权利获得一定数量的资源。综合来看，社会正义的客体可以分为基础价值、内在价值和外在价值三个不同的层面，不同的层面所对应的内容是具有明显差别的。其中，基础价值主要包括尊严、权利和机会；内在价值主要包括幸福和能力；外在价值主要包括收入、资产和资源。[①]那么，当前民众对社会正义客体的认识具有哪些特征？在同一层次的各项内容中倾向于哪一种？在不同层次的内容中又更加倾向于哪一种类型？课题组从社会价值观的调查结果中抽取了与正义价值相关的四项具体内容（养老和医疗保障、收入分配公平、权利平等、机会均等）对这一问题进行了分析，结果见表 3-2。

表 3-2　　　　　　　　　　　　　　民众社会正义客体的偏好状况

选项	数量	比例
养老和医疗保障	1 181	16.4%
收入分配公平	431	6.0%
权利平等	336	4.7%
机会均等	148	2.1%

从上述调查结果可以看出，当前中国民众在社会正义客体上的关注焦点仍然是养老和医疗保障、收入分配公平等外在价值（具体的利益）的层面，而对于机会、权利等内在价值和基础价值重要性的认识还处于比较低的层次上。这也是与当前中国的经济发展阶段相一致的，虽然近年来中国经济保持了长期高速增长，人们的生活水平有了明显的提高，但是，并没有出现西方发达国家的后物质主义文化转型情况。发展经济，提升收入水平，完善收入分配制度仍将是中国经济社会发展中面临的一项重要任务。

---

① 麻宝斌. 社会公正测量的五个维度 [J]. 理论探讨，2012（1）.

第二节　公平优先于公正：社会正义认知重心的总体特征

一、问题的提出

经过40多年的改革开放，随着经济市场化程度的不断提高以及资源配置机制的改革，中国的社会结构和利益格局发生了重大变化。在此过程中城乡、区域、行业以及群体之间的社会不平等问题开始显现。以至于有学者认为，改革开放以来，中国从"世界上最平等的社会之一"，成为"世界上最不平等的社会之一"①。公平正义是社会主义的本质要求，不断显现的社会不平等问题显然是与社会主义的本质要求相悖的，促进权利公平、机会公平、规则公平成为国家的政策诉求。在这个背景下，深入分析中国社会不平等问题的状况及成因、提出促进社会公平正义的政策建议就成为理论研究的重要使命。社会不平等问题包括主观和客观两个不同层面的内容，因此，除了收入、财产、公共服务等差距的测量之外，社会不平等现状的研究还需要深入分析民众对社会不平等状况的主观认知。只有这样才能系统了解社会不平等状况。②

在现代社会，通常意义上的社会不平等状况认知所反映的是人们对社会正义问题的认知。正义存在于个人行为与社会关系两个领域，它既是对个人的道德要求，也是处理社会关系的重要原则。古典正义多关注个人品质，视正义为个人的一种"美德"。与之不同，萌芽于18世纪末期并于19世纪末开始逐渐流行的"社会正义"观念，关注的是社会全体成员的基本需要及其分配是否合理与正当的问题。直到20世纪上半叶，政府负有减少贫困的义务的观念才逐渐成为世界上多数国家和地区社会福利实践的道德基础，社会正义的观念也因而开始影响公共政策的设计。从个人正义到社会正义，反映了人类社会的历史发展进程，是人类社会进步的重要标志之一。社会正义主要回答的是社会基本善的问题，即主要的福利、利益、物质成果，或某种生活负担（税收或劳役）如何在社会成员之间进行分配的问题。在内容上，社会正义包括分配过程和分配结果两个不同的维度。前者可以称为程序正义，是"作为公正的正义"（justice as impartiality），指社会成员认为应当用何种程序来决定资源分配的方式和原则，它总是与人们如何贯彻、实行既定原则相关，其作用在于摒弃身份、特权等先赋性因素的影响，保证社会成员能够有参与财富等社会资源分配的平等机会，得到公正的对待；后者可以称为实质正义，是"作为公平的正义"（justice as fairness），它倾向于描述人们之间相互关系的合理性，尤其是人们在利益分配等方面的关系是否符合某种实质性的标准或原则。

民众对社会不平等问题的主观认知包含观念和感受两个既相互区别又相互联系的内容：观念是人们对社会基本善的分配是否合理进行判断时所持的"内隐"的评价标准；感受是人们基于自身的观念对社会基本善的实际分配结果是否合理产生的"外显"的主观感受。我们可以将主观认知与社会正义各自所包含的内容进行组合，从而系统呈现出

---

① 王丰. 分割与分层：改革时期中国城市的不平等 [M]. 马磊，译. 杭州：浙江人民出版社，2013.
② 怀默霆. 中国民众如何看待当前的社会不平等 [J]. 社会学研究，2009 (1).

社会不平等的主观认知状况应当研究的内容（见表3-3）。

表3-3 社会正义主观认知状况的内容

主观认知状况	社会正义原则	
	公平	公正
感受	公平感受	公正感受
观念	公平观念	公正观念

对社会不平等的主观认知状况研究既可以针对其中的一项内容展开，也可以对多项内容之间的区别与联系进行分析。近年来，关于中国民众社会正义感受的研究日益丰富，但以"公平感"为主题的研究，大多没有明确区分"公正"与"公平"两个维度。而是以"公平感"笼统地指代人们对社会分配正义状况的认知，关注的是人们对收入、财产等差距是否感到合理的问题，也就是用狭义的"公平感受"对包含多种内容的社会不平等状况认知进行了"置换"。本研究则尝试将前期研究中的"公平感"扩展为社会正义状况的主观认知。此外，以往的相关研究往往不对"感受"与"观念"作明确区分，我们在研究过程中也有意识地克服了这一问题。

受"三纲五常"的传统文化等因素影响，从历史上来看，中国民众社会正义认知的重心一直是在公平一方，即主要是关注结果是否合理，而忽视分配过程。中华人民共和国成立以来，尤其是改革开放以来的这段时间，中国社会正处于一个从传统向现代急剧转型的阶段。社会转型时期的一个重要特征就是传统元素与现代元素的相互推挤：一方面，传统元素的惯性依然存在，仍然具有较大的作用空间；另一方面，一些现代的元素开始出现，并且对社会价值观念产生影响。价值观念的现代化是社会现代化的重要内容，那么，在中国社会的转型过程中，民众的社会正义认知重心是否发生了类似的变化，是否开始更多地关注公正问题？或是依然将重心放在公平问题上？我们根据问卷调查所获得的数据，着重将公平与公正两个维度整合起来分析中国民众社会正义认知状况的总体特征。本研究旨在回答的问题主要是，从总体上来看，中国民众的社会认知与公正认知是否存在次序性？

二、文献综述与研究假设

大约从20世纪60年代开始，在组织、管理以及司法等不同的领域陆续出现了从"分配正义"（distributive justice）和"程序正义"（procedural justice）相区分的角度来研究公平观念（perceptions of fairness）的文献。自此以后，"分配正义"和"程序正义"的区分逐渐被广泛接受。相应地，西方社会科学界关于分配正义和程序正义的社会心理学研究成果不断涌现。这些研究一般是使用实验、情景研究、现场观察、田野研究和问卷调查等实证研究方法进行的。研究范围涉及法律、警察、政府、企业组织、人事管理等；涉及的国家和地区不仅包括美国等西方发达国家，也有俄罗斯和波兰等东欧国家[①]、

---

① COHN E S, WHITE S O, SANDERS J. Distributive and Procedural Justice in Seven Nations [J]. Law and Human Behavior, 2000, 24 (5).

日本①等。其中，与企业组织的相关研究有，从程序正义与结果正义入手来对零售商与供应商之间的关系进行研究②；法律领域的相关研究有，从程序正义观念入手对于人们怎样才能更好地遵守法律问题进行的研究③。

按照结论的不同，中国民众公平观念与公正观念比较的研究成果可以分为三类。第一类是公平观念和公正观念同样重要，没有轻重之分。例如，张光、刘伟伟④对中国大学生公平观念的研究发现，无法分清大学生更重视公正，还是更为重视公平，因为在多数情况下两者是重叠的、共同对正义感产生影响；基于村委会选举实践的调查开展的中国农民公平观念研究发现，公平观念与公正观念同等重要，没有先后顺序之分⑤。第二类是公正优先于公平，即民众认为程序公正要优先于结果的公平。例如，刘祥琪基于农民征地满意度的研究发现，程序的公正要优先于征地补偿结果的合理性⑥；陈叶烽等通过最后通牒实现方法进行的研究发现，分配动机的公平比分配结果的公平更能影响人们的行为，也就是说，人们更为重视分配过程而不是分配结果⑦。第三类是公平优先于公正，即民众认为结果的合理高于一切，程序是否公正意义不大。例如，张明澍在对中国民众民主观念的研究中发现，民众重视实质和内容要优先于重视形式和程序⑧。相比较而言，第三种观点更为学术界所接受，大多数研究者认为中国民众的正义观念是实质正义观念，在结果与程序之间更为看重结果的合理性。

中国社会正在经历从传统社会向现代社会的转型，这一转型过程既是"从身份到契约"的发展过程，同时也是一个从实质公平观念转向程序公平观念的过程。价值观念是一种文化现象，并且，在文化所包含的诸多内容中，价值观念是最为核心的部分。在现代化的过程中，越是核心的部分就越容易为历史的惯性所束缚，因而，价值观念从传统向现代的转化更为困难、所需时间也更长。鉴于中国传统的社会结构特征和社会转型时间尚短等因素，我们推测当前大多数中国民众仍会认可实质正义观念，更为关注结果是否合理的问题。基于以上认识，我们提出民众正义观念状况的研究假设：

假设1：中国民众社会正义观念现状的特征是公平优先于公正，在现实中人们的关注重心是分配结果是否合理，而不是分配过程是否公开、透明。

同公平观念与公正观念的比较研究相比，公平感受与公正感受比较的研究成果并不是很多。社会正义感受的研究主要是针对社会正义总体感受⑨以及具体社会政策的正义感受⑩展开的，对正义感受的不同维度进行的比较研究并不多，并且已有的比较研究将

　　① SUGAWARA I, HUO Y J. Disputes in Japan: A cross-cultural test of the procedural justice model [J]. Social Justice Research, 1994, 7 (2).
　　② DUFFY R, FEARNE A, HORNIBROOK S. Measuring distributive and procedural justice: An exploratory investigation of the fairness of retailer-supplier relationships in the UK food industry [J]. British Food Journal, 2003 (10).
　　③ TYLER T R. Why People Obey the Law [M]. Princeton: Princeton University Press, 2006.
　　④ 张光, 刘伟伟. 重程序还是重结果? ——大学生公平感的实证研究 [J]. 青年研究, 2008 (11).
　　⑤ 张光, Jennifer R. Wilking, 于淼. 中国农民的公平观念：基于村委会选举调查的实证研究 [J]. 社会学研究, 2010 (1).
　　⑥ 刘祥琪, 陈钊, 赵阳. 程序公正先于货币补偿：农民征地满意度的决定 [J]. 管理世界, 2012 (2).
　　⑦ 陈叶烽, 周业安, 宋紫峰. 人们关注的是分配动机还是分配结果? ——最后通牒实验视角下两种公平观的考察 [J]. 经济研究, 2011 (6).
　　⑧ 张明澍. 中国人想要什么样民主 [M]. 北京：社会科学文献出版社, 2013.
　　⑨ 马磊, 刘欣. 中国城市居民的分配公平感研究 [J]. 社会学研究, 2010 (5)；王甫勤. 当代中国大城市居民的分配公平感：一项基于上海的实证研究 [J]. 社会, 2011 (3).
　　⑩ 汝信, 陆学艺, 李培林. 2007年：中国社会形势分析与预测 [M]. 北京：社会科学文献出版社, 2006.

重心放在了狭义的公平观念现状上,试图从结果公平感受以及机会公平感受两个方面来了解中国民众社会正义感受的状况,结果发现民众的机会公平感受要高于结果公平感受[1],对机会的不平等问题更为敏感。此外,李培林等学者的研究发现,中国城乡居民正义感受的特征主要有:肯定起点公平、否定过程公平、对结果公平有分歧[2]。赵德雷采用问卷调查方法对黑龙江垦区居民正义感受的研究发现,受访居民的社会公平感处于中等水平,程序公平感偏低[3]。正义感受是正义观念的外在体现,在这个意义上,有什么样的观念就会有相应的感受。也就是说,公平优先于公正的观念会导致公平优先于公正的感受。由此,我们提出民众社会正义感受状况的研究假设:

假设2:中国民众社会正义感受现状的特征是公平优先于公正,在现实中人们往往对一些不公平的问题更为敏感。

三、研究设计

1. 社会正义观念状况研究设计

为了从公平观念与公正观念两个维度对民众的社会公平观念状况进行比较研究,课题组在问卷中设计了一个问题(只要决策是合理的,我参不参与决策过程不重要)。这一问题包括非常同意、同意、不同意、非常不同意、说不清楚五个选项,在调查的过程中由调查对象根据自己的实际情况进行选择。如果选择非常同意或者同意就意味着,调查对象的公平观念优先于公正观念;如果选择不同意或者非常不同意就意味着,调查对象的公正观念优先于公平观念;如果调查对象对这一问题不是很了解,就选择说不清楚(见表3-4)。

表3-4 **社会正义观念状况研究设计**

只要决策是合理的,我参不参与决策过程不重要	
公平观念优先于公正观念	非常同意
	同意
公正观念优先于公平观念	不同意
	非常不同意
不清楚	说不清楚

2. 社会公平感受状况研究设计

为了从民众的公平感受与公正感受状况两个维度对民众公平感受的总体状况进行分析,课题组在调查问卷中设计了一个由20个选项组成的多项选择题:"您认为当前我国存在的最突出的社会不公现象有哪些"。由调查对象最多选择5项自己认为最突出的社会不公现象。这20个选项被预先划分成两类:奇数项要考察的是民众的公平感受,所

① 孟天广. 转型期中国公众的分配公平感:结果公平与机会公平 [J]. 社会,2012 (6).
② 李培林,陈光金,张翼. 2014年中国社会形势分析与预测 [M]. 北京:社会科学文献出版社,2013.
③ 赵德雷. 黑龙江垦区居民社会公平心态的调查报告 [M] //王俊秀,杨宜音. 中国社会心态研究报告 (2014). 北京:社会科学文献出版社,2014.

描述的是收入、财产、公共服务的差距问题；偶数项要考察的则是民众的公正感受，所描述的是是否得到区别对待的问题（见表3-5）。

表3-5　　　　　　　　社会正义感受状况研究设计

您认为当前我国存在的最突出的社会不公现象有哪些	
公平感受	公正感受
1.贫富差距过大	2.城市和农村有不同的户籍
3.普通百姓买不起房	4.不同性质企业间的政策差别
5.居民生活环境恶化	6.国有垄断企业的特殊优势
7.高额择校费	8.女性在就业中遭受不公平待遇
9.存在大量贫困人口	10.同工不同酬
11.部分官员生活腐化	12.地区间有差别的高考录取分数
13.普通百姓看不起病	14.基层选举中的不公现象
15.各地基础设施差别大	16.司法过程中的不公正现象
17.各地优质教育资源（学校和师资）差别大	18.政府决策中普通公民参与不够
19.各地的医疗条件差距大	20.企业职工与机关、事业单位人员的退休金差距

调查结束后，首先对选项进行赋值，将选中项赋值为1，未选中项赋值为0。其次将调查对象的选择结果按照公平感受（奇数项）和公正感受（偶数项）分别相加，得出公平感受的分值（$0 \leq F \leq 5$）和公正感受的分值（$0 \leq I \leq 5$）。最后，用公平感受的分值减去公正感受的分值（$-5 \leq R \leq 5$）。如果结果大于0，说明调查对象的公平感受要优先于公正感受，对结果的合理性更为敏感；如果结果等于0，说明调查对象的公平感受等于公正感受，对两者同样敏感；如果结果小于0，说明调查对象的公正感受优先于公平感受，对程序的合理性更为敏感。

四、民众社会正义认知重心的特征分析

基于上述研究设计，我们采用问卷调查数据对民众社会正义认知的重心问题进行了分析。

（一）民众社会公平观念的总体状况分析

按照最初的研究设计，我们对"只要决策是合理的，我参不参与决策过程不重要"这一问题的回答情况进行了统计，结果见表3-6。

表3-6　　　　　　　　中国民众正义观念的重心

只要决策是合理的，我参不参与决策过程不重要				
公平观念状况	选项	人数	百分比	累计百分比
公平观念优先于公正观念	非常同意	244	10.2%	10.2%
	同意	1 436	59.8%	70.0%
公正观念优先于公平观念	不同意	448	18.7%	88.7%
	非常不同意	70	2.9%	91.6%
不清楚	说不清楚	202	8.4%	100.0%

从表3-6中可以看出：有10.2%的调查对象选择了"非常同意"；有59.8%的调查对象选择了"同意"；有18.7%的调查对象选择了"不同意"；有2.9%的调查对象选择了"非常不同意"；有8.4%的调查对象选择了"说不清楚"。共有70.0%的调查对象选择了"同意"或者"非常同意"，呈现出公平优先于公正的突出特征。这揭示出中国民众的公平观念依然是实质公平观念，也就是说，在现实生活中，民众更为看重分配结果的合理性，而不是分配过程的合理性。总体来看，这一结论验证了前面所提出的社会公平观念状况的研究假设。

（二）民众社会正义感受重心的特征分析

在剔除了不合格的问卷后，按照研究设计的思路，我们对民众社会正义感受的重心问题进行了分析（见表3-7）。

表3-7 民众的公平感受状况

公平感受状况	人数	百分比	累计百分比
公平感受优先于公正感受	1 827	76.7%	76.7%
公平感受等于公正感受	123	5.2%	81.9%
公正感受优先于公平感受	432	18.1%	100.0%

从表3-7中可以看出，有76.7%的调查对象的公平感受优先于公正感受，这表明，在现实中民众对结果不平等问题的相关问题更为敏感一些；有18.1%的调查对象的公正感受优先于公平感受，也就是对程序合理性的问题更为敏感；有5.2%的调查对象认为二者同等重要，即对公平问题和公正问题同样敏感。总体来看，中国民众的公平感受状况呈现出明显的公平优先于公正的特征，这一结果也验证了前面所提出的中国民众公平感受状况的研究假设，在现实中，人们对分配结果合理性的问题更为敏感。

综合以上对于当前中国民众社会正义认知重心状况的分析可以发现，在公平与公正之间，目前大多数民众依然更为关注与公平有关的问题，无论是正义观念还是正义感受，都具有公平优先于公正的突出特征。

第三节 从公平到公正：社会正义认知重心的变迁路径

一、问题的提出

越来越多的研究表明，如果离开了对于民众社会正义主观认知状况的系统分析，就不可能从根本上了解社会公平正义状况[1]，这主要是因为在现实生活中每一个人都会基于自己内心所遵循的正义原则来对社会资源实际分配状况的合理性进行判断，而每个人对正义原则的理解又有所不同。从实质意义上来看，虽然古今中外的正义理论都是围绕社会资源应当如何分配才合理的问题展开的，但是这些正义理论却有着古典社群正义和

---

[1] 麻宝斌，杜平. 社会正义测评：主题、内容与框架 [J]. 理论探讨，2014（2）.

现代社会正义的区别，具体来看，两者在对"由谁来分配""分配哪些社会资源""基于何种资格得到相关社会资源""按照怎样的原则进行分配""在多大的范围内分配资源"等方面的理解都存在明显的不同。社会正义是以现代社会的形成和民族国家的出现为前提的。正是在这个意义上，戴维·米勒认为社会正义"要求由相互依赖的部分组成社会的观念，这种社会具有能够影响每个成员的前景的制度结构，而由国家这样的机构以公平的名义进行的审慎的改革能够做到这一点"①。立足社会正义理论的相关构成要件，我们在以往的研究中指出，应当从主体、客体、原则及适用、比较对象选择等方面②来分析民众的社会正义主观认知状况。具体到正义原则上，社会正义包括程序和结果③两个维度，程序指的是对合作的收益或负担进行分配的途径或规则，而结果是指不同社会成员所实际享有的资源等。借鉴这种分类方式，本书将从实质正义（公平）和程序正义（公正）两个维度来分析社会正义原则的认知状况，前者所反映的是社会资源分配的实际结果是否公平的问题；而后者则反映的是分配过程是否公正的问题。此外，民众的社会正义主观认知状况包括正义感受和正义观念两个组成部分，前者反映的是社会基本善的实际分配状况是否合理，而后者所反映的则是人们认为社会资源的实际分配状况为什么（不）合理④。这种区分就意味着，在理论上来看，面对相同数量水平的社会资源分配状况，不同类型的正义观念必然会产生具有明显差异的正义感受；换言之，不同社会群体正义感受的差异在实质上所反映的正是其心中所持有的社会正义观念的不同。既然社会正义原则由公平和公正组成，那么，针对民众社会正义认知状况问题研究的一项重要内容就是分析社会正义原则的重心是集中在公平一端，还是向公正一端倾斜，或是认为两者同等重要、难分主次？

社会正义原则与社会结构之间是相互影响的关系，一方面，社会正义原则可以影响社会基本结构的设计，也正是在这个意义上，罗尔斯在《正义论》一书中将社会正义原则看作社会基本结构设计的依据⑤；另一方面，社会结构也会对社会正义原则产生影响，社会的发展变化尤其是社会结构的现代化也会推动着社会正义原则的变迁。在内容上，社会现代化的过程也是社会价值观念持续转型的过程，"传统人"逐渐向"现代人"转变。在传统社会，民众的正义认知重心是公平优先的，但是，随着社会现代化程度的提高，民众社会正义原则的重心体现为从公平向公正的变迁，在对社会基本善分配合理性的评价过程中更为关注过程（公正）。随着社会的不断发展以及相关制度的持续完善，民众的参与意愿和动力也会不断增强，也正是在这个意义上，具有积极参与意愿的现代公民便成为"政治的社会基础"，也是现代社会政治民主化的必要条件之一。而推动这一变化的动力就是受教育程度的提高以及城市化的生活经历等因素。与此同时，在现代社会中，价值观念的多元化已经成为明显的趋势，在这种背景下，不同社会群体的正义认知必然存在一定程度的差异。面对多元化的价值观念，如何通过一种合理的制度

① 米勒. 社会正义原则［M］. 应奇，译. 南京：江苏人民出版社，2008：6.
② 杜平. 中国的社会转型与民众正义观念变迁［D］. 长春：吉林大学，2016.
③ MILLER D. Principles of Social Justice［M］. Cambridge：Harvard University Press，1999.
④ 麻宝斌，钱花花，杜平. 公平优先于公正：中国转型时期民众政治参与认知状况分析［J］. 吉林大学社会科学学报，2016（2）.
⑤ 罗尔斯. 正义论［M］. 何怀宏，等译. 北京：中国社会科学出版社，1988：3-4.

来引导具有不同正义观念的社会群体通过平等协商达成社会正义的"重叠共识"就具有格外重要的意义。对于这一点,罗尔斯在《政治自由主义》一书中有过精彩的阐述,在一个价值观念日益多元化的社会中,一种良好社会秩序的达成需要不同的社会正义观念之间形成有效的"重叠共识"①。

就中国的情况来看,在传统社会,民众社会正义认知的重心也是集中在公平一方的。近年来,在收入差距等社会不平等问题的研究过程中,民众社会正义主观认知问题的重要性逐渐被揭示出来②。综合来看,已有相关研究主要是围绕社会公平感受③、教育政策④和就业政策⑤等公共政策的公平感受,民众正义观念⑥、社会正义原则偏好⑦、民众政府再分配偏好⑧等问题展开的,并且分析了经济社会地位、城市化、文化心理以及市场化等相关因素对于民众社会正义认知状况的影响。但是对民众正义感受的研究主要是集中在结果合理性上,对于过程合理性的研究还有待加强;对民众正义观念重心问题的研究则是围绕着民众的民主观念进行的,例如,张明澍的相关研究表明,当前民众的民主观念具有重形式、轻内容的明显特征⑨,相比较而言,从社会正义视角进行的研究稍显不足。我们之前所进行的一项民众正义原则主观认知状况的描述性研究也发现,当前中国民众的社会正义认知状况依然呈现出鲜明的公平导向特征⑩,但是并没有回答社会转型是否以及在多大程度上推动民众社会正义重心变迁的问题。因此,立足社会转型的时代背景,系统分析社会转型期民众社会正义认知重心的变迁路径问题,具有重要意义。

二、文献回顾与研究假设

对民众社会正义认知重心变迁路径问题的分析,主要可以从社会经济地位、城市化以及区域经济社会发展水平等维度进行。

(一)经济社会地位与民众社会正义认知重心的变迁

经济社会地位会对民众社会正义认知重心的变迁产生显著影响。具体来看,个人收入水平、受教育程度等因素都是民众社会正义认知重心的重要影响变量,不同经济社会群体的社会正义认知重心存在明显的差异。首先,从个人的收入水平上来看,随着社会整体收入水平的提高,人们的关注点会逐渐从公平向公正转变,也就是在对社会资源分配状况进行评价和判断的过程中更为关注与程序合理性相关的问题。例如,世界价值观的调查结果表明,随着收入水平的提高,物质主义价值观会逐渐向后物质主义价值观转

① 罗尔斯. 政治自由主义 [M]. 万俊人,译. 南京:译林出版社,2011.
② 怀默霆. 中国民众如何看待当前的社会不平等 [J]. 社会学研究,2009 (1).
③ 麻宝斌,杜平. 结构分化、观念差异与生活经历——转型期社会公平感的影响因素分析 [J]. 江汉论坛,2017 (3).
④ 麻宝斌,于丽春,杜平. 中国民众教育政策公平认知状况的影响因素分析 [J]. 公共管理与政策评论,2017 (3);麻宝斌,范琼,杜平. 中国现阶段教育政策公平感研究 [J]. 天津行政学院学报,2016 (3).
⑤ 麻宝斌,杜平. 中国民众对就业政策公平感受的影响因素分析 [J]. 湖北社会科学,2017 (5).
⑥ 杜平. 中国的社会转型与民众正义观念变迁 [D]. 长春:吉林大学,2016;麻宝斌,杜平.正义图景的"变与不变"——转型中国民众正义观念的总体特征 [J]. 理论探讨,2017 (3).
⑦ 杜平,麻宝斌. 机会平等与结果平等:转型期社会正义原则偏好的影响因素 [J]. 湘潭大学学报:哲学社会科学版,2017 (4).
⑧ 麻宝斌,杜平. 社会转型期民众的政府再分配偏好及影响因素 [J]. 云南社会科学,2017 (5).
⑨ 张明澍. 中国人想要什么样民主 [M]. 北京:社会科学文献出版社,2013:282.
⑩ 麻宝斌,钱花花,杜平. 公平优先于公正:中国转型时期民众政治参与认知状况分析 [J]. 吉林大学社会科学学报,2016 (2).

变[①]。由此来看，相比较而言，收入水平高的群体在对社会资源分配合理性进行评价时会更关注公正问题。因此，本书提出以下研究假设：

假设1：收入水平越高，在对社会资源分配的合理性进行判断的过程中就更为关注与程序合理性相关的一些问题，其社会正义认知的重心会更加倾向于公正一方。具体来看，在正义观念上，收入水平高的群体更加重视分配过程的合理性；在正义感受上，收入水平高的群体对现实生活中存在的不公正现象的感受要强于不公平现象。

在经济社会地位中，受教育程度也是民众社会正义认知重心变迁的一个重要影响因素，这是因为受教育是政治社会化的重要方式之一。具体来看，受教育程度越高，政治参与的意愿和能力就会越强，而且这种影响已经被很多研究所证实。基于这种认识，本书提出如下受教育程度对民众社会正义认知重心变迁影响的研究假设：

假设2：受教育程度越高，其社会正义认知的重心就越有可能呈现出公正导向的特征。具体来看，在正义观念上，受教育程度越高的群体就越有可能更为看重公正的问题；在正义感受上，受教育程度越高的群体越有可能对不公正问题更为敏感。

此外，从社会经济地位上来看，职业类型会对民众社会正义认知重要变迁产生显著影响。具体来看，与农民相比，国有部门和民营部门工作人员的社会正义认知重心会更加倾向于公正一方。因此，本书提出如下研究假设：

假设3：从职业类型上来看，与农民相比，国有部门和民营部门工作人员的社会正义认知重心更为倾向于公正一方，不仅在对社会资源分配的合理性进行评价时更为看重程序的重要性，而且所感受的一些不公正现象也较多。

（二）城市化与民众社会正义认知重心的变迁

城市化在社会价值观念现代化进程中具有重要的作用。相关研究表明，城市化有助于增强人们的参与意愿和参与能力。近年来，我国的城镇化水平有了大幅度的提高，有越来越多的民众接受现代城市生活经历的洗礼，在此过程中，民众的社会正义认知重心有可能会从公平向公正进行转变。因此，城镇户籍人口的社会正义认知重心要比农村人口更为倾向于公正一方。需要注意的是，改革开放以来，随着户籍制度的改革，从农村走向城市的流动人口的数量也在持续增加，而且相关研究表明，流动人口的社会正义认知状况和农村居民具有明显的差异，这种不同反映在社会正义认知的重心上就是，城市居民和流动人口的社会正义认知重心要比农村居民更倾向于公正一方。基于以上认识，本书提出如下城市化对民众社会正义认知重心变迁影响的研究假设：

假设4：从户籍类型上来看，相比于农村居民和农村户籍人口，城镇居民和城镇户籍人口的社会正义认知重心具有更强的公正导向特征。从现居住地上来看，城镇居民和流动人口的社会正义认知重心呈现出更强的公正导向特征。

（三）区域经济社会发展与民众社会正义认知重心变迁

从宏观层面上来看，中国区域之间经济社会发展存在较为明显的不平衡问题，区

---

① 英格尔哈特. 静悄悄的革命——西方民众变动中的价值与政治方式［M］. 叶娟丽，韩瑞波，等译. 上海：上海人民出版社，2016.

域之间的现代化水平也存在着一定的差距，而且这种发展水平和现代化程度的差异也有可能成为民众社会正义重心变迁的宏观影响因素。相比较而言，经济社会发展水平和现代化程度较高地区的民众的社会正义认知重心会更为倾向于公正一方。基于这种认识，本书提出如下经济社会发展水平差异对民众社会正义认知重心变迁影响的研究假设：

假设5：与西部地区居民相比，东部地区和中部地区居民的社会正义认知重心呈现出更强的公正导向特征。具体来看，在正义感受上，中部地区和东部地区民众比西部地区民众更能感受到一些程序不合理的问题；在正义观念上，中部地区和东部地区民众比西部地区居民更加重视程序合理性的相关问题。

三、研究设计

（一）因变量

相关的因变量是民众社会正义认知重心状况，由于民众的社会正义认知状况包括正义观念和正义感受两部分，相应地，本书的因变量也包括两个方面，一个是民众的正义观念重心状况，另一个则是民众的正义感受重心状况。与民众正义观念重心状况变量相对应的问题是，"只要决策是合理的，我参不参与决策过程不重要"（非常不同意、不同意、说不清楚、同意、非常同意）。其中，将"说不清楚"、"同意"和"非常同意"的选择编码为0，表示调查对象正义观念的重心是公平导向的，在对社会资源分配的合理性进行评价时认为结果的合理性更为重要；将"非常不同意"和"不同意"的选择编码为1，表示调查对象的正义观念重心是公正导向的，在对社会资源实际分配的合理性进行评价时认为过程的合理性高于结果的合理性。

民众正义感受重心状况变量则是通过"您认为当前我国存在的最突出的社会不公现象有哪些"这一问题来测量的。在调查过程中，由调查对象从调查问卷所列举出的20个现象中进行选择[1]，每个人最多可以从中选择5项。此外，问卷中还包括"其他"选项，如果调查对象认为在20个选项中没有自己认同的选择，可以在第21项中自行填答[2]。在这些选项中，奇数项所反映的是民众的公平感受；偶数项所反映的则是民众的公正感受。在数据分析的过程中，我们在剔除了没有应答以及选择超过5项的样本之后，首先对所有选项进行赋值，也就是将选中项赋值为1，未选中项赋值为0。其次，将调查对象的选择结果按照公平感受（奇数项）和公正感受（偶数项）分别相加，得出公平感受的分值和公正感受的分值。最后，用公平感受的分值减去公正感受的分值，如果结果大于0，说明调查对象的公平感受要优先于公正感受，在现实生活中对结果合理性的敏感程度要强于过程合理性；如果结果等于0，说明调查对象的公平感受等于公平感受，也就是在现实生活中，人们对两者的合理性问题是同样看重的，不分主次；如果

---

① 这20个选项具体包括：贫富差距过大；城市和农村有不同的户籍；普通百姓买不起房；不同性质企业间的政策差别；居民生活环境恶化；国有垄断企业的特殊优势；高额择校费；女性在就业中遭受不公平待遇；存在大量贫困人口；同工不同酬；部分官员生活腐化；地区间有差别的高考录取分数；普通百姓看不起病；基层选举中的不公现象；各地基础设施差别大；司法过程中的不公现象；各地优质教育资源（学校和师资）差别大；政府决策中普通公民参与不够；各地的医疗条件差异大；企业职工与机关、事业单位人员的退休金差距。
② 在数据分析的过程中，我们在对受访者的相关选择进行分析之后，将其重新进行了分组。

结果小于0，说明调查对象的公正感受优先于公平感受，在现实生活中，对程序合理性的敏感程度要明显高于结果合理性。在分析的过程中，我们将其作为二分变量处理，将结果小于0记为1，表明调查对象的正义感受重心是公正导向的，也就是对程序不合理的问题更为敏感；将结果等于0和结果大于0的编为0，表示调查对象的正义感受重心是公平导向的。

（二）自变量

相关的自变量包括收入水平、受教育程度、职业、户籍类型、居住地区、所在区域等。按照个人年收入水平的差异，将全部样本分为低收入者、中低收入者、中等收入者、中高收入者、高收入者共五种类型，分别编码为1、2、3、4、5，数字越大表示收入水平越高。按照受教育程度的不同，将全部受访者分为初中及以下、高中（含中专和技校）、大学、研究生四种类型，分别编码为1、2、3、4，数字越大表示调查对象的受教育程度越高。按照工作部门性质的差异，将全部样本分为国有部门、民营部门和农民三种类型，分别编码为1、2、3，其中，农村的受访者为参照群体。按照户籍类型的不同，将全部受访者分为城镇户籍和农村户籍两种类型，分别编码为1、0，其中，农村户籍的受访者为参照群体。按照现居住地的不同，将全部样本分为城镇居民和农村居民，分别编码为1、0，其中，农村居民为参照群体。按照所在区域的不同，将全部样本分为东部地区（北京、上海、广东、山东）、中部地区（湖南、河南）、西部地区（陕西、内蒙古），分别编码为1、2、3，其中，西部地区受访者为参照群体。在相关的自变量中，除了受教育程度、收入水平两个变量是定序变量之外，其余都是分类变量。

（三）控制变量

相关的相关控制变量主要包括性别、政治面貌、年龄、宗教信仰等。其中，年龄变量作为定序变量进行了处理，将全部受访对象按照出生年代的不同分别编码为1、2、3、4、5、6，数字越大表示调查对象的年龄就越小，6代表的是20世纪90年代出生的受访对象。此外，其余的控制变量都作为二分变量进行了处理。具体来看，在性别变量中，男性受访者编码为1，女性受访者编码为0，女性受访者为参照群体；在政治面貌中，中共党员编码为1，不是中共党员的编码为0，后者为参照群体；在宗教信仰变量中，信仰宗教的受访者编码为1，不信仰宗教的编码为0，不信仰宗教的受访者为参照群体。

按照上述研究设计，本书对因变量、自变量和控制变量等相关变量的具体构成情况进行了统计（见表3-8）。

四、民众社会正义认知重心变迁的影响机制

按照上述研究设计，我们基于相关问卷调查数据首先分析了民众正义观念与正义感受之间的相关性，然后采用二元逻辑斯蒂回归分析方法从正义观念重心的影响因素以及正义感受重心的影响因素两个方面对民众社会正义认知重心变迁的影响机制问题进行了分析。

表3-8   相关变量的统计性描述

变量		比例	变量		比例
感受	公平导向	58.9%	观念	公平导向	78.4%
	公正导向	41.1%		公正导向	21.6%
性别	男	52.1%	户籍	城镇	35.1%
	女	47.9%		农村	64.9%
中共党员	是	15.6%	居住地	城镇	46.1%
	否	84.4%		农村	53.9%
出生年代	1949年前	6.5%	受教育程度	初中及以下	52.8%
	20世纪50年代	13.6%		高中（中专、技校）	32.2%
	20世纪60年代	22.1%		大学（大专、高职）	14.4%
	20世纪70年代	25.3%		研究生	0.6%
	20世纪80年代	21.2%	地区	东部	38.5%
	20世纪90年代	11.3%		中部	40.5%
宗教信仰	是	20.4%		西部	21.0%
	否	79.6%	个人年收入	低收入者	34.3%
职业类型	国有	25.1%		中低收入者	16.8%
	民营	42.7%		中等收入者	31.7%
	农村	32.2%		中高收入者	14.1%
				高收入者	3.2%

（一）民众正义观念与正义感受之间的相关性分析

从理论上看，在内容上，民众的社会正义认知分为正义观念和正义感受两部分，两者之间是紧密联系的，其中，正义观念是正义感受的价值基础，它决定了为什么不同社会群体对于相同数量社会资源分配状况的合理性评价存在差异；而正义感受则是正义观念的外在表现，在实质上，不同社会群体正义感受的差异恰恰反映了其正义观念的不同。从相关变量构成状况的描述性统计中也可以看出，目前民众的正义观念和正义感受都呈现出鲜明的"公平优先于公正"的特征，更为看重结果的合理性，但是正义观念的公平导向特征要明显强于正义感受的公平导向特征，两者相差了接近20个百分点。那么，在现实生活中，民众的正义观念和正义感受是否是一致的？两者具有相关性吗？我们根据相关数据对民众正义观念和正义感受两个变量之间的相关性进行了分析（见表3-9）。

表3-9　　　　　　　　　民众正义观念与正义感受的相关性分析

		感受	观念
感受	Pearson 相关性 显著性（双侧）	1	0.022 0.281
观念	Pearson 相关性 显著性（双侧）	0.022 0.281	1

　　从民众正义观念和正义感受两个变量相关性的分析结果来看，两者之间的相关性并不是很明显。导致这种现象的原因有多种，首先可能是问卷设计中存在的问题，虽然两个题目分别是对于正义观念和正义感受的考察，但是在具体的内容设计上可能是相关性要差一些。还有一种原因是，民众正义观念和正义感受的相关问题本来的相关性就不大，从而导致了两个变量之间没有强的相关性。在后续研究中，我们将继续跟踪这一问题，并尽可能通过对问卷设计的修正来进一步提升研究的质量。

（二）民众社会正义认知重心变迁的影响机制分析

　　对民众社会正义认知重心变迁的影响机制问题的研究表明，民众正义观念和正义感受变迁的影响机制存在一定程度的差异。具体来看，在表3-10中，模型一和模型二是对民众正义感受重心变迁影响机制问题进行的分析，在模型一中，本书只是加入了相关的控制变量，回归分析结果表明，性别变量对正义感受重心具有明显的影响，相比于女性，男性的正义感受呈现出更强的公正导向特征，也就是说，男性在现实生活中对于与程序不合理相关的问题更为敏感一些。此外，其余的控制变量对因变量的影响在统计意义上并不显著。在模型二中，本书又在模型一的基础上加入了相关的自变量，回归分析结果表明，只有受教育程度变量能够对民众的社会正义感受重心的变迁产生显著的影响，受教育程度越高，其正义感受重心就更为倾向于公正一方，也就是越有可能意识到生活中的一些与不公正有关的问题。这与前面的相关研究假设是一致的，也验证了已有相关研究得出的结论，教育具有启蒙的性质，受教育程度越高，对相关问题的认知能力就越强[1]。但是本书其他的研究假设并没有得到有效验证，这说明个人年收入水平、工作部门性质、户籍类型、居住地以及所在区域等变量与因变量之间没有显著的相关性。模型三和模型四是对民众正义观念重心变迁影响机制问题进行的分析。在模型三中，本书只是加入了相关的控制变量，在这些变量中，年龄变量与因变量之间是正相关的关系，年龄越小，人们的正义观念就越会呈现出公正导向的特征，也就是在对社会资源分配的合理性进行评价时更加看重过程的重要性；与女性相比，男性更为看重过程的合理性，在实质上，这可能与我国传统的"男主外、女主内"观念之间有一定的关系[2]；中共党员更为看重过程的合理性。在模型四中，我们是在模型三的基础上又加入了相关的自变量。回归分析结果表明，在相关的控制变量中，年龄和性别变量依然能够对因变量产生同样的影响。此外，在相关的自变量中，受教育程度等变量可以对正义观念重心产

---

[1] 李骏，吴晓刚. 收入不平等与公平分配：对转型时期中国城镇居民公平观的一项实证分析 [J]. 中国社会科学，2012（3）.

[2] 人民论坛问卷调查中心. 中国公众的政治参与观念调查报告（2016）[J]. 人民论坛，2016（23）.

生影响。其中，受教育程度变量与因变量之间是显著的正相关关系，受教育程度越高，就越看重程序的合理性，因而其正义观念会呈现出更强的公正导向特征；工作部门性质也能对因变量产生显著影响，和农民相比，国有部门和民营部门工作人员更加看重过程的重要性，因而其正义观念呈现出较强的公正导向特征；与西部地区居民相比，中部地区民众的正义观念反而是更加倾向于公平一端，更加看重过程的重要性；与农村户籍人口相比，城镇户籍人口的正义观念呈现出更强的公平导向特征，在现实生活中对与结果合理性相关的问题更为看重一些。这里的一些研究结论与前面的研究假设是一致的，例如，受教育程度与正义观念重心变迁之间的关系；工作部门性质与正义观念重心变迁之间的关系。但是，也有一些回归分析结果与研究假设并不一致，例如，城镇户籍居民正义观念重心的公平导向要强于农村户籍居民。这表明，城市化并没有在促进民众社会正义认知重心的现代变迁中发挥着重要作用，究竟类似的结论的前因后果如何，还需要我们在今后的研究中进行更为深入的分析。

表3-10　　　　　　　　转型期民众社会正义认知重心变迁的影响机制分析

		模型一	模型二	模型三	模型四
		回归系数（标准误）	回归系数（标准误）	回归系数（标准误）	回归系数（标准误）
自变量	个人年收入		0.096（0.049）		−0.079（0.047）
	受教育程度		0.197（0.086）*		0.214（0.081）**
	国有部门 民营部门 （农村）		0.026（0.180） 0.126（0.152）		0.564（0.171）** 0.450（0.144）**
	城镇户籍 （农村）		−0.001（0.152）		−0.289（0.145）*
	城镇居民 （农村）		0.109（0.155）		−0.194（0.144）
	东部 中部 （西部）		−0.051（0.149） 0.074（0.146）		−0.228（0.134） −0.616（0.137）***
控制变量	年龄	0.030（0.039）	−0.021（0.044）	0.322（0.039）***	0.263（0.043）***
	男性 （女性）	0.342（0.111）**	0.307（0.115）**	0.294（0.104）**	0.238（0.109）*
	中共党员 （否）	0.139（0.144）	−0.015（0.155）	0.413（0.135）**	0.251（0.146）
	宗教信仰 （否）	−0.155（0.131）	−0.165（0.132）	0.060（0.126）	0.047（0.129）
卡方值		12.575	12.503	79.117	79.422
Log Likelihood		2 245.780	2 243.922	2 414.039	2 411.382
Nagelkerke R^2		0.009	0.009	0.050	0.051
样本数量		2 416	2 411	2 417	2 412

注：（1）*$p<0.05$，**$p<0.01$，***$p<0.001$。

（2）括号内为参照群体。

五、主要结论

随着社会现代化程度的不断提高，民众社会正义认知的重心会逐渐从结果合理性向程序合理性转变，也就是从公平导向转变为公正导向。本研究主要是基于一项问卷调查数据，采用二元逻辑斯蒂回归分析方法围绕社会转型时期民众社会正义认知重心变迁的影响因素问题进行了分析。概括来看，我们的主要研究发现包括：第一，尽管当前的民众正义观念与正义感受都具有鲜明的公平导向特征，但是两者之间没有显著的相关关系。这一现象还有待于我们在今后的研究中进一步关注。第二，社会结构的转型确实能够推动民众社会正义认知重心从公平到公正的变迁，但是正义观念和正义感受重心变迁的影响因素之间又存在一定程度的差异。其中，在民众正义感受重心变化的影响因素上，受教育程度越高就越有可能会意识到一些与程序不合理相关的问题，因而其正义感受的重心在社会正义认知的天平上会相对更为偏向公正一方。在民众正义观念重心变化的影响因素上，受教育程度越高就越有可能更为重视与公正相关的问题，因此更加看重社会资源分配过程中程序的合理性；在工作部门类型对民众正义观念重心变迁的影响上，与农民相比，国有部门和私营部门工作人员的正义观念呈现出更强的公正导向特征，更加看重程序的合理性。这些发现与本书的研究假设一致。但在本书的相关自变量中，尽管所在地区和户籍制度等变量并没有对社会正义观念重心的变迁产生影响，但是，相关研究发现与本书的研究假设之间并不一致。具体来看，在户籍类型的影响上，城镇户籍人口的正义观念反而比农村户籍人口呈现出更强的公平导向特征；在所在地区的影响上，与西部地区居民相比，中部地区居民的正义观念呈现出更强的公平导向特征。

基于相关研究发现，我们认为应当从以下几个方面着手来推动民众社会正义认知重心从传统到现代的转型。第一，进一步强化教育公共服务的供给，也就是通过社会整体受教育程度的提高来夯实社会正义认知重心变迁的基础。在这个意义上，只有社会总体的受教育水平有了明显提高，人们才能更为看重与程序不合理相关的一些问题，社会正义认知的重心才能逐渐从公平一端向公正一端移动。第二，尽可能缩小不同区域之间的公共服务水平差距，从而实现区域协调发展。这是因为，推动区域均衡协调发展可以为民众社会正义认知重心的变迁提供可靠的物质保障。第三，进一步落实相关民主制度，切实保障民众的政治参与机会[①]，进而不断增强民众的政治效能感。只有这样才能切实有效增强民众的政治参与意愿，进而推动社会正义认知重心从公平向公正一端的变化。第四，继续加强公民教育，要逐渐使得尊重多元基础上的相互协商成为全社会所共同遵循的"实践理性"，并且能够切实做到在多元化的时代背景下"包容他者"，通过社会成员之间的平等协商来形成有关社会正义问题的共识。因此，在社会利益分化以及价值观念日益多元化的背景下，通过合理和公开的程序来实现社会正义具有极为重要的意义。其中的关键就在于，通过有效的公民教育来促进现代公

---

① 麻宝斌，于丽春，杜平. 收入水平、政治社会化与参与意愿——转型期公众政治参与机会认知的影响因素分析［J］. 武汉大学学报：哲学社会科学版，2017（4）.

民的成长。

综合来看，尽管本研究揭示了我国社会转型时期民众社会正义认知重心变迁的相关影响因素问题，但仍然存在一些不足。首先，在因变量的设计上，尽管我们尝试从正义感受和正义观念两个维度来分析民众正义认知重心的相关问题，但由于问卷设计的问题，并没有很好地对正义观念和正义感受的关系进行分析。其次，尽管我们对社会转型时期社会结构的变化对民众社会正义认知重心的变迁进行了分析，但是在相关自变量的选择上也有不足，突出表现为自变量的选择还偏少。对这些问题，都需要后续开展更为深入的研究加以弥补。

第四节　总体与具体：民众的社会公平感受状况

现代社会的基本结构在实现社会正义中具有极为重要的作用，教育、医疗等不同领域公共政策的实施效果对于社会总体的公平感具有显著影响，因此，我们从总体和具体两个不同的维度来分析民众的社会公平感受状况。

一、民众社会公平感受状况

从分配正义的视角来看，社会公平感受是人们对收入、医疗、教育、就业等社会基本善的分配是否合理作出的主观评价。在现代社会，政府主要是通过相应的公共政策来促进社会公平正义的，因此，社会成员的社会公平感受是与收入分配、教育、社会保障、医疗卫生、公共就业等不同领域的具体公共政策紧密联系在一起的。这种联系说明，对社会公平感受状况的研究既可以从民众当前的社会公平总体感受着手，也可以围绕民众对某一项具体社会政策的公平感受进行分析。

基于以上认识，本书在借鉴已有相关研究的基础上，设计了由13个问题组成的一组当前中国民众社会公平感受的调查题目，其中包括1个社会公平总体感受的问题和12个具体的社会政策公平感受问题。这12个具体的问题也是当前中国社会普遍关注的热点问题，具体包括：收入差距，就业机会，高考制度，选拔干部，公共医疗，义务教育，公民实际享有的政治权利，司法与执法，不同地区之间的发展差距，不同行业之间的待遇差距，城乡居民之间的权利、待遇的差距，养老等社会保障待遇。在社会公平感受现状调查实施的过程中，由调查对象根据自身的切实感受从1分到10分由低到高对上述13个问题的公平程度进行评价，1分为很不公平，10分为很公平。如果其中的某一问题得分较高，就意味着调查对象对这一问题具有较强的公平感受，反之则表明公平感受较低；如果调查对象对其中的问题不了解，就选择"不清楚"选项。最终调查结果表明，当前中国民众对社会公平总体状况评价的平均得分为5.99分。这一分数说明，目前民众认为从总体上来看中国社会是基本公平的（见表3-11）。

表3-11　　　　　　　　　中国民众社会公平感受状况

	1	2	3	4	5	6	7	8	9	10	不清楚	漏答	均值	标准差
收入差距	393	150	340	418	301	227	303	107	51	66	42	0	4.39	2.387
就业机会	186	97	231	312	296	299	407	214	62	113	181	0	5.35	2.376
高考制度	71	36	91	115	180	187	411	379	225	367	338	1	7.03	2.354
选拔干部	341	108	251	227	228	229	330	226	78	155	224	3	5.11	2.743
公共医疗	122	61	136	197	204	309	464	341	208	300	55	3	6.47	2.464
义务教育	72	29	64	108	120	235	397	405	335	568	65	1	7.49	2.299
公民实际享有的政治权利	171	75	145	185	254	255	364	302	188	266	193	3	6.17	2.627
司法与执法	197	117	188	217	271	278	333	256	143	142	256	1	5.59	2.574
不同地区之间的发展差距	255	137	276	370	270	267	278	150	68	71	257	1	4.79	2.395
不同行业之间的待遇差距	238	150	308	327	310	256	259	149	72	78	253	0	4.79	2.400
城乡居民之间的权利、待遇的差距	249	169	287	316	299	298	288	191	77	76	147	4	4.89	2.426
养老等社会保障待遇	150	85	156	190	227	262	391	387	227	276	49	0	6.33	2.579
社会公平的总体状况	93	82	120	221	336	447	407	304	130	126	134	0	5.99	2.178

二、不同社会公平感受的平均值比较

接下来，我们以民众对社会公平总体状况的感受为基准，将其与12项具体政策或问题公平感受的均值和标准差进行了比较，如图3-1所示。

图3-1　当前社会公平感受状况比较

从以上不同公平感受得分均值的比较中可以看出，社会公平的总体状况均值（5.99）在13个问题中位于第6位。其中，平均值高于社会公平的总体状况均值（5.99）的一共有5个：义务教育（7.49）、高考制度（7.03）、公共医疗（6.47）、养老等社会保障待遇（6.33）、公民实际享有的政治权利（6.17）。这说明当前民众对这些问题的公平感受是好于社会公平总体感受的。平均值低于社会公平的总体状况（5.99）平均值的有7个：司法与执法（5.59），就业机会（5.35），选拔干部（5.11），城乡居民之间的权利、待遇的差距（4.89），不同地区之间的发展差距（4.79），不同行业之间的待遇差距（4.79），收入差距（4.39）。这意味着，当前民众对这些问题的评价是低于社会公平总体感受的。

从这些公平感受得分标准差的比较来看，社会公平的总体状况的标准差最小（2.178），这说明人们对于这一问题的评价在13个问题中是共识程度最高的。在12个具体的公平感受得分中，标准差从高到低依次是选拔干部（2.743），公民实际享有的政治权利（2.627），养老等社会保障待遇（2.579），司法与执法（2.574），公共医疗（2.464），城乡居民之间的权利、待遇的差距（2.426），不同行业之间的待遇差距（2.4），不同地区之间的发展差距（2.395），收入差距（2.387），就业机会（2.376），高考制度（2.354），义务教育（2.299）。这表明当前民众对选拔干部、公民实际享有的政治权利、养老等社会保障待遇等问题公平性评价的不一致程度最高；与之相反，对义务教育、高考制度、就业机会等问题公平性评价的一致程度较高。

将这些不同问题公平感受的均值与标准差结合起来进行分析，可以发现：义务教育、高考制度等问题的均值较高，标准差较低；不同行业之间的待遇差距、不同地区之间的发展差距、收入差距等的均值较低，标准差也较低。尽管民众对这些问题公平程度的评价有高有低，但总体上看，对这些问题公平性评价的一致性程度是比较高的。

但是，也有与上述现象相反的情况，调查对象对一些问题的评价存在较大的不一致。在此过程中，我们也发现了一些比较有意思的现象。第一，公民实际享有的政治权利和养老等社会保障待遇两个问题的均值和标准差都是比较高的。这表明，当前民众对这些问题的公平程度评价较高，其中也存在较为明显的分歧。事实上，这一现象和现实状况是紧密相连的，基本上反映了相关领域的现实状况。以民众对养老等社会保障待遇公平状况的感受为例，进入21世纪以来，国家陆续出台了一系列政策来提高养老保险制度的覆盖率，与此同时，企业退休人员的养老金已经保持了10多年的增长，其结果是民众对这一政策公平状况的评价普遍较高。但是，由于目前实行的城乡、部门"分割"的养老保障制度（例如，机关事业单位实行的是退休养老保险制度，而企业实行的则是企业职工养老保险制度）导致不同群体之间在缴费数量、养老金替代率等问题上具有较为明显的差距，因此，民众对这一问题的评价具有争议。其政策意义在于，在继续扩大养老保险覆盖面、保持养老金正常增长的同时，还需要通过全国统筹来打破分割的社会保障制度进一步提升养老等社会保障制度的公平性。为了进一步促进养老保险制度的公平性，建立可持续的养老保险制度，2015年1月，国务院发布了《关于机关事业单位工作人员养老保险制度改革的决定》。第二，司法与执法、选拔干部等问题的均值较低，标准差较高。这说明民众对这些问题公平性的评价较低，对这些问题公平性的评价过程中存在着较大程度的不一致现象。这也从一个侧面反映出当前中国存在的司法与执法活动公信力不高、干部选拔的透明度不够等问题。无论是执法活动还是干部选拔都是与公共政策的执行等问题紧密相连的，因此，通过公共政策促进社会公平正义，提高社会的总体公平感受必须不断增强司法与执法的公信力、提高干部选拔的透明性。

三、民众对相关问题的公平评价状况

为了更好地理解当前我国社会公平总体状况的感受，我们将调查对象的评价进行了重新组合，其中，1~2分为很不公平，3~5分为不太公平，6~8分为比较公平，9~10分为很公平，如图3-2所示。

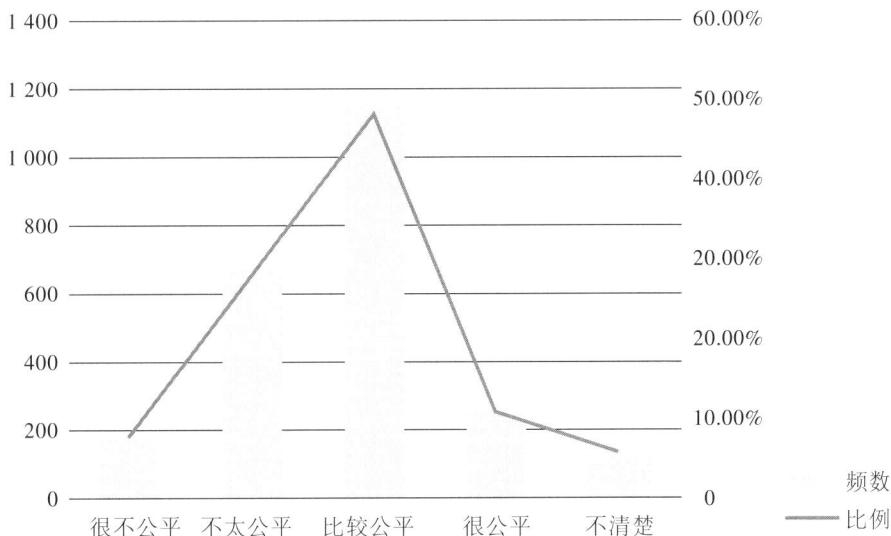

图3-2　当前中国社会公平总体感受状况

从图3-2中可以看出，在调查对象中选择"很不公平"的有175人，占全部调查对象的7.3%；选择"不太公平"的有676人，占全部调查对象的28.2%；选择"比较公平"的有1 159人，占全部调查对象的48.3%；选择"很公平"的有256人，占全部调查对象的10.7%；选择"不清楚"的有134人，占全部调查对象的5.6%。将选择"比较公平"和"很公平"的调查对象相加，一共有1 415人的评价在6分以上，占全部调查对象的59%。也就是说，有超过一半的调查对象认为当前中国社会总体上来看是比较公平的。与其他12个具体问题相比，调查对象对社会公平的总体状况的公平感受要低于义务教育、公共医疗、高考制度、养老等社会保障待遇，见表3-12。

四、不同公平感受状况的因子分析

上面对不同公平感受的均值和标准差进行比较，为了深入了解这些公平感受之间的相关关系，课题组还对这些变量进行了因子分析，见表3-13。

表 3-12   调查对象对相关问题的公平性评价

问题	公平感	排序	问题	公平感	排序
义务教育	80.8%	1	就业机会	45.7%	8
公共医疗	67.6%	2	选拔干部	42.4%	9
高考制度	65.3%	3	城乡居民之间的权利、待遇的差距	38.8%	10
养老等社会保障待遇	64.3%	4	不同地区之间的发展差距	34.8%	11
社会公平的总体状况	59%	5	不同行业之间的待遇差距	34%	12
公民实际享有的政治权利	57.3%	6	收入分配	31.5%	13
司法与执法	48%	7			

表 3-13   社会公平感受变量的 KMO 和 Bartlett 检验

取样足够度的 Kaiser-Meyer-Olkin 度量		0.883
Bartlett 的球形度检验	近似卡方	7 407.114
	df	78
	Sig.	0.000

从表 3-13 中看出，这 13 个变量的 KMO 值为 0.883（接近于 1），Sig. 值为 0.000（小于 0.005），因此，这些变量适合进行因子分析。

此外，变量共同度的结果表明，变量中的大部分信息都能被提取，见表 3-14，因此，因子分析的结果是有效的。

表 3-14   变量共同度表

项目	初始	提取
收入差距	1.000	0.445
就业机会	1.000	0.339
高考制度	1.000	0.522
选拔干部	1.000	0.471
公共医疗	1.000	0.431
义务教育	1.000	0.466
公民实际享有的政治权利	1.000	0.447
司法与执法	1.000	0.537
不同地区之间的发展差距	1.000	0.706
不同行业之间的待遇差距	1.000	0.749
城乡居民之间的权利、待遇的差距	1.000	0.487
养老等社会保障待遇	1.000	0.524
社会公平的总体状况	1.000	0.336

从因子贡献率上来看，有三个因子的特征值大于 1，并且这三个因子的特征值之和

占总特征值的49.688%，见表3-15。

表3-15   解释的总方差

成分	初始特征值			提取平方和载入			旋转平方和载入		
	合计	方差的 %	累计 %	合计	方差的 %	累计 %	合计	方差的 %	累计 %
1	4.315	33.196	33.196	4.315	33.196	33.196	2.606	20.043	20.043
2	1.079	8.301	41.496	1.079	8.301	41.496	2.366	18.203	38.246
3	1.065	8.192	49.688	1.065	8.192	49.688	1.487	11.442	49.688
4	0.926	7.123	56.811						
5	0.816	6.278	63.089						
6	0.799	6.147	69.236						
7	0.769	5.915	75.151						
8	0.722	5.550	80.701						
9	0.666	5.126	85.828						
10	0.586	4.508	90.336						
11	0.526	4.049	94.384						
12	0.421	3.236	97.620						
13	0.309	2.380	100.000						

最后，通过因子旋转结果可以看出，按照载荷可以将13个变量分为三类（见表3-16）。第一类是不同行业之间的待遇差距，不同地区之间的发展差距，城乡居民之间的权利、待遇的差距。第二类是义务教育、高考制度、选拔干部、公民实际享有的政治权利、司法与执法、就业机会、社会公平的总体状况。第三类是养老等社会保障待遇、公共医疗、收入差距。

表3-16   旋转成分矩阵

项目	成分		
	1	2	3
不同行业之间的待遇差距	0.835	0.199	0.109
不同地区之间的发展差距	0.802	0.242	0.060
城乡居民之间的权利、待遇的差距	0.654	0.124	0.210
义务教育	-0.059	0.675	0.089
高考制度	0.348	0.630	-0.071
选拔干部	0.222	0.622	0.189
公民实际享有的政治权利	0.291	0.529	0.287
司法与执法	0.486	0.488	0.249
就业机会	0.348	0.466	-0.035
社会公平的总体状况	0.346	0.380	0.269
养老等社会保障待遇	0.077	0.132	0.707
公共医疗	0.005	0.304	0.582
收入差距	0.309	-0.162	0.568

从表3-16中可以看出，在上述三类变量中，第一类变量所反映的问题最为明显，其焦点也最为集中，即民众对目前不同行业之间的待遇差距、不同地区之间的发展差距以及城乡居民之间的权利、待遇的差距等问题普遍感到不公平。但是其余两组变量所反映的问题并不是十分集中。

综合以上对于当前民众社会正义认知总体状况的分析，我们可以得出以下几点结论。首先，民众普遍认为正义是一项重要的社会价值，而且当前民众在社会正义客体上的关注焦点仍然是养老和社会保障、收入分配等外在价值（具体的利益）的层面，对于机会、权利等内在价值和基础价值重要性的认识还处于比较低的层次上。其次，民众的社会正义认知重心具有明显的公平优先于公正的特征，无论是正义感受还是正义观念，其重心都是集中在公平一方，更为看重结果合理的重要性。从正义观念转型的视角来看，民众社会正义认知的重心会逐渐从公平向公正转变，受教育程度等因素在其中具有重要作用。再次，受访者认为当前社会在总体上看是基本公平的，而且对公共医疗、义务教育等政策的公平感受要明显高于社会总体的公平感受。这也说明近年来国家在促进医疗卫生公平、义务教育公平的进程中所做的努力取得了很好的效果。最后，对于相关公平感受状况的因子分析表明，民众对目前不同行业之间的待遇差距、不同地区之间的发展差距以及城乡居民之间的权利、待遇的差距等问题普遍感到不公平。

第四章

当前中国民众的政策公平感

现代社会，教育、医疗卫生、社会保障等公共政策在分配社会资源、促进社会正义的进程中具有重要的作用。公平感是人们对社会基本善的分配状况是否合理的主观感受，因此，人们对于不同领域的公共政策的公平感受会存在明显的差异。在本章中，我们主要是以户籍制度、就业政策、医疗卫生政策、教育政策、政治参与机会认知等为研究对象，重点分析民众对这些政策的公平感受及影响因素等问题，并且基于相关的研究提出有针对性的政策建议。

第一节　民众对户籍制度相关功能的评价

一、户籍制度的演进历程

作为一种对社会成员进行管理的制度，户籍制度由来已久。从历史发展的视角来看，户籍制度具有传统与现代之分，两者存在明显的区别。在传统社会，户籍制度是与赋役联系在一起的。在现代社会，户籍管理是政府的一项重要职能，属于现代国家的一项"认证"①职能。但是，世界上不同国家和地区的户籍制度在具体设计上又存在一定的差别。在中国，甲骨文中就经常出现"人""登人"的字样，就是登记人口的意思，汉代开始实行的"编户齐民"制度标志着传统社会的户籍制度已经比较完善了。②中华人民共和国成立以来，受国家发展战略的影响，中国的户籍制度设计呈现出明显的城乡"二元分立"特征。1951年通过的《城市户口管理暂行条例》对城市人口的户口登记进行了规定："为维护社会治安，保障人民之安全及居住、迁徙自由，特制定本条例""凡在城市之中外居民，均须一律遵守"。1955年通过的《国务院关于建立经常户口登记制度的指示》规定要建立经常的户口登记制度，并且将农村人口也纳入进来。需要注意的是，在中华人民共和国成立初期，户籍制度的主要功能是登记人口的信息，而人口的流动和迁徙是不受限制的，因此，1949—1957年，城镇人口增加的总量中，有70%~80%是从农村向城市的迁移构成

①　欧树军. 国家基础能力的基础：认证与国家基本制度建设 [M]. 北京：中国社会科学出版社，2013.
②　宋昌斌. 编户齐民——户籍与赋役 [M]. 长春：长春出版社，2004.

的。①但是1958年通过的《中华人民共和国户口登记条例》明确将户口区分为城市和农村两种类型，并且对户口迁移的相关问题进行了规定。②1977年通过的《公安部关于处理户口迁移的规定》对农村向城市的户口迁移进行了更为严格的限制。③在实质意义上，"它是为了推行重工业优先发展战略而制定和实施的，其目的是把城乡人口的分布和劳动力配置固定，已经远远超出了通常意义上的职能"④。从内容上来看，"现行户籍制度并不是简单地指某个条例和措施，而是指与户口相关或依据户籍进行社会管理的社会管理制度。这一体制涉及的不是单一层面，而是涉及法律地位、资源配置、社会秩序、教育机会以及劳动与保障等诸多方面"⑤。也正是因为如此，"户籍制度影响着人们社会生活的诸多方面，人们的身份角色、经济机会、政治权利以及社会地位在某种程度上都受其影响"⑥。这些差别主要体现在：户籍制度、粮食供给制度、副食品与燃料供给制度、住宅制度、生产资料供给制度、教育制度、就业制度、医疗制度、养老保险制度、劳动保护制度、人才制度、兵役制度、婚姻制度、生育制度等。⑦进一步来说，这些因素还导致了城乡空间等级差别，这种差别不仅仅体现在城乡之间，也体现在城市与城市之间。⑧

改革开放以来，随着城市化、工业化的深入发展，计划体制下"城乡分立"的户籍制度逐渐开始松动。为了有效适应乡镇工商业的发展，1984年发布的《国务院关于农民进入集镇落户问题的通知》对进入集镇落户和经商的农民落户问题进行了规定。1985年通过的《公安部关于城镇暂住人口管理的暂行规定》对"农转非"的指标进行了规定，同年，居民身份证制度也开始实施。值得注意的是，这一阶段户籍制度的改革呈现出"分类调控"的特征，鼓励人口向小城镇流动，同时限制人口向大城市流动。1997年通过的《小城镇户籍管理制度改革试点方案》指出，"允许已经在小城镇就业、居住并符合一定条件的农村人口在小城镇办理城镇常住人口，以促进农村剩余劳动力就近、有序地向小城镇转移"，而同年通过的《关于完善农村户籍管理制度的意见》则对农村户籍登记进行了更为严格的规定，"理顺农村户籍管理体制，实施严密管理并改进管理手段，逐步实现农村户籍管理的制度化、规范化和现代化，促进农村经济发展，维护社会稳定"。1998年通过的《关于解决当前户口管理工作中几个突出问题的意见》对民众普遍关注的一些城市落户问题进行了规定。2001年通过的《关于推进小城镇户籍管理制度改革的意见》规定，不再对小城镇户口实行指标管理。改革开放以来，为了有效适应经济社会发展的需要，对户籍制度进行了一些改革，但是户籍在社会分层和社会流动中仍然发挥着非常明显的作用。例如，吴晓刚的研究发现，城乡户口差异会显著影响社会的流动。⑨而陆益龙的一项研究则表明，从户籍制度对社会分层的影响上来看，呈现

---

① 蔡昉，都阳，王美艳. 劳动力流动的政治经济学 [M]. 上海：三联书店，上海人民出版社，2003.
② 公安部政策法律研究室. 公安法规选编 [M]. 北京：群众出版社，1981.
③ 本书编委会. 中华人民共和国社会治安综合治理实务全书（中）[M]. 北京：中国检察出版社，2000：1452-1454.
④ 王美艳，蔡昉. 户籍制度改革的历程与展望 [J]. 广东社会科学，2008（6）.
⑤ 陆益龙. 超越户口——解读中国户籍制度 [M]. 北京：中国社会科学出版社，2004：9.
⑥ 陆益龙. 户籍制度：控制与社会差别 [M]. 北京：商务印书馆，2003：14.
⑦ 郭书田，刘纯彬，等. 失衡的中国——城市化的过去、现在与未来 [M]. 石家庄：河北人民出版社，1990.
⑧ CHEN T, SELDON M .The Origins and Social Consequences of China's Hukou System [J]. The China Quarterly, 1994（139）：644-668.
⑨ 吴晓刚. 中国的户籍制度与代际职业流动 [J]. 社会学研究，2007（6）.

出城乡户口差别和城市户口间的等级差别并存的特征；从户籍制度对社会流动的影响上来看，越是城市户口、户口越是能流动的，就越有可能实现社会阶层的流动。[①]因此，在现实生活中，民众也非常看重户口的重要性。2007年的一项相关调查显示，有57.5%的调查对象认为，户口的最大作用是"方便孩子上学"，有35.9%的调查对象认为户口的最大作用是"能够提供医疗、社保等方面的切实保障"，40.7%的调查对象认为现在户口很重要，甚至有20.3%的调查对象认为，如果在"好工作"和"解决户口"之间非要解决一个的话，宁可选择户口而不是好的工作。[②]

在全面深化改革的时代背景下，2014年通过的《关于进一步推进户籍制度改革的意见》指出，"进一步调整户口迁移政策，统一城乡户口登记制度，全面实施居住证制度，加快建设和共享国家人口基础信息库，稳步推进义务教育、就业服务、基本养老、基本医疗卫生、住房保障等城镇基本公共服务覆盖全部常住人口"。从理论上来看，公共政策的调整与设计不仅需要关注客观层面的内容，还需要深入了解民众的公平感受和认知状况。[③]但是，已有户籍制度的相关研究主要集中在对改革开放以来户籍制度变迁的动力和原因[④]以及户籍制度所导致的社会不平等问题上[⑤]。那么，民众是否认为户籍制度不利于迁徙呢？是否认为依附在户籍制度上的公共服务差异是不合理的呢？进一步来看，民众对户籍制度相关问题的公平感受又主要受到哪些因素的影响？这些问题都有待通过相关实证研究来系统回答，期望相关研究能为深入推进户籍制度改革提供相应的政策建议。

二、研究设计

（一）因变量

因变量主要由民众对城乡分立的户籍制度公平性的相关看法组成，五个方面具体包括：户籍制度是社会治安管理的需要；户籍制度可以减少大城市人口压力；户籍制度限制了农民进城发展的机会，导致城乡差别难以消除；户籍制度导致社会保障制度的城乡差别，是人为造成的不平等；户籍制度抑制了人们的自由流动，影响了市场的调节功能。每一个题目都包括非常不同意、不同意、说不清楚、同意、非常同意五个选项，在调查过程中，由受访对象根据自身实际情况从这五个选项中进行选择。在具体分析的过程中，我们将这些因变量全部作为二分变量进行处理，其中，将选择非常不同意、不同意和说不清楚的编码为0，表示调查对象不认可相关主张；将选择同意和非常同意的编码为1，表示调查对象认可相关主张。

（二）自变量

自变量主要包括社会结构变量和人口学变量两类。其中，社会结构变量主要有个人年收入、受教育程度、职业类型、户籍、居住地、所在区域。按照个人年收入差别，将全部样本分为低收入者、中低收入者、中等收入者、中高收入者、高收入者，分别编码

① 陆益龙. 户口还起作用吗——户籍制度与社会分层和流动 [J]. 中国社会科学, 2008 (1).
② 唐勇林. 九成公众认为户籍改革很有必要 [N]. 贵州日报, 2007-02-27 (6).
③ 麻宝斌, 杜平. 社会正义测评: 主题、内容与框架 [J]. 理论探讨, 2014 (2).
④ 王清. 利益分化与制度变迁: 当代中国户籍制度改革研究 [M]. 北京: 北京大学出版社, 2012.
⑤ 马福云. 户籍制度研究: 权益化及其变革 [M]. 北京: 中国社会出版社, 2013; 俞德鹏. 城乡社会: 从隔离走向开放——中国户籍制度与户籍法研究 [M]. 济南: 山东人民出版社, 2002.

为1、2、3、4、5，数字越大表示收入水平越高。按照受教育程度不同，将全部样本分为初中及以下、高中（含中专、技校）、大学（含大专、高职）、研究生，分别编码为1、2、3、4，数字越大表示受教育程度越高。按照职业类型差异，将全部样本分为国有部门、民营部门和农村，分别编码为1、2、3。按照户籍不同，将全部样本分为城镇户籍和农村户籍，分别编码为1、0。按照现居住地不同，将全部样本分为城镇居民和农村居民，分别编码为1、0。按照所在区域的不同，将全部样本分为东部地区（北京、上海、广东、山东）、中部地区（湖南、河南）、西部地区（陕西、内蒙古），分别编码为1、2、3。其中，受教育程度、个人年收入是定序变量，其余都是分类变量。

此外，相关的人口学变量主要包括性别（男、女）、政治面貌（是否为中共党员）、年龄（1949年之前出生、20世纪50年代出生、20世纪60年代出生、20世纪70年代出生、20世纪80年代出生、20世纪90年代出生）、宗教信仰（是否有信仰宗教）等。其中，年龄变量作为定序变量，1949年之前出生编码为1、20世纪50年代出生编码为2、20世纪60年代出生编码为3、20世纪70年代出生编码为4、20世纪80年代出生编码为5、20世纪90年代出生编码为6，数字越大表示调查对象的年龄越小。其余的控制变量都作为分类变量处理。在性别变量中，男性编码为1，女性编码为0；在政治面貌中，中共党员编码为1，不是中共党员的编码为0。在宗教信仰变量中，信仰宗教的编码为1，不信仰宗教的编码为0。

按照上述研究的设计，我们对相关变量的具体构成情况进行了统计，见表4-1。

表4-1　　　　　　　　　　　　相关变量的统计性描述

变量		比例	变量		比例
户籍	城镇	35.1%	抑制了人们的自由流动	同意	44.5%
	农村	64.9%		不同意	55.5%
性别	男	52.1%	导致社会保障制度的城乡差别	同意	51.8%
	女	47.9%		不同意	48.2%
中共党员	是	15.6%	限制了农民进城发展的机会	同意	51.0%
	否	84.4%		不同意	49.0%
出生年代	1949年前	6.5%	可以减少大城市人口压力	同意	57.6%
	20世纪50年代	13.6%		不同意	42.4%
	20世纪60年代	22.1%	社会治安管理的需要	同意	78.6%
	20世纪70年代	25.3%		不同意	21.4%
	20世纪80年代	21.2%	居住地	城镇	46.1%
	20世纪90年代	11.3%		农村	53.9%
宗教信仰	是	20.4%	受教育程度	初中及以下	52.8%
	否	79.6%		高中（含中专、技校）	32.2%
职业类型	国有	25.2%		大学（含大专、高职）	14.4%
	民营	42.7%		研究生	0.6%
	农村	32.1%	地区	东部	38.5%
个人年收入	低收入	34.3%		中部	40.5%
	中低收入	16.8%		西部	21.0%
	中等收入	31.7%	个人年收入	高收入	3.2%
	中高收入	14.1%			

三、民众对户籍制度相关功能的评价

从客观上来看，当前城乡分立的户籍制度的确在一定程度上造成了社会保障制度的城乡差异等问题，那么，民众对户籍制度带来的相关问题的主观评价是怎样的？我们根据问卷调查获得的数据对相关问题进行了统计。

（一）户籍制度是社会治安管理的需要吗

在现代社会，户籍制度承担着社会治安管理的重要职能，那么，民众是否认可户籍制度在社会治安管理中的重要作用呢？课题组根据问卷调查数据对这一问题的回答情况进行了统计，见表4-2。

表4-2　　　　　民众对户籍制度是社会治安管理的需求的看法分析

户籍制度是社会治安管理的需要	人数	百分比（％）	累计百分比（％）
非常同意	277	11.5	11.5
同意	1 667	69.5	81.0
不同意	196	8.2	89.2
非常不同意	21	0.9	90.1
说不清楚	238	9.9	100.0
合　计	2 400	100.0	

从表4-2中可以看出，选择非常同意和同意的人数占全部调查对象的81.0%，说明民众普遍认为户籍制度有助于社会治安管理作用的实现；选择不同意和非常不同意的占全部调查对象的9.1%；选择说不清楚的占全部调查对象的9.9%。这一结果表明，绝大多数调查对象认为户籍制度有助于社会治安管理作用的发挥。

（二）户籍制度有助于减少大城市人口压力吗

城乡分立的户籍制度对人口向大城市流动进行了一定的限制，那么，民众对这一问题有怎样的认识呢？课题组根据问卷调查结果对相关问题进行了统计，见表4-3。

表4-3　　　　民众对户籍制度有助于减少大城市人口压力的看法分析

有助于减少大城市人口压力	人数	百分比（％）	累计百分比（％）
非常同意	148	6.2	6.2
同意	1 354	56.4	62.6
不同意	478	19.9	82.5
非常不同意	31	1.3	83.8
说不清楚	388	16.2	99.9
缺失	2	0.1	100.0
合　计	2 400	100.0	

从表4-3中可以看出，有62.6%的调查对象选择了非常同意和同意；有21.2%的调查对象选择了不同意和非常不同意；有16.2%的调查对象选择了说不清楚。这一统计分析结果表明，大多数调查对象认为现有的户籍制度有助于减少大城市的人口压力。

（三）户籍制度限制了农民进城发展的机会吗

城乡分立的户籍制度限制了农民进城发展的机会，导致城乡之间的差别。那么，民众对于这个问题有怎样的看法呢？课题组根据问卷调查结果对相关问题进行了统计，见表4-4。

表4-4　　　　　　　　民众对户籍制度限制农民进城发展机会的看法分析

限制了农民进城发展的机会，导致城乡差别难以消除	人数	百分比（%）	累计百分比（%）
非常同意	185	7.7	7.7
同意	1 079	45.0	52.7
不同意	713	29.7	82.4
非常不同意	83	3.5	85.9
说不清楚	337	14.1	99.9
缺失	2	0.1	100.0
合　计	2 400	100.0	

从表4-4中可以看出，有52.7%的调查对象选择了同意和非常同意，认为城乡分立的户籍制度限制了农民进城发展的机会，导致城乡差别难以消除；有33.2%的调查对象选择了不同意和非常不同意；有14.1%的调查对象选择了说不清楚。这一结果表明，有超过一半的调查对象认为，现有的城乡分立的户籍制度限制了农民进城发展的机会，导致城乡差别难以消除。

（四）户籍制度导致了社会保障制度的城乡差别，是人为造成的不平等吗

城乡分立的户籍制度导致了城市与农村在社会保障制度上的差异，那么，民众对这个问题有怎样的看法呢？课题组根据问卷调查结果对相关问题进行了统计，见表4-5。

表4-5　　　　　　　　民众对社会保障制度城乡差别的看法分析

导致社会保障制度的城乡差别，是人为造成的不平等	人数	百分比（%）	累计百分比（%）
非常同意	157	6.6	6.6
同意	1 137	47.4	53.9
不同意	617	25.7	79.6
非常不同意	83	3.5	83.1
说不清楚	405	16.9	100.0
合　计	2 400	100.0	

从表4-5中可以看出，有53.9%的调查对象选择了同意和非常同意，认为户籍制度导致了社会保障制度的城乡差别，是人为造成的不平等；有29.2%的调查对象选择了不同意和非常不同意；有16.9%的调查对象选择了说不清楚。这一结果表明，超过一半的调查对象认为城乡分立的户籍制度导致了社会保障制度的城乡差别，是人为造成的不平等。

（五）户籍制度抑制了人们的自由流动吗

对于民众来说，城乡分立的户籍制度抑制了人们的自由流动，影响了市场的调节功能吗？课题组根据问卷调查结果对相关问题进行了分析，见表4-6。

表4-6 民众对户籍制度抑制人们自由流动的看法分析

抑制了人们的自由流动，影响了市场的调节功能	人数	百分比（%）	累计百分比（%）
非常同意	119	5.0	5.0
同意	1 005	41.9	46.8
不同意	657	27.4	74.2
非常不同意	66	2.7	77.0
说不清楚	550	22.9	99.9
缺失	3	0.1	100.0
合　计	2 400	100.0	

从表4-6中可以看出，有46.8%的调查对象选择了同意和非常同意；有30.1%的调查对象选择了不同意和非常不同意；有22.9%的调查对象选择了说不清楚。比较而言，认为户籍制度抑制了人们的自由流动，影响了市场的调节功能的民众占比最大。

四、民众对户籍制度相关功能评价的影响因素

从前文关于民众对户籍制度相关功能评价的描述中可以看出，民众普遍认可户籍制度对社会治安管理的重要作用，但是认为户籍制度导致了社会保障制度差别等问题。那么，究竟是什么因素在影响着人们对户籍制度功能的评价呢？我们根据问卷调查数据对相关问题进行了分析。在具体分析的过程中，我们除了分析全部样本之外，还分别围绕城镇户籍、农村户籍、城镇居民和农村居民等群体，对户籍制度公平感的影响因素进行了分析。

（一）民众对户籍制度社会治安管理作用评价的影响因素分析

究竟有哪些因素在影响着民众对户籍制度社会治安管理作用的评价？课题组分析了影响民众对户籍制度社会治安管理作用评价的因素，见表4-7。

表4-7　　　　　　　民众对户籍制度社会治安管理作用评价的影响因素分析

		全部样本	城镇户籍	农村户籍	城镇居民	农村居民
		回归系数（标准误）	回归系数（标准误）	回归系数（标准误）	回归系数（标准误）	回归系数（标准误）
自变量	个人年收入	-0.028（0.050）	-0.029（0.091）	-0.021（0.062）	0.023（0.073）	-0.054（0.071）
	受教育程度	0.054（0.090）	0.026（0.148）	0.109（0.119）	-0.025（0.123）	0.247（0.145）
	国有部门 民营部门 （农村）	0.491（0.177）** 0.610（0.146）***	-0.035（0.485） 0.051（0.472）	0.516（0.226）* 0.668（0.164）***	0.241（0.368） 0.393（0.356）	0.469（0.266） 0.530（0.175）**
	城镇户籍 （农村户籍）	0.325（0.160）*			0.352（0.189）	0.473（0.359）
	城镇居民 （农村居民）	0.009（0.158）	-0.127（0.359）	0.052（0.182）		
	东部 中部 （西部）	-0.719（0.155）*** -0.033（0.156）	-0.113（0.255） 0.507（0.294）	-1.005（0.193）*** -0.241（0.190）	0.045（0.224） 0.361（0.242）	-1.252（0.211）*** -0.265（0.209）
	年龄	-0.049（0.044）	-0.097（0.081）	-0.033（0.055）	-0.106（0.070）	0.012（0.060）
	男性 （女性）	0.296（0.114）**	-0.063（0.204）	0.424（0.140）**	-0.020（0.173）	0.536（0.155）**
	中共党员 （否）	0.272（0.171）	-0.175（0.249）	0.697（0.256）**	-0.155（0.235）	0.668（0.268）*
	宗教信仰 （否）	-0.505（0.147）**	-0.391（0.270）	-0.536（0.178）**	-0.329（0.215）	-0.652（0.206）**
卡方值		98.702	11.435	92.929	15.145	113.009
Log Likelihood		2 227.673	681.281	1 521.687	960.573	1 226.545
Nagelkerke R^2		0.065	0.024	0.090	0.023	0.130
样本数量		2 412	1 141	1 271	1 360	1 052

注：（1）*$p<0.05$，**$p<0.01$，***$p<0.001$。

（2）括号内为参照群体。

从模型一中可以看出，工作部门性质变量对因变量具有显著影响，与农民相比，民营部门和国有部门工作人员更为认可户籍制度在社会治安管理中的重要作用。从所在区域来看，与西部地区居民相比，东部地区居民更加不认可户籍制度对社会治安管理的作用。从性别来看，男性比女性更认可户籍制度对社会治安管理的作用。从宗教信仰来看，与没有宗教信仰的民众相比，信仰宗教的民众更为不认可户籍制度对社会治安管理的作用。模型二分析了城镇户籍人口对该问题看法的影响因素，从相关的结果中可以看出，相关自变量对因变量的影响在统计学意义上并不显著。在模型三中，课题组分析了农村户籍人口对这一问题看法的影响因素，结果表明，与农民相比，国有部门和民营部门工作人员更为认可户籍制度对社会治安管理的重要作用；与西部地区居民相比，东部地区居民并不认可户籍制度对社会治安管理的重要作用；与女性相比，男性更加认可户籍制度对社会治安管理的作用；相比较而言，中共党员更为认可户籍制度对社会治安管理的作用；信仰宗教的民众并不认可户籍制度对社会治安管理的作用。在模型四中，课题组分析了城镇居民对这一问题看法的影响因素，结果表明相关自变量对因变量的影响都不显著。在模型五中，课题组分析了农村居民对这一问题看法的影响因素，结果表明，与农民相比，民营部门工作人员更为认可户籍制度对社会治安管理的重要作用；与西部地区居民相比，东部地区居民更不认可户籍制度对社会治安管理的作用；与女性相比，男性更为认可户籍制度对社会治安管理的作用；信仰宗教的民众比不信仰宗教的民众更为不认可户籍制度对社会治安管理的作用。

（二）民众对户籍制度减少大城市人口压力看法的影响因素分析

究竟有哪些因素在影响着民众对户籍制度减少人口压力的看法，课题组对相关影响因素进行了分析，见表4-8。

表4-8　　　　　　民众对户籍制度减少大城市人口压力看法的影响因素分析

<table>
<tr><th colspan="2"></th><th>全部样本</th><th>城镇户籍</th><th>农村户籍</th><th>城镇居民</th><th>农村居民</th></tr>
<tr><th colspan="2"></th><th>回归系数
（标准误）</th><th>回归系数
（标准误）</th><th>回归系数
（标准误）</th><th>回归系数
（标准误）</th><th>回归系数
（标准误）</th></tr>
<tr><td rowspan="14">自变量</td><td>个人年收入</td><td>−0.004（0.040）</td><td>0.002（0.068）</td><td>−0.014（0.051）</td><td>0.027（0.057）</td><td>−0.012（0.058）***</td></tr>
<tr><td>受教育程度</td><td>0.247（0.073）**</td><td>0.155（0.115）</td><td>0.334（0.097）**</td><td>0.090（0.099）</td><td>0.497（0.115）</td></tr>
<tr><td>国有部门
民营部门
（农村）</td><td>0.516（0.145）***
0.125（0.117）</td><td>0.494（0.346）
0.005（0.327）</td><td>0.343（0.182）
0.136（0.131）</td><td>0.250（0.314）
−0.184（0.299）</td><td>0.419（0.207）
0.082（0.139）</td></tr>
<tr><td>城镇户籍
（农村户籍）</td><td>0.051（0.126）</td><td></td><td></td><td>0.126（0.150）</td><td>−0.048（0.253）</td></tr>
<tr><td>城镇居民
（农村居民）</td><td>0.232（0.126）</td><td>0.207（0.254）</td><td>0.239（0.147）</td><td></td><td></td></tr>
<tr><td>东部
中部
（西部）</td><td>−0.719（0.155）***
−0.033（0.156）</td><td>0.185（0.207）
0.060（0.214）</td><td>−0.323（0.149）*
0.109（0.142）</td><td>0.115（0.185）
0.023（0.191）</td><td>−0.356（0.161）
0.152（0.151）</td></tr>
<tr><td>年龄</td><td>−0.049（0.044）</td><td>−0.173（0.063）**</td><td>−0.078（0.045）</td><td>−0.153（0.056）**</td><td>−0.076（0.049）</td></tr>
<tr><td>男性
（女性）</td><td>0.296（0.114）**</td><td>−0.178（0.160）</td><td>0.128（0.117）</td><td>−0.189（0.138）</td><td>0.189（0.128）</td></tr>
<tr><td>中共党员
（否）</td><td>0.199（0.135）</td><td>0.006（0.209）</td><td>0.302（0.180）</td><td>−0.068（0.196）</td><td>0.368（0.190）</td></tr>
<tr><td>宗教信仰
（否）</td><td>−0.324（0.111）**</td><td>−0.087（0.191）</td><td>−0.422（0.138）**</td><td>−0.272（0.164）</td><td>−0.356（0.154）</td></tr>
<tr><td colspan="2">卡方值</td><td>97.878</td><td>31.356</td><td>55.777</td><td>29.510</td><td>67.639</td></tr>
<tr><td colspan="2">Log Likelihood</td><td>3 055.255</td><td>995.899</td><td>2 040.454</td><td>1342.271</td><td>1 683.481</td></tr>
<tr><td colspan="2">Nagelkerke R²</td><td>0.055</td><td>0.052</td><td>0.048</td><td>0.037</td><td>0.069</td></tr>
<tr><td colspan="2">样本数量</td><td>2 410</td><td>1 140</td><td>1 270</td><td>1 359</td><td>1 051</td></tr>
</table>

注：（1）*$p<0.05$，**$p<0.01$，***$p<0.001$。

（2）括号内为参照群体。

在表4-8中，模型一是对全部样本进行的分析，结果表明，受教育程度越高，越认可户籍制度对减少大城市人口压力的作用；从职业性质对因变量的影响上来看，与农民相比，国有部门工作人员更为认可户籍制度对减少大城市人口压力的作用；与西部地区居民相比，东部地区居民不认可户籍制度对减少大城市人口压力的作用；与女性相比，男性更为认可户籍制度对减少大城市人口压力的作用；信仰宗教的民众更为不认可户籍制度对减少大城市人口压力的重要作用。模型二是针对城市户籍人口进行的分析，结果表明，年龄变量与因变量之间具有显著的负相关关系，年龄越小越不认可户籍制度对减少大城市人口压力的重要作用。模型三是对农村户籍人口的分析，结果表明，受教育程度越高越认可户籍制度对减少大城市人口压力的重要作用；与西部地区民众相比，东部地区民众更不认可户籍制度有助于减少大城市人口压力；信仰宗教的民众更不认可户籍制度有助于减少大城市人口压力。模型四是对城镇居民进行的分析，结果表明，年龄变量能够对因变量产生显著影响，年龄越小就越不认可户籍制度对减少大城市人口压力的作用。模型五是对农村居民进行的分析，结果表明，个人年收入变量能够对因变量产生明显影响，个人年收入越高越不认可户籍制度对减少大城市人口压力的作用。

（三）民众对户籍制度限制农民进城发展问题看法的影响因素分析

究竟有哪些因素在影响着民众对户籍制度限制农民进城发展问题的看法，课题组对相关影响因素进行了分析，见表4-9。

表4-9　　　　民众对户籍制度限制农民进城发展问题看法的影响因素分析

		全部样本	城镇户籍	农村户籍	城镇居民	农村居民
		回归系数（标准误）	回归系数（标准误）	回归系数（标准误）	回归系数（标准误）	回归系数（标准误）
自变量	个人年收入	0.025 (0.038)	0.006 (0.064)	0.040 (0.050)	0.069 (0.054)	0.002 (0.057)
	受教育程度	0.076 (0.068)	0.014 (0.104)	0.118 (0.093)	-0.049 (0.091)	0.241 (0.109)*
	国有部门 民营部门（农村）	0.171 (0.138) -0.022 (0.115)	-0.103 (0.329) -0.333 (0.317)	0.181 (0.175) 0.056 (0.129)	0.126 (0.292) -0.175 (0.281)	-0.044 (0.195) 0.058 (0.138)
	城镇户籍（农村户籍）	-0.090 (0.120)			-0.015 (0.143)	-0.277 (0.242)
	城镇居民（农村居民）	0.170 (0.121)	0.322 (0.242)	0.109 (0.142)		
	东部 中部（西部）	-0.410 (0.155)*** -0.090 (0.113)	-0.333 (0.190) -0.284 (0.201)	-0.457 (0.147)** 0.007 (0.139)	-0.141 (0.171) -0.032 (0.180)	-0.668 (0.160)*** -0.081 (0.147)
	年龄	0.069 (0.034)*	0.124 (0.057)*	0.062 (0.044)	0.101 (0.051)*	0.095 (0.048)*
	男性（女性）	0.140 (0.088)	-0.151 (0.145)	0.325 (0.115)	-0.156 (0.127)	0.443 (0.127)***
	中共党员（否）	-0.133 (0.124)	0.002 (0.183)	-0.262 (0.170)	0.043 (0.176)	-0.385 (0.178)*
	宗教信仰（否）	-0.090 (0.105)	0.119 (0.175)	-0.204 (0.132)	-0.110 (0.150)	-0.063 (0.149)
卡方值		35.500	14.013	37.967	11.340	48.305
Log Likelihood		3 263.813	1 146.698	2 100.160	1 505.869	1 730.178
Nagelkerke R^2		0.020	0.022	0.032	0.014	0.049
样本数量		2 410	1 141	1 269	1 360	1 050

注：（1）*$p<0.05$，**$p<0.01$，***$p<0.001$。

（2）括号内为参照群体。

在表4-9中，模型一是对全部样本进行的分析，结果表明，与西部地区居民相比，东部地区居民更不认为户籍制度限制了农民进城发展的机会；年龄越小，越倾向于认为户籍制度限制了农民进城发展的机会。模型二是对城镇户籍人口的分析，结果表明，年龄越小越倾向于认为户籍制度限制了农民进城发展的机会。模型三是对农村户籍人口的分析，结果表明，与西部地区居民相比，东部地区居民不认为户籍制度限制了农民进城发展的机会。模型四是对城镇居民进行的分析，结果表明，年龄变量能够对因变量产生显著影响，年龄越小越倾向于认为户籍制度限制了农民进城发展的机会。模型五是对农村居民进行的分析，结果表明，受教育程度越高，越倾向于认为户籍制度限制了农民进城发展的机会；与西部地区居民相比，东部地区居民更倾向于认为户籍制度没有限制农民进城发展的机会；年龄越小，越倾向于认为户籍制度限制了农民进城发展的机会；与女性相比，男性更倾向于认为户籍制度限制了农民进城发展的机会。

（四）民众对户籍制度导致社会保障制度城乡差别看法的影响因素分析

究竟有哪些因素在影响着民众对户籍制度导致社会保障制度城乡差别问题的看法，课题组对相关影响因素进行了分析，见表4-10。

表4-10　　民众对户籍制度导致社会保障制度城乡差别看法的影响因素分析

		全部样本	城镇户籍	农村户籍	城镇居民	农村居民
		回归系数（标准误）	回归系数（标准误）	回归系数（标准误）	回归系数（标准误）	回归系数（标准误）
自变量	个人年收入	−0.017（0.038）	−0.017（0.064）	−0.015（0.049）	−0.001（0.054）	−0.018（0.056）
	受教育程度	0.000（0.068）	−0.031（0.104）	0.016（0.092）	−0.040（0.092）	0.046（0.107）
	国有部门 民营部门 （农村）	0.097（0.137） 0.155（0.114）	−0.271（0.338） −0.344（0.326）	0.049（0.173） 0.279（0.128）*	−0.255（0.295） −0.141（0.284）	0.149（0.193） 0.206（0.136）
	城镇户籍 （农村户籍）	0.103（0.120）			0.088（0.144）	0.224（0241）
	城镇居民 （农村居民）	0.112（0.121）	−0.024（0.245）	0.163（0.141）		
	东部 中部 （西部）	0.074（0.114） 0.280（0.112）*	0.464（0.188）* 0.491（0.199）*	−0.168（0.146） 0.165（0.138）	0.520（0.171）** 0.472（0.179）**	−0.307（0.157）* 0.161（0.146）
	年龄	0.004（0.034）	0.047（0.057）	−0.009（0.044）	0.026（0.051）	−0.003（0.047）
	男性 （女性）	0.185（0.088）*	−0.004（0.146）	0.289（0.114）*	−0.010（0.128）	0.354（0.126）**
	中共党员 （否）	−0.133（0.124）	0.129（0.184）	−0.038（0.169）	0.207（0.177）	−0.133（0.175）
	宗教信仰 （否）	0.018（0.104）	0.187（0.175）	−0.060（0.131）	0.131（0.149）	−0.075（0.148）
卡方值		19.361	11.271	20.772	12.746	24.301
Log Likelihood		3 274.883	1 137.733	2 119.804	1 496.056	1 755.888
Nagelkerke R^2		0.011	0.018	0.018	0.015	0.025
样本数量		2 412	1 141	1 271	1 360	1 052

注：（1）*p<0.05，**p<0.01，***p<0.001。

（2）括号内为参照群体。

在表4-10中，模型一对全部样本进行了分析，结果表明，与西部地区民众相比，中部地区民众更倾向于认为户籍制度导致了社会保障制度的城乡差别；与女性相比，男性更加倾向于认为户籍制度导致了社会保障制度的城乡差别。模型二是对城镇户籍人口进行的分析，结果表明，与西部地区民众相比，中部地区和东部地区民众更加倾向于认为户籍制度导致了社会保障制度的城乡差别。模型三是对农村户籍人口的分析，分析结果显示，与农民相比，民营部门工作人员更加倾向于认为户籍制度导致了社会保障制度的城乡差别；与女性相比，男性更加倾向于认为户籍制度导致了社会保障制度的城乡差别。模型四是对城镇居民进行的分析，结果表明，与西部地区民众相比，中部地区和东部地区民众更加倾向于认为户籍制度导致了社会保障制度的城乡差别。模型五是对农村居民进行的分析，结果表明，与女性相比，男性更加倾向于认为户籍制度导致了社会保障制度的城乡差别。

（五）民众对户籍制度抑制自由流动问题看法的影响因素分析

究竟有哪些因素在影响着民众对户籍制度抑制自由流动问题的看法，课题组对相关影响因素进行了分析，见表4-11。

表4-11　　　　民众对户籍制度抑制自由流动问题看法的影响因素分析

		全部样本	城镇户籍	农村户籍	城镇居民	农村居民
		回归系数（标准误）	回归系数（标准误）	回归系数（标准误）	回归系数（标准误）	回归系数（标准误）
自变量	个人年收入	0.043（0.038）	0.036（0.064）	0.057（0.050）	0.051（0.054）	0.045（0.057）
	受教育程度	0.122（0.068）	0.109（0.104）	0.164（0.093）	0.146（0.091）	0.095（0.107）
	国有部门 民营部门（农村）	0.310（0.138）* 0.236（0.115）*	-0.173（0.325） -0.031（0.313）	0.449（0.175）* 0.240（0.129）	-0.247（0.291） -0.228（0.279）	0.511（0.194）** 0.293（0.137）*
	城镇户籍（农村户籍）	-0.062（0.120）			-0.046（0.143）	-0.042（0.240）
	城镇居民（农村居民）	0.042（0.121）	-0.011（0.241）	0.038（0.141）		
	东部 中部（西部）	-0.159（0.115） -0.083（0.112）	0.309（0.118） 0.115（0.199）	-0.450（0.148）** -0.201（0.138）	0.244（0.171） 0.096（0.179）	-0.497（0.159）** -0.205（0146）
	年龄	-0.003（0.034）	-0.046（0.057）	0.015（0.045）	-0.015（0.051）	0.001（0.048）
	男性（女性）	0.027（0.088）*	-0.030（0.144）	0.038（0.115）	-0.033（0.127）	0.064（0.127）
	中共党员（否）	0.035（0.123）	0.073（0.182）	0.014（0.170）	-0.075（0.175）	0.125（0.176）
	宗教信仰（否）	-0.370（0.105）	-0.323（0.175）	-0.387（0.132）**	-0.315（0.149）	-0.398（0.148）**
卡方值		37.009	9.942	39.451	12.449	34.201
Log Likelihood		3 258.405	1 153.309	2 088.641	1 512.891	1 728.591
Nagelkerke R^2		0.021	0.016	0.034	0.015	0.035
样本数量		2 410	1 140	1 270	1 359	1 051

注：（1）*$p<0.05$，**$p<0.01$，***$p<0.001$。

（2）括号内为参照群体。

在表4-11中，模型一是对全体样本进行的分析，结果表明，与农民相比，民营部门和国有部门工作人员更加倾向于认为户籍制度抑制了人们的自由流动；与女性相比，男性更加倾向于认为户籍制度抑制了人们的自由流动。模型二是对城镇户籍人口进行的分析，结果表明，相关自变量对因变量的影响并不显著。模型三是对农村户籍人口的分析，结果表明，与农民相比，国有部门工作人员更加倾向于认为户籍制度抑制了人们的自由流动；与西部地区居民相比，东部地区居民并不认为城乡分立的户籍制度抑制了人们的自由流动；有宗教信仰的民众，不认为户籍制度抑制了人们的自由流动。模型四是对城镇居民进行的分析，结果表明，所有自变量对因变量的影响并不显著。模型五是对农村居民进行的分析，结果表明，与农民相比，民营部门和国有部门工作人员更加倾向于认为户籍制度抑制了人们的自由流动；与西部地区民众相比，东部地区民众不认为户籍制度抑制了人们的自由流动；同样的是，信仰宗教的民众也不认为户籍制度抑制了人们的自由流动。

五、研究结论

在上一部分，我们主要基于问卷调查数据分析了民众对户籍制度相关功能的主观评价及影响因素问题，最后得出的主要研究结论有以下几个方面。第一，民众对户籍制度相关功能的主观评价存在很大的差异。总体上看，民众大多认可户籍制度对于社会治安管理的作用，但是并不认可户籍制度所带来的公共服务城乡差别等相关问题。具体来看，有44.5%的受访者认为户籍制度抑制了城乡之间的流动；有51.8%的受访者认为户籍制度导致了社会保障制度的城乡差别；有51.0%的受访者认为户籍制度限制了农民进城发展的机会；有57.6%的受访者认为户籍制度可以减少大城市的人口压力；有78.6%的受访者认为户籍制度是社会治安管理的需要。第二，从影响因素上看，尽管相关的人口学变量和社会结构变量等都能对民众户籍制度功能的主观评价产生影响，但是民众对户籍制度相关功能评价的影响因素之间也存在一定程度的差异。不仅如此，城市户籍人口和农村户籍人口、城市居民和农村居民等群体对户籍制度相关功能主观评价的影响因素也存在明显的差别。例如，在对户籍制度社会治安功能的主观评价上，户籍类型、工作部门性质、所在地区等变量能够对全部样本产生影响，工作部门性质和所在地区变量能够对农村户籍群体和农村居民群体产生明显的影响。在对户籍制度有助于减少大城市人口压力的评价上，受教育程度、工作部门性质和所在地区变量能够对全部样本产生影响，受教育程度和所在地区变量能够对农村户籍样本产生影响，个人年收入水平变量能够对农村居民样本产生影响。在对户籍制度限制农民进城发展的看法上，所在地区变量能够对全部样本和农村户籍群体产生影响，受教育程度和所在地区变量能够对农村居民群体产生影响。在户籍制度导致社会保障制度的城乡差别评价上，所在地区变量能够对全部样本、城镇户籍群体和城镇居民群体的相关评价产生影响。在户籍制度对抑制自由流动问题的看法上，工作部门性质等能够对全部样本的评价产生显著影响，工作部门性质和所在地区变量等能够对农村户籍群体和农村居民群体的评价产生显著影响。

改革开放以来，随着工业化、市场化等进程不断深入，我国城乡之间的人口流动逐渐变得越来越频繁，流动人口的数量和规模不断增加。在这一过程中，传统"二元分立"户籍制度的一些弊端逐渐暴露，不仅影响着城乡以及地区之间的人口流动，还在一定程度上导致了公共服务差距问题。在全面深化改革的背景下，如何在新型城镇化的进程中，更好地对户籍制度进行改革，进而促进城乡一体化发展就成为了一项重要的任务。公平正义是公共政策的核心价值之一，从这个意义上看，户籍制度改革的"关键在于从法律层面上来确立和保护公民的平等权利和公正的分配，预防和禁止户口歧视，禁止和惩罚侵害公民正义权利的行为和规则"[1]。也就是说，户籍制度的改革应当尽可能地促进城乡居民的权利平等，并在此基础上使得城乡居民能够享受到大致均等的公共服务。因此，2014年通过的《关于进一步推进户籍制度改革的意见》对户籍制度改革的指导思想、基本原则等相关问题进行了详细规定。民众的认知状况对公共政策的制定与调整具有重要借鉴意义，因此，户籍制度的改革也应当系统了解民众对户籍制度相关功能的评价和认知。从这个意义上看，本研究得出的相关结论的政策含义在于以下几个方面：第一，进一步深化户籍制度改革，有计划地依次把依附在传统户籍制度上的相关公共服务职能逐渐剥离出来，从而还原户籍制度的"本来面目"，充分发挥其在人口信息登记和社会治安管理过程中的重要作用。而且本书相关研究结果也表明，目前大多数民众是认可户籍制度在社会治安管理中的功能的，这就意味着户籍制度的改革是根据相关规定的要求，充分发挥其在人口信息登记中的作用。此外，针对户籍制度导致的城乡公共服务差距问题，应努力实现城乡基本公共服务的均等化，并且尽最大可能缩小不同区域之间的公共服务水平，增强民众对相关公共服务政策的公平感。第二，按照相关政策的要求，进一步完善户口迁移的有关规定，积极引导人口流动。本书研究结果表明，目前有相当一部分的受访者认为户籍制度抑制了人口的流动，因此，户籍制度改革的一个重要目标就是积极引导人口的迁移和流动。具体来看，就是在严格控制特大城市人口规模的基础上，推动大中城市和小城市之间的协调发展。第三，目前在一定程度上存在的经济社会发展差距等问题导致了不同地区政府的公共服务提供能力存在一定的差异。因此，在从户籍制度上剥离出相关职能的同时，还要注意积极推动相应的财政、教育、医疗等方面的配套改革，从而切实做到有效解决公共服务的城乡差别和部门差别等问题。事实上，一些公共服务制度是依托在户籍制度上的，因而导致了教育等公共服务的城乡差距问题。[2]只有通过相关的配套改革才能顺利推进户籍制度的改革进程，其中最重要的一项工作就是要不断增强基层政府的公共服务提供能力和水平。

第二节　当前民众的就业政策公平感受

一、问题的提出

就业问题是在现代化进程中随着社会分工的持续深入而出现的。在传统社会中，人

---

① 陆益龙. 超越户口：解读中国户籍制度 [M]. 北京：中国社会科学出版社，2004：15.
② WU X G . The Household Registration System and Rural-Urban Educational Inequality in Contemporary China [J]. Chinese Sociological Review，2011，44（2）：31-51.

们的生产空间与生活空间高度重叠，社会成员之间并没有明确的、精细化的分工。因此，"劳动力资源的配置方式也就是以分散的单一的个体劳动单位自我使用的形式存在"①。随着社会分工以及社会化大生产的发展，专业化就成了一种必然的趋势，越来越多的劳动力被吸纳到工厂等现代化的组织中从事专门化的劳动，这不仅使得生产空间与生活空间出现了分离，而且也对劳动者的素质提出了多样化的要求。就业问题正是在这一过程中出现的。在现代社会，就业问题对于个人和社会都具有重要意义。"个人看重就业是因为它能够提供收入和福利，同时，就业有助于增强自尊和幸福感"②。此外，就业还有助于促进经济发展和社会稳定。就业问题的产生虽然与市场紧密相关，但是单纯的市场调节无法克服由于宏观经济形势的变化、生产效率的提高、人口结构的变化等引起的就业市场波动问题，这就需要政府通过公共政策进行有效干预。就业是劳动者的权利，相应地，促进就业、维护劳动者的合法权利、提高人力资源的配置效率则是现代政府的一项重要职能和宏观调控的主要目标。就业政策是政府履行促进就业职能的方式，包括多方面内容：调节劳动需求的充分就业政策；调节劳动力供给的人力政策；调节劳动交换的劳资关系政策；调节劳动力价格的工资政策；改善劳动市场运行的就业服务和失业保险政策；从外部影响劳动市场的人口和移民政策。③受发展战略、经济发展水平等多种因素的影响，世界上不同国家和地区的就业政策设计是存在差异的。

　　公共政策是政府对社会价值进行的权威性分配，正义是其应当遵循的重要价值之一。从政策过程的视角来看，为了增强政策的有效性，应当对其绩效进行评价，并且这种评价应当从客观状况、人们的主观评价两个方面展开。④《中华人民共和国宪法》规定，国家通过各种途径，创造劳动就业条件，加强劳动保护，改善劳动条件，并在发展生产的基础上，提高劳动报酬和福利待遇。《中华人民共和国就业促进法》规定，劳动者依法享有平等就业和自主择业的权利。劳动者就业，不因民族、种族、性别、宗教信仰等不同而受歧视。近年来，以扩大就业为出发点，中国政府实施了积极的就业政策，《中国的就业状况和政策》将其内容概括为：发展经济，调整结构，积极创造就业岗位；完善公共就业服务体系，培育发展劳动力市场；促进下岗失业再就业；完善社会保障体系，维护劳动关系的和谐稳定。⑤相关实证研究表明，这一政策的确发挥了积极的作用。⑥同时也不可否认，目前就业领域还存在着不同行业之间收入水平差距和发展机会差距等问题。那么，民众对此有怎样的公平感受呢？综合来看，已有相关研究主要集中在以下几个方面：从工作收入、工作安全性、工作环境、工作时间、晋升机会、整体满意度等维度对上海居民的工作满意度进行分析；⑦对上海市新

　　① 毛立言. 世界主要国家劳动就业政策概观［M］. 北京：中国大百科全书出版社，1995：2-3.
　　② 世界银行. 2013年世界发展报告：就业［M］. 胡光宇，赵冰，译. 北京：清华大学出版社，2013：25-26.
　　③ 毛立言. 世界主要国家劳动就业政策概观［M］. 北京：中国大百科全书出版社，1995：9-12.
　　④ 麻宝斌，杜平. 社会正义测评：主题、内容与框架［J］. 理论探讨，2014（2）.
　　⑤ 中华人民共和国国务院新闻办公室. 中国的就业状况和政策［N］. 人民日报，2004-04-27.
　　⑥ 赖德胜，孟大虎，李长安，等. 中国就业政策评价：1998—2008［J］. 北京师范大学学报：社会科学版，2011（3）.
　　⑦ 李友梅. 上海调查：2009［M］. 上海：上海大学出版社，2010；李友梅. 上海调查2010：上海居民的经济与社会生活［M］. 北京：社会科学文献出版社，2011.

白领阶层自身经济状况的感受状况进行调查；[1]对中国西部城市家庭社会地位的自我评价问题进行研究；[2]对工作状况（就业、职业、单位等）和收入状况的调查分析；[3]对民众就业与提升机会公平性认知问题进行的分析；[4]对受教育程度与晋升、职业流动之间关系问题进行的研究；[5]对职业变迁及满意度问题的研究；[6]对工作环境及满意度问题的研究；[7]对就业过程中的性别、健康、身份、年龄等歧视以及民众对这些问题的评价、态度等进行分析。[8]

对民众公平感的研究，需要区分宏观层次和个人层次。前者指的是对于不同群体之间就业机会、发展机会、收入水平和社会保障等问题公平性的评价；后者指的则是对个人的付出与回报、努力与所获得的社会认可等问题公平性的评价。由此来看，已有民众对就业政策公平感受研究的不足之处在于：首先，民众对行业之间发展机会的差距、不同群体之间的待遇差异等宏观层面问题的公平感受有待进一步分析；其次，在研究对象选择上只是针对城市或某一地区居民的公平感受进行的，缺乏对更大范围内民众感受问题的研究。深化对这一问题的研究不仅有助于拓展就业政策绩效评价的研究范围，也会为就业政策的优化提供合理建议。为此，我们根据全国问卷调查的数据对中国民众对就业政策的公平感受进行分析。

二、就业政策的演进历程

中华人民共和国成立后，中国的就业政策呈现出明显的城乡二元分立的特征。在城市，就业政策大致经历了国民经济恢复时期、计划经济时期、市场经济时期等不同的发展阶段。在国民经济恢复时期，面对新旧制度转轨和旧社会遗留下来的严重失业问题，政府通过多种方式促进经济恢复以尽可能地扩大就业。对于失业工人，主要是进行救济。1950年政务院发布的《关于救济失业工人的指示》和《救济失业工人暂行办法》对失业工人的救助办法、经费来源等问题作了规定。对于所有旧公教人员，采取的是全部包下来的政策。对于高校毕业生，采取的是政府分配的办法，1951年发布的《关于改革学制的决定》指出，"高等学校毕业生工作由政府分配"。截至1951年12月，严重的失业问题得到了有效的缓解。1952年发布的《政务院关于劳动就业问题的决定》指出，逐步做到统一调配劳动力以更好地服务国家的经济建设。之后，随着国民经济的逐步恢复以及社会主义改造的完成，计划经济时期实施的就业统分统配制度也最终形成，其突出特征是招工方面的"包下来"政策、用工方面的"固定工"政策[9]、工资分配上的"大锅饭"政策[10]、行政安排的劳动就业关系。其中，"包下来"政策指的是政府负责

① 李友梅. 上海调查：新白领生存状况与社会信心 [M]. 北京：社会科学文献出版社，2013.
② 边燕杰，等. 中国西部报告 [M]. 北京：中国社会科学出版社，2013.
③ 中国人民大学中国调查与数据中心中国综合社会调查项目. 中国综合社会调查报告（2003—2008）[M]. 北京：中国社会出版社，2009.
④ 严洁，等. 公民文化与和谐社会调查数据报告 [M]. 北京：社会科学文献出版社，2010.
⑤ 北京大学中国社会科学调查中心. 中国报告2009·民生 [M]. 北京：北京大学出版社，2009.
⑥ 北京大学中国社会科学调查中心. 中国报告2010·民生 [M]. 北京：北京大学出版社，2010.
⑦ 北京大学中国社会科学调查中心. 中国报告2011·民生 [M]. 北京：北京大学出版社，2011.
⑧ 蔡定剑. 中国就业歧视现状及反歧视对策 [M]. 北京：中国社会科学出版社，2007.
⑨ 胡鞍钢，程永宏. 中国就业制度演变 [J]. 经济研究参考，2003（51）.
⑩ 岳经纶. 中国劳动政策：市场化与全球化的视野 [M]. 北京：社会科学文献出版社，2007：31-32.

劳动力的招收和调配；"固定工"政策指的是终身就业的"铁饭碗"，一旦获得工作后就是终身制的，并且一些行业的工作可以由职工子女来代替；"大锅饭"政策指的是平均主义的分配制度，仅从工资收入上来看，不同群体的收入差距并不是很大；行政安排的劳动就业关系是指"劳动就业关系的建立是一种行政安排，而不是契约或法律关系"①。据考证，这种统一的招收和调配制度是从建筑业开始建立的。②此外，从工作组织的性质来看，在计划经济体制下，人们主要是在机关、国有企事业单位等组织中工作。

改革开放以后，与市场经济的不断完善相适应，由政府负责的统分统配就业政策逐步解体，相应地，市场在就业领域的作用逐渐突出，政府的就业政策重点转移到了就业市场的宏观调控上，相应的政策工具也变得多元化。改革之初，为了有效应对知识青年返城带来的就业压力，1980年通过的《进一步做好城镇劳动就业工作》指出，"要积极创造条件，在国家统筹规划和指导下，实行劳动部门介绍就业、自愿组织起来就业和自谋职业相结合的方针"③。在此过程中，厂办大集体（国企扶持下创办的集体企业）迅速发展，"成为解决回城知识青年和职工子女就业的主要渠道"④。之后，与经济体制改革相适应，随着经济成分和经济结构日益多元化，民营经济等新兴组织和第三产业成为吸纳劳动力的重要力量，政府陆续出台了相关的政策进行扶持。截至2013年年底，全国按登记注册类型和行业分城镇单位就业人员数共18 108.4万人，其中，国有单位6 365.1万人，城镇集体单位566.2万人，其他单位11 177.2万人；截至2014年年底，全国就业人员77 253万人，其中，第一产业就业人员占29.5%，第二产业就业人员占29.9%，第三产业就业人员占40.6%。经济体制改革必然会要求企业自主权扩大，对传统的劳动人事制度进行改革则是企业自主权扩大的重要内容。1984年，国务院发布的《关于进一步扩大国营工业企业自主权的暂行规定》对企业的工资分配、劳动管理等进行了规定。⑤1986年发布的《国务院关于发布改革劳动制度四个规定的通知》从劳动关系、员工录用等方面对计划经济体制下的劳动管理制度进行了改革。在劳动关系改革上，《国营企业实行劳动合同制暂行规定》指出，国有企业招工"统一实行劳动合同制"，这标志着就业关系开始向契约关系转变。这种关系逐渐向事业单位拓展，事业单位逐渐开始实行聘任制改革。在员工录用方式上，实行公开招收制度，"子女顶替"和"内招"制度废止。《国营企业招用工人暂行规定》指出，"面向社会，公开招收"；"企业不得以任何形式进行内部招工，不再实行退休工人'子女顶替'的办法"。该文件还规定，国家机关、事业单位招用工人应当比照执行，之后，公务员和事业单位工作人员的招录也陆续实施了公开招考制度。在收入分配制度改革上，以按劳分配为主体、多种分配方式并存的收入分配制度逐渐取代了计划经济体制下的平均主义分配制度。此外，高校毕业生分配制度也进行了改革。1985年发布的《中共中央关于教育体制改革的决定》指出，"改变高等学校全部按国家计划统一招生，毕业生全部由国家包下来分配的

① 岳经纶. 中国劳动政策：市场化与全球化的视野 [M]. 北京：社会科学文献出版社，2007：29-30.
② 袁伦渠. 中国劳动经济史 [M]. 北京：北京经济学院出版社，1990：94-95.
③ 劳动人事部培训就业局，工商行政管理局个体经济司. 发展城镇集体经济和个体经济政策文件选编 [M]. 北京：劳动人事出版社，1983：4-5.
④ 财政部企业司. 厂办大集体改革工作手册 [M]. 北京：中国财政经济出版社. 2011：2-3.
⑤ 劳动人事部政策研究室. 中华人民共和国劳动法规选编 [M]. 北京：劳动人事出版社，1986：69-71.

办法"①。1989年发布的《高等学校毕业生分配制度改革方案》和《关于改革高等学校毕业生分配制度的报告》对高校毕业生分配制度的改革进行了规定。

20世纪90年代，国有企业改革进入"抓大放小"阶段后，下岗职工数量开始增加，为了保障下岗职工生活、促进再就业，除了要求国有企业建立再就业服务中心之外，还出台了国有企业下岗职工基本生活保障制度、失业保险制度、城市居民最低生活保障制度"三条保障线"等政策。2002年发布的《中共中央　国务院关于进一步做好下岗失业人员再就业工作的通知》指出，"要坚持市场导向的就业机制，实施积极的就业政策，多渠道开发就业岗位，努力改善就业环境"②，该文件强调在重点解决下岗失业人员再就业问题和重组改制关闭破产企业职工安置问题的同时，继续做好高校毕业生、进城务工农村劳动者和被征地农民等的就业和再就业工作。这标志着积极就业政策的开端。2003年通过的《关于2002年国民经济和社会发展计划执行情况与2003年国民经济和社会发展计划草案的报告》将"新增城镇就业岗位800万个以上，城镇登记失业率4.5%"作为2003年宏观调控的主要预期目标之一，这是"首次将增加就业和控制失业率列为宏观调控的主要目标"③。2005年发布的《国务院关于进一步加强就业再就业工作的通知》对促进不同群体的就业和再就业问题进行了详细的规定。2007年通过了《中华人民共和国就业促进法》规定，"国家把扩大就业放在经济社会发展的突出位置，实施积极的就业政策，坚持劳动者自主择业、市场调节就业、政府促进就业的方针，多渠道扩大就业"，并且从政策支持、促进公平就业、就业服务和管理、职业教育和培训、就业援助等方面进行了详细的设计。

与城市不同的是，"对于农村劳动力，政府采取了限制其自由进入城市的政策。这一制度一直实行到改革开放后的1979年"④。改革开放以后，1984年发布了《国务院关于农民进入集镇落户问题的通知》，严格的户籍制度逐渐松动，城乡之间的流动性开始增强。近年来，从农村流向城市的劳动力逐渐增多。据统计，"2014年全国农民工总量达到27 395万人，比上年增加501万人，其中外出农民工16 821万人"。为了创造公平的就业环境，2006年发布的《关于解决农民工问题的若干意见》从工资制度、劳动管理、就业服务和培训、社会保障等方面对农民工面临的一些体制性障碍和歧视性规定进行了改革。

三、研究设计

围绕研究主题，我们设计了宏观和微观两个层面的问题。其中，宏观层面的问题主要分析民众对收入差距、就业机会、地区之间的发展差距、行业之间的待遇差距、城乡居民之间的权利和待遇差距等问题的公平感受。从个人层面上来看，"教育和培训是人力资本最重要的投资"⑤，人们对教育进行投资的主要目的是能够增加个人工资收入，

---

①　教育部法制办公室. 中华人民共和国教育法律法规规章汇编 [M]. 上海：华东师范大学出版社，2010：15-16.

②　中华全国总工会保障工作部. 积极就业政策法律法规选编（2002—2012）[M]. 北京：中国工人出版社，2012：4-5.

③　劳动和社会保障部劳动科学研究所. 2003—2004年：中国就业报告 [M]. 北京：中国劳动社会保障出版社，2004：34-35.

④　胡鞍钢，程永宏. 中国就业制度演变 [J]. 经济研究参考，2003（51）.

⑤　贝克尔 G. 人力资本投资：关于教育的理论和实证分析 [M]. 郭虹，熊晓琳，王莜，等译. 北京：中信出版社，2007：2-3.

赢得社会的认可和尊重。因此，微观层面的问题主要包括民众对个人的投入与回报比例、个人的努力程度与社会认可等问题的公平感受，见表4-12。

表4-12　　　　　　　　中国民众对就业政策公平感受调查设计

		问题	选项
就业政策公平感受状况	就业政策宏观公平感受状况	收入差距	由低到高从1~10分进行评价，如果不了解就选择不清楚
		就业机会	由低到高从1~10分进行评价，如果不了解就选择不清楚
		不同地区之间的发展差距	由低到高从1~10分进行评价，如果不了解就选择不清楚
		不同行业之间的待遇差距	由低到高从1~10分进行评价，如果不了解就选择不清楚
		城乡居民之间的权利、待遇的差距	由低到高从1~10分进行评价，如果不了解就选择不清楚
		不同行业间发展机会差别大是不公平的	非常同意、同意、不同意、非常不同意、说不清楚
	就业政策微观公平感受状况	我目前的社会地位与我的受教育水平基本符合	非常同意、同意、不同意、非常不同意、说不清楚
		我在工作中的付出和努力能给我带来相应的认可和尊重	非常同意、同意、不同意、非常不同意、说不清楚

四、民众对就业政策公平感受的总体状况

本书对中国民众就业政策公平感受状况的分析包括三部分：第一部分主要分析民众对收入差距、就业机会差异等宏观层面问题的公平感受；第二部分分析民众对个人的付出与回报是否合理等微观层面问题的公平感受状况；第三部分分析民众就业政策宏观层面与微观层面公平感受的影响因素。

（一）民众对就业政策的宏观公平感受

1.民众对收入差距的公平感受

就业是与收入紧密联系在一起的，近年来，随着社会资源配置机制的变化，收入差距问题日益显现。从事不同工作的群体之间在收入水平上存在一定的差距，那么，民众对于目前的收入差距问题有怎样的公平感受呢？课题组根据问卷调查结果对这一问题的回答情况进行了统计，见表4-13。在统计的过程中，为了更好地了解民众的公平感受，对调查对象的评价进行了重新组合：1~2分为很不公平，3~5分为不大公平，6~8分为比较公平，9~10分为很公平。数据显示，2 400位受访者全部作答，其中，对收入差距问题的公平感受主要集中在不大公平的层次上（3~5分），共1 059人；认为目前的收入差距很公平的只有117人；认为收入差距很不公平的则有543人；全部调查对象对这一问题公平性评价的均值为4.39分，低于6分的及格水平。这一结果表明，受访者更

倾向于认为目前的收入差距是不合理的。

表4-13 民众对收入差距的公平感受分析

收入差距公平感受	分数	1~2	3~5	6~8	9~10	不清楚	漏答	均值	标准差
	人数	543	1 059	637	117	42	0	4.39	2.387
	等级	很不公平	不大公平	比较公平	很公平				

2.民众对就业机会的公平感受

就业机会的平等是就业公平的重要内容，那么，在现实中，民众是否能有平等的就业机会呢？表4-14数据显示，对目前就业机会公平性的评价主要是集中在了比较公平（6~8分）和不大公平（3~5分）两个层次上；有175人选择了很公平，有283人选择了很不公平；全部调查对象对这一问题公平性评价的均值为5.35分，低于6分的及格水平。这一结果表明，虽然受访者选择最多的是比较公平，但总体来看，受访者对于目前就业机会公平性的主观感受仍然偏低。

表4-14 民众对就业机会的公平感受分析

就业机会	分数	1~2	3~5	6~8	9~10	不清楚	漏答	均值	标准差
	人数	283	839	920	175	181	0	5.35	2.376
	等级	很不公平	不大公平	比较公平	很公平				

3.民众对地区之间发展差距的公平感受

改革开放以来，中国的区域发展差距问题逐渐显现。不同地区之间的发展差距是影响民众就业环境的重要因素，它在很大程度上决定了工资收入、社会保障甚至是发展机会等的差异。那么，民众对目前地区发展差距有何感受呢？课题组根据问卷调查结果对这一问题的回答情况进行了统计，见表4-15。对于地区之间的发展差距公平性的评价主要集中在不大公平的层次上，有916人（3~5分）；有392人选择了很不公平。全部受访者对这一问题公平性评价的均值为4.79分，低于6分的及格水平。这一结果表明调查对象对于区域发展差距的公平感受较低。

表4-15 民众对地区之间发展差距的公平感受分析

不同地区之间的发展差距	分数	1~2	3~5	6~8	9~10	不清楚	漏答	均值	标准差
	人数	392	916	695	139	257	1	4.79	2.395
	等级	很不公平	不大公平	比较公平	很公平				

4.民众对行业之间待遇差距的公平感受

目前，不同行业之间在福利待遇等方面存在一定的差距，那么，民众对于这种差距有怎样的公平感受呢？课题组根据问卷调查结果对这一问题的回答情况进行了统计，见表4-16。对于行业之间待遇差距问题的公平感受主要是集中在不大公平选项上（3~5分），共有945人；有388人选择了很不公平。全部受访者总体评价均值为4.79分，低于6分的及格水平。这反映出调查对象对于目前存在的不同行业之间待遇差距的公平感受较低。

表4-16　　　　　　　　民众对行业之间待遇差距的公平感受分析

行业之间待遇差距	分数	1～2	3～5	6～8	9～10	不清楚	漏答	均值	标准差
	人数	388	945	664	150	253	0	4.79	2.400
	等级	很不公平	不大公平	比较公平	很公平				

5.民众对城乡居民之间权利和待遇差距的公平感受

受城乡二元结构的影响，城镇与农村居民之间在权利和待遇上也有明显差距，为了了解民众对这种差距的公平感受，课题组根据问卷调查结果对这一问题的回答情况进行了统计，见表4-17。数据显示，对于城乡之间权利和待遇差距的公平性评价主要集中在不大公平的层次上，共有902人；有418人选择了很不公平。全部调查对象对于这一问题公平性评价的均值为4.89分，低于6分的及格水平。说明调查对象对于城乡之间权利和待遇差距公平性的评价普遍较低。

表4-17　　　　　民众对城乡居民之间权利和待遇差距的公平感受分析

城乡居民之间权利、待遇差距	分数	1～2分	3～5分	6～8分	9～10分	不清楚	漏答	均值	标准差
	人数	418	902	777	153	147	4	4.89	2.426
	等级	很不公平	不大公平	比较公平	很公平				

6.民众对行业之间发展机会差别的公平感受

除了收入水平、社会保障等，不同行业之间在发展机会上也是存在差别的，那么，民众对于这种差别的感受如何呢？课题组根据问卷调查结果对这一问题的回答情况进行了统计，见表4-18。认为行业之间存在发展机会差距是不公平的，占全部调查对象的61.0%（选择同意和非常同意的加总）。这说明，民众对于不同行业之间发展机会差距的公平感受是较低的。

表4-18　　　　　　民众对行业之间发展机会差别的公平感受分析

不同行业间发展机会差别大是不公平的	百分比（%）	累计百分比（%）
非常同意	7.0	7.0
同意	54.0	61.0
不同意	24.0	85.0
非常不同意	1.8	86.8
说不清楚	13.2	100.0

综合上述结果，受访者对于就业政策的宏观公平感受状况普遍较低，也就是说，调查对象普遍认为行业之间、区域之间在收入水平、就业机会、发展机会、福利保障等方面的差距是不合理的。

（二）民众对就业政策的微观公平感受

1.民众对自身教育水平与社会地位问题的公平感受

从理论上来看，受教育水平是与人们的社会地位联系在一起的。一般来说，受教育程度较高的群体所掌握的专业技能高，更容易得到社会各界的认可，因而其社会地位也较高。正因为如此，人们更倾向于在教育方面进行投资。那么，民众对于自身的受教育水平与社会地位之间具有怎样的公平感受呢？课题组根据问卷调查结果对这一问题的回答情况进行了统计，见表4-19。数据显示，认为社会地位与受教育水平相符的占全部调查对象的68.9%（选择同意和非常同意的加总）。也就是说，有接近七成的调查对象认为自己的社会地位与受教育水平是符合的。

表4-19　　　　　民众对自身教育水平与社会地位问题的公平感受分析

我目前的社会地位与我的受教育水平基本符合	百分比（%）	累计百分比（%）
非常同意	3.8	3.8
同意	65.1	68.9
不同意	18.5	87.4
非常不同意	1.7	89.1
说不清楚	10.9	100.0

2.民众对自身的付出与获得认可问题的公平感受

从个人的角度来看，人们努力工作的出发点，不仅是为了获得更多的收入，也是为了得到社会的认可和尊重。一般来说，在工作中越努力，所取得的成绩也越多，因而会得到更多的社会认可和尊重。那么，在现实中，民众是否认为自己的努力和付出给自己带来了相应的认可以及尊重呢？课题组根据问卷调查结果对这一问题的回答情况进行了统计，见表4-20，认为自己在工作中的努力给自己带来了相应的认可和尊重的占全部调查对象的79.3%（选择同意和非常同意的加总）。也就是说，近八成的调查对象认为自身努力为自己带来了相应的社会认可。

表4-20　　　　　民众对自身付出与获得认可问题的公平感受分析

我在工作中的付出和努力给我带来相应的认可和尊重	百分比（%）	累计百分比（%）
非常同意	7.2	7.2
同意	72.1	79.3
不同意	11.7	91.0
非常不同意	1.8	92.8
说不清楚	7.2	100.0

综合以上两方面，民众对就业政策微观公平感受较高，普遍认为个人的受教育水平与社会地位是相符的，个人的付出给自己带来了相应的认可。这一结果与对就业政策宏观公平感受较低的状况形成了较为鲜明的反差。那么，是什么因素影响了民众的就业政策公平感受呢？接下来我们将对影响民众就业政策公平感受的因素进行分析。

五、民众对就业政策宏观与微观层面公平感受的影响因素

就业是民生之本，对于经济社会发展具有重要作用。在现代社会，促进充分就业是政府的重要职能，因此世界上大多数国家和地区都出台了相关政策。公平是公共政策的核心价值之一，反映在就业领域就是要保障每个社会成员的就业机会。《中华人民共和国就业促进法》规定，"劳动者依法享有平等就业和自主择业的权利。劳动者就业，不因民族、种族、性别、宗教信仰等不同而受歧视"。近年来，中国政府实施的积极就业政策取得了明显成效，2015 年年末"全国就业人员 77 451 万人，比上年末增加 198 万人；其中城镇就业人员 40 410 万人，比上年末增加 1 100 万人"[1]。从政策过程的视角来看，政策绩效评估是评价公共政策公平性的重要措施。而公共政策公平状况的测评需要关注客观和主观两个层面。[2]进一步来看，民众公平感的研究还需要区分宏观和微观层次。在就业过程中，人们之所以"看重就业是因为它能够提供收入和福利，同时，就业有助于增强自尊和幸福感"[3]。从收入上看，随着近年来经济的快速增长，社会总体的收入水平有了较大提高，但是从宏观层面上看，当前区域、城乡以及行业之间的收入差距和发展机会等方面依然存在较大差距，那么，民众对这些问题有怎样的公平感受呢？与此同时，为了获得较好的就业机会，人们往往会选择对自己的人力资本进行投资，那么从微观层面上看，民众是否认为自己的受教育水平与社会地位相符呢？又是否认为自己的付出带来了相应的社会认可呢？民众的相关感受又受到哪些因素的影响呢？我们之前进行的有关民众就业政策公平感受状况的描述性研究发现，民众对宏观就业政策公平感受较低，也就是对区域和行业等差距感到不合理，但是对微观就业政策的公平感受较高，大多数民众认为自己的社会地位与受教育程度是相符的，也认为自己的努力能够带来相应的社会认可。那么，什么因素在影响着人们的就业政策公平感呢？接下来，我们将在前期研究的基础上尝试回答民众就业政策公平感受的影响因素等问题。

（一）文献综述与研究假设

综合来看，已有相关研究主要是围绕民众的就业满意度及影响因素、对就业歧视相关问题的看法等几个方面来进行的。例如，有研究对近几年来中国 38 个主要城市民众的社会保障和就业满意度问题进行了调查。[4]此外，"中国民生指数"课题组 2013 年的调查结果发现，当前城乡居民对总体就业状况是满意的，但是不同群体的就业满意度之间存在一定程度的差异。就业满意度不高的原因主要有收入低、工作时间长、劳动强度

---

① 人力资源和社会保障部. 2015 年度人力资源和社会保障事业发展统计公报［EB/OL］.［2017-01-15］. http://www.mohrss.gov.cn/SYrlzyhshbzb/dongtaixinwen/buneiyaowen/201605/t20160530_240967.html.
② 麻宝斌，杜平. 社会正义测评：主题、内容与框架［J］. 理论探讨，2014（2）.
③ 世界银行. 2013 年世界发展报告：就业［M］. 胡光宇，赵冰，译. 北京：清华大学出版社，2013：25.
④ 钟君，吴正杲. 中国城市基本公共服务力评价（2012—2013）［M］. 北京：社会科学文献出版社，2013；钟君，吴正杲. 中国城市基本公共服务力评价（2014）　［M］. 北京：社会科学文献出版社，2014.

大等，而且不同户籍、文化程度以及职业群体的就业不满意的原因存在一定程度的区别。①2014年中国民生调查的结果显示，城镇居民和农村居民的就业满意度都比2013年有了一定程度的提高，但是非正规就业的比例较大，整体的就业质量有待进一步提高。具体来看，城镇地区受教育程度较低群体的就业压力较大。从区域来看，东部和中部地区就业状况较好，东北等少数地区的失业率较高。从户籍类型看，本市（县）农业户口的失业率较高，而省内市外的转移劳动力和跨省转移劳动力的失业率相对较低，本地转移劳动力的失业率较高的原因是受教育程度较低。②就业歧视也是就业公平领域的研究问题之一，从理论上看，法规或私人雇佣中的歧视行为主要有三种：通过文字等形式明确表达的歧视；虽然表面上平等，但隐含歧视目的或者效果；法规或政策在实施和适用过程中出现的歧视现象。③沿着这种思路，也有研究对当前就业过程中的差别待遇、就业领域中的其他差别待遇、社会和政治生活领域中的差别待遇、人们对就业歧视的主观感觉与评价、人们对歧视的认同与态度等问题进行了调查。④综合以上对相关研究成果的介绍，我们可以发现，从宏观和微观两个层面对民众就业政策公平感问题的研究还存在明显的不足。基于这种认识，我们主要从宏观和微观两个层面对民众的就业政策公平感及影响因素等问题进行研究。具体来看，相应的研究假设主要包括以下两个方面：

假设1：民众对宏观就业政策和微观就业政策的公平感是不同的。其中，民众对宏观层面收入差距等问题的公平感要低一些，相对而言，对微观层面的公平感则要高一些。

从影响因素上看，已有研究表明，无论是性别、年龄等人口学变量，还是收入水平、受教育程度、工作单位性质等社会结构变量都会对民众就业政策公平感产生明显的影响。在现实生活中，不同受教育程度和职业等群体在收入水平、发展机会、社会保障和职业声望上也的确存在一定程度的区别。也就是说，不同社会群体的就业政策公平感存在明显差异，基于这种分析，课题组提出如下民众就业政策公平感影响因素的研究假设：

假设2：民众对宏观就业政策和微观就业政策公平感的影响因素是存在一定程度差异的。

（二）研究设计

1.因变量

民众对就业政策公平感受分为宏观和微观两个方面，因此，与之相关的因变量也分为宏观和微观两个方面。在本书中，民众对就业政策宏观层面公平感受的因变量包括民众对当前收入差距的总体公平感受、对就业机会的总体公平感受、对地区之间发展差距的公平感受、对不同行业之间待遇差距的公平感受、对城乡居民之间权利和待遇差距的公平感受、对不同行业之间发展机会差别的公平感受。民众对就业政策微观层面公平感受的因变量包括对自身教育水平与社会地位是否相符问题的公平感受、对自身的付出与获得的社会认可是否相符的公平感受。

① 韩俊. 中国民生指数研究报告2014 [M]. 北京：中国发展出版社，2015.
② 国务院发展研究中心课题组. 中国民生调查2015 [M]. 北京：中国发展出版社，2016.
③ 蔡定剑，张千帆. 海外反就业歧视制度与实践 [M]. 北京：中国社会科学出版社，2007.
④ 蔡定剑. 中国就业歧视现状及反歧视对策 [M]. 北京：中国社会科学出版社，2007.

其中，民众对就业政策宏观层面公平感受变量是通过"收入差距问题公平感受""就业机会的公平感受""不同地区之间的发展差距""行业之间待遇差距""城乡居民之间权利、待遇差距""不同行业间发展机会差别大是不公平的"这6个问题进行测量的，在调查的过程中，前5个题目由受访对象根据自身的实际感受对相关题目进行由低到高从1~10分进行评价，如果对相关问题不了解就选择不清楚。在具体分析的过程中，课题组将其作为二分变量进行处理，其中，将1~5分和不清楚选项编码为0，表示调查对象对就业政策公平感受程度较低，认为当前的就业政策是相对不公平的；将6~10分选项编码为1，表示调查对象对就业政策公平感受程度较高，认为当前的就业政策是相对公平的。第6个问题题目由受访对象根据自身实际从非常不同意、不同意、说不清楚、同意、非常同意5个选项中进行选择。在具体分析的过程中，课题组同样将其作为二分变量进行处理，将非常同意、同意和说不清楚的选择编码为0，表示调查对象对就业政策公平感受程度较低，认为当前的就业政策是相对不公平的；将非常不同意、不同意的选择编码为1，表示调查对象对就业政策公平感受程度较高，认为当前的就业政策是相对公平的。

民众对就业政策微观层面的公平感受变量是通过"我目前的社会地位与我的受教育水平基本符合"和"我在工作中的付出和努力能给我带来相应的认可和尊重"这两个问题进行测量的，在调查过程中，由受访对象根据自身实际从非常不同意、不同意、说不清楚、同意、非常同意5个选项中进行选择。在具体分析的过程中，课题组将其作为二分变量，将非常同意、同意的选择编码为1，表示调查对象对就业政策的公平感受程度较高，认为当前的就业政策是相对公平的。将非常不同意、不同意和说不清楚的选择编码为0，表示调查对象对就业政策的公平感受程度较低，认为当前的就业政策是相对不公平的。

2.自变量

相关的自变量主要有年收入水平、受教育程度、职业、户籍类型、居住地区、所在区域、性别（男、女）、政治面貌（是否中共党员）、年龄（1949年之前出生、20世纪50年代出生、20世纪60年代出生、20世纪70年代出生、20世纪80年代出生、20世纪90年代出生）、宗教信仰（是否信仰宗教）。按照个人年收入差别，将全部样本分为低收入者、中低收入者、中等收入者、中高收入者、高收入者，分别编码为1、2、3、4、5，数字越大表示年收入水平越高。按照受教育程度不同，将全部样本分为初中及以下、高中（含中专、技校）、大学（含大专、高职）、研究生，分别编码为1、2、3、4，数字越大表示受教育程度越高。按照工作部门性质差异，将全部样本分为国有部门、民营部门和农民，分别编码为1、2、3。按照户籍不同，将全部样本分为城镇户籍和农村户籍，分别编码为1、0。按照现居住地不同，将全部样本分为城镇居民和农村居民，分别编码为1、0。按照所在区域不同，将全部样本分为东部地区（北京、上海、广东、山东）、中部地区（湖南、河南）、西部地区（陕西、内蒙古），分别编码为1、2、3。年龄变量作为定序变量，将1949年之前出生编码为1，20世纪50年代出生编码为2，20世纪60年代出生编码为3，20世纪70年代出生编码为4，20世纪80年代出生编码为5，

20世纪90年代出生编码为6，数字越大表示调查对象的年龄越小。在性别变量中，男性编码为1，女性编码为0。在政治面貌中，中共党员编码为1，不是中共党员的编码为0。在宗教信仰变量中，信仰宗教的编码为1，不信仰宗教的编码为0。其中，受教育程度、年收入水平、年龄等是定序变量，其余变量都是分类变量。

按照上述设计，我们对相关变量的具体构成情况进行了统计，见表4-21。

表4-21　　　　　　　　　　　　相关变量的统计性描述

变量			比例	变量		比例
宏观	收入差距	是	31.4%	就业机会	是	45.7%
		否	68.6%		否	54.3%
	地区差距	是	34.8%	行业差距	是	33.9%
		否	65.2%		否	66.1%
	城乡差距	是	38.8%	发展机会	是	25.8%
		否	61.2%		否	74.2%
微观	教育水平社会地位	是	68.9%	工作努力与认可	是	79.3%
		否	31.1%		否	20.7%
性别		男	52.1%	户籍	城镇	35.1%
		女	47.9%		农村	64.9%
中共党员		是	15.6%	居住地	城镇	46.1%
		否	84.4%		农村	53.9%
出生年代		1949年前	6.5%	受教育程度	初中及以下	52.8%
		20世纪50年代	13.6%		高中（含中专、技校）	32.2%
		20世纪60年代	22.1%		大学（含大专、高职）	14.4%
		20世纪70年代	25.3%		研究生	0.5%
		20世纪80年代	21.1%	地区	东部	38.5%
		20世纪90年代	11.3%		中部	40.5%
宗教信仰		是	20.4%		西部	21.0%
		否	79.6%	个人年收入	低收入	34.3%
职业类型		国有	25.1%		中低收入	16.8%
		民营	42.7%		中等收入	31.7%
		农村	32.1%		中高收入	14.1%
					高收入	3.2%

（三）民众对就业政策公平感受的影响因素

1.民众对就业政策宏观公平感受的影响因素

从宏观层面来看，目前不同行业、区域之间存在着较为明显的收入差距，而且前文的描述性研究也发现，民众对收入差距等宏观层面相关问题的公平感受是较低的，那么，这些宏观层面的公平感受主要受何种因素的影响呢？为了系统回答这些问题，我们从受教育程度、个人年收入水平等多个方面对相关影响因素进行了分析，见表4-22。

表4-22 民众对就业政策宏观公平感受的影响因素分析

		模型一	模型二	模型三
		回归系数（标准误）	回归系数（标准误）	回归系数（标准误）
自变量	个人年收入	0.141（0.042）**	0.006（0.038）	0.013（0.040）
	受教育程度	0.043（0.074）	0.100（0.068）	−0.010（0.071）
	国有部门 民营部门 （农村）	−0.153（0.147） −0.156（0.122）	0.139（0.138） 0.113（0.115）	0.274（0.144） 0.205（0.121）
	城镇户籍 （农村户籍）	−0.184（0.133）	−0.143（0.120）	−0.081（0.126）
	城镇居民 （农村居民）	−0.401（0.131）**	0.127（0.121）	0.028（0.127）
	东部 中部 （西部）	0.120（0.121） −0.333（0.122）**	0.394（0.115）** 0.166（0.113）	−0.195（0.117） −0.440（0.171）***
	年龄	−0.012（0.036）	−0.064（0.034）	−0.085（0.035）*
	男性 （女性）	−0.105（0.095）	0.203（0.088）*	0.077（0.092）
	中共党员 （否）	0.044（0.132）	0.096（0.123）	0.243（0.126）
	宗教信仰 （否）	0.058（0.114）	0.067（0.105）	−0.182（0.109）
卡方值		59.317	36.438	40.415
Log Likelihood		2 917.260	3 256.554	3 041.085
Nagelkerke R²		0.034	0.020	0.023
样本数量		2 412	2 412	2 411

注：（1）*p<0.05，**p<0.01，***p<0.001。

（2）括号内为参照群体。

在表4-22中，模型一是针对民众对社会收入差距的总体公平感受影响因素进行的分析，结果表明，个人年收入变量与因变量之间是显著正相关关系，也就是说，个人年收入越高，人们对收入差距的总体公平感受程度就越高，越认为当前的收入差距水平是合理的，这一发现也验证了已有公平感的相关研究结论，即人们的公平感是基于"自利"的逻辑产生的，在这个意义上看，收入水平高的群体自然会认为当期的收入差距是公平的。[①]此外，从居住地变量对因变量的影响来看，与农村居民相比，城镇居民对收入差距的总体公平感受程度更低一些，但是城镇户籍人口的不公平感在统计意义上并不显著，这也从一个侧面反映出城市内部的收入差距要比农村更大一些，因而城镇居民的公平感要低，其中的原因可能是从农村走向城市的流动人口的公平感显著降低。[②]与西部地区居民相比，中部地区民众对收入差距的总体公平感受程度更低，其中的原因还有待在今后的研究中进一步分析和探讨。除此之外，其余的自变量对因变量的影响在统计意义上并不显著。

模型二是针对民众对就业机会的总体公平感受的影响因素进行的分析，结果表明，所在区域变量对因变量有明显的影响，与西部地区居民相比，东部地区民众对就业机会的总体公平感受程度更高，虽然中部地区民众的感受在统计意义上不显著，但是两者之间是正相关的关系，这可能是由于中部和东部地区经济社会发展相对比较发达，可以向社会提供的就业机会更多一些。与本书的研究结论类似的是，2014年中国民生调查的结果显示，相对而言，东部地区的就业形势较好。[③]此外，男性群体比女性群体对就业机会的总体公平感受程度更高一些，这揭示出，当前就业市场上依然存在一定程度的性别歧视等问题，因而男性会比女性更加认为就业机会总体上来看是公平的。与本书的研究结论类似的是，对城市失业率问题的相关研究发现，与男性相比，女性在就业过程中会受到明显的歧视，面临更高的失业风险。[④]除此之外，其余的自变量对因变量的影响在统计意义上并不显著。

模型三是针对民众对不同地区之间发展差距的公平感受影响因素进行的分析，结果表明，所在区域变量对因变量有明显的影响，与西部地区民众相比，中部地区民众对地区之间发展差距的公平感受程度更低，东部地区居民对地区发展差距的公平感在统计意义上并不显著，两者之间的关系也是负向的，这说明经济社会发展水平较高地区民众对当前地区发展差距的公平感是较低的。这可能是因为，虽然东部地区和中部地区的经济社会发展水平比较高，但是区域内部的发展差距要比西部地区大一些，因而经济社会发展水平较高地区的民众认为目前的地区发展差距问题是不公平的。年龄变量与因变量之间是显著负相关关系，也就是说，年龄越小，人们对当前地区之间发展差距的公平感受程度越低，这可能是因为年轻人能够切实意识到当前不同地区之间的发展差距问题。此外，其余的自变量对因变量的影响在统计

---

① 王甫勤. 当代中国大城市居民的分配公平感：一项基于上海的实证研究 [J]. 社会，2011 (3).
② WHYTE M. One Country，Two Societies：Rural-Urban Inequality in Contemporary China [M]. Cambridge：Harvard University Press，2010.
③ 国务院发展研究中心课题组.中国民生调查 2015 [M]. 北京：中国发展出版社，2016.
④ 刘靖、张琼.中国城市性别失业率差异与就业歧视 [J]. 劳动经济研究，2015 (4).

意义上并不显著。

接下来，我们又对不同行业之间的待遇差别、城乡之间的待遇差别以及不同行业之间的发展机会差别等宏观层面问题公平感受的影响因素进行了分析，见表4-23。

表4-23　　　　民众对就业政策宏观层面公平感受的影响因素分析（续）

			模型四	模型五	模型六
			回归系数（标准误）	回归系数（标准误）	回归系数（标准误）
自变量	社会结构	个人年收入	0.013（0.040）	0.107（0.039）**	0.051（0.040）
		受教育程度	-0.181（0.072）*	-0.038（0.070）	-0.032（0.077）
		国有部门 民营部门 （农村）	0.211（0.146） 0.340（0.120）**	0.342（0.141）* 0.142（0.118）	-0.107（0.159） -0.042（0.132）
		城镇户籍 （农村户籍）	-0.202（0.127）	0.056（0.124）	0.073（0.133）
		城镇居民 （农村居民）	-0.024（0.126）	-0.214（0.125）	0.109（0.136）
		东部 中部 （西部）	-0.231（0.121） -0.419（0.117）***	-0.335（0.116）** -0.489（0.114）***	0.057（0.134） 0.149（0.130）
	年龄		-0.008（0.036）	-0.080（0.035）*	0.255（0.039）***
	男性 （女性）		0.020（0.093）	-0.136（0.091）	0.039（0.101）
	中共党员 （否）		0.298（0.128）*	0.122（0.125）	0.195（0.140）
	宗教信仰 （否）		-0.174（0.109）	-0.128（0.107）	0.009（0.118）
卡方值			39.658	45.794	47.008
Log Likelihood			3 024.080	3 137.652	2 678.905
Nagelkerke R²			0.023	0.026	0.029
样本数量			2 412	2 409	2 412

注：（1）*p<0.05，**p<0.01，***p<0.001。

（2）括号内为参照群体。

在表4-23中，模型四是针对民众对不同行业之间待遇差距问题的公平感受影响因素进行的分析，结果表明，所在区域变量对因变量有显著影响，与西部地区居民相比，中部地区民众对行业之间待遇差距的不公平感受程度更低一些，但是东部地区的不公平感受在统计意义上并不显著。这一点与民众对地区之间发展差距的公平感是一样的，它表明经济社会发展水平较高地区不同行业之间的待遇差距更大一些。受教育程度变量与因变量之间是显著负相关关系，也就是说，受教育程度越高，人们对行业之间待遇差距的公平感受程度就越低。其中可能的解释主要有两种：一种是认为教育具有"启蒙"的作用，受教育程度越高就越有可能会意识到当前的行业差距较大；[1]另一种是认为受教育程度越高，自己实际获得的回报与期望收益的差距可能会越大，因而对不同行业之间的差距会认为是不公平的。[2]具体哪种解释更为合理还需要后续研究进行回答。与农民相比，民营部门工作人员对行业之间待遇差距的公平感受程度更高，国有部门工作人员对不同行业之间待遇差距的公平感受虽然在统计意义上不显著，但两者之间是正相关关系。这一结论反映出国有部门工作人员、民营部门工作人员的收入待遇比农民要高一些，因而对行业之间待遇的公平感更高一些。从政治面貌的影响上来看，相对而言，中共党员对不同行业之间待遇差距的公平感受程度更高。此外，其余的自变量对因变量的影响在统计意义上并不显著。

模型五是针对民众对城乡居民之间权利和待遇差距的公平感受的影响因素进行的分析，结果表明，个人年收入变量与因变量之间是正相关关系，个人年收入越高，人们对城乡居民之间权利和待遇差距的公平感受程度越高。与西部地区居民相比，东部地区、中部地区的民众对城乡居民之间权利和待遇差距的公平感受程度更低，这说明，宏观层面上较高的经济社会发展水平并没有显著提高民众的公平感受。与农民相比，国有部门工作人员对城乡居民之间权利和待遇差距的公平感受程度更高，这反映出，国有部门工作人员的权利和待遇要明显好于农民。年龄变量与因变量之间是负相关的关系，年龄越小，人们对城乡居民之间权利和待遇差距的公平感受程度越低，这可能是因为年轻一代更能切实感受到城乡之间的差距。此外，其余的自变量对因变量的影响在统计意义上并不显著。

模型六是针对不同行业之间发展机会差别的公平感受影响因素问题进行的分析，结果表明，年龄变量与因变量之间是正相关关系，也就是说，年龄越小，人们对行业之间发展机会差别的公平感受程度就越高。如果我们把这一结论与前面相关问题的分析结果进行比较，一个比较有意思的问题就出现了，虽然年轻人对城乡差距的公平感较低，但是其对不同行业之间就业发展机会差别的公平感反而更高，这可能是因为随着社会的发展，年龄越小越可能有更多的就业选择机会，这是与其上一代人的最大不同之处。除此之外，其余的自变量对因变量的影响在统计意义上并不显著。

2.民众对就业政策微观层面公平感受的影响因素

民众就业政策微观层面的公平感受主要受到哪些因素的影响呢？我们从受教育程度、收入水平等方面对相关的影响因素进行了分析，见表4-24。

---

① 李骏，吴晓刚. 收入不平等与公平分配：对转型时期中国城镇居民公平观的一项实证分析 [J]. 中国社会科学，2012 (3).
② 刘欣，胡安宁. 中国公众的收入公平感：一种新制度主义社会学的解释 [J]. 社会，2016 (4).

表 4-24　　　　　　　　　　民众对就业政策微观层面公平感受的影响因素分析

			模型一	模型二
			回归系数（标准误）	回归系数（标准误）
自变量	社会结构	个人年收入	0.069（0.041）	0.167（0.048）**
		受教育程度	−0.094（0.074）	−0.248（0.084）**
		国有部门 民营部门 （农村）	0.190（0.152） −0.143（0.123）	0.296（0.170） 0.263（0.139）
		城镇户籍 （农村户籍）	0.015（0.128）	0.031（0.152）
		城镇居民 （农村居民）	−0.072（0.129）	0.077（0.153）
		东部 中部 （西部）	0.199（0.126） −0.101（0.120）	−0.211（0.144） −0.156（0.140）
	年龄		−0.129（0.037）***	0.074（0.041）
	男性 （女性）		0.156（0.095）	−0.032（0.109）
	中共党员 （否）		−0.004（0.137）	0.244（0.157）
	宗教信仰 （否）		0.056（0.112）	−0.145（0.133）
卡方值			53.885	37.139
Log Likelihood			2 903.337	2 397.556
Nagelkerke R^2			0.031	0.024
样本数量			2 412	2 412

注：（1）*$p<0.05$，**$p<0.01$，***$p<0.001$。

（2）括号内为参照群体。

在表 4-24 中，模型一是针对受教育水平与社会地位问题的公平感受影响因素进行的分析，结果表明，年龄变量与因变量之间是负相关关系，年龄越小，人们对受教育水平与社会地位问题的公平感受程度越低。除此之外，其余变量对因变量的影响在统计意义上并不显著。

模型二是针对自身的付出与获得认可问题的公平感受影响因素进行的分析，结果表明，个人年收入变量与因变量之间是正相关关系，也就是说个人年收入越高，人们对自身的付出与获得社会认可的公平感受程度越高，这一结论同样验证了之前相关研究提出的公平感的"自利"逻辑。与此同时，受教育程度变量与因变量之间是显著负相关关系，受教育程度越高，人们对自身的付出与获得社会认可的公平感受程度就越低，其中的原因可能是由于教育的"启蒙"作用的影响，人们在对相关问题的公平状况进行评价时会在更大的范围内比较；也有可能是受教育程度越高，人们的期望就越高，当期望没有办法实现的时候，公平感自然就会降低。我们将在接下来的研究中对相关问题进行更深入的分析。此外，其余的变量对因变量的影响在统计意义上并不显著。

六、研究结论

我们根据问卷调查数据，从宏观和微观两个层面对当前民众对就业政策公平感受及其影响因素进行了分析，得出的结论主要有如下几点。第一，民众对微观就业政策公平感要明显强于对宏观就业政策的公平感。第二，对微观就业政策公平感受和宏观就业政策公平感受的影响因素是存在差异的。民众对收入差距的总体公平感，受到收入水平的影响，个人年收入越高，人们对收入差距的总体公平感受程度就越高；与农村居民相比，城镇居民对收入差距的总体公平感受程度更低一些；与西部地区居民相比，中部地区民众对收入差距的总体公平感受程度更低。所在区域变量对就业机会公平感有明显影响，与西部地区居民相比，东部地区民众对就业机会的总体公平感受程度更高；相对于女性群体，男性群体对就业机会的总体公平感受程度更高一些。所在区域变量对区域差距公平感有明显影响，与西部地区民众相比，中部地区民众对地区之间发展差距的公平感受程度更低；年龄越小，人们对当前地区之间发展差距的公平感受程度越低。所在区域变量对民众行业待遇差距公平感有显著影响，与西部地区居民相比，中部地区民众对行业之间待遇差距的不公平感受程度更高一些；受教育程度越高，人们对行业之间待遇差距的公平感受程度越低；与农民相比，民营部门工作人员对行业之间待遇差距的公平感受程度更高；比较而言，中共党员对不同行业之间待遇差距的公平感受程度更高；信仰宗教的群体比不信仰宗教的群体对不同行业之间待遇差距问题的公平感受要低一些。对城乡居民之间权利和待遇差距的公平感受的影响因素进行的分析结果表明，个人年收入变量与因变量之间是正相关关系；与西部地区居民相比，东部地区、中部地区的民众对城乡居民之间权利和待遇差距的公平感受程度更低；与农民相比，国有部门工作人员对城乡居民之间权利和待遇差距的公平感受程度更高；年龄越小，人们对城乡居民之间权利和待遇差距的公平感受程度越低。针对不同行业之间发展机会差别的公平感受影响因素问题进行的分析结果表明，年龄变量与因变量之间是正相关关系，也就是说，年龄越小，人们对行业之间发展机会差别的公平感受程度越高。此外，在民众就业政策微观公平感的影响因素上，对受教育水平与社会地位的公平感影响因素的分析结果表明，年龄越小，人们对受教育水平与社会地位问题的公平感受程度越低。针对自身的付出与获得认可问题的公平感受影响因素的分析结果表明，个人年收入越高，人们对自身的付出与获得社会认可问题的公平感受程度越高；受教育程度变量与因变量之间是显著负相关关系，受教育程度越高，人们对自身的付出与获得社会认可的公平感受程度就越低，促进更公平的就业是我国就业政策的重要目标之一，基于相关研究结论，课题组提出以下建议：首先，需要进一步优化就业政策的宏观环境，也就是通过协调发展来有效解决城乡、区域和部门之间在收入分配、工作环境、社会保障等方面的差距问题。其次，通过积极的宣传教育形成良好的舆论氛围，有效解决现实中存在的一些较为明显的就业歧视问题。最后，还应当进一步规范社会的收入分配秩序，对一些不合理的收入进行有效规制，从而使得人们的付出与社会地位和声望更加契合。

另外还需要说明的是，课题组研究发现：民众对收入差距、区域发展水平差异等宏观层面的公平感受较差；对个人的付出与所获得的认可和尊重、社会地位与受教育水平相符程度等问题的公平感受较好。从具体的影响因素来看，个人年收入越高越有可能具有较高的就业政策公平感受；受教育程度越高越有可能具有较低的就业政策公平感受；个人所在的部门、所处的地区都会对民众的就业政策公平感受产生显著影响。这就是说，民众在宏观和微观两个层面的公平感受有明显反差，民众对就业政策公平感受的总体特征是微观公平状况要明显好于宏观公平状况。这与前期有关世道正义观的研究发现不同。世道正义观可以分为指向他人或整体的一般世道正义观和指向自我或个人遭遇的个人世道正义观。前者是一种相信他人遭遇或整个世道当然合理的观念，后者是一种相信自己受到合理对待的观念。已有实证研究大多认为，中国民众持有较高的一般世道正义观和较低的个人世道正义观，即相信他人的待遇、遭遇或整个世道是合理的、应该的，却认为自己的待遇或遭遇不合理、不应该。[1]而我们的研究则表明，仅就公众对就业和所得公平感受而言，组织层面的改革成果要优于国家层面的政策表现。其政策含义在于，经过40多年的经济体制改革，组织层面已经基本建立了与社会主义市场相适应的用人和分配机制，而城乡、区域和行业发展不平衡的问题依然突出，要通过落实基本就业公共服务均等化政策，进一步打破垄断地位，规范竞争秩序，切实缩小城乡、地区和行业之间存在的巨大差距，创造更为公平的就业环境。

第三节 当前民众的医疗卫生政策公平感受

健康水平提升是人类社会进步的重要标志。2015年诺贝尔经济学奖获得者迪顿认为，"人类历史上最伟大的逃亡，是挣脱贫困和死亡的逃亡。几千年来，人们即便有幸逃过了童年早逝的厄运，也要面对经年的贫困。得益于启蒙运动、工业革命以及细菌致病理论的发现，人们的生活水平获得了大幅度提高，寿命延长了不止1倍"[2]。1990年出生的婴儿预期寿命为66岁，2012年出生的婴儿预期寿命为71岁。[3]这些成就离不开医疗卫生政策的完善。医疗卫生服务属于市场失灵的范畴，需要公共政策干预。正义是公共政策应当遵循的重要原则，为了增强政策的有效性，需要对其正义性进行评价。[4]这种评价应当从客观状况、人们的主观评价两个方面展开。[5]课题组将采用问卷调查方法对中国民众对医疗卫生政策公平感受进行分析。

① WU SHENGTAO, YAN XIAODAN, ZHOU CHAN, et al. General Belief in a Just World and Resilience: Evidence from A Collectivistic Culture [J]. European Journal of Personality, 2011, 25 (6).
② DEATON A.逃离不平等：健康、财富及不平等的起源 [M]. 崔传刚, 译. 北京：中信出版社, 2014: 3.
③ 世界银行. 2014年世界发展数据手册 [M]. 王辉, 译. 北京：中国财政经济出版社, 2014: 2.
④ 孙悦, 麻宝斌. 公共政策正义性评估的理念与方法 [J]. 吉林大学社会科学学报, 2013 (4).
⑤ 麻宝斌, 杜平. 社会正义测评：主题、内容与框架 [J]. 理论探讨, 2014 (2).

一、医疗卫生政策的演进

在现代社会，提供医疗卫生服务是政府的一项重要职能，而医疗卫生政策则是政府履行这一职能的主要方式，其目标是确保每一个社会成员都能享受到基本的医疗卫生服务。《世界卫生组织组织法》指出，"享受最高而能获致之健康标准，为人人基本权利之一""促进人民卫生为政府之职责"。[①]1978年通过的《阿拉木图宣言》指出，"2000年时使所有人民享有能使他们过着社会及经济富裕生活的健康水平……"[②]医疗卫生政策包括公共卫生、医疗服务、药品生产流通、医疗保障制度[③]等内容，它们有不同的特征，因而对相应的政策设计有不同的要求。计划免疫、传染病控制等公共卫生服务有较强的非竞争性、非排他性特征需要政府提供；医疗保障制度需要政府主导和多方参与，即通过"众筹"的方式来分担医疗服务成本；医疗服务资源分布要尽可能均等化，不断提供其可及性；药品生产流通应通过有效监管来规制药品市场。

中华人民共和国成立后，国家开始向社会提供制度化的医疗卫生服务。但是受国家发展战略因素的影响，最初中国的医疗卫生政策设计呈现出明显的"多元分割运行"[④]特征。在医疗卫生服务上，城市建立起了三级卫生医疗预防网[⑤]。在医疗保障制度上，城市实行的是公费医疗和劳保医疗制度。公费医疗适用于机关和事业单位等。1952年6月通过了《政务院关于全国各级人民政府、党派、团体及所属事业单位的国家工作人员实行公费医疗预防的指示》，从1952年7月开始在全国范围内分期推广公费医疗。[⑥]1952年8月通过的《国家工作人员公费医疗预防实施办法》将公费医疗的范围进行了界定。[⑦]劳保医疗是针对企业而言的，1951年通过并于1953年修正的《中华人民共和国劳动保险条例》将劳动保险的适用范围进行了界定。[⑧]与城市不同，合作医疗制度、三级医疗卫生体系和赤脚医生是农村医疗卫生服务的主要特征。农村也建立起了由县级卫生机构、乡镇卫生机构和村卫生室组成的三级医疗卫生体系。在医疗保障制度上，农村实行的是合作医疗制度。它是因合作化而出现的，经费主要包括农民缴纳的保健费、提取的农村公益金和医疗业务收入。1979年通过的《农村合作医疗章程（试行草案）》将其界定为，"人民公社社员依靠集体力量，在自愿互助的基础上建立起来的一种社会主义性质的医疗制度，是社员群众的集体福利事业"[⑨]。基层医疗服务由"半农半医"的赤脚医生负责，其报酬包括集体工分或现金等形式。

中华人民共和国成立到改革开放之前中国的医疗卫生服务体制的主要特征可以概括为预防为主。这种"关口前移"的政策导向使得政府能够在资源投入不多的情况下最大

① 世界卫生组织. 世界卫生组织组织法 [EB/OL]. [2015-11-07]. http://apps.who.int/gb/bd/PDF/bd47/CH/constitution-ch.pdf?ua=1.
② 世界卫生组织. 阿拉木图宣言 [EB/OL]. [2015-10-28]. http://apps.who.int/iris/bitstream/10665/39228/3/9245541355.pdf.
③ 王虎峰. 中国新医改理念和政策 [M]. 北京：中国财政经济出版社，2009.
④ 郑功成. 中国社会保障改革与发展战略：医疗保障卷 [M]. 北京：人民出版社，2011：5.
⑤ 张怡民. 中国卫生五十年历程 [M]. 北京：中医古籍出版社，1999：523.
⑥ 山东省卫生厅. 山东医疗管理——公费医疗·劳保医疗·干部保健文集（1952—1991年）[M]. 济南：山东人民出版社，1992：3-5.
⑦ 山东省卫生厅. 山东医疗管理——公费医疗·劳保医疗·干部保健文集（1952—1991年）[M]. 济南：山东人民出版社，1992：6-7.
⑧ 国家劳动总局保险福利局，全国总工会劳动保险部. 劳动保险文件选编 [M]. 北京：工人出版社，1981：3-15.
⑨ 中华人民共和国财政部办公室. 一九七九年财政规章制度选编（下）[M]. 北京：中国财政经济出版社，1981：53.

可能地提升整体的健康水平，"基本卫生保健服务的广泛可及性和公平性大大改善了中国城乡居民的健康状况"[1]。中国在基本医疗保健领域的经验成为发展中国家和地区学习的"标杆"。改革开放以来，"市场化"导向的改革、单位制和人民公社制度的解体、国有企业的改革等持续冲击着原有的医疗卫生体制。首先，"对经济增长的迷信""对市场的迷信"[2]使得政策重心开始逐渐从"预防"向"治疗"转移。这就产生了两个后果：第一，核心公共卫生活动转移，第二，个人卫生服务费用无情地上涨。[3]虽然政府医疗卫生费用支出一直在增长，但是占卫生总费用的比重却在下降，从1986年的38.7%下降到了2002年的历史最低点15.7%。与之相反，个人支出所占的比重在不断上升，从1985年的26.4%达到了2001年的历史最高点60.0%。其次，民营经济的兴起、国有企业的破产和重组等使得一部分"体制外"群体不能加入到医疗保障的安全网络来有效应对可能的风险。最后，家庭联产承包责任制的实行使得农村合作医疗制度难以为继。"推行家庭联产承包责任制后，除少数地区有集体所有的乡镇企业外，大部分乡村的集体经济十分薄弱，甚至完全不存在。在这种情况下，用提留集体公益金的方式来扶持合作医疗，在大部分地方失去了可行性"[4]。健康安全网的缺失使得医疗卫生费用负担加重。"1985年合作医疗从过去的90%的覆盖率猛降至5%，导致因病致贫、因病返贫现象日趋突出"[5]。

上述变化的结果是，在现实中"看病难、看病贵"等问题日益明显。2003年的"非典"疫情也在一定程度上反映了公共卫生发展中存在的薄弱环节。有研究指出，"改革开放以来，中国的医疗卫生体制发生了很大变化，在某些方面也取得了进展，但暴露的问题更为严重。从总体上讲，改革是不成功的"[6]。重新编织健康安全网、推动医疗保障制度从"社会体制内福利向社会公共福利保障转型"[7]就成为迫切要求。1998年通过的《国务院关于建立城镇职工基本医疗保险制度的决定》指出，"城镇所有用人单位及其职工都要参加基本医疗保险"。2002年通过的《关于进一步加强农村卫生工作的决定》指出，"到2010年，在全国农村基本建立起适应社会主义市场经济体制要求和农村经济社会发展水平的农村卫生服务体系和农村合作医疗制度"。2003年通过的《民政部卫生部 财政部关于实施农村医疗救助制度的意见》对患大病的五保户和贫困家庭进行救助。2003年通过了《关于建立新型农村合作医疗制度的意见》，截至2014年年底，全国参加新型农村合作医疗人数达7.36亿人，参合率为98.9%[8]。2005年通过的《关于建立城市医疗救助制度试点工作的意见》对城市困难群体进行救助。2007年通过的《国务院关于开展城镇居民基本医疗保险试点的指导意见》将城镇非从业居民纳入医疗保障范围。2009年通过的《中共中央 国务院关于深化医药卫生体制改革的意见》对医疗卫

① 王绍光. 安邦之道：国家转型的目标与途径 [M]. 北京：三联书店，2007：303.
② 王绍光. 安邦之道：国家转型的目标与途径 [M]. 北京：三联书店，2007：298-300.
③ 世界银行. 中国农村卫生改革 [EB/OL]. [2015-11-01]. http://www-wds.worldbank.org/external/default/WDSContentServer/WDSP/IB/2011/05/19/000333038_20110519232850/Rendered/PDF/490490CHINESE00ealth0full0report0cn.pdf.
④ 王绍光. 学习机制与适应能力：中国农村合作医疗体制变迁的启示 [J]. 中国社会科学，2008（6）.
⑤ 林光汶，郭岩，LEGGE D，等. 中国卫生政策 [M]. 北京：北京大学医学出版社，2010：5.
⑥ 葛延风，贡森，等. 中国医改：问题·根源·出路 [M]. 北京：中国发展出版社，2007：4.
⑦ 莫家豪，岳经纶，黄耿华. 变革中的社会政策：理论、实证与比较反思 [M]. 北京：社会文献出版社，2013：130.
⑧ 规划发展与信息化司. 2014年我国卫生和计划生育事业发展统计公报 [EB/OL]. [2015-11-09]. http://www.nhc.gov.cn/guihuaxxs/s10742/201511/191ab1d8c5f240e8b2f5c81524e80f19.shtml.

生体制的改革进行了顶层设计。

"良好健康的目标实际上可以分为两部分：能够达到的最佳平均水平——仁慈，和能够在个体和群体间实现的最小差异——公平"。"仁慈意味着系统在非卫生方面充分满足了人们希望达到的平均水平。公平则意味着平等地对待每一个人，在给人们提供治疗时没有歧视和差异"①。不可否认，随着医疗卫生体制改革的深入，人们从中受益越来越多。但是，在医疗保障制度设计上"拥有不同类型基本医疗保险的群体，其医疗支出与负担存在差异"②。那么，民众对医疗卫生政策有怎样的公平感受呢？系统了解民众的公平感受将有助于为医疗卫生体制的改革提供积极的参考。我们主要是采用问卷调查方法从医疗保障制度、医疗服务提供等几个方面对这一问题进行分析。

二、文献回顾与研究假设

综合来看，对医疗服务公平性问题的研究按照内容的差异可以分为客观和主观两个方面，前者是对医疗卫生服务均等化问题进行的研究，后者则是民众对医疗卫生服务公平感受问题的研究。

（一）医疗卫生服务均等化程度研究

医疗卫生服务均等化程度的测量主要包括四个不同的方面：第一是健康公平，表现为人们具有相似的健康状况；第二是卫生服务的可及性公平，表现为人们能够得到最基本的卫生服务；第三是公平使用医疗服务，表现为需要相同医疗服务的患者能够得到相同的医疗服务；第四是筹资公平，表现为按照患者的支付能力不同支付医疗费用。③

医疗卫生服务均等化程度研究就是围绕上述四个方面采用定量分析方法进行测量。患者是否能够得到大致相等的医疗服务呢？《2013年世界卫生报告》以医疗服务全覆盖为主题进行了研究，对医疗卫生服务全覆盖的测量问题进行了分析。④亚当·沃格斯达夫（Adam Wagstaff）等从"横向不平等"（horizontal inequality）的角度对健康服务的均等化程度进行了测量，该研究根据已有相关测量指数存在的局限，提出了一个新的测量指数，并且使用两种指数对荷兰的社区医疗、医生和住院部门进行了测量，结果发现，有些方面对穷人较为有利，而有些方面则对富人更为有利。患者能否从医疗保障制度中受益呢？比较而言，哪些群体的受益更多一些呢？吴成丕以威海为研究对象，运用基尼系数、集中系数等指标来描述我国医疗保险改革中的服务不公平和筹资不公平问题，研究发现收入对医疗服务使用的不公平有很大影响，医疗保障制度改革在很大程度上改善了不公平现象，使得收入水平较低的人们能够更多地享有医疗服务。⑤解垩从筹资公平、健康消费公平、服务利用及健康公平等几个方面对中国城乡基本医疗卫生服务的公平性进行了测量。⑥解垩利用中国健康和营养调查（CHNS）数据，研究了1991—2006年我

① 世界卫生组织. 2000年世界卫生报告 [M]. 王汝宽，等译. 北京：人民卫生出版社，2000：24.
② 谢宇，张晓波，李建新，等. 中国民生发展报告2014 [M]. 北京：北京大学出版社，2014：137.
③ 刘远立，费朝晖. 论卫生保健的公平与效率 [J]. 医学与社会，1998（3）.
④ 世界卫生组织. The World Health Report 2013 [EB/OL]. [2015-10-29]. http://apps.who.int/iris/bitstream/10665/85761/3/9789240690851_chi.pdf.
⑤ 吴成丕. 中国医疗保险制度改革中的公平性研究 [J]. 经济研究，2003（6）.
⑥ 解垩. 城乡卫生医疗服务均等化研究 [M]. 北京：经济科学出版社，2009.

国18岁以上个人年收入状况对健康不平等、医疗服务使用不平等的影响，发现收入因素、医疗保险因素对医疗服务使用不平等有显著影响，收入水平高的居民使用了更多的医疗服务资源，而且城乡居民的健康不平等问题有日趋严重的迹象，其中收入因素对城乡居民健康不平等的贡献率高于7%。[1]姜德超等根据中国健康与养老跟踪调查数据对新医改是否缓解了患者的看病贵问题进行了研究，结果发现新医改对低收入群体的看病贵问题起到了改善作用，但是对其他群体却没有改善。[2]城镇居民基本医疗保险制度的实施效果如何呢？刘虹等根据2006年和2009年中国健康和营养调查（CHNS）的数据对城镇居民医疗保险的实施效果进行了研究，结果发现这一制度的实施并没有降低个人的医疗费用支出，但是明显提高了正式医疗服务的利用率；该研究还发现这一制度提高了儿童、低收入家庭、欠发达地区居民对正式医疗服务的使用率。[3]

（二）医疗卫生政策公平感受状况研究

20世纪90年代后期，英国政府以新公共管理理论为指导对国家的卫生服务体系进行了一系列改革，那么民众是否从这一改革中受益呢？对这一改革的效果是否感到满意呢？阿什利·格拉索（Ashley L. Grosso）等学者根据1996—2002年欧洲晴雨表（Eurobarometer）的调查数据研究了英国民众对医疗卫生的满意度（Satisfaction with the health-care system）以及医疗卫生服务的改进程度（Perceptions of the system's performance）等问题，该研究对英国民众与其他欧盟国家民众的认知状况进行了比较，结果发现英国民众对医疗服务体系的满意度比改革之前有了明显的提高。[4]2005年9月，卫生部与世界银行共同进行了新型农村合作医疗调查，其中包括对新型农村合作医疗制度的受益情况（参合家庭受益、两周患病医疗费用补偿情况、住院医疗费用补偿情况）和满意度（下一年参加合作医疗的医院和不参加的原因、医疗费用报销的满意度）等问题进行的分析。[5]2008年第四次国家卫生服务调查从门诊服务反应性、住院服务反应性、患者对医生的信任程度以及对医疗服务的满意度三个方面进行了调查。[6]2013年，国家卫生和计划生育委员会在全国范围内开展的第五次国家卫生服务调查，从门诊服务满意度、住院服务满意度、医患关系与医改成果等三个方面对居民的满意度进行了调查。[7]李华根据2009年上海财经大学千村社会调查的数据对新型农村合作医疗制度和定点医疗机构的满意度进行了研究，结果发现农民有较高的满意度。[8]2011年中国社会科学院国情调研项目组对民众医疗保险制度的评价问题进行了研究，该研究主要是从医疗费用报销的比例、医疗保险在减轻医疗负担方面的作用等两个方面进行的，结果发现人

① 解垩. 与收入相关的健康及医疗服务利用不平等研究 [J]. 经济研究，2009（2）.

② 姜德超，吴少龙，魏予辰. 新医改缓解了看病贵吗？——来自两省家庭灾难性卫生支出分析的证据 [J]. 公共行政评论，2015（5）.

③ HONG LIU，ZHONG ZHAO. Does Health Insurance Matter? Evidence from China's Urban Resident Basic Medical Insurance [J]. Journal of Comparative Economics，2014（42）.

④ GROSSO A，VAN RYZIN G. Public Management Reform and Citizen Perceptions of the UK Health System [J]. International Review of Administrative Sciences，2012（3）.

⑤ 卫生部统计信息中心. 中国新型农村合作医疗进展及其效果研究——2005年新型农村合作医疗试点调查报告 [M]. 北京：中国协和医科大学出版社，2007.

⑥ 卫生部统计信息中心. 2008中国卫生服务调查研究——第四次家庭健康询问调查分析报告 [M]. 北京：中国协和医科大学出版社，2009.

⑦ 徐玲，孟群. 第五次国家卫生服务调查结果之一——居民满意度 [J]. 中国卫生信息管理，2014（2）.

⑧ 李华. 新型农村合作医疗制度的效果分析——基于全国30省1451行政村14510户的实地调查 [J]. 政治学研究，2011（2）.

们对所参加的医疗保险制度的总体公平评价是满意的，其中公费医疗和新型农村合作医疗群体的公平感受程度最高。[①]有学者采用实证研究方法对国内34个城市居民对公立医院的满意度进行了调查，在调查的过程中由调查对象从0到10进行打分，分数越高表明满意度越高，结果发现公立医院满意度的总体平均值为6.44分[②]。《中国城市基本公共服务力评价》连续对中国城市居民医疗卫生满意度问题进行调查研究，结果发现医疗卫生服务已经成为人们最关心的公共服务领域，人们对医疗卫生服务的满意度在下降，医疗卫生服务满意度的区域平衡性在不断加强。[③]

从以上相关文献的回顾中可以看出，在医疗卫生服务包括的四项内容中，公共卫生和药品流通的公平性并不是研究的重心，大多数研究是围绕医疗服务提供和医疗保障制度的公平性评价展开的。就中国民众医疗卫生服务的公平感受研究而言，对医疗保障制度公平感受的研究主要是针对其中一项的满意度进行的，缺乏民众对不同医疗保障制度差别问题公平感受的研究；对医疗卫生服务提供的研究主要是对医疗服务满意度的分析，在医疗服务资源分布不均衡的情况下，民众对优质医疗资源获取问题的公平感受研究并不是很多。因此，本书主要是采用实证研究方法从医疗保障制度差别、医疗服务提供等方面进行研究，以期进一步推进医疗卫生政策公平感受问题的研究。

三、研究设计

为了全面对中国民众医疗卫生政策的公平感受进行分析，课题组按照"总-分"的思路设计了五个相关的题目，见表4-25。第一个问题分析民众对医疗卫生政策公平感受总体状况；第二个问题分析民众对不同部门之间医疗保障制度公平感受状况；第三个问题分析民众对城乡之间医疗保障制度公平感受状况；第四个问题分析民众对医疗服务提供公平感受状况；第五个问题分析民众对医疗服务费用负担公平感受状况。

表4-25　　　　　　　　中国民众对医疗卫生政策公平感受状况调查设计

		问题	选项
总体公平感受状况		1.公共医疗的公平程度	由低到高从1～10分进行评价，如果不了解就选择不清楚
具体公平感受状况	医疗保障制度公平感受状况	2.因单位性质不同，职工享有不同水平的医疗保障是不公平的	非常同意、同意、不同意、非常不同意、说不清楚
		3.城市和农村的医保政策不同，这对农村户籍的人是不公平的	非常同意、同意、不同意、非常不同意、说不清楚
	医疗卫生服务公平感受状况	4.看病不挂号，住好病房，这是不公平的	非常同意、同意、不同意、非常不同意、说不清楚
		5.由于医疗费用高而使大病得不到救治是不公平的	非常同意、同意、不同意、非常不同意、说不清楚

① 王延中. 中国社会保障收入再分配状况调查 [M]. 北京：社会科学文献出版社，2013；王延中. 中国社会保障发展报告（2012）NO.5——社会保障与收入再分配 [M]. 北京：社会科学文献出版社，2012.
② 胡伟，吴伟. 中国城市公共服务评价报告（2013）[M]. 北京：社会科学文献出版社，2013.
③ 侯惠勤，辛向阳，易定宏. 中国城市基本公共服务力评价（2010—2011）[M]. 北京：社会科学文献出版社，2011；侯惠勤，辛向阳，易定宏. 中国城市基本公共服务力评价（2011—2012）[M]. 北京：社会科学文献出版社，2012；钟君，吴正杲. 中国城市基本公共服务力评价（2012—2013）[M]. 北京：社会科学文献出版社，2013；钟君，吴正杲. 中国城市基本公共服务力评价（2014）[M]. 北京：社会科学文献出版社，2014.

四、民众对医疗卫生政策的公平感受

本书对民众对医疗卫生政策公平感受调查结果的分析包括两个部分，第一部分是对民众对医疗卫生政策总体公平感受的介绍；第二部分是对民众对具体医疗卫生政策公平感受状况的分析。

（一）民众对医疗卫生政策总体公平感受状况

近年来，国家在改善医疗卫生服务提供方面推出了一系列的政策措施，相关研究也发现越来越多的群体从政策中受益，这表明重新编织起来的健康防护网在促进社会健康水平提升方面发挥着越来越明显的作用，那么，在现实中，民众对医疗卫生政策总体公平感受的状况怎样？课题组根据问卷调查结果对这一问题进行了统计，见表4-26。在统计过程中，为了更好地了解民众的公平感受，课题组对调查对象的评价进行了重新组合：1～2分为很不公平，3～5分为不大公平，6～8分为比较公平，9～10分为很公平。

表4-26　　　　民众对公共医疗政策总体公平感受状况分析

公共医疗公平评价	分数	1～2	3～5	6～8	9～10	不清楚	漏答	均值	标准差
	人数	183	537	1 114	508	55	3	6.47	2.464
	等级	很不公平	不大公平	比较公平	很公平				

从表4-26中可以看出，公共医疗公平感受状况的均值为6.47分，说明人们对这一问题的评价在及格以上。在具体的公平程度评价中，选择6～8分的最多，选择6分及以上的占全部调查对象的67.6%。总体上看，民众认为目前中国的公共医疗政策是比较公平的。在2006年，中国社会科学院"全国和谐稳定调查"课题组进行了一项类似的调查，结果显示有49.8%的调查对象认为公共医疗领域是比较公平或者公平的。[①]与本书的数据分析结果相比可以发现，近年来民众对公共医疗领域的公平感受上升了17.8个百分点。事实上，这种公平感受状况的明显变化与近几年来国家在医疗保障制度等方面进行的一系列改革有关系，人们普遍从中得到了实惠、抵御了患病可能带来的风险，切实感受到了国家编织的健康安全网在实际生活中发挥的重要作用。这一结果也表明，人们对公共政策的公平感受需要以政策的实际绩效为基础。

（二）民众对具体医疗卫生政策的公平感受状况

1.民众对医疗保障制度部门差别问题的公平感受

民众对不同部门之间医疗保障制度的差别具有怎样的感受呢？我们根据问卷调查结果对"因单位性质不同，职工享有不同水平的医疗保障是不公平的"这一问题的回答情况进行了统计，见表4-27。

从表4-27中可以看出，针对部门性质差异造成的不同类型的医疗保障制度，感觉到不公平的（选择非常同意和同意的调查对象加总）占全部调查对象的70.2%。这一调查结果说明，民众对于医疗保障制度部门之间的差别问题的公平感受程度不高。

---

① 汝信，陆学艺，李培林. 2007年：中国社会形势分析与预测［M］. 北京：社会科学文献出版社，2007：26.

表4-27　　　　　　　民众对医疗保障制度部门差别问题的公平感受分析

因单位性质不同，职工享有不同水平的医疗保障是不公平的	人数	百分比（%）	累计百分比（%）
非常同意	243	10.1	10.1
同意	1 441	60.1	70.2
不同意	432	18.0	88.3
非常不同意	44	1.8	90.1
说不清楚	238	9.9	100.0

2.民众对医疗保障制度城乡差别问题的公平感受

目前中国的医疗保障制度存在城乡二元分割的问题，那么，民众对这一问题有怎样的公平感受呢？我们根据问卷调查结果对"城市和农村医保政策不同，这对农村户籍的人是不公平的"这一问题的回答情况进行了统计，见表4-28。

表4-28　　　　　　民众对医疗保障制度城乡差别问题的公平感受分析

城市和农村医保政策不同，这对农村户籍的人是不公平	人数	百分比（%）	累计百分比（%）
非常同意	379	15.8	15.8
同意	1 535	63.9	79.7
不同意	291	12.1	91.8
非常不同意	43	1.8	93.6
说不清楚	152	6.3	99.9
缺失	2	0.1	100.0

从表4-28中可以看出，认为医疗保障制度的城乡差别问题是不公平的（选择非常同意和同意的加总），占全部调查对象的79.7%。这一结果说明因城乡户籍二元分割造成的城乡之间医疗保障制度差异造成的不公平受到了人们的普遍关注，并且，人们对于这一问题的不公平感受要高于对医疗保障制度部门之间差别问题的不公平感受。进一步来看，其政策含义就是要尽快缩小医疗保障制度的城乡差别。

3.民众对医疗服务提供的公平感受

医疗服务提供公平性的一个重要标准就是每一位患者都能有平等的机会获得医疗服务资源。那么，民众对医疗服务提供过程中一些差别化对待问题具有怎样的公平感受呢？我们根据问卷调查结果对"看病不挂号，住好的病房，是不公平的"这一问题的回答情况进行了统计，见表4-29。

表4-29 民众对医疗服务提供的公平感受分析

看病不挂号，住好的病房，是不公平的	人数	百分比（%）	累计百分比（%）
非常同意	494	20.6	20.6
同意	1 457	60.7	81.3
不同意	267	11.1	92.4
非常不同意	74	3.1	95.5
说不清楚	106	4.4	99.9
漏答	2	0.1	100.0

从表4-29中可以看出，认为医疗服务提供过程中的差别化对待问题是不公平的（选择非常同意和同意的加总）占全部调查对象的81.3%。这一结果反映出人们普遍认为每一位患者都应该有同等的机会来享受医疗服务资源，尤其是优质的医疗服务资源。如何通过制度的完善来克服差别化对待这一问题就成了政策设计的重要任务。

4.民众对医疗服务费用负担问题的公平感受

由于收入水平等方面存在差异，不同社会群体的医疗服务费用负担能力是存在明显差别的。那么，民众对医疗服务费用负担问题有怎样的公平感受呢？是否认可应当救助缺乏医疗费用支付能力的一些弱势群体，使得他们也能享受到医疗卫生服务？我们根据问卷调查的结果对"由于医疗费用高而使大病得不到救治是不公平的"这一问题的回答情况进行了统计，见表4-30。

表4-30 民众对医疗服务费用负担问题的公平感受分析

由于医疗费用高而使大病得不到救治是不公平的	人数	百分比（%）	累计百分比（%）
非常同意	608	25.4	25.4
同意	1 479	61.6	87.0
不同意	166	6.9	93.9
非常不同意	61	2.5	96.4
说不清楚	86	3.6	100.0
合　计	2 400	100.0	

从表4-30中可以看出，认为由于医疗费用高而使大病得不到救治是不公平的（选择非常同意和同意的加总），占全部调查对象的87.0%。这一结果表明，民众普遍认为应当通过政策的设计来救助缺乏医疗费用支付能力的社会群体，这也是医疗保障制度完善的过程中应当注意的问题。

五、主要结论

我们主要是采用问卷调查方法从总体公平状况、医疗保障制度、医疗卫生服务提供等三个方面对中国民众医疗卫生政策的公平感受进行了分析,得出的主要结论包括:民众对医疗卫生政策公平感受的总体评价不断提升;民众对医疗保障制度的城乡、部门差别普遍感到不公平;民众对医疗服务提供过程中的差别化对待问题普遍感到不公平,同时也认为应当照顾缺乏医疗费用支付能力的社会群体。相应地,这些研究结论的政策含义主要体现在两个方面:第一,要继续推进医疗卫生体制改革,构建具有普惠性特征的医疗卫生体制,使人们能普遍从中受益;第二,应通过有效的措施对分立的医疗保障制度进行有效整合,取消城乡、部门之间的差别。最后需要指出的是,本书对中国民众医疗卫生政策公平感受的分析还是描述性的,接下来我们还需要立足调查数据深入挖掘医疗卫生政策公平感受的影响因素等问题。

第四节 当前民众的教育政策公平感受

在现代社会,受教育是每一个公民的权利,提供教育公共服务是政府的职能。现代化的教育能够有效增强人的工作和生活能力,"哥本哈根共识"将教育的目标界定为,"使得人们具备一定的能力(包括认知能力和非认知能力、知识和态度),这些能力是使人能够有一个生产性的、令人满足的生活,完全融入他们的社会和社区生活中所必需的"[①]。受教育是提升能力的基础,教育在促进国民素质提高等方面有着重要作用。正是因为此,现代政府通过教育政策的不断完善来保障每一个成员的教育权利。公平是教育政策的重要价值之一,教育公平主要体现在"教育权利平等和教育机会均等两个基本方面"[②],这是因为,由于学习能力等方面的差异导致很难在教育的结果上实现平等。具体来看,教育机会的平等主要有三个方面的含义:每个人都有不受任何歧视地开始其学习生涯的机会,至少是在政府所办的教育中开始其学习生涯的机会;可以考虑各种不同但都以平等为基础的方式来对待每一个人——不论其人种和社会出身情况;在制定和实施教育政策时应列入一些措施,以使入学机会更加平等,进而使学业成就的机会更加平等。[③]从内容上看,教育可以分为基础教育、高等教育、成人教育等不同的层次。受到政府财政能力等因素的影响,教育公平的价值在不同层次内容上具有差异化的要求。一般来说,在基础教育阶段,政府主要是通过财政支持来保证每一个适龄儿童和学生都有机会接受教育;在高等教育阶段,主要是在机会均等的前提下通过择优录取的方式来选拔成绩突出的学生。与此同时,世界上不同国家和地区的教育政策设计也是存在差异的。

公共政策是政府对社会价值进行的权威性分配,正义是其应当遵循的重要价值之一。从政策过程的视角来看,为了增强政策的有效性,应当对其绩效进行评价,并且这

---

① 隆伯格. 全球危机 全球解决方案 [M]. 岳昌君, 李永军, 等译. 北京: 北京大学出版社, 2010: 193.
② 杨东平. 从权利平等到机会均等——新中国教育公平的轨迹 [J]. 北京大学教育评论, 2006 (2).
③ 胡森. 社会环境与学业成就 [M]. 张人杰, 译. 昆明: 云南教育出版社, 1991: 6-8.

种评价应当从客观状况、人们的主观评价两个方面展开。[1]保障受教育权利、促进教育机会均等也是中国教育政策的目标。相关理论研究主要是集中在客观方面的评价上，主要包括：对教育机会不平等问题进行的研究；[2]对小学教育阶段、初中教育阶段、高中教育阶段、大学教育阶段机会不平等问题进行的研究；[3]从基础教育融资制度差异、基础教育可及性差异、基础教育办学条件差异等方面对城乡基础教育均等化问题进行的分析；[4]对中国农村不同层次的教育发展状况进行分析。[5]本书主要是采用问卷调查方法对中国民众教育政策公平感受状况进行分析。

一、改革开放以来中国教育政策的演进

中华人民共和国成立以后，发展教育事业一直是国家建设的重要任务之一。但是，受"政治意识形态的变化、国家的发展目标和发展模式以及市场转型和市场化等因素消长"[6]的影响，不同发展阶段的教育政策在具体设计上存在一些明显的差异。中国的教育主要包括以下几个层次：学前教育、义务教育、特殊教育、高中阶段教育、高等教育、成人培训与扫盲教育。[7]在这里，我们将简要回顾改革开放以来中国义务教育和高考制度政策的演进历程。

在义务教育领域，相关政策的主要目标是通过政府财政的支持来保障每一个适龄学生都有入学的机会。1985年通过的《中共中央关于教育体制改革的决定》指出，"实行九年制义务教育，实行基础教育由地方负责、分级管理的原则，是发展我国教育事业、改革我国教育体制的基础一环。义务教育，即依法律规定适龄儿童和青少年必须接受，国家、社会、家庭必须予以保证的国民教育，为现代生产发展和现代生活所必须，是现代文明的一个标志"[8]。1986年通过的《中华人民共和国义务教育法》规定："国家实行九年制义务教育。省、自治区、直辖市根据本地区的经济、文化发展状况，确定推行义务教育的步骤。""义务教育可以分为初等教育和初级中等教育两个阶段。在普及初等教育的基础上普及初级中等教育。""国家对接受义务教育的学生免收学费。"但是，同年发布的《国家教育委员会、国家计划委员会、财政部、劳动人事部关于实施〈义务教育法〉若干问题的意见》指出："有条件的地区可以免收杂费。条件尚不具备的地区，要向家长做好解释工作，并在当地财政状况许可时，免收杂费；对家庭经济困难的学生，可减免杂费。"[9]1993年通过的《中国教育改革和发展纲要》规定，90年代义务教育的目标是

① 麻宝斌，杜平. 社会正义测评：主题、内容与框架 [J]. 理论探讨，2014（2）.
② 梁晨，张浩，李忠青，等. 无声的革命：北京大学、苏州大学学生社会来源研究1949—2002 [M]. 北京：三联书店，2013.
③ 李春玲. 教育不平等的年代变化趋势（1940—2010）——对城乡教育机会不平等的再考察 [J]. 社会学研究，2014（2）；刘精明. 国家、社会阶层与教育：教育获得的社会学研究 [M]. 北京：中国人民大学出版社，2005.
④ 石绍宾. 城乡基础教育均等化供给研究 [M]. 北京：经济科学出版社，2008.
⑤ 邬志辉，秦玉友. 中国农村教育发展报告2013—2014 [M]. 北京：北京师范大学出版社，2015；邬志辉，秦玉友. 中国农村教育发展报告2012 [M]. 北京：北京师范大学出版社，2014；邬志辉，秦玉友. 中国农村教育发展报告2011 [M]. 北京：北京师范大学出版社，2012.
⑥ 杨东平. 从权利平等到机会均等——新中国教育公平的轨迹 [J]. 北京大学教育评论，2006（2）.
⑦ 中华人民共和国教育部. 2014年全国教育事业发展统计公报 [EB/OL]. [2015-12-20]. http://www.moe.gov.cn/srcsite/A03/s180/moe_633/201508/t20150811_199589.html.
⑧ 教育部法制办公室. 中华人民共和国教育法律法规规章汇编（上）[M]. 上海：华东师范大学出版社，2009：13.
⑨ 国家教育委员会，国家计划委员会，财政部，等. 国家教育委员会、国家计划委员会、财政部、劳动人事部关于实施《义务教育法》若干问题的意见 [J]. 中华人民共和国国务院公报，1986（26）.

"全国基本普及九年义务教育（包括初中阶段的九年义务教育）"①。1994年通过的《国务院关于〈中国教育改革和发展纲要〉的实施意见》对2000年义务教育发展的目标进行了规定。②1998年发布的《面向21世纪教育振兴行动计划》规定，"2000年如期实现基本普及九年义务教育"③。1999年通过的《中共中央国务院关于深化教育改革，全面推进素质教育的决定》规定，"基本普及九年义务教育和基本扫除青壮年文盲，是全面推进素质教育的基础"；"确保2000年'两基'目标的实现和达标后的巩固与提高"④。2001年《国务院关于基础教育改革与发展的决定》指出，"'十五'期间，地方各级人民政府要坚持将普及九年义务教育和扫除青壮年文盲作为教育工作的'重中之重'，进一步扩大九年义务教育人口覆盖范围，初中阶段入学率达到90%以上"，同时，还应根据不同地区的实际情况确定各自的基础教育发展目标。2003年通过的《国务院关于进一步加强农村教育工作的决定》指出，"力争用五年时间完成西部地区'两基'攻坚任务""已经实现'两基'目标的地区特别是中部和西部地区，要巩固成果、提高质量""力争2010年在全国实现全面普及九年义务教育和全面提高义务教育质量的目标"⑤。2005年通过的《关于深化农村义务教育经费保障机制改革的通知》规定，全部免除农村义务教育阶段学生学杂费，对贫困家庭学生免费提供教科书并补助寄宿生生活费；2006年，西部地区农村义务教育阶段中小学生全部免除学杂费；2007年，中部地区和东部地区农村义务教育阶段中小学生全部免除学杂费。2008年发布的《国务院关于做好免除城市义务教育阶段学生学杂费工作的通知》规定，从2008年秋季学期开始，全部免除城市义务教育阶段公办学校学生学杂费。对享受城市居民最低生活保障政策家庭的义务教育阶段学生，继续免费提供教科书，并对家庭经济困难的寄宿学生补助生活费。2006年修订的《中华人民共和国义务教育法》规定，"义务教育是国家统一实施的所有适龄儿童、少年必须接受的教育，是国家必须予以保障的公益性事业。实施义务教育，不收学费、杂费。国家建立义务教育经费保障机制，保证义务教育制度实施"。2011年，所有省（自治区、直辖市）通过了国家"普九"验收，城乡免费义务教育得到全面普及，所有适龄儿童上学的机会得到有效保障。接下来的问题是，有效解决城乡之间、区域之间、学校之间办学水平和教学质量的差距问题。2012年通过的《国务院关于深入推进义务教育均衡发展的意见》从优质教育资源共享、办学资源配置、教师资源配置、特殊群体接受义务教育等几个方面对促进义务教育均衡发展进行了规定。⑥为了有效解决义务教育阶段存在的城乡差距问题，2015年发布的《国务院关于进一步完善城乡义务教育经费保障机制的通知》规定，整合农村义务教育经费保障机制和城市义务教育奖补政策；统一城乡义务教育"两免一

　　① 教育部法制办公室. 中华人民共和国教育法律法规章汇编（上）[M]. 上海：华东师范大学出版社，2010：20.
　　② 教育部法制办公室. 中华人民共和国教育法律法规章汇编（上）[M]. 上海：华东师范大学出版社，2010：37-46.
　　③ 教育部法制办公室. 中华人民共和国教育法律法规章汇编（上）[M]. 上海：华东师范大学出版社，2010：48.
　　④ 教育部法制办公室. 中华人民共和国教育法律法规章汇编（上）[M]. 上海：华东师范大学出版社，2010：30-36.
　　⑤ 教育部法制办公室. 中华人民共和国教育法律法规章汇编（上）[M]. 上海：华东师范大学出版社，2010：57-62.
　　⑥ 中共中央文献研究室. 十七大以来重要文献选编（下）[M]. 北京：中央文献出版社，2013：1111-1123.

补"政策；统一城乡义务教育学校生均公用经费基准定额。[①]进城务工就业农民子女教育问题也是这一时期面临的重要问题，2003年通过的《关于进一步做好进城务工就业农民子女义务教育工作的意见》对进城务工就业农民子女接受义务教育的渠道和经费保障机制等问题进行了规定。此外，改善农村义务教育学生营养状况也是这一时期义务教育发展的内容。一项对农村寄宿制学校学生营养状况的调查显示，寄宿制学校学生营养不良现象比较突出。[②]2011年发布的《国务院办公厅关于实施农村义务教育学生营养改善计划的意见》启动了农村义务教育学生营养改善计划。

与义务教育的政策目标不同的是，高考制度主要是在保证每一个学生机会平等的前提下择优录取。20世纪70年代末期高考恢复以来，高等学校的招生人数有了快速增长。据统计，1978年普通本专科学校招生人数为40.2万人，2013年普通本专科学校招生人数为699.8万人[③]。1999年高等学校开始扩大招生规模。1999年通过的《中共中央国务院关于深化教育改革全面推进素质教育的决定》规定，"通过各种形式积极发展高等教育，到2010年，我国同龄人口的高等教育入学率要从现在的百分之九提高到百分之十五左右"[④]。与此同时，为了保证家庭困难的学生能够接受高等教育，1999年发布了《关于国家助学贷款的管理规定（试行）》，开始试点国家助学贷款工作。对于一些类型的考生适用"降低分数、择优录取"的政策也是高考制度的重要内容。1987年发布的《普通高等学校招生暂行条例》对降低分数录取进行了详细规定。[⑤]2010年通过的《教育部　国家民委　公安部　国家体育总局　中国科学技术协会关于调整部分高考加分项目和进一步加强管理工作的通知》对高考加分项目进行了进一步规范。[⑥]改革开放以来，高校开始进行自主招生。2001年，江苏省的3所高校开始试点自主招生。2003年，教育部确定了22所高校实行自主招生。2013年，《中共中央关于全面深化改革若干重大问题的决定》对高考制度改革进行了规定。2014年发布的《国务院关于深化考试招生制度改革的实施意见》指出，"提高中西部地区和人口大省高考录取率""增加农村学生上重点高校人数""完善中小学招生办法破解择校难题"。[⑦]此外，2012年发布的《关于做好进城务工人员随迁子女接受义务教育后在当地参加升学考试工作的意见》对进城务工人员随迁子女升学问题进行了规定。[⑧]

二、文献回顾

综合来看，已有中国民众教育政策公平感受的研究主要表现以下方面：第一，关于

---

① 国务院. 国务院关于进一步完善城乡义务教育经费保障机制的通知 [EB/OL]. [2015-12-22]. http://www.gov.cn/zhengce/content/2015-11/28/content_10357.htm.
② 王梦奎. 为了国家的未来：改善贫困地区儿童营养状况试点报告 [M]. 北京：中国发展出版社，2009.
③ 中华人民共和国统计局. 中国统计年鉴2014 [EB/OL]. [2015-12-20]. http://www.stats.gov.cn/tjsj/ndsj/2014/indexch.htm.
④ 教育部法制办公室. 中华人民共和国教育法律法规规章汇编（上）[M]. 上海：华东师范大学出版社，2010：30-36.
⑤ 教育部法制办公室. 高等教育法律法规规章选编 [M]. 北京：教育科学出版社，2006：323-334.
⑥ 教育部，国家民委，公安部，等. 教育部　国家民委　公安部　国家体育总局　中国科学技术协会关于调整部分高考加分项目和进一步加强管理工作的通知 [EB/OL]. [2015-12-22]. http://www.moe.edu.cn/publicfiles/business/htmlfiles/moe/s3258/201012/xxgk_112379.html.
⑦ 国务院法制办公室. 中华人民共和国新法规汇编2014（10辑）[M]. 北京：中国法制出版社，2014：14-18。
⑧ 国务院办公厅转发教育部等部门关于做好进城务工人员随迁子女接受义务教育后在当地参加升学考试工作意见的通知 [EB/OL]. [2015-12-01]. http://www.gov.cn/zwgk/2012-08/31/content_2214566.htm.

基础教育满意度问题的研究，例如，有学者对34个城市基础教育的民众满意度进行了调查①，有学者从总体状况和具体问题（教育质量、教育过程、教育公平、教育收费）两个方面对中国39个主要城市教育问题的民众满意度进行了调查②，也有学者对38个城市基础教育的民众满意度进行了调查③。第二，对民众教育公平感受状况的研究。例如，《中国教育发展报告（2013）》按照"总-分"的思路，从总体状况公平感受以及具体问题的公平感受两个维度对30个主要城市居民的教育公平感问题进行了调查。其中，总体状况的公平感受包括两个方面的内容：近3年教育公平状况改善的评价；治理择校热、促进义务教育均衡发展的信心。具体问题的公平感受包括3个方面：入学机会的平等性评价（幼儿园入园难入园贵问题的改善情况、幼儿园升小学过程中考试及交赞助费的现象、小学升初中过程中公办学校的择校现象、义务教育阶段农民工子女获得均等入学机会的情况）；教育过程的公平性感受（公办中小学办学水平的均衡情况，学生受到教师同等、公平的对待，教育部门与学校的廉政风气状况）；教育结果的公正性期待（对现在上学读书将来能改变命运之说的态度）。④《中国教育发展报告（2014）》从总体状况和具体评价两个方面对民众教育公平感受问题进行了分析，结果表明，民众对所在地区教育总体状况评价的得分是58.28分，低于及格分60分。第三，对民众义务教育诉求问题的研究。例如，2013年，"中国民生指数研究"课题组在上海等8个省（市）采用问卷调查方法对城乡居民的义务教育诉求问题进行了调查，结果表明，半数城乡居民从总体上对义务教育感到满意，其中农村居民的满意度更高；部分城乡居民感觉教育支出负担较重，城镇家庭义务教育阶段支出要明显高于农村；农村义务教育阶段出现的新问题主要有教育质量低和上学距离远；城市义务教育阶段存在的问题主要是择校费用不断上涨。⑤第四，对民众教育观念问题的研究。例如，《中国教育发展报告（2015）》通过3个维度、10组相互矛盾的问题对民众的教育观进行了网络调查。这些问题主要有：社会竞争维度，这一维度有3组问题（出人头地与一技之长、个人学历与个人能力、学习成绩与个性特长）；教育互动维度，这一维度有3组问题（赏识教育与挫折教育、控制管理与民主协商、老师教育与父母教育）；学业发展维度，这一维度有4组问题（学习成绩与兴趣爱好、超前学习与顺其自然、母语学习与英语学习、名校入学与非名校入学）。⑥

上述研究对于了解民众的教育公平感受状况具有极为重要的作用，为后续研究提供了很好的参考。但是，已有研究也存在一些薄弱之处：首先，主要分析的是民众对基于教育的公平感受，对高考制度的公平感受关注不足，事实上，这两者之间的政策设计是

① 胡伟，吴伟. 中国城市公共服务评价报告（2013）[M]. 北京：社会科学文献出版社，2013.
② 杨东平. 中国教育发展报告（2012）[M]. 北京：社会科学文献出版社，2012；杨东平. 中国教育发展报告（2011）[M]. 北京：社会科学文献出版社，2011；杨东平. 中国教育发展报告（2010）[M]. 北京：社会科学文献出版社，2010；杨东平. 中国教育发展报告（2009）[M]. 北京：社会科学文献出版社，2009；杨东平. 深入推进教育公平（2008）[M]. 北京：社会科学文献出版社，2008；杨东平. 2006年：中国教育的转型与发展 [M]. 北京：社会科学文献出版社，2007.
③ 侯惠勤，辛向阳，易定宏. 中国城市基本公共服务力评价（2010—2011）[M]. 北京：社会科学文献出版社，2011；侯惠勤，辛向阳，易定宏. 中国城市基本公共服务力评价（2011—2012）[M]. 北京：社会科学文献出版社，2012；钟君，吴正杲. 中国城市基本公共服务力评价（2012—2013）[M]. 北京：社会科学文献出版社，2013；钟君，吴正杲. 中国城市基本公共服务力评价（2014）[M]. 北京：社会科学文献出版社，2014.
④ 杨东平. 中国教育发展报告（2013）[M]. 北京：社会科学文献出版社，2013.
⑤ 韩俊. 中国民生指数研究报告2014 [M]. 北京：中国发展出版社，2015.
⑥ 杨东平. 中国教育发展报告（2015）[M]. 北京：社会科学文献出版社，2015.

不同的；其次，主要调查的是城市居民的公平感受，样本选择范围有待进一步扩展。鉴于这种认识，我们将按照"总-分"的思路从基础教育和高考制度两个方面来对民众的教育政策公平感受状况进行分析。

三、研究设计

本书主要是按照"总-分"的思路，采用分层分阶段抽样方法对当前中国民众教育政策的公平感受状况进行分析。相应地，我们认为对于教育政策公平感受的研究设计主要包括两个层面的内容：第一部分是总体层面，主要是从义务教育和高考制度两个方面入手来研究民众对教育政策公平感受的总体状况；第二部分则是具体问题的层面，主要是从择校费、"异地高考"限制、优质教育资源分布不均等社会所广为关注的问题入手来对民众教育政策的具体公平感受状况进行分析，见表4-31。

表4-31　　　　　　中国民众对教育政策公平感受状况研究设计

	问题	选项
教育政策总体公平感受状况	义务教育	由低到高从1～10分进行评价，如果不了解就选择不清楚
	高考制度	由低到高从1～10分进行评价，如果不了解就选择不清楚
教育政策具体公平感受状况	由于优质基础教育资源稀缺，一些名校收取择校费是合理的	非常同意、同意、不同意、非常不同意、说不清楚
	将优质教育资源向城市、重点校、"尖子生"倾斜是合理的	非常同意、同意、不同意、非常不同意、说不清楚
	高考中给烈士、华侨及少数民族子女加分是合理的	非常同意、同意、不同意、非常不同意、说不清楚
	大城市实行限制"异地高考"的政策是合理的	非常同意、同意、不同意、非常不同意、说不清楚

四、民众对教育政策的公平感受状况

具体来看，本书对于中国民众教育政策公平感受状况的分析主要包括两部分：第一部分是从义务教育和高考制度两个方面入手来对民众教育政策的总体公平感受状况进行介绍；第二部分则是从择校费、优质基础教育资源分布不均等四个方面入手来对民众教育政策的具体公平感受状况进行介绍。

（一）民众对教育政策的总体公平感受

1.民众对义务教育的公平感受

近年来，政府在促进义务教育阶段的公平方面陆续出台了一系列的政策，其中，"两免一补"政策使得教育领域的公平真正实现了机会的平等。那么，民众对义务教育政策有怎样的公平感受呢？我们根据问卷调查的结果对这一问题的回答情况进行了统计，见表4-32。

表4-32 民众对义务教育的公平感受分析

	分数	1~2	3~5	6~8	9~10	不清楚	漏答	均值	标准差
义务教育	人数	101	292	1 037	903	65	1	7.49	2.299
	等级	很不公平	不大公平	比较公平	很公平				

从表4-32中可以看出，选择最多的是比较公平层次（6~8分），共有1 037人；有903人选择了很公平（9~10分），这一数字与选择比较公平层次的数量相差并不是很大；有1 940人对义务教育的公平感受在6分以上（选择比较公平和很公平的调查对象加总）。将选择不清楚的样本剔除后，剩余全部调查对象对义务教育公平程度评价的均值为7.49分，远高出了6分的及格分数。这一结果表明，调查对象对目前义务教育的公平感受是比较高的。事实上，这与近年来政府在义务教育领域实施的"两免一补"等一系列政策是紧密相关的，人们普遍已经从这些政策中受益。因此，这也再次表明了民众对一项公共政策的公平感受是依托于自身受益状况的，民众对能够普遍受益的公共政策的公平感受往往会较高。

2.民众对高考制度的公平感受

20世纪70年代末期恢复高考以来，数以万计的学生通过自身努力获得了进入高等学校深造的机会，改变了自身的命运。近年来，自主招生制度不规范、高校招生名额分配不合理等问题已经成为社会广泛关注的焦点。那么，民众对高考制度的总体公平感受如何呢？我们根据问卷调查的结果对这一问题的回答情况进行了统计，见表4-33。

表4-33 民众对高考制度的公平感受分析

	分数	1~2	3~5	6~8	9~10	不清楚	缺失	均值	标准差
高考制度	人数	107	386	977	592	338	1	7.03	2.354
	层级	很不公平	不大公平	比较公平	很公平				

从表4-33中可以看出，有338位调查对象选择了不清楚，要明显高于在义务教育公平性的评价过程中选择不清楚的人数（65人）。这表明在现实生活中，人们对义务教育问题的了解要比对高考制度更为清楚一些。换一个角度来看，这也是与义务教育和高考制度的性质不同有关。就具体的评价结果来看，调查对象对于高考制度公平性的评价主要集中在比较公平的层次上（6~8分），共有977人；选择第二多的是很公平层次（9~10分），共有592人；将选择比较公平和很公平的调查对象进行加总，共有1 569人。将选择不清楚的样本剔除之后，全部调查对象对高考制度公平性评价的均值为7.03分、标准差为2.354，均值明显高于6分的及格线。与基础教育公平性评价的均值和标准差相比，高考制度公平性评价的均值要小于义务教育公平评价的均值，即调查对象认为义务教育的公平性要高于高考制度；高考制度公平性评价的标准差要略高于义务教育，即调查对象对义务教育公平性评价的共识程度要强于高考制度。

（二）民众对教育政策的具体公平感受

1.民众对基础教育阶段择校费问题的公平感受

近几年来，随着相关政策的完善，基础教育阶段的入学机会已经得到了有效保障。随之而来的则是，在优质教育资源分布不均的情况下，一些教学质量较高的学校收取择校费的问题。在这种情况下，那些家庭条件较差的学生是很难进入好的学校接受教育的。那么，民众对于这一问题有怎样的公平感受呢？我们根据问卷调查的结果对这一问题的回答情况进行了统计，见表4-34。

表4-34　　　　　　民众对基础教育阶段择校费问题的公平感受分析

由于优质基础教育资源稀缺，一些名校收取择校费是合理的	人数	百分比（%）	累计百分比（%）
非常同意	82	3.4	3.4
同意	630	26.3	29.7
不同意	1 239	51.6	81.3
非常不同意	222	9.3	90.6
说不清楚	227	9.4	100.0

调查结果表明，在调查对象的相关评价中，选择最多的选项是不同意，占全部调查对象的51.6%；认为基础教育阶段的择校费问题是不合理的（选择不同意和非常不同意的加总），占全部调查对象的60.9%。这一结果说明，大多数调查对象认为择校费是不合理的，也就是优质的教育资源应当向所有符合条件的学生开放。

2.民众对优质教育资源分配不均问题的公平感受

优质教育资源分布不均是目前教育领域存在的突出问题之一，城乡之间、学校之间、学生之间的教育资源是存在差异的。那么，民众对这一问题有怎样的公平感受呢？我们根据问卷调查的结果对"将优质教育资源向城市、重点校、'尖子生'倾斜是合理的"这一问题的回答情况进行了统计，见表4-35。

表4-35　　　　　　民众对优质教育资源分配不均问题的公平感受分析

将优质教育资源向城市、重点校、"尖子生"倾斜是合理的	人数	百分比（%）	累计百分比（%）
非常同意	83	3.5	3.5
同意	623	26.0	29.4
不同意	1 207	50.3	79.7
非常不同意	276	11.5	91.3
说不清楚	210	8.7	100.0

从表4-35中可以看出，调查对象选择最多的是不同意，占全部调查对象的50.3%；认为优质教育的倾斜是不合理的（选择不同意和非常不同意的调查对象加总），占全部

调查对象的61.8%。这一结果表明，民众普遍认为优质教育资源向城市、重点校、"尖子生"倾斜是不公平的。与民众对前一个问题公平性的评价相似，这一问题的公平性评价所表达出来的信息同样是，调查对象普遍认为每一个学生都应当拥有均等的机会来享有优质的教育资源。

3.民众对高考加分制度的公平感受

在高考招生的相关政策中，一些在某一方面能力特别突出的考生、少数民族考生等是可以加分的。那么，民众对这种加分的制度具有怎样的公平感受呢？我们根据问卷调查的结果对"高考中给烈士、华侨及少数民族子女加分是合理的"这一问题的回答情况进行了统计，见表4-36。

表4-36　　　　　　　　　民众对高考加分制度的公平感受分析

高考中给烈士、华侨及少数民族子女加分是合理的	人数	百分比（%）	累计百分比（%）
非常同意	113	4.7	4.7
同意	1 131	47.1	51.8
不同意	753	31.4	83.2
非常不同意	183	7.6	90.8
说不清楚	220	9.2	100.0

从表4-36中可以看出，调查对象选择最多的选项是同意，占全部调查对象的47.1%；认为高考加分制度合理的占全部调查对象的51.8%。这一结果表明，从总体上来看，调查对象是认可高考过程中给一些特定的考生加分的。

4.民众对大城市限制"异地高考"问题的公平感受

目前，高考考生的报考是与户籍所在地联系在一起的，一些大城市出台了限制外地考生的政策。那么，民众对这一问题有怎样的公平感受呢？我们根据问卷调查的结果对"大城市实行限制'异地高考'的政策是合理的"这一问题的回答情况进行了统计，见表4-37。

表4-37　　　　　　　民众对大城市限制"异地高考"问题的公平感受分析

大城市实行限制"异地高考"的政策是合理的	人数	百分比（%）	累计百分比（%）
非常同意	90	3.7	3.7
同意	739	30.8	34.6
不同意	965	40.2	74.8
非常不同意	232	9.7	84.4
说不清楚	374	15.6	100.0

从表4-37中可以看出，调查对象选择最多的是不同意，占全部调查对象的40.2%；认为大城市限制"异地高考"是不合理的占全部调查对象的49.9%。与此相反，支持大

城市限制"异地高考"的调查对象占全部调查对象的34.6%。这一问题的调查结果说明，有一半左右的调查对象认为大城市限制"异地高考"是不合理的。

五、研究结论

本书主要是采用问卷调查方法从总体感受和具体感受两个层面对中国民众教育政策公平感受状况进行了分析。结果发现，从总体上来看，民众认为中国的义务教育和高考制度的公平性是比较高的，而且义务教育的公平性要略微高于高考制度的公平性；从具体问题上来看，民众认为基础教育阶段的择校费、优质教育资源向特定的学校和地区倾斜、大城市限制"异地高考"是不合理的，给少数民族、烈士等子女加分是合理的。"百年大计，教育为本。教育是民族振兴、社会进步的基石，是提高国民素质、促进人的全面发展的根本途径，寄托着亿万家庭对美好生活的期盼。强国必先强教。"[1]教育公平是教育发展的前提和基础，在这个意义上，本书关于当前中国民众教育政策公平感受分析的政策含义主要体现在如下几个方面。第一，在义务教育领域，要继续贯彻落实教育公平的价值理念，通过不断完善相关政策来努力实现更高层次的义务教育公平。也就是说，在保障义务教育阶段适龄学生入学机会平等的同时，要积极通过供给侧改革来全面提升义务教育阶段的教育服务水平和质量，以有效解决目前存在的城乡以及区域之间的义务教育质量差距问题。这是因为，只有将优质义务教育资源"摊平"，使得义务教育水平都有了提高以后，才能从根本上解决义务教育阶段存在的择校费等问题。既然不同学校的教育质量和教学水平都差不多，也就没有必要再去选择一些好的学校了。除此之外，为了更好地贯彻教育公平的理念，还应当进一步延长义务教育的年限。将义务教育扩展到高中阶段无疑有助于全面提升社会整体的受教育程度和水平，这又会为全面提升人口素质、推动产业结构转型升级奠定坚实的基础。第二，在高等教育领域，要进一步通过高考制度的改革以及助学制度的完善来有效提高高等教育的公平性。在前面的分析中我们已经指出，教育公平在高等教育领域的具体要求是不同于在义务教育领域的要求的。因此，在高等教育领域，要通过高考招生制度的改革以及高校招生名额的合理分配来有效保障高考制度的公平性，进而使得每一个学生都有平等的机会来通过自身努力进入高校深造，接受高等教育。还要根据社会的意见来对不同类型的自主招生以及高考加分制度进行严格的规范，不断增强其透明性和公开性。与此同时，考虑到目前城乡、区域之间教育水平上存在的差距，高考制度的改革还应当注意向农村以及欠发达地区适度倾斜，以有效保障农村和欠发达地区的学生拥有进入高校继续深造的机会。与此同时，为了保障学生的入学机会，在高等教育领域还需要进一步完善相应的助学制度和政策。不可否认的是，助学贷款等政策实施以来，有很多学生得以顺利完成学业。但是，高等教育领域中的助学政策还存在一些明显的不足，需要进一步完善。这就需要在深入和系统分析目前所实施的一系列相关助学政策所存在问题的基础上，提出相应的政策建议来优化助学政策，更好地发挥其积极作用。教育是民族复兴的基础，而公平正义则是教育政策的

---

① 国家中长期教育改革和发展规划纲要（2010—2020年）[N]. 人民日报，2010-07-30.

灵魂，在这个意义上来看，努力促进教育公平就是为民族复兴进行的奠基工程。

六、民众教育政策公平感受的影响因素

在现代社会，教育对经济社会发展有不可替代的作用，因此，各国政府大多致力于通过教育政策为民众提供平等的受教育机会。教育政策的核心价值是公平，也就是要切实保障每个社会成员都拥有平等的受教育机会。教育政策包括多个层面，不同层面的公平性具有差异化的要求，其中，义务教育的公平性体现为都有机会接受义务教育，而高考制度的公平性则体现为在保障每个考生机会均等的同时择优录取。那么，相关的教育政策是否在促进教育公平的过程中发挥了重要作用呢？从政策过程的视角来看，政策绩效评估是评价公共政策公平性的重要措施，可以为公共政策的改进和调整提供有效的信息。而公共政策公平状况的测评需要关注客观和主观两个层面。[①]在内容上，民众教育政策公平认知状况的研究还需要区分宏观和微观两个层次。[②]促进教育公平也是中国教育政策的重要目标之一，中华人民共和国成立以来，中国的教育事业有了很大发展，社会整体的受教育水平有了明显提高。尤其是，近年来为了更好地促进教育公平，国家陆续出台了一系列的基础教育和高考政策。[③]而且也有相关研究表明，与社会保障等其他相关领域的公平认知状况相比，近10年来民众的教育政策公平感受一直都是比较高的。[④]尽管如此，我们还是应当看到，在宏观层面上，当前区域、城乡之间的教育资源配置依然存在较大差距；在微观上，无论是义务教育还是高考制度中都存在一些不公平的现象。那么，民众对于宏观层面上的这些问题具有怎样的公平感受呢？与此同时，为了获得更好的受教育机会，人们往往会选择教育质量高、教育资源好的经济发达地区、重点院校，由此也催生了择校费、限制"异地高考"等问题，那么从微观层面上看，民众是否认为这些政策是合理的呢？进一步来看，民众的相关公平认知状况又会受到哪些因素的影响呢？综合来看，已有研究围绕民众的教育满意度和公平感，从教育的过程、结果、可及性等问题进行了较为深入的分析，并且揭示了满意度和公平感的现状及影响因素等问题。前文有关民众教育政策公平感受状况的描述性研究表明，民众的宏观教育政策公平感受较高，大多数民众认为义务教育和高考制度是合理的。而对于微观教育政策的公平感受呈现出不同的趋势，在义务教育的具体政策方面，表现为民众认为择校费、义务教育阶段教育资源分配不均是不合理的；在高考制度的具体政策方面，民众较认可在高考中给少数民族等子女加分，但却认为大城市限制"异地高考"是不合理的。[⑤]那么，是什么因素在影响着人们的教育政策公平认知状况呢？接下来，我们将在前期已有研究的基础上，尝试从宏观和微观两个层面出发回答当前民众教育政策公平认知状况的影响因素等问题。

（一）文献回顾与研究假设

公平感受可以分为宏观和微观两个层面，而且两个层面的公平感受往往是存在很大

① 麻宝斌，杜平. 社会正义测评：主题、内容与框架［J］. 理论探讨，2014（2）.
② ELLIOTT E，KLUEGEL J，MASON D，et al. . Social Justice and Political Change：Public Opinion in Capitalist and Post Communist States［J］. The American Political Science Review，1996.
③ 麻宝斌，范琼，杜平. 中国现阶段教育政策公平感研究［J］. 天津行政学院学报，2016，18（3）.
④ 李炜. 近十年来中国公众社会公平评价的特征分析［J］. 山东大学学报：哲学社会科学版，2016（6）.
⑤ 麻宝斌，范琼，杜平. 中国现阶段教育政策公平感研究［J］. 天津行政学院学报，2016，18（3）.

差异的。综合以上对相关研究成果的介绍，我们可以发现，从宏观和微观两个层面对民众教育政策公平感受状况进行的研究还存在一些明显的不足，没有揭示民众宏观和微观教育政策公平感之间是否存在某种程度的不一致这一问题。在实质意义上，主观认知是客观状况在人们心中的反映，也就是说，人们的主观认知依托于客观状况。沿着这种思路，我们回顾近年来教育政策的演进历程，可以发现，随着与义务教育和高考制度相关的一些改革，不同领域教育政策的公平性都有了明显提高，这就意味着人们能够普遍从相关政策中获益，从这一过程中普遍受益的民众的公平感会有明显的提高，但是，在微观层面上还存在一些优质资源分布不合理、不同群体不能得到同等对待等问题，这也可能导致人们微观教育政策公平感较低。基于这种认识，课题组提出如下民众教育政策公平认知状况的相关研究假设：

假设1：民众的教育政策公平感受在宏观层面和微观层面上有明显的差异。其中，民众对教育政策的宏观层面公平感受要高一些，对微观层面一些问题的公平感受则要低一些。

其次，从影响因素上看，已有研究表明，无论是性别、年龄等人口学变量，还是收入水平、受教育程度、所在区域等社会结构变量等都会对民众教育政策公平感产生明显的影响。但是，需要明确的是，在现实生活中，不同受教育程度和工作职业等群体之间所获得的教育资源存在一定程度的区别，这种差异会影响民众的教育政策公平感受。与此同时，民众的公平感受还会受到价值观念的影响，而不同群体的价值观念和关注的焦点又存在明显的差别。上述因素决定了民众教育政策公平认知状况的影响因素是存在差异的。例如，有研究表明，在城乡之间面临不同的问题，就是说，不同社会群体的教育政策公平感是存在明显差异的。有研究发现，城乡小学生家长对于教育公平的理解存在明显的差异，大多数农村家长认为教育公平就是无论贫富每个孩子都有机会入学，政府的职责是保障入学机会；城市家长认为有机会入学并不意味着公平，也就是说，不同学校之间的差异不能太大，所有学生都应获得质量差别不大的教育服务。相应地，城乡学生家长对教育政策的相关改进建议也存在明显的差别。[①]此外，对民众教育公共服务满意度的相关研究同样表明，民众教育满意度的影响因素是存在明显差异的。基于这种分析，课题组提出如下民众教育政策公平感受状况影响因素的研究假设：

假设2：从影响因素看，虽然人口学变量和社会结构变量等都能对民众教育政策公平感产生影响，但是民众教育政策不同层面感受的影响因素是存在明显差异的。

（二）研究设计

1.因变量

本研究主要是从宏观和微观两个不同的层面上对民众的教育政策公平感及影响因素进行分析，因此，相关的因变量也主要包括两个方面。其中，宏观层面的公平感是从高考制度和义务教育两个方面进行分析的。在调查的过程中，前5个题目由受访对象根据自身的实际感受对高考制度和义务教育的公平性由低到高从1～10分进行评价，如果对

① 王德清，张丽娜. 关于学生家长的教育公平观差异的实证研究——对我国中部某市176位小学生家长的问卷调查 [J]. 西南农业大学学报：社会科学版，2010（6）.

相关问题不了解就选择不清楚。在具体分析的过程中，本书将高考制度和义务教育两个因变量作为二分变量进行处理，其中，将1～5分和不清楚选项编码为0，表示调查对象对相关教育政策的公平感受程度较低，认为当前的教育政策是相对不公平的；将6～10分选项编码为1，表示调查对象对相关教育政策的公平感受程度较高，认为当前的教育政策是相对公平的。

同时，我们还将从一些具体的层面上对民众教育政策的公平感受问题进行分析。其中，义务教育的具体公平感受是通过"由于优质基础教育资源稀缺，一些名校收取择校费是合理的；将优质教育资源向城市、重点校、'尖子生'倾斜是合理的"这两个问题来分析的，每个问题都包括非常不同意、不同意、说不清楚、同意、非常同意5个选项，由调查对象根据自身实际进行选择。此外，高考制度的具体公平感是通过"高考中给烈士、华侨及少数民族子女加分是合理的；大城市实行限制'异地高考'的政策是合理的"这两个问题来进行分析的，每个问题都包括非常不同意、不同意、说不清楚、同意、非常同意5个选项，由调查对象根据自身实际进行选择。在具体分析的过程中，课题组将其作为二分变量，将非常同意、同意的选择编码为1，表示调查对象对相关教育政策的公平感受程度较高，认为相关的教育政策是相对公平的。将非常不同意、不同意和说不清楚的选择编码为0，表示调查对象对相关教育政策的公平感受程度较低，认为当前的教育政策是相对不公平的。

2.自变量

社会结构变量有个人年收入、受教育程度、职业、户籍类型、居住地、所在区域、性别（男、女）、政治面貌（是否中共党员）、年龄（1949年之前出生、20世纪50年代出生、20世纪60年代出生、20世纪70年代出生、20世纪80年代出生、20世纪90年代出生）、宗教信仰（是否信仰宗教）。按照个人年收入差别，将全部样本分为低收入者、中低收入者、中等收入者、中高收入者、高收入者，分别编码为1、2、3、4、5，数字越大表示个人年收入越高。按照受教育程度不同，将全部样本分为初中及以下、高中（含中专、技校）、大学（含大专、高职）、研究生，分别编码为1、2、3、4，数字越大表示受教育程度越高。按照工作部门性质差异，将全部样本分为国有部门、民营部门和农民，分别编码为1、2、3。按照户籍不同，将全部样本分为城镇户籍和农村户籍，分别编码为1、0。按照现居住地不同，将全部样本分为城镇居民和农村居民，分别编码为1、0。按照所在区域不同，将全部样本分为东部地区（北京、上海、广东、山东）、中部地区（湖南、河南）、西部地区（陕西、内蒙古），分别编码为1、2、3。年龄变量作为定序变量，1949年之前出生编码为1，20世纪50年代出生编码为2，20世纪60年代出生编码为3，20世纪70年代出生编码为4，20世纪80年代出生编码为5，20世纪90年代出生编码为6，数字越大表示调查对象的年龄越小。在性别变量中，男性编码为1，女性编码为0。在政治面貌中，中共党员编码为1，不是中共党员的编码为0。在宗教信仰变量中，信仰宗教的编码为1，不信仰宗教的编码为0。其中，受教育程度、个人年收入、年龄等是定序变量，其余变量都是分类变量。

按照上述设计，我们对相关变量的具体构成情况进行了统计，见表4-38。

表 4-38　　　　　　　　　　　　相关变量的统计性描述

变量			比例	变量		比例
微观	高考加分	是	51.8%	异地高考	是	34.6%
		否	48.2%		否	65.4%
	择校问题	是	29.7%	资源分配	是	29.4%
		否	70.3%		否	70.6%
宏观	义务教育	是	83.1%	高考制度	是	76.1%
		否	16.9%		否	23.9%
性别		男	52.1%	户籍	城镇	35.1%
		女	47.9%		农村	64.9%
中共党员		是	15.6%	居住地	城镇	46.1%
		否	84.4%		农村	53.9%
出生年代		1949年前	6.5%	受教育程度	初中及以下	52.8%
		20世纪50年代	13.6%		高中（含中专、技校）	32.2%
		20世纪60年代	22.1%		大学（含大专、高职）	14.4%
		20世纪70年代	25.3%		研究生	0.6%
		20世纪80年代	21.2%	地区	东部	38.5%
		20世纪90年代	11.3%		中部	40.5%
宗教信仰		是	20.4%		西部	21.0%
		否	79.6%	个人年收入	低收入	34.3%
职业类型		国有	25.1%		中低	16.8%
		民营	42.7%		中等	31.7%
		农村	32.2%		中高	14.1%
					高收入	3.1%

（三）民众对教育政策公平感受的影响因素

　　从前一部分对于相关因变量的描述性统计中可以看出，当前民众教育政策的宏观公平感要明显好于微观公平感，而且在宏观教育政策的公平感受中，义务教育的公平感又强于高考制度。那么，是什么因素在影响着民众的教育政策公平感呢？我们根据问卷数据对相关问题进行了分析。

　　1.民众对教育政策宏观层面公平感受的影响因素

　　民众对教育政策宏观层面的公平感受主要受哪些因素的影响呢？为了系统回答这些问题，课题组从受教育程度、个人年收入等多个方面对相关的影响因素进行了分析，见表 4-39。

表4-39　　　　　　　民众对教育政策宏观层面公平感受的影响因素分析

		模型一	模型二
		回归系数（标准误）	回归系数（标准误）
自变量	个人年收入	0.006（0.048）	-0.001（0.041）
	受教育程度	0.017（0.086）	0.199（0.073）**
	国有部门 民营部门 （农村）	-0.034（0.175） 0.024（0.146）	0.214（0.147） -0.013（0.120）
	城镇户籍 （农村）	0.057（0.148）	0.171（0.126）
	城镇居民 （农村）	-0.150（0.151）	0.004（0.127）
	东部 中部 （西部）	-0.351（0.156）* -0.409（0.152）**	-0.659（0.129）*** -0.589（0.126）***
	年龄	-0.043（0.037）	-0.104（0.136）**
	男性 （女性）	0.204（0.111）	0.168（0.093）
	中共党员 （否）	0.583（0.182）**	0.140（0.137）
	宗教信仰 （否）	0.073（0.129）	-0.048（0.110）
卡方值		35.997	79.897
Log Likelihood		22 94.486	2 998.341
Nagelkerke R^2		0.024	0.045
样本数量		2 411	2 411

注：（1）*$p<0.05$，**$p<0.01$，***$p<0.001$。

（2）括号内为参照群体。

在表4-39中，模型一是对民众义务教育政策宏观公平感的影响因素进行的分析。结果表明，政治面貌和所在区域变量能够对因变量产生显著的影响。具体来看，相比较而言，中共党员对义务教育政策的公平感要更高一些。此外，从所在区域变量对因变量的影响上来看，与西部地区居民相比，中部地区、东部地区民众对义务教育的总体公平感受程度要更低一些，这可能是由于西部地区民众在义务教育政策中获得的"相对增益感"更强一些，而民众对一项公共政策公平性的评价主要是依托于自身感受状况的，从这个角度来看，西部地区民众义务教育政策公平感较高是很自然的事情。除此之外，其余的控制变量对因变量的影响在统计意义上并不显著。

模型二是对民众高考制度教育政策宏观公平感受的影响因素进行的分析。结果表明，所在区域变量对因变量有明显的影响，与西部地区居民相比，东部地区、中部地区民众对高考制度的总体公平感受程度更低一些，这可能是由于西部地区民众在近年来实施的提高中西部地区高考录取率的招生制度改革中获益感更强一些，也有可能与东部地区和中部地区高考竞争比较激烈有一定的关系。此外，受教育程度变量与因变量之间是正相关关系，也就是说，受教育程度越高，人们对高考制度的总体公平感受程度越高。其原因可能是受教育程度高的群体都有过高考的经历，也正是由于高考制度他们才有机会脱颖而出，进而在社会上获得相应的地位。年龄变量与因变量之间是显著的负相关关系，也就是说，年龄越小，人们对高考制度的总体公平感受程度越低，这可能是因为年轻人对当下的高考制度有更切身的体会，能够感受到其中的一些不公平现象。除此之外，其余的控制变量对因变量的影响在统计意义上并不显著。

2.民众对教育政策微观层面公平感受的影响因素

民众对教育政策微观层面的公平感受主要受哪些因素的影响呢？为了系统回答这些问题，我们从受教育程度、个人年收入等多个方面对相关的影响因素进行了分析，见表4-40。

表4-40　　　　民众对教育政策微观层面公平感受的影响因素分析

		模型三 回归系数（标准误）	模型四 回归系数（标准误）	模型五 回归系数（标准误）	模型六 回归系数（标准误）
自变量	个人年收入	-0.082（0.042）	-0.136（0.042）*	-0.003（0.039）	-0.033（0.040）
	受教育程度	0.017（0.086）	-0.076（0.075）	0.289（0.069）***	-0.032（0.071）
	国有部门	-0.034（0.175）	0.037（0.152）	0.343（0.140）*	0.276（0.144）
	民营部门（农村）	0.024（0.146）	0.156（0.125）	-0.014（0.116）	0.031（0.122）
	城镇户籍（农村）	0.057（0.148）	-0.178（0.131）	0.128（0.121）	0.228（0.125）
	城镇居民（农村）	-0.150（0.151）	0.126（0.132）	-0.010（0.123）	-0.043（0.127）
	东部	-0.351（0.156）*	0.382（0.127）*	-0.554（0.117）	-0.136（0.118）
	中部（西部）	-0.409（0.152）**	0.119（0.126）	0.037（0.114）***	-0.412（0.117）***
	年龄	-0.043（0.036）	-0.078（0.037）*	-0.109（0.034）**	0.142（0.036）***
	男性（女性）	0.204（0.111）	0.002（0.096）	0.098（0.089）	0.103（0.093）
	中共党员（否）	0.583（0.182）**	0.152（0.139）	0.080（0.126）	0.092（0.128）
	宗教信仰（否）	0.073（0.129）	0.031（0.114）	-0.059（0.106）	-0.025（0.109）
卡方值		35.997	31.109	101.701	48.657
Log Likelihood		2 294.486	2 867.582	3 203.994	3 028.729
Nagelkerke R^2		0.024	0.018	0.056	0.028
样本数量		2 411	2 412	2 412	2 412

注：（1）*p<0.05，**p<0.01，***p<0.001。

（2）括号内为参照群体。

模型三是对民众基础教育阶段择校费问题的公平感受的影响因素进行的分析，结果表明，政治面貌和所在区域变量能够对因变量产生显著影响。具体来看，比较而言，中共党员对基础教育阶段择校费问题的公平感受要更高一些。此外，从所在区域变量对因变量的影响上来看，与西部地区居民相比，中部地区、东部地区民众对基础教育阶段择校费问题的公平感受程度要更低一些，这可能是因为，虽然东部地区和西部地区的基础教育资源较好，但是区域内部的基础教育资源分布的不均衡比西部地区要大，因而基础教育资源较好地区的民众认为基础教育阶段择校费问题是不公平的。除此之外，其余的控制变量对因变量的影响在统计意义上并不显著。

模型四是对民众优质教育资源分配不均问题的公平感受的影响因素进行的分析，结果表明，个人年收入变量与因变量之间是负相关关系，个人年收入越低的群体，对优质教育资源分配不均问题的公平感受程度越高，为什么会得出这一结论还需要在今后的研究中进一步分析。所在区域变量对因变量有明显的影响，与西部地区居民相比，东部地区民众对优质教育资源分配不均问题的公平感受程度更高，虽然中部地区居民对优质教育资源分配不均的公平感在统计意义上并不显著，但两者之间的关系也是正向的，这可能是因为，改革开放以来国家实施优先发展东、中部地区的战略，将优质的教育资源向发达地区、重点学校等倾斜，因而东、中部地区的民众对优质教育资源分配不均问题的公平感受程度较高。年龄变量与因变量之间是负相关关系，也就是说，年龄越小，人们对优质教育资源分配不均问题的公平感受程度越低，这可能是因为年轻一代更能切实感受到优质教育资源分配不均问题。除此之外，其余的控制变量对因变量的影响在统计意义上并不显著。

模型五是对民众高考加分制度的公平感受的影响因素进行的分析，结果表明，受教育程度变量与因变量之间是正相关关系，受教育程度越高，人们对高考加分制度的公平感受程度越高，这一结论和民众对高考制度总体公平感的影响因素是一致的，同样揭示出在激烈的高考中脱颖而出的群体对高考制度微观层面的公平感更高一些。所在区域变量对因变量有明显的影响，与西部地区居民相比，中部地区民众对高考加分制度的公平感受程度更高。年龄变量与因变量之间是负相关关系，也就是说，年龄越小，人们对高考加分制度的公平感受程度越低，这说明，年轻一代可能正好处于高考的阶段，因而对高考加分制度持有较为消极的评价。与农民相比，国有部门工作的员工对高考加分制度的公平感受程度更高，其中的原因还有待进一步分析和探讨。除此之外，其余的控制变量对因变量的影响在统计意义上并不显著。

模型六是对民众大城市限制"异地高考"问题的公平感受的影响因素进行的分析，结果表明，年龄变量与因变量之间是正相关关系，也就是说，年龄越小，人们对大城市限制"异地高考"问题的公平感受程度越高。所在区域变量对因变量有明显的影响，与西部地区居民相比，中部地区民众对大城市限制"异地高考"问题的公平感受程度更低，虽然东部地区居民对大城市限制"异地高考"问题的公平感在统计意义上并不显著，但两者之间的关系也是负向的，这表明经济社会发展水平较高地区民众更希望大城市能够放开"异地高考"的相关限制。除此之外，其余的控制变量对因变量的影响在统计意义上并不显著。

七、研究结论

本研究根据问卷调查数据，从宏观和微观两个层面对当前民众教育政策公平感受状况及其影响因素进行了分析，得出的结论主要有如下几点：第一，民众的宏观教育政策公平感要明显强于微观教育政策的公平感，从宏观教育政策公平感上来看，民众对义务教育的公平感要强于高考制度。第二，在影响因素上，微观教育政策公平感受和宏观教育政策公平感受的影响因素是存在差异的。民众对义务教育政策的总体公平受到政治面貌的影响，相对于非中共党员，中共党员对义务教育政策的公平感要更高一些；与西部地区居民相比，中部地区、东部地区民众对义务教育的总体公平感受程度要更低一些。对高考制度教育政策宏观公平感受的影响因素进行分析的结果表明，所在区域变量对因变量有明显的影响，与西部地区居民相比，东部地区、中部地区民众对高考制度的总体公平感受程度更低一些；受教育程度越高，人们对高考制度的总体公平感受程度越高；年龄越小，人们对高考制度的总体公平感受程度越低。在民众教育政策微观公平感受的影响因素上，基础教育阶段择校费问题的公平感受影响因素的分析结果表明，相对于非中共党员，中共党员对基础教育阶段择校费问题的公平感受要更高一些；与西部地区居民相比，中部地区、东部地区民众对基础教育阶段择校费问题的公平感受程度要更低一些。优质教育资源分配不均问题的公平感受影响因素的分析结果表明，个人年收入变量与因变量之间是负相关关系，个人年收入越低的群体，对优质教育资源分配不均问题的公平感受程度越高；与西部地区居民相比，东部地区民众对优质教育资源分配不均问题的公平感受程度更高；年龄越小，人们对优质教育资源分配不均问题的公平感受程度越低。高考加分制度的公平感受影响因素的分析结果表明，受教育程度越高，人们对高考加分制度的公平感受程度越高；与西部地区居民相比，中部地区民众对高考加分制度的公平感受程度更高；年龄越小，人们对高考加分制度的公平感受程度越低；与农民相比，国有部门单位工作的员工对高考加分制度的公平感受程度更高。大城市限制"异地高考"问题的公平感受影响因素的分析结果表明，年龄越小，人们对大城市限制"异地高考"问题的公平感受程度越高；与西部地区居民相比，中部地区民众对大城市限制"异地高考"问题的公平感受程度更低。

保障教育机会、促进教育公平是我国教育政策的重要目标之一，基于课题组的相关研究结论，我们提出如下进一步增强教育政策公平性的相关政策建议。首先，进一步完善宏观层面的教育政策，进一步统筹城乡之间、区域之间的教育资源分配，促进更高层面的教育公平，提升农村及落后地区教育质量，从更深层次上保障教育的机会平等。其次，需要进一步优化教育政策的微观环境，从民众有切身感受的具体政策问题入手，通过更有效措施解决择校费、高考制度改革等问题，使得每个学生都能得到同样的对待，从而提高民众对具体教育政策的公平感。

第五节 当前民众的政治参与机会认知

一、机会不等于意愿：当前民众政治参与机会认知的总体特征

（一）问题的提出

中华人民共和国成立以来，尤其是改革开放以来，古老的中华大地发生了沧海桑田的变化，形成了中华民族发展史上真正的"千年未有之变局"。我们可以从多个不同的侧面对这一时期的变化进行描述，但是，现代化无疑是一个可以囊括这些侧面的核心主题。围绕这一主题进行观察，我们可以发现，所有的变化均体现出一种从传统向现代过渡的共性特征。现代化指的是人类社会从农业社会向工业社会过渡的过程，它体现在政治、经济、社会和文化等多个方面，包括技术、制度、观念等不同层次的内容。其中，在政治领域，"权威的合理化、结构的离异化以及大众参政化就构成了现代政体和传统政体的分水岭"①。因此，政治参与就成为政治现代化的一个重要标志和内容，"对那些处于由简单的乡村农业社会向高度复杂的都市工业社会转变过程中的国家来说，政治参与的水平、形式和基础的变化，是这一转变过程的固有部分"②。政治参与是"参与制定、通过或贯彻公共政策的行动"③，它包括多种不同的形式。随着社会的发展，政治参与的范围和形式也不断得到拓展，其最新发展趋势主要体现为："从民主选举向民主决策和民主管理的扩展""参与客体从政府政策目标向公共事务的结果目标扩展""积极参与受到更多的强调"④。

中国是人民当家作主的社会主义国家，人民民主是社会主义制度的生命。通过制度的不断完善来保障民众的参与权利就成为建设中国特色社会主义民主政治的重要内容。经过长期的发展，中国逐渐形成了由人民代表大会制度、多党合作和政治协商制度、基层民主制度等组成的中国特色社会主义民主政治制度，这些制度为广大人民的政治参与提供了有效保障。人民代表大会制度是保证人民当家作主的根本政治制度，人民代表大会由民主选举产生、对人民负责、受人民监督。基层民主制度主要包括基层群众自主制度和企事业单位民主管理制度等形式。村民委员会和居民委员会是由民主选举产生的群众性自治组织，"截至 2014 年底，基层群众自治组织共计 68.2 万个，其中：村委会 58.5 万个，村民小组 470.4 万个，村委会成员 230.5 万人；居委会 96 693 个，居民小组 135.8 万个，居委会成员 49.7 万人"⑤。企事业单位民主管理制度是企业事业单位职工行使民主管理权的制度。1986 年 9 月 15 日发布的《全民所有制工业企业职工代表大会条例》规定，"企业在实行厂长负责制的同时，必须建立和健全职工代表大会（或职工大会）

---

① 亨廷顿. 变化社会中的政治秩序 [M]. 王冠华, 刘为, 等译. 上海：上海人民出版社, 2008：27.
② 亨廷顿, 纳尔逊. 难以抉择——发展中国家的政治参与 [M]. 汪晓寿, 吴志华, 项继权, 等译. 北京：华夏出版社, 1989：174.
③ 米勒, 波格丹诺. 布莱克维尔政治学百科全书 [M]. 邓正来, 译. 北京：中国政法大学出版社, 1992：563.
④ 贾西津. 中国公民参与——案例与模式 [M]. 北京：社会科学文献出版社, 2008：4.
⑤ 中华人民共和国民政部. 2014 年社会服务发展统计公报 [EB/OL]. [2015-08-26]. http://www.mca.gov.cn/article/sj/tjgb/201506/201506158324399.shtml.

制度和其他民主管理制度，保障与发挥工会组织和职工代表在审议企业重大决策、监督行政领导、维护职工合法权益等方面的权利和作用"[①]。

政治参与不仅需要制度的不断完善以保障民众的参与权利，还要求民众具有较强的参与意识。政治参与的理想状态应当是机会与意愿的"齐头并进"，这样才能使民主制度有效运转起来。"在公众参与中，制度化参与渠道的建构和公众参与文化的形成是至关重要又彼此相关的两项因素"[②]，前者回答的是民众有没有参与机会的问题，而后者则回答的是民众有没有积极参与意愿的问题。在传统社会，受到"三纲五常"等因素的影响，"深植于人们政治意识之中的是臣民观念"[③]，服从于传统权威是臣民的义务，在这种情况下，民众是不可能有参与机会和意识的。随着中国特色社会主义民主制度的完善与发展，民众的政治参与机会越来越多，这就必然要求民众具备积极的参与意愿。但是，政治参与意愿属于政治文化的内容，在现代化的过程中文化变迁的速度是相对较慢的，并且呈现出传统文化与现代文化并存的特征，这就"意味着与参与型政治文化相背离的某些文化传统依然在发挥着影响，而且会在相当长时期内，在相当大程度上对政治参与起到限制作用"[④]。那么，在现阶段，民众的政治参与意愿是否能够与不断增加的政治参与机会相适应呢？为了回答这一问题，本研究尝试采用问卷调查方法从参与机会和参与意愿两个维度对当前民众的政治参与认知状况进行分析。

（二）文献回顾与研究假设

1. 文献回顾

（1）民众政治参与状况研究。

《中国政治参与报告（2011）》将目前中国民众政治参与的形式归纳为"选举参与、政策参与、人民团体和群众自治组织参与、接触式参与等类型"[⑤]。史天健将北京市民的参与形式归纳为选举等不同类型。[⑥]那么，在这些参与途径中，民众更倾向于哪一种形式呢？《中国政治参与报告（2013）》对民众政治参与类型偏好进行的调查发现，调查对象对不同参与形式重要性程度的评价从高到低依次是：各种选举；基层群众自治；社会团体活动；上访等形式维权；政策讨论；在互联网发表个人意见。[⑦]对民众实际有过的参与行为的调查发现，民众的参与行为从多到少依次是：为一项社会活动组织募捐或者筹集；参加与政治有关的各种会议；向上级政府领导表达自己的观点；通过社会组织表达自己的观点；为某项特定的理想或事业加入组织；在互联网有关政治主题的论坛或者讨论组中发表自己的观点；在请愿书上签名；通过媒体表达自己的观点；游行、静坐、示威。[⑧]学术界对这一问题的研究更多的是围绕民众在这些参与形式中的实际参与状况进行分析的。选举参与状况的研究主要体现在县乡人大代表选举和群众自治组织选

① 国务院法制局. 中华人民共和国法规汇编（1986年1月—12月）[M]. 北京：法律出版社，1987：601.
② 李汉林. 中国社会发展年度报告（2012）[M]. 北京：中国社会科学出版社，2012：263.
③ 刘泽华. 论从臣民意识向公民意识的转变 [J]. 天津社会科学，1991（4）.
④ 麻宝斌. 中国社会转型时期的群体性政治参与 [M]. 北京：中国社会科学出版社，2009：33.
⑤ 房宁. 中国政治参与报告（2011）[M]. 北京：社会科学文献出版社，2011：1.
⑥ SHI TIANJIAN. Political Participation in Beijing [M]. Cambridge：Harvard University Press，1997.
⑦ 房宁. 中国政治参与报告（2013）[M]. 北京：社会科学文献出版社，2013.
⑧ 沈明明，等. 中国公民意识调查数据报告（2008）[M]. 北京：社会科学文献出版社，2009.

举方面，对县乡两级人大代表选举过程中参选率问题进行的分析；①对农民政治参与认知、权利意识等问题进行的研究；②对浙江省先富群体的参政议政行为③和一些新兴中产阶级群体的政治参与行为进行的研究；④对城市社区选举中的政治冷漠与高选举率并存现象的原因进行的分析；⑤对村民委员会选举实际投票过程（是否自己填写选票；若不是，是否征询投票人的意见；是否亲自投票入箱）进行的研究发现，选民实际的"完整"投票率要明显低于毛投票率⑥。基层自治参与的研究主要有对农村居民在村民自治中的参与（民主决策、民主管理、民主监督）进行研究。⑦在政策参与研究中，有学者对民众的政策参与问题进行了研究。⑧与上述研究不同的是，《中国政治参与报告（2011）》从代表选举、居委会和村委会选举、群众自治、政策参与等几个方面对中国民众的政治参与状况进行了综合分析。⑨

（2）民众参与意愿状况研究。

民众的参与意愿问题所回答的是民众是否具有参与意愿的问题。学术界对这一问题的研究大多是围绕民众的民主观念问题展开的。闵琦的调查发现民众或者把传统政治思想中的民本主义和开明专制看作民主，或者只重视民主的实质性意义而轻视民主的程序性意义。⑩张明澍对中国民众的民主观念有着历时性的研究，在1994年和2013年两次对民众的民主观念采用问卷调查方法进行了实证研究，结果发现，民众重视实质和内容优先于重视形式和程序。⑪安德鲁（Andrew J.Nathan）和史天健从政治效能感角度（内部效能感，对单位事务的了解、对国家事务的了解；外部效能感，是否希望得到政府的平等对待）出发，对中国民众的政治参与意愿和行为等问题进行了分析。⑫霍夫斯泰德采用权力指数对组织中的上下级关系问题进行了研究，权力指数高意味着下级对上级有一种依赖关系，权力指数低意味着下级对上级的依赖程度较低，并且更喜欢协商的方式。测量的结果发现，中国大陆的权力指数是80，在74个国家或地区中，与阿拉伯国家和孟加拉国并列排名第12~14位；美国的权力指数为40，排名第57~59位；英国的权力指数为35，排名第63~65位。⑬

① 沈明明，等. 中国公民意识调查数据报告（2008）［M］. 北京：社会科学文献出版社，2009；严洁，等. 公民文化与和谐社会调查数据报告［M］. 北京：社会科学文献出版社，2010；刘智，等. 数据选举：人大代表选举统计研究［M］. 北京：中国社会科学出版社，2001；房宁. 中国政治参与报告（2015）［M］. 北京：社会科学文献出版社，2015；蔡定剑. 中国选举状况的报告［M］. 北京：法律出版社，2002.
② 徐勇，刘义强，等. 中国农民发展状况报告2011（政治卷）［M］. 北京：北京大学出版社，2012；徐勇. 基层民主发展的途径与机制［M］. 北京：北京师范大学出版社，2015.
③ 郎友兴. 政治追求与政治吸纳：浙江先富群体的参政议政研究［M］. 杭州：浙江大学出版社，2012.
④ 卢春龙. 中国新兴中产阶级的政治态度与行为倾向［M］. 北京：知识产权出版社，2011.
⑤ 熊易寒. 社区选举：在政治冷漠与高投票率之间［J］. 社会，2008（3）.
⑥ 张同龙，张林秀. 村委会选举中的村民投票行为、投票过程及其决定因素——基于全国5省100村2 000户调查数据的实证研究［J］. 管理世界，2013（4）.
⑦ 冯兴元，柯睿思，李人庆. 中国的村级组织与村庄治理［M］. 北京：中国社会科学出版社，2009.
⑧ 史卫民，郑建君，李国强，等. 中国公民政策参与研究：基于2011年全国问卷调查数据［M］. 北京：中国社会科学出版社，2013；史卫民，郭巍青，郑健君，等. 中国公民的政策参与：2011年北京、广东大学生问卷调查数据报告［M］. 北京：中国社会科学出版社，2012.
⑨ 房宁. 中国政治参与报告（2011）［M］. 北京：社会科学文献出版社，2011.
⑩ 闵琦. 中国政治文化——民主政治难产的社会心理因素［M］. 昆明：云南人民出版社，1989.
⑪ 张明澍. 中国人想要什么样民主［M］. 北京：社会科学文献出版社，2013.
⑫ NATHAN，SHI TIANJIAN.Cultural Requisites for Democracy in China：Findings from a Survey［J］. Daedalus，1993，122（2）.
⑬ 霍夫斯泰德 G，霍夫斯泰德 G J.文化与组织：心理软件的力量［M］. 李原，孙健敏，译. 2版. 北京：中国人民大学出版社，2010.

（3）政治参与状况与意愿的整合研究。

与上述围绕单一主题进行的研究不同，也有研究将两个主题"捆绑"起来，对民众政治参与的客观状况与主观认知问题进行了分析。在选举参与问题研究上，冯兴元对中国农村居民投票行为以及意愿的研究；[①]孙龙对北京市居民和大学生在人大代表选举中的投票行为和投票态度进行了研究。[②]在群众自治组织参与问题的研究上，《中国政治参与报告（2014）》从客观状况（自治重要认知、权利救济认知、自治内容认知、自治程序认知、自治参与）和主观状况（自治参与满意度、自治参与意愿、自治参与效能）对城市社区居民自治问题进行了研究，并且对主观和客观维度各自包含的内容之间的相关性进行了分析，结果发现两者之间具有相关性。[③]在政策参与问题研究上，史卫民等从政策参与客观状况（政策重要性认知、权利与途径认知、政策内容认知、政策过程认知、实际政策参与）与主观状况（政策满意度、政策参与意愿、政策参与效能）进行研究[④]。徐勇从客观与主观两个维度将目前中国农民政治参与状况的主要特征归纳为以下几点：参与广度不够；参与程度不深；青年人参与不积极；务工群体参与度低；西部农民参与踊跃。[⑤]

2.研究假设

对于民众政治参与认知状况问题的研究，既可以从其中的一个维度入手，也可以将两个维度整合起来进行分析。课题组主要是在已有研究的基础上，从后一个方面来对民众政治参与状况的特征进行分析，即通过参与机会和参与意愿两个维度的比较来了解民众政治参与认知状况的特征。在中国政治现代化的过程中，随着社会主义民主制度的日益健全，从客观上来看，民众不同层次的参与机会越来越多，那么，民众的参与意愿是否有所变化呢？根据已有研究的相关结论，我们认为民众的参与意识是相对不足的。因此，我们假定民众政治参与认知状况的特征是政治机会的增加并不等同于参与意愿的增强，具体来看，民众对不同层次政治参与机会的认知要高于参与意愿。

（三）研究设计

为了从机会认知和参与意愿两个方面对中国转型时期民众政治参与认知状况的特征进行分析，本研究一共设计了5个相关的问题，见表4-41。第一个问题是对民众基层群众自治组织参与机会认知状况的分析；第二个问题是对民众在所在工作单位参与机会认知状况的分析；第三个问题是对民众政策参与机会认知状况的分析；第四个问题是对民众国家事务管理参与机会认知状况的分析；第五个问题是对民众政治参与意愿状况的分析。

① 冯兴元，柯睿思，李人庆. 中国的村级组织与村庄治理 [M]. 北京：中国社会科学出版社，2009.
② 孙龙.公民参与：北京城市居民态度与行为实证研究 [M]. 北京：中国社会科学出版社，2011.
③ 房宁.中国政治参与报告（2014）[M]. 北京：社会科学文献出版社，2014.
④ 史卫民，郑健君，李国强，等.中国公民政策参与研究：基于2011年全国问卷调查数据 [M]. 北京：中国社会科学出版社，2013；史卫民，郭巍青，郑健君，等. 中国公民的政策参与——2011年北京、广东大学生问卷调查数据报告 [M]. 北京：中国社会科学出版社，2012；房宁. 中国政治参与报告（2012）[M]. 北京：社会科学文献出版社，2012.
⑤ 徐勇. 中国农民的政治认知与参与 [M]. 北京：中国社会科学出版社，2012.

表4-41　　　　　　　　　中国民众政治参与认知状况特征的调查设计

	问题	选项
参与机会	1.我能够参与社区的管理	非常同意、同意、不同意、非常不同意、说不清楚
	2.我能够参与所在单位的管理	非常同意、同意、不同意、非常不同意、说不清楚
	3.我能够参与地方政府的决策（本职工作之外）	非常同意、同意、不同意、非常不同意、说不清楚
	4.我能够参与国家事务的管理	非常同意、同意、不同意、非常不同意、说不清楚
参与意愿	5.只要决策是合理的，我参不参加决策过程不重要	非常同意、同意、不同意、非常不同意、说不清楚

根据分析对象的不同，表4-41中的5个题目又可以分为两类：前4个问题是第一类，分析的是民众对政治参与机会的认知，也就是能不能有机会参与到不同层次的公共事务管理过程中；最后一个问题是第二类，分析的是民众的参与意愿问题。

（四）中国民众的政治参与认知状况

本研究根据问卷调查结果对民众政治参与认知状况特征的分析主要包括3个部分：第一部分是对民众政治参与机会认知状况的分析；第二部分是对民众政治参与意愿状况的分析；第三部分是将机会与意愿整合起来，对民众政治参与认知状况的总体特征进行分析。

1.中国民众对政治参与机会的认知状况

（1）民众对基层自治参与机会的认知。

我们根据问卷调查结果对"我能够参与社区的管理"这一问题的回答情况进行了统计，见表4-42。

表4-42　　　　　　　　　民众对基层自治参与机会的认知状况分析

我能够参与社区的管理	人数	百分比（%）	累计百分比（%）
非常同意	186	7.8	7.8
同意	1 454	60.6	68.4
不同意	467	19.5	87.8
非常不同意	47	2.0	89.8
说不清楚	245	10.2	100.0

从表4-42中可以看出，认为有机会参与社区管理的调查对象（选择非常同意和同意的调查对象加总）占全部调查对象的68.4%。这一调查结果说明，民众对基层群众

自治参与机会的认知程度较高，大多数认为自己有机会参与到社区事务的管理过程中。

（2）民众对工作单位参与机会的认知状况。

工作单位的民主管理也是基层民主的重要组成部分。那么，目前民众对工作单位参与机会的认知状况怎样呢？我们根据问卷调查结果对"我能够参与所在单位的管理"这一问题的回答情况进行了统计，见表4-43。

表4-43　　　　　　　　民众对工作单位参与机会的认知状况分析

我能够参与所在单位的管理	人数	百分比（%）	累计百分比（%）
非常同意	138	5.7	5.7
同意	1 197	49.9	55.6
不同意	504	21.0	76.6
非常不同意	45	1.9	78.5
说不清楚	516	21.5	100.0

从表4-43中可以看出，认为自己能够参与所在工作单位的管理（选择非常同意和同意的调查对象加总）占全部调查对象的55.6%。这一结果说明，有超过一半的调查对象认为自己能够参与工作单位的事务管理过程中。与社区管理参与机会认知相比，认为自己能够参与工作单位事务管理的比例少了12.8个百分点。

（3）民众对政策参与机会的认知状况。

为了提高政策的科学化和民主化水平，政府决策听证制度逐渐建立并不断完善。那么在现实中，民众是否能够参与到政府的决策过程中呢？我们根据问卷调查的结果对"我能够参与地方政府的决策（本职工作之外）"这一问题的回答情况进行了统计，见表4-44。

表4-44　　　　　　　　民众对政策参与机会的认知状况分析

我能够参与地方政府的决策（本职工作之外）	人数	百分比（%）	累计百分比（%）
非常同意	106	4.4	4.4
同意	816	34.0	38.4
不同意	931	38.8	77.2
非常不同意	132	5.5	82.7
说不清楚	416	17.3	100.0

从表4-44中可以看出，认为自己能够参与地方政府决策（本职工作之外）的占全部调查对象的38.4%。相比较而言，这一比例要低于能够参与社区管理和工作单位管理

的比例。

（4）民众对国家事务参与机会的认知。

在现实中，民众是否认为自己有机会参与国家事务管理的过程中呢？我们根据问卷调查结果对"我能够参与国家事务的管理"这一问题的回答情况进行了统计，见表4-45。

表4-45　　　　　　　　民众对国家事务参与机会的认知状况分析

我能够参与国家事务的管理	人数	百分比（%）	累计百分比（%）
非常同意	57	2.3	2.3
同意	551	23.0	25.3
不同意	1 067	44.5	69.8
非常不同意	183	7.6	77.4
说不清楚	540	22.5	99.9
缺失	2	0.1	100.0

从表4-45中可以看出，认为自己能够参与国家事务管理的人数（选择非常同意和同意的调查对象加总）占全部调查对象的25.3%。在不同层次的政治参与机会认知中，这一比例是较低的。

2.民众的参与意愿状况

参与是现代民主政治的核心特征之一，那么，在现实中，民众是否具有强烈的参与意愿呢？我们根据问卷调查结果对"只要决策是合理的，我参不参加决策过程不重要"这一问题的回答情况进行了统计，见表4-46。

表4-46　　　　　　　　　民众的参与意愿状况分析

只要决策是合理的，我参不参加决策过程不重要	人数	百分比（%）	累计百分比（%）
非常同意	244	10.2	10.2
同意	1 436	59.8	70.0
不同意	448	18.7	88.7
非常不同意	70	2.9	91.6
说不清楚	202	8.4	100.0

从表4-46中可以看出，同意"只要决策是合理的，我参不参加决策过程不重要的"的人数占全部调查对象的70.0%。而选择不同意的调查对象（选择不同意和非常不同意的加总）占全部调查对象的21.6%，低于认为能够参与到国家事务管理过程的调查对象所占的比例。这一结果表明，中国民众的政治参与意愿并不高，传统的实质正义观念的

影响依然存在。

3.民众政治参与认知状况的总体特征

为了从机会与意愿两个方面对中国民众政治参与主观认知状况的总体特征进行分析，我们将前4个问题选择同意和非常同意的比例、后一个问题选择不同意和非常不同意的比例进行了加总，采用雷达图的形式对这5个问题进行了比较，如图4-1所示。

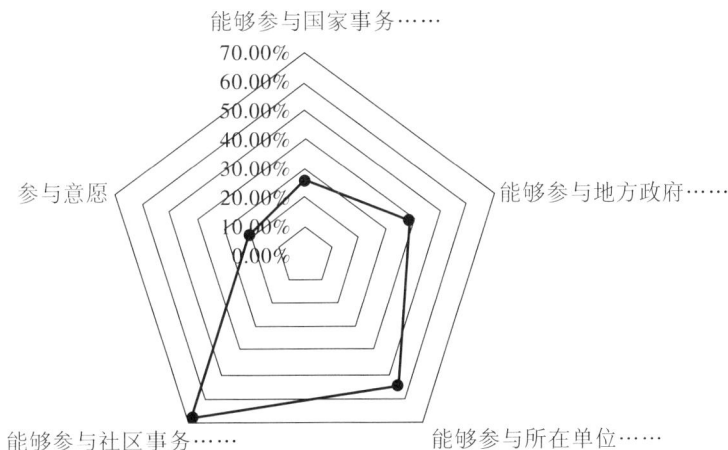

图4-1 中国民众政治参与认知状况的特征

从图4-1中可以看出，在不同问题中，调查对象选择同意的比例从低到高依次是：参与意愿，21.6%；能够参与国家事务的管理，25.3%；能够参与地方政府的决策，38.4%；能够参与所在工作单位的管理，55.6%；能够参与所在社区事务的管理，68.4%。其中，参与意愿的比例是最低的。因此，这一比较结果反映出中国民众对政治参与机会的认知是高于政治参与意愿的，这一结论也较好地验证了前文提出的民众政治参与认知状况特征的研究假设。也就是说，在政治参与的过程中，机会的增加不能等同于参与意愿的增强。

（五）研究结论

本研究主要是采用问卷调查方法从参与机会和参与意愿两个维度对中国民众政治参与主观认知状况的总体特征进行了分析，结果发现，民众对参与机会的认知要高于参与意愿。其政策含义是：在政治现代化的进程中，既要积极完善相应的制度，又要采取切实可行的措施来促进民众参与意愿的提升。课题组对这一问题的分析主要是描述性的，接下来，我们进一步分析政治参与机会的影响因素等问题，并以此为基础提出相应的政策建议。

二、民众政治参与认知的影响因素

（一）问题的提出

"政治参与扩大是政治现代化的标志"[①]，随着相关制度的不断完善，民众的参与机

---

① 亨廷顿，纳尔逊. 难以抉择——发展中国家的政治参与 [M]. 汪晓寿，吴志华，项继权，等译. 北京：华夏出版社，1989：1.

会越来越多，这必然会要求民众的政治参与意愿不断增强。而政治参与意愿则是与政治文化联系在一起的。从历时态的视角来看，随着社会的发展，政治文化也在不断发生变化。阿尔蒙德将人类社会的政治文化归纳为村民政治文化、臣民政治文化以及参与者政治文化3种类型，并且每种类型的政治文化都对应着不同的政治结构。[1]其中，参与者政治文化与现代的政治结构是相适应的。从政治现代化的视角来看，"除非人民的态度和能力同其他形式的发展步调一致，否则国家建设和制度的建立只是徒劳无益的行动"[2]。相应地，民众政治参与问题的研究也逐渐增多，已有研究围绕政治参与[3]、政治态度[4]以及政治效能感[5]等问题进行了较为深入和系统的分析，并且就其中的一些问题达成了很多共识。

中华人民共和国成立以来，中国逐步健全和完善了由人民代表大会制度、多党合作和政治协商制度、基层民主制度等组成的社会主义民主政治制度，为广大人民的政治参与提供了有效的制度保障。民主制度的完善必然要求民众政治参与的增强，换一个视角来看，民众参与意识的增强将有助于在最大程度上释放中国特色社会主义民主制度的优越性。那么，在多种的政治参与形式[6]中，民众更倾向于哪种政治参与形式呢？是否具有积极的参与意愿？又是否认为自己的参与行为影响了政策的制定呢？民众的参与行为主要受到哪些因素的影响？围绕这些问题展开的研究表明，民众存在较为明显的政治参与形式偏好[7]，而且近年来民众的政治参与形式逐渐呈现出明显的结构分化特点[8]，民众的自治参与、选举参与和政策参与等行为会受到政治效能感、参与意愿以及受教育程度等多种主客观因素的影响；[9]此外，由于信息技术的发展而发生变化的政治机会结构也在影响着政治参与行为[10]。还需要注意的是，政治参与状况的研究不能忽视"事实上能够参与的知觉"[11]，也就是公众是否认为自己有机会参与的问题。综合来看，已有民众政治参与认知状况的研究主要集中在政治效能感、参与意愿及其影响因素问题上。[12]在内容上，政治参与不仅包括选举，还包括公共事务的管理等。相比较而言，已有研究对后者的关注还不是很充分。由此来看，将公共事务

[1] 阿尔蒙德，维巴. 公民文化——五个国家的政治态度和民主制度 [M]. 徐湘林，等译. 北京：东方出版社，2008.
[2] 英克尔斯，史密斯. 从传统人到现代人——六个发展中国家中的个人变化 [M]. 顾昕，译. 北京：中国人民大学出版社，1992：3-4.
[3] VERBA S，NIE N. Participation in America：Political Democracy and Social Equality [J]. American Journal of Sociology，1975，81 (1).
[4] 阿尔蒙德，维巴. 公民文化——五个国家的政治态度和民主制度 [M]. 徐湘林，等译. 北京：东方出版社，2008.
[5] CAMPBELL A，GURIN G，MILLER W. The Voter Decides [M]. NewYork：Row，Peterson and Company，1954.
[6] 亨廷顿，纳尔逊. 难以抉择——发展中国家的政治参与 [M]. 汪晓寿，吴志华，项继权，等译. 北京：华夏出版社，1989；蒲岛郁夫. 政治参与 [M]. 解莉莉，译. 北京：经济日报出版社，1989.
[7] SHI TIANJIAN. Political Participation in Beijing [M]. Cambridge：Harvard University Press，1997.
[8] 肖唐镖，易申波. 当代我国大陆公民政治参与的变迁与类型学特点——基于2002与2011年两波全国抽样调查的分析 [J]. 政治学研究，2016 (5).
[9] 王丽萍，方然. 参与还是不参与：中国公民政治参与的社会心理分析——基于一项调查的考察与分析 [J]. 政治学研究. 2010 (2)；房宁. 中国政治参与报告 (2012) [M]. 北京：社会科学文献出版社，2012；房宁. 中国政治参与报告 (2013) [M]. 北京：社会科学文献出版社，2013；房宁. 中国政治参与报告 (2014) [M]. 北京：社会科学文献出版社，2014；房宁. 中国政治参与报告 (2015) [M]. 北京：社会科学文献出版社，2015.
[10] 臧雷振. 变迁中的政治机会结构与政治参与：新媒体时代的中国图景 [M]. 北京：中国社会科学出版社，2015.
[11] 阿尔蒙德，维巴. 公民文化——五个国家的政治态度和民主制度 [M]. 徐湘林，等译. 北京：东方出版社，2008：170.
[12] 范柏乃，徐巍. 我国公民政治效能感的影响因素研究——基于CGSS2010数据的多元回归分析 [J]. 浙江社会科学，2014 (11)；胡荣，沈珊. 社会信任、政治参与和公众的政治效能感 [J]. 东南学术，2015 (3).

管理和机会认知两个维度的内容结合起来，就会发现还有如下问题需要理论研究来回答：在现实生活中，民众是否认为自己有机会参与不同层次公共事务的管理过程呢？又有哪些因素在影响着民众的政治参与机会认知呢？我们之前的一项研究表明，当前中国民众的政治参与机会认知要明显高于政治参与意愿，呈现出明显的"机会不等于意愿"[①]的特征。在社会转型时期，民众的参与意愿也呈现出典型的传统和现代并存的特征，有研究表明社会的参与意愿确实有了很大提高[②]，也有研究认为民众在选举参与中的政治参与意愿较低[③]，对民主的理解呈现出较强的传统特征[④]等问题。但是并没有将政治参与意愿作为民众政治参与机会认知的影响因素进行分析。本研究试图在前期研究的基础上，立足社会转型的背景，着力回答中国社会转型时期民众政治参与机会认知状况的影响因素。

（二）理论分析与研究假设

本研究主要是从政治参与意愿、政治社会化以及收入水平等维度来分析转型时期民众政治参与机会认知的影响因素。

1.政治参与意愿与民众政治参与机会认知

民主政治的发展需要相应的文化前提[⑤]，而民众政治参与意愿的不断增强就是其中的一项重要内容。在传统社会，中国民众普遍遵循的是实质正义观念，更关心分配结果的合理性，而不是分配过程的合理性，因而政治参与意愿并不强。[⑥]近年来，随着社会总体现代化水平的不断提高，社会的价值观念也逐渐开始了从传统向现代变迁。在这一过程中，作为社会价值观念的一部分，民众的政治参与意愿也逐渐向现代转化，越来越重视分配过程的重要性，并且这种变化有可能影响民众的政治参与机会认知，相比较而言，政治参与意愿越强的民众就越有可能认为自己有机会参与不同层次的公共事务管理中。基于以上分析，本书提出如下研究假设：

假设1：政治参与意愿越强，政治参与机会的认知就会越强，也就是越认为自己有机会参与不同层次的公共事务管理。

2.收入水平与民众政治参与机会认知

收入水平的提高对于民众政治参与认知状况变迁也具有重要影响。这是因为，随着经济的发展，人们的收入水平逐渐提高。当收入水平达到一定程度的时候，对于大多数人来说，维持基本的生存已经不是最关心的问题。在这种情况下，人们就有可能转移注意力，越来越关注政治参与等问题，更多地参与公共事务的管理。例如，英格尔哈特主持的世界价值观调查项目发现，随着经济的发展，人们

---

① 麻宝斌，于丽春，杜平. 机会不等于意愿：中国转型时期民众政治参与认知状况分析 [J]. 理论探讨，2016（2）.
② 周晓虹，等. 中国体验：全球化、社会转型与中国人社会心态的嬗变 [M]. 北京：社会科学文献出版社，2017.
③ 熊易寒. 社区选举：在政治冷漠与高投票率之间 [J]. 社会，2008（3）.
④ 张明澍. 中国人想要什么样民主 [M]. 北京：社会科学文献出版社，2013.
⑤ NATHAN，SHI TIANJIAN.Cultural Requisites for Democracy in China：Findings from a Survey [J]. Daedalus，1993，122（2）.
⑥ 杜平. 中国的社会转型与民众正义观念变迁 [D]. 长春：吉林大学，2016.

的关注重心会逐渐从安全向参与等转变。①此外，也有研究发现，经济社会地位越高，其政治参与的意愿就有可能会越强烈。②相应地，随着政治参与行为的转变，在政治参与认知上表现为传统公民向现代公民的转变。基于这种认识，本书提出如下研究假设：

假设2：个人的收入水平越高，政治参与机会的认知就越强，具体来看，在政治参与机会认知方面，收入水平高的群体认为自己有更多的机会参与相关公共事务的管理。

3.政治社会化与民众政治参与机会认知

在政治现代化的进程中，民众的参与意愿等都会呈现出较强的现代化特征，在其中发挥着重要作用的是政治社会化。具体来看，政治社会化的媒介主要包括学校、工作组织等。也正是由于这些因素的作用，在政治现代化的进程中，公众的政治参与认知才会逐渐从传统向现代过渡。首先，城市化对于政治参与意愿现代化的重要推动作用已经为诸多研究所证实。从城市化的影响上看，城市的生活经历有效"提升了农村人口的意识形态现代化和个体的效能感，增强了他们社会参与的内在动机和主体意识"③。此外，与城市化相伴生的工业化也会对民众的政治参与认知产生影响，因为在人的现代化过程中，工厂可以说是培养现代性的学校，工厂的工作经历是一项可以促成现代化的独立因素。④改革开放以来，伴随着工业化的持续深入，中国的城镇化进程快速发展，城镇化率有了快速的提升。同时，随着户籍制度的逐渐松动，从农村流向城市的人口数量不断增加，近年来已经超过两亿人。这些都意味着有越来越多的民众从农村走向城市，接受了现代城市生活经历的洗礼，相应地，民众的政治参与认知状况可能会呈现出更多的现代特征。这就可能导致城市人口比农村人口具有更强的政治参与机会认知。与此同时，受户籍制度的影响，城市常住人口中出现了"户居分离"的现象，因此，中国的常住人口城镇化率要高于户籍人口的城镇化率。进一步来看，这又导致了城市常住人口内部不同群体之间政治参与机会认知的差异，相比较而言，城镇户籍人口比外来人口更加能够参与相关事务的管理，其政治参与机会认知应该会更高一些。基于此，我们就城市化对民众政治参与机会认知的影响提出如下研究假设：

假设3：相对于农村居民和农村户籍人口，城镇居民和城镇户籍人口具有较强的政治参与机会认知。具体来看，在政治参与机会的认知方面，城镇居民和城镇户籍人口认为自己有更多的机会参与不同层次的公共事务管理。此外，城镇居民内部不同群体的政治参与机会认知也存在明显的差异，城镇户籍人口比外来人口具有更强的政治参与机会认知。

---

① 英格尔哈特. 发达工业社会的文化转型 [M]. 张秀琴，译. 北京：社会科学文献出版社，2013；英格尔哈特. 现代化与后现代化：43个国家的文化、经济与政治变迁 [M]. 严挺，译. 北京：社会科学文献出版社，2013.
② 蒲岛郁夫. 政治参与 [M]. 解莉莉，译. 北京：经济日报出版社，1989.
③ 李培林，等. 当代中国城市化及其影响 [M]. 北京：社会科学文献出版社，2013：173.
④ 英克尔斯，史密斯. 从传统人到现代人——六个发展中国家中的个人变化 [M]. 顾昕，译. 北京：中国人民大学出版社，1992：3-4.

工作组织也会对民众的政治参与机会认知产生影响。改革开放以来，中国开始对传统计划经济制度进行改革。在这一过程中，随着市场化程度的不断提高和收入分配制度的改革，经济成分日益多元化，市场在资源配置中的作用日益明显。与之相适应，"体制外"的民营经济和社会组织有了快速的增长，逐渐成为吸纳社会就业的重要力量，相应地，职业类型成为民众政治参与机会认知的影响因素。从事不同类型的职业会有不同的工作经历，这也会影响人们的政治参与认知。有研究从选择理论、学习社会化理论、社会交往理论和社会认同理论等视角来解释体制内群体为什么具有较强的政治参与意识。[1]此外，相关研究表明，公务员群体、专业技术人员、私营企业主等群体在政治参与的意识上要明显强于其他社会群体。[2]根据这种思路，国有部门和民营部门工作人员可能要比农民的政治参与机会认知更强一些。基于此，本书提出如下研究假设：

假设4：相对于农民，国有部门工作人员和私营部门工作人员的政治参与机会认知要更强一些。具体来看，在政治参与机会认知方面，与农民相比，国有和私营部门工作人员认为自己有更多机会参与不同层次公共事务的管理。

最后，从政治社会化的角度来看，受教育程度也是民众政治参与机会认知的重要影响因素，这是因为，"通过接受更多的教育，使得在社会中寻找更适合自己的位置，综合适应能力有所加强，也使他们具备更多的技能和资质参与更多的社会事务"[3]。此外，英克尔斯对个人现代性问题的研究同样发现，受教育程度越高，其具有的现代性特征就会越多。[4]中华人民共和国成立以来，中国的教育事业有了快速的发展，社会整体的受教育程度和水平都明显提高。一般来说，受教育程度越高，人们越有可能关注政治参与问题，也就越具有参与公共事务管理的意愿。反映在政治参与机会认知上就是，受教育程度越高，就越认为自己有机会参与不同层次的公共事务管理。基于这种认识，本书提出如下研究假设：

假设5：受教育程度越高，其政治参与机会的认知就越强，也就是说，在政治参与机会认知方面，受教育程度越高的群体越认为自己更有机会参与相关公共事务的管理。

综上所述，从参与意愿、政治社会化以及收入水平等几个维度来分析中国转型时期民众政治参与机会认知状况的影响因素就成为了本书的研究内容。

三、研究设计

（一）因变量

本书以民众的政治参与认知状况为因变量。民众政治参与机会认知状况变量通过"我能够参与社区的管理""我能够参与所在单位的管理"等问题进行测量。在调查过

---

① 卢春龙. 中国新兴中产阶级的政治态度与行为倾向［M］. 北京：知识产权出版社，2011.
② 卢春龙. 中国新兴中产阶级的政治态度与行为倾向［M］. 北京：知识产权出版社，2011.
③ 闵学勤. 城市人的理性化与现代化——一项关于城市人行为与观念变迁的实证比较研究［M］. 南京：南京大学出版社，2004：173.
④ 英克尔斯，史密斯. 从传统人到现代人——六个发展中国家中的个人变化［M］. 顾昕，译. 北京：中国人民大学出版社，1992.

程中，由受访对象根据自身实际从"非常不同意、不同意、说不清楚、同意、非常同意"5个选项中进行选择。在分析过程中，我们将其作二分变量处理，将"非常同意、同意"的选择编码为1，表示调查对象认为自己有机会参与相关事务的管理；将"非常不同意、不同意和说不清楚"的选择编码为0，表示调查对象对政治参与机会的认知程度较低，认为自己能参与相关事务的管理的机会较少。

（二）自变量

本研究的自变量包括主观和客观两个维度。其中，主观层面的变量是民众政治参与意愿，该变量通过"只要决策是合理的，我参不参与决策过程不重要"这一问题来测量。在调查过程中，由受访者根据自身实际从"非常不同意、不同意、说不清楚、同意、非常同意"5个选项中进行选择。在具体分析过程中，我们将其作为定序变量进行了处理，将选择非常不同意的编码为1、将选择不同意的编码为2、将选择不清楚的编码为3、将选择同意的编码为4、将选择非常同意的编码为5，数字越大，表示调查对象的政治参与意愿就越强，也就是更加愿意参与不同层次公共事务的管理。

与政治社会化相关的变量有受教育程度、职业、户籍类型、现居住地等。按照受教育程度不同，将全部样本分为初中及以下、高中（含中专、技校）、大学（含大专、高职）、研究生，分别编码为1、2、3、4，数字越大表示受教育程度越高。按照工作部门性质差异，将全部样本分为农民、民营部门和国有部门，分别编码为0、1、2。按照户籍不同，将全部样本分为城镇户籍和农村户籍，分别编码为1、0。按照现居住地不同，将全部样本分为城镇居民和农村居民，分别编码为1、0。其中，受教育程度和个人年收入变量是定序变量，其余变量都是分类变量。此外，按照个人年收入差别，将全部样本分为低收入者、中低收入者、中等收入者、中高收入者、高收入者，分别编码为1、2、3、4、5，数字越大表示收入水平越高。

（三）控制变量

本研究的控制变量主要包括性别（男、女）、政治面貌（是否中共党员）、年龄（1949年之前出生、20世纪50年代出生、20世纪60年代出生、20世纪70年代出生、20世纪80年代出生、20世纪90年代出生）、宗教信仰（是否信仰宗教）、所在区域等。其中，年龄变量作为定序变量，1949年之前出生编码为1，20世纪50年代出生编码为2，20世纪60年代出生编码为3，20世纪70年代出生编码为4，20世纪80年代出生编码为5，20世纪90年代出生编码为6，数字越大表示调查对象的年龄越小。其余的控制变量都作为分类变量处理。在性别变量中，男性编码为1，女性编码为0；在政治面貌中，中共党员编码为1，不是中共党员的编码为0；在宗教信仰变量中，信仰宗教的编码为1，不信仰宗教的编码为0；按照所在区域的不同，将全部样本分为西部地区（陕西、内蒙古）、中部地区（湖南、河南）、东部地区（北京、上海、广东、山东），分别编码为0、1、2。

按照上述设计，我们对相关变量的具体构成情况进行了统计，见表4-47。

表 4-47　　　　　　　　　　　相关变量的统计性描述

变量			比例	变量		比例
机会认知	自治参与	现代导向	68.4%	单位参与	现代导向	55.6%
		传统导向	31.6%		传统导向	44.4%
性别		男	52.1%	户籍	城镇	35.1%
		女	47.9%		农村	64.9%
中共党员		是	15.6%	居住地	城镇	46.1%
		否	84.4%		农村	53.9%
出生年代		1949年前	6.5%	受教育程度	初中及以下	52.8%
		20世纪50年代	13.6%		高中（含中专、技校）	32.2%
		20世纪60年代	22.2%		大学（含大专、高职）	14.4%
		20世纪70年代	25.3%		研究生	0.6%
		20世纪80年代	21.2%	个人年收入	低收入	34.3%
		20世纪90年代	11.3%		中低	16.8%
宗教信仰		是	20.4%		中等	31.7%
		否	79.6%		中高	14.1%
职业类型		国有	25.1%		高收入	3.1%
		民营	42.7%	参与意愿	非常同意	10.2%
		农村	32.2%		同意	59.8%
地区		东部	38.5%		说不清	8.4%
		中部	40.5%		不同意	18.7%
		西部	21.0%		非常不同意	2.9%

四、民众政治参与机会认知的影响因素

本研究的两个因变量都是二分变量，而自变量既有分类变量，也有定序变量，所以我们根据问卷调查获得的数据，采用二元 Logistic 分析方法对转型时期民众政治参与机会认知的影响因素进行了分析。

（一）民众社区事务管理参与机会认知的影响因素

基层自治参与是中国特色社会主义民主的重要内容，近年来，中国的社会结构发生了显著变化，那么，这些变化是否影响了民众基层自治参与机会认知的变化呢？本书从受教育程度、个人年收入等几个方面对相关的影响因素进行了分析，见表4-48。

在表4-48中，模型一只放入了相关的控制变量，回归分析结果表明，政治面貌对因变量有显著影响，比较而言，中共党员对基层自治参与机会认知的程度较高，也就是说，相比较而言，中共党员群体认为自己更有机会参与基层自治事务管理。事实上，这也在一定程度上揭示出党组织在基层自治中发挥着极为重要的作用。此外，所在区域变量也能对因变量产生影响，与西部地区民众相比，中部地区民众认为自己参与所在社

表4-48　　　　　　　　　　民众基层自治参与机会认知的影响因素分析

		模型一 回归系数（标准误）	模型二 回归系数（标准误）	模型三 回归系数（标准误）	模型四 回归系数（标准误）
自变量	个人年收入		0.068（0.042）		0.068（0.042）
	受教育程度		0.240（0.076）**		0.240（0.076）**
	国有部门 民营部门 （农村）		−0.133（0.149） 0.118（0.123）		−0.133（0.149） 0.118（0.123）
	城镇户籍 （农村）		0.450（0.130）**		0.450（0.130）**
	城镇居民 （农村）		−0.248（0.130）		−0.248（0.130）
	参与意愿			0.004（0.045）	0.002（0.046）
控制变量	年龄	−0.036（0.033）	−0.068（0.037）	−0.035（0.033）	−0.064（0.037）
	男性 （女性）	0.146（0.091）	0.123（0.096）	0.146（0.091）	0.124（0.096）
	中共党员 （否）	0.791（0.145）***	0.604（0.152）***	0.792（0.145）***	0.612（0.152）***
	宗教信仰 （否）	−0.087（0.112）	−0.069（0.113）	−0.087（0.112）	−0.068（0.113）
	东部 中部 （西部）	−0.227（0.127） −0.425（0.124）**	−0.270（0.130）* −0.416（0.125）**	−0.227（0.127） −0.426（0.124）**	−0.269（0.130）* −0.416（0.126）**
卡方值		60.272	96.781	60.282	96.782
Log Likelihood		2 925.284	2 883.129	2 925.274	2 883.129
Nagelkerke R^2		0.035	0.056	0.035	0.056
常量		1.060***	0.606**	1.042***	0.604*
样本数量		2 417	2 412	2 417	2 412

注（1）：*p<0.05，**p<0.01，***p<0.001。

（2）括号内为参照群体。

区事务管理的机会要低一些，但其余的控制变量对因变量的影响在统计意义上都不显著。模型二在模型一的基础上放入了政治社会化、收入水平等客观层面上的自变量，回归分析结果表明，在相关的控制变量中，政治面貌变量依然能够对因变量产生影响。在相关的自变量中，受教育程度与因变量之间显著正相关，受教育程度越高，越认为自己有机会参与到基层自治事务中，这与研究假设是一致的。与农村户籍人口相比，城市户籍人口认为自己有更多的机会参与基层自治事务的管理。但是，居住地区对因变量的影响并不显著，这与本书的研究假设并不一致，而且两者之间是负相关关系，这可能是因为从农村走向城市的流动人口由于户籍制度的影响而没有更多途径参与所居住社区相关事务的管理，因而才认为自己相对缺乏机会参与基层自治事务的管理。本书其他的研究假设并未得到有效验证，说明个人年收入、工作部门性质等变量与因变量之间并没有显著的相关关系。模型三在模型一的基础上放入了政治参与意愿变量，结果表明，政治参与意愿对因变量的影响并不显著。在模型四中放入了全部的自变量，结果表明，只有受教育程度和户籍变量能够对因变量产生显著的影响。相关分析结果表明，受教育程度和城市化等政治社会化的相关因素能够对民众基层自治事务管理参与机会的认知产生显著影响。已有研究发现了政治社会化的经历能够对民众的政治参与意愿产生影响，而本书的研究结论可以形成较好的补充。

（二）民众工作单位事务管理参与机会认知的影响因素

接下来，本书又从政治参与意愿、政治社会化和个人年收入3个维度入手对民众工作单位事务管理参与机会认知的相关影响因素进行了分析，见表4-49。

表4-49　　　　　　　　民众工作单位事务管理参与机会认知的影响因素分析

		模型五	模型六	模型七	模型八
		回归系数（标准误）	回归系数（标准误）	回归系数（标准误）	回归系数（标准误）
自变量	个人年收入		0.084（0.040）*		0.087（0.040）*
	受教育程度		0.255（0.072）***		0.251（0.072）***
	国有部门 民营部门 （农村）		0.150（0.142） 0.350（0.118）**		0.139（0.143） 0.342（0.118）**
	城镇户籍 （农村）		0.479（0.126）***		0.484（0.126）***
	城镇居民 （农村）		0.036（0.125）		0.044（0.125）
	参与意愿			-0.041（0.044）	-0.053（0.045）
控制变量	年龄	-0.198（0.032）***	0.138（0.035）***	0.194（0.032）***	0.133（0.036）***
	男性 （女性）	0.166（0.087）	0.180（0.093）	0.163（0.088）	0.177（0.093）
	中共党员 （否）	1.224（0.135）***	0.972（0.143）***	1.220（0.135）***	0.969（0.143）***
	宗教信仰 （否）	-0.185（0.107）	-0.156（0.110）	-0.188（0.107）	-0.160（0.110）
	东部 中部 （西部）	0.005（0.117） -0.346（0.115）**	-0.133（0.122） -0.334（0.118）**	0.008（0.117） -0.336（0.116）**	-0.130（0.122） -0.322（0.118）**
卡方值		150.884	2 52.074	151.762	253.499
Log Likelihood		3 134.312	3 024.490	3 133.433	3 025.065
Nagelkerke R^2		0.082	0.134	0.082	0.135
常量		-0.483***	0.606**	-0.323	-0.968***
样本数量		2 416	2 411	2 416	2 411

注：（1）*p<0.05，**p<0.01，***p<0.001。

（2）括号内为参照群体。

从表 4-49 中可以看出，模型五只是放入了相关的控制变量，在这些变量中，年龄变量与因变量之间是正相关关系，年龄越小，人们对工作单位事务管理参与机会认知的程度越高，更认为自己有机会参与工作单位相关事务的管理过程；相比较而言，中共党员对工作单位事务管理参与机会认知的程度更高；与女性相比，男性对工作单位事务管理参与机会认知的程度更高；与西部地区居民相比，中部地区民众认为自己参与机会较少。模型六又放入了与政治社会化相关的自变量，回归分析结果表明，在相关的控制变量中，年龄、政治面貌变量依然能够影响因变量。在政治社会化的相关自变量中，受教育程度越高，越认为自己有机会参与所在工作单位的管理；与农村户籍人口相比，城市户籍人口认为自己对工作单位中相关事务的参与机会较多，但是城镇居民的参与机会认知并不明显，后者与研究假设是不一致的，这与城镇居民对基层自治参与机会的认知类似，在实质上所反映的也都属于同一个问题。此外，工作部门性质也能够显著影响因变量，和农民相比，民营部门工作人员对工作单位参与机会认知程度更高，认为自己有机会参与工作单位的管理，但国有部门工作人员的机会认知并不显著，后者与研究假设是不一致的。其中的原因还需要我们在今后的研究中进一步探讨。模型七在模型五的基础上放入了参与意愿变量，结果表明参与意愿对机会认知的影响并不明显。在模型八中放入了全部的自变量，结果表明，个人年收入、受教育程度、城市化、工作部门性质等变量都能够对因变量产生明显影响。一个值得注意的问题是，与民众基层自治参与机会认知影响因素不同的是，个人年收入能够对工作组织事务管理参与机会认知产生显著影响。这一结论反映出，在现实中，个人年收入较高的社会群体可能会更多参与工作单位的事务。

五、研究结论与政策建议

在政治现代化的进程中，相关制度的逐渐完善必然会要求民众政治参与意愿不断增强，因此，民众的政治参与认知状况及其影响因素问题开始成为理论研究的热点问题之一。从中国民众政治参与认知问题的研究来看，已有研究大多集中在政治参与形式偏好、政治效能感、政治参与意愿及影响因素等相关问题上，相比较而言，对民众政治参与机会认知问题的研究并不是很多。当前中国社会正处于从传统到现代、从现代到后现代的"双重"转型时期，在此过程中，相关制度安排以及社会的价值观念也在持续发生变化。在这种背景下，通过系统的研究来有效回答民众政治参与机会认知状况及影响因素等问题具有重要的理论和实践意义。基于这种认识，在已有相关研究的基础上，本书基于一项全国问卷调查的数据，围绕民众基层社区事务管理和工作单位事务管理两个方面的内容，从个人年收入、政治社会化与参与意愿等几个维度入手分析了中国社会转型时期民众政治参与机会认知的影响因素。回归分析结果表明，民众基层自治参与机会认知和工作单位事务管理参与机会认知的具体影响因素存在一定程度的差异。具体来看，在对基层自治参与机会认知的影响上，受教育程度和户籍类型等都能对因变量产生影响，受教育程度越高，就越认为自己有机会参与基层社区公共事务管理；与农村户籍人口相比，城市户籍人口会认为自己更有机会参与基层社区公共事务管理，但是城镇居民的基层自治参与机会认知并不明显，后者与研究假设是相反的。在对工作单位参与机会认知的影响上，受教育程度、个人年收入、户籍类型以及工作部门性质等变量都能对因变量产生显著的影响，受教育程度越高，就越认为自己有机会参与到工作单位事务的管理过程中；个人年收入越高，就越认为自己有机会参与到工作单位事务的管理过程中；与农村户籍人口相比，城镇户籍人口更认为自己有机会参与到工作单位事务的管理过程中，但城市居民的相关机会认知并不明显；与农民相比，民营部门工作人员认为更有机会参与到工作单位事务的管理过程中，但国有部门工作人员的相关机会认知并不明显。综合来看，在本书的研究发现中，个人年收入、政治社会化对政治参与机会认知的影响得到了较好的验证，但是参与意愿对参与机会认知的影响并没有得到有效验证。从上述研究结论中可以看出，个人年收入以及受教育程度、城市化等政治社会化因素的确能够影响民众的政治参与机会认知，考虑到已有研究主要集中在政治社会化对政治参与意愿、政治参与行为等的影响上，相关研究发现可以看作对已有相关研究的一个较好的补充。此外，本研究的一些发现也带来了一些值得进一步思考的问题：为什么收入水平越高越认为自己有机会参与工作单位事务的管理呢？为什么民营部门的工作人员更认为自己有机会参与工作单位事务的管理呢？我们将在今后的研究中保持对这些问题的关注。

民众政治参与机会认知的提高是政治现代化的重要内容，根据本研究的相关结论，我们提出如下促进民众政治参与认知状况转型的政策建议：第一，大力发展经济、努力提高社会整体的收入水平。随着个人年收入的不断提高，人们会越来越关注政治参与等问题。相应地，当社会总体的收入水平有了明显的提高之后，民众的政治参与机会认知也会有明显的增强。由此来看，增强民众政治参与机会认知、促进政治现代化进程需要提高社会总体的收入水平。第二，积极发展教育事业、不断提升社会总体的受教育程度和水平。教育是政治社会化的重要媒介，不仅可以增强人们的政治参与意愿，也可以提高政治参与机会的认知。在这个意义上，大力发展教育事业、不断增强社会总体的受教育程度显然可以有效增强民众政治参与机会的认知。第三，进一步深化户籍制度改革、积极推进城镇化进程。从政治社会化的角度来看，城镇化有助于增强人们的政治参与机会认知，但是当前"城乡分立"的户籍制度在一定程度上影响了人们的政治参与机会认知，因此，有必要在大力推进城镇化进程的同时，采取有效的措施逐渐把依附在户籍制度上的一些权利"剥离"出来，从而切实保障流动人口的政治参与权利和机会。第四，进一步落实相关的民主制度，使得民众在参与不同层次的公共事务管理中获得充分的效能感，只有这样才能有效增强其政治参与意愿，进而促进现代公民的成长，为彰显中国特色社会主义民主制度的优越性奠定坚实基础。

第五章

当前中国民众的正义观念

民众正义观念是普通民众对于社会资源分配状况是否合理进行评价时所遵循的价值原则，由社会正义主体偏好、社会正义原则偏好、社会正义客体认知、社会正义比较对象选择等多个不同维度的内容构成。从社会成员结合形式来看，正义观念具有社群正义观念和社会正义观念之分，前者对应的是传统社会，后者对应的是现代社会，两者在主体、客体等方面都存在着明显的区别。在社会转型时期，民众正义观念不同维度的内容是否都在发生变化？如果发生变化，不同维度的内容的现代化进程是否一致？回答这些问题的前提则是系统揭示传统社群正义的主要特征和社会根源，因为这是民众正义观念现代转型问题研究的"原点"。在这一章，本书将围绕民众正义观念的相关研究假设，对上述几个方面的问题进行系统分析。

第一节　中国传统的社群正义观念：特征与社会根源

已有的现代化问题的研究表明，社会价值观念的转型是社会现代化的一个重要体现，如果从这个视角来看，社会转型的过程实际上就是一个社会价值观念从传统到现代变迁的过程。社会价值观念是对于社会问题的看法，包括多个方面的内容。民众正义观念是普通民众内心中所持有的、用来衡量社会资源分配状况是否合理的"标尺"，可以具体操作化为民众对"由谁来分配""按照怎样的原则分配""分配什么""分配原则如何适用"等一些问题的理解和认知，作为社会价值观念在资源分配等相关领域的具体体现，民众正义观念同样也是不断发展变化的，从动态发展的过程来看，随着社会的现代化程度不断提高，民众正义观念也会从传统向现代进行转型。与此同时，尽管社会在实质上是人与人的结合，但是社会成员的结合方式是在不断变化的，从历时态的视角来看，我们可以用社群和社会这一组概念对社会成员结合形式的变化进行区分，其中，社群是传统社会的结合方式，而社会则是现代社会的结合方式。由于正义涉及人们合作的收益和负担分配问题，因此社会成员之间的结合形式变化也导致了社群正义观念与社会正义观念的区分，两者在主体偏好、客体认知、比较对象选择偏好、原则偏好等方面都存在着明显的不同，而且也分别对应着传统社会和现代社会两种不同的社会形态。

正义这一概念在中西方具有不同的演进历程。在西方，至少从柏拉图时代便有了对于正义是什么等相关问题的详细讨论。在中国，正义概念却是自从现代化开始之后才从西方传入的，但这并不意味中国传统社会就没有类似的表达，在传统中国社会，人们主要是通过一系列具有鲜明"本土化"特征的话语来表达对于社会资源"由谁来分配""按照怎样的原则分配""分配什么""分配原则如何适用"等问题的认知。随着现代化进程的深入，正义等概念逐渐传入，并且对人们的生活和观念产生了深刻的影响，人们也开始采用现代社会的正义话语来表达对于社会资源分配是否合理等问题的理解。当前中国正处于急剧的社会转型时期，包括正义观念在内的社会价值观念也处于现代变迁的进程中。相关研究的一个重要内容就是分析当前民众正义观念的现代化程度，只有这样才能明确当前的正义观念相比社群正义观念是否发生以及发生了多大程度的变化，才能了解社会结构的变化对于民众正义观念的变迁产生的影响，才能以此为基础系统揭示民众正义观念现代变迁的推动因素，并且制定有针对性的政策建议。由于传统的"本土化"以及现代的"正义"两种不同的表述形式的存在，在该问题的研究中可能会出现类似的状况：正义观念的研究中会出现两种表达形式不能充分"接轨"的问题。为了有效避免这种不能充分"接轨"问题的产生，需要基于现代正义理论的分析框架来"还原"传统的社群正义观念。民众正义观念并不是相关学者对于正义问题的理解，虽然中国古代的诸子百家就开始了对"正义"相关问题的论述，但是，这些论述并不意味着就是普通民众心目中的"正义"图景，在这个意义上，与古代相关典籍中对"正义"问题的探讨相比，"广大民众创造、流传的谚语、俗语、歌谣、对联、神话、传说、故事等，是投射民众意识的窗口、心灵的镜子，能较普遍地反映世态人情"①。已有民众正义观念问题的研究主要是从具有代表性的农民平等运动、一些典型的司法案例、民间流传的一些谚语、有代表性的社会现象、问卷调查获得的数据等展开的，并且就主体偏好、客体认知的状况及影响因素等问题达成了诸多的共识，但是也存在一些不足需要进一步完善。例如，相对缺少历时态的分析视角，因而也就没有对传统社群正义观念的特征等问题进行详细阐释。本书将对传统社群正义观念的主要特征以及社会根源问题进行分析，这是正义观念现代转型问题研究的"原点"，可以为后续民众正义观念转型的实证研究奠定坚实的基础。

一、与社群结合形式相对应的传统正义观念

中国的传统社群正义观念在主体偏好、客体认知、比较对象选择、正义原则偏好及适用等几个方面都有较为独特的特征。

（一）通过传统权威和亲缘互惠来促进社群正义

在内容上，正义观念中的主体偏好反映的是人们在现实生活中更为倾向于通过何种主体来分配社会资源、解决矛盾纠纷、满足日常的生产生活需求等。传统权威和亲缘互惠是社群正义观念在主体偏好这一维度上的最为突出和明显的特征。首先来看社群正义

---

① 范丽珠，侯杰.中国民众意识 [M]. 太原：山西教育出版社，1999：5.

观念中的传统权威。在传统中国社会，人们主要是依靠传统权威来分配社会资源和解决社会纠纷的。马克斯·韦伯将权威分为传统型、魅力型和法理型等三种类型①。就中国来看，传统的权威主要包括"政权、族权、神权、夫权"②。杜赞奇提出"权力的文化网络"③这一概念来概括传统基层社会权力结构的特征以及社会成员对于这些传统权威的认可。这些不同类型的传统权威在社会资源分配、灾荒救济、社会纠纷解决等不同类型事务中各自扮演着不同的角色。在基层社会，人们服从于基层的乡绅等权威人士的意见；在一个大的家族内部，男性的长者以及基层的权威人士负责相关资源的分配以及社会纠纷的裁决；而在家庭内部，"家庭户主在家庭经济中处于支配地位"④，男性的长者来负责相关资源的分配，子女要遵从父母的意见，而妻子则要服从丈夫的意愿。当遇到一些社会不公事件或者是生产生活中的困难时，神权也往往会成为人们的诉求。例如，民间流行的城隍庙审判，通过土地神来祈祷来年风调雨顺、五谷丰登等。最后，民众不认为提供教育、医疗等公共服务是基层政府的职责，当遇到在家庭以及宗族内部无法解决的基层社会纠纷时往往会选择交由基层政府来解决。在传统社会，人际互惠也是社会成员满足生产和生活需求的一种重要选择，这也是社群正义观念在主体维度上体现出来的又一个重要特征。"人们对于正义的理解，往往是指自己'给予'别人好处或便利（适宜的行为），别人也能够'回馈'给他们以相应的好处或便利。"⑤尽管"报"作为动词有多种意思，但是其中心所指的都是"回报"或"报答"。⑥从表现形式来看，这种互惠机制具体体现为人们在生产过程中的互助⑦以及在社会保障中的互助。⑧一个家庭、一个家族内部的成员，或者是居住在一起或者是相邻地区的人们，往往通过多种形式的合作来满足自身的需求、克服生产和生活中遇到的种种困难。

（二）按照需要和对等的伦理标准来适用正义原则

对于正义原则偏好的分析可以分为两个不同的层面：第一个层面是将程序和结果整合起来分析民众的正义原则重心是倾向于程序，还是倾向于结果；第二个层面则是分别围绕程序原则偏好和结果原则偏好问题进行分析。首先，从正义原则重心方面也就是从第一个层面来看，中国传统社群正义观念最为明显的特征是结果导向，将对正义原则的理解和认识集中在了对结果的合理性评价上，相比较而言，对于程序和规则缺乏足够的重视，甚至没有与参与以及规则相关的意识。抑或是，在有些时候甚至还会为了分配结果的合理性而不顾相关规则的约束，这也可以称为"实质正义"观念。继续往下细分，从第二个层面来看，在公平原则的偏好上，对民众来说，重要的不是是否存在社会不平等的问题，而是能否有效满足自身生活需要的问题，而且人们往往将社会不平等归结为命运的原因。也就是说，在传统社会，人们是接受身份的不平等以及收入水平差距等问

① 韦伯.经济与社会（上）[M]. 林荣远，译.北京：商务印书馆，1997：241.
② 毛泽东.毛泽东选集：第一卷 [M]. 北京：人民出版社，1991：31.
③ 杜赞奇.文化、权力与国家：1900—1942年的华北农村 [M]. 王福明，译.南京：江苏人民出版社，2008：1-2.
④ 王天夫，王飞，唐有财.土地集体化与农村传统大家庭的结构转型 [J]. 中国社会科学，2015（2）.
⑤ 赵旭东.法律与文化：法律人类学研究与中国经验 [M]. 北京：北京大学出版社，2011：165.
⑥ 杨联陞.中国文化中"报"、"保"、"包"之意义 [M]. 贵阳：贵州人民出版社，2009.
⑦ 杜润生.当代中国的农业合作制 [M]. 北京：当代中国出版社，2002：31-35.
⑧ 周荣.中国传统社会晚期的"乡土互助圈"与农村社会保障 [M] //章开沅，严昌洪.近代史学刊：第4辑.武汉：华中师范大学出版社，2007：100-115.

题存在的。民众在内心中也是认可社会不平等的存在的，对于君臣之别、长幼之别、男女之别、穷富之别等都是能接受的。并且，只有当社会不平等的实际状况超过了自身可以忍耐的限度或者威胁到自身生存安全的时候，才会强烈地诉诸一种简单的分配正义观念——平均主义分配。在家庭内部，资源分配的首要原则是将资源分配给最需要的人，如果一个成员出现了某种需要，那么，全部成员都会集中能够提供的全部资源来满足他的需要。在社会不平等的归因问题上，人们往往将收入差距等问题归结为命运使然。个人之所以生活困苦，这是一件命中注定的事情。也正是由于这种原因，人们才接受一些社会不平等的存在。在横向交往的过程中，人们所遵循的是一种对等的公平原则，会将个人的付出与回报进行对比，进而判断其合理性。具体来看就是，在社会交往的过程中，我付出多少，自然就会期待对方回报给我多少；反过来看的话就是，如果别人帮助了我多少或者给予了我多少，那么我就应当回报给对方多少。而且，不同性质的事情也需要得到相同性质的一种回报，例如，社会上流传的"善有善报、恶有恶报""不能恩将仇报"等。

从正义原则的适用来看，民众的原则适用是基于差序的情境选择的，而这种选择的依据就是伦理。从评价对象来看，正义原则适用可以分为宏观和微观两个层面。民众对微观正义和宏观正义评价时遵循不同的正义原则，这就是相关研究将人们的正义观念分为世道正义观念和个人正义观念的原因。在现实生活中，人们在对微观层面和宏观层面两个维度进行评价时往往会选择不同的评价标准，因此这两个层面的正义感受也会存在明显的差别。

从正义原则的选择来看，人们在不同的情境中所选择的原则是不同的。民众的正义原则可以称为一种差序正义的原则。这种原则的适用是一种特殊主义的原则，只有在特定的情境中才能适用。关系的远近亲疏、面子的大小等都决定了所适用的原则的差别。

（三）出于生存与安全的考虑来分配必需的社会资源

在正义客体偏好上，相关权威主体在不同成员之间对社会资源进行分配的时候主要是基于生存以及安全的需要来决定哪些人在什么样的时候应当获得什么样物品和资源。换一个角度来看，不同社会成员能够得到特定物品和资源的基础是社会或者群体的生存与安全的需要，而不是像今天一样，每一个社会成员都有法定的权利来得到一定数量的物品和资源。

首先，民众在对自己的收入水平进行评价时所考虑的就是"安全第一"的生存和安全伦理，也就是看自己的收入能否满足个人以及家庭基本生活的需要。简言之，就是日子是否能够过下去的问题。因此，"过日子"①便成为民众生存伦理的最为形象的表达。"这条'安全第一'原则，体现在前资本主义的农民秩序的许多技术的、社会的和道德的安排中。"②也就是说，为了保证自己家庭或者社会秩序的安全，确保每一个社会成员的基本生存不会受到灾害等相关因素的威胁，在社会的演进过程中，围绕着这种"安全第一"的生存伦理，逐渐派生形成了一些保障个人和群体安全的社会机制。例如，为了

---

① 陈辉.过日子：农民的生活伦理——关中黄炎村日常生活叙事［M］. 北京：社会科学文献出版社，2015.
② 斯科特.农民的道义经济学：东南亚的反叛与生存［M］. 程立显，刘建，译.南京：译林出版社，2013：6.

有效维护社会的秩序，当穷人生活遇到困难的时候，社会上的富人就会向穷人提供一定的帮助。其次，民众采用一套独特的话语体系来表达自己对于正义客体相关问题的理解和认知。具体来看，当民众认为资源分配的结果不合理或者是自己的利益被损害的时候，就会采用出气、赌气、委屈、讨说法、诉苦、送人情、丢面子等相关的一些话语来将自己内心对相关问题的理解进行表达，而不是在今天被大家使用的权利的话语体系。再次，当自己的利益受到损害的时候，民众是否对利益进行维护是基于相关成本多少的考量而作出的。因此，得失的考虑就成为是否维护利益的决定因素。具体来看，如果维护自己利益的相关成本不高，就有可能选择来维护相关的利益；但是，如果维护自己利益的成本过高以致得不偿失，那么就很有可能选择放弃相关利益的维护。

（四）根据血缘与地缘构成的坐标来选择正义的比较对象

从正义的对象来看，在传统社会，地缘与血缘因素构成了分配社会资源以及比较收入水平是否合理时的"坐标系"。血缘和地缘因素是人们在评价社会关系合理性的过程中所遵守的"群己"界限。也就是说，无论是社会纠纷解决机制选择，还是分配社会资源，都是在地缘与血缘的范畴内来进行评价的。从社会资源的分配来看，非常明显的是，地缘和血缘因素是人们理解和判断资源分配合理性的重要空间。具体来看，在基层社会，基层的权威人士负责所处范围内的一些社会资源分配；在家族内部，家族的长者负责对整个家族的相关资源进行分配；在家庭内部，家长负责对家庭的资源以及家庭成员的需要进行分配。从互惠主体的选择来看，人们对于合作者的选择也是从地缘与血缘的定位中进行的。亲属之间、邻里之间的相互帮助就成了一种应有之义。在这个意义看，所谓"守望相助"的具体理解应当是，日常生活中厮守在一起的家庭成员以及能够"看得到"的邻居等就成为人们在生产和生活中遇到困难时的求助对象。从人们的正义比较对象选择上来看，在对自己的收入状况等是否合理进行评价的时候，相关对象的选择也离不开血缘与地缘构成的坐标系。在具体比较的过程中，由于多方面条件的限制，人们只能从家庭内部成员以及相邻的范围内选择进行比较的对象。

二、血缘和地缘的结合形式与传统社群正义观念的形成

由于民众正义观念与社会结构、生活环境等因素是相互影响的，因此，传统的社群正义观念有着深刻的社会根源。传统社会高度集权的制度安排、小农经济的经济形态、儒释道结合的传统文化以及乡土社会的社会结构等因素都对传统社群正义观念的形成产生了影响。

（一）以"双轨政治"为明显特征的传统社会治理结构

从政治来看，传统社会的重要特征就是高度集权。其虽然是一种集权政治体制，但是在具体的制度设计上，传统社会的行政体系是按照"皇权不下县"的原则进行的，政府的组织体系并没有一直延伸到最基层，而是将基层社会的治理交由乡绅来负责。地方政府与乡绅分别承担着不同的职责。费孝通先生将这种治理结构的特征称为"双轨政治"。在中国传统社会，尽管绅士是基层治理的重要主体，但是，维护基层社会正常运转的还有一些其他的因素，例如，家族、神权等。也就是说，真正发挥作用的、在民众

心中具有"合法性"的基层社会的权力结构的构成可能更为复杂一些，包含了更多的元素。也正是由于这样的制度设计，使得中国民众在社会纠纷解决机制的偏好上呈现出一定的次序性。首先会选择家族内部成员来解决，只有当家族内部无法解决相关纠纷的时候，才会选择找政府来解决社会纠纷。与此同时，这种高度集权的体制也导致了一种依附性人格的出现。在现实生活中，人们根本没有权利的意识以及主张，这种权利意识缺失的一个重要体现就是，在传统社会，民众的心目中是并不主张地方政府向社会提供固定的公共福利和服务的，只是将其看作一个社会纠纷解决的主体，并且只是在遇到家族内部无法解决的问题时才会找地方政府。

（二）以满足基本生活需要为突出标志的自然经济形态

在经济上，中国传统社会的经济形态是自然经济，它是以小农经济为主导的。小农经济的突出标志就是自给自足。并且，农业的生产与手工业的生产是紧密联系在一起的，我们经常说的"男耕女织"现象就是对传统社会农业和手工业之间关系的最为形象和生动的表述。在自然经济的条件下，家庭是最基本的单元，它集生产、分配、消费等多种功能于一身。进一步来看，家庭集中了多种功能于一身，因此，通过市场交换来"互通有无"的动机就不是非常强烈。但是，这并不意味着实际生活中不存在物品的交换。传统社会礼物的交换又可以分为三个不同的类型："惯常互惠、对等互换、赢利交易。"[1]波兰尼（Polanyi）在《巨变：当代政治与经济的起源》一书中认为，"人类的经济是附属于其社会关系之下的。他不会因要取得物质财富以保障个人利益而行动"[2]。在传统社会，生产以及分配的秩序是由一些与经济并没有直接关联的行为原则来维持的：互惠、再分配以及家计。但是，它们都不是以追求利润为根本出发点的，而是为了满足基本的生活需要。这种非市场的经济形态显然是与传统社会民众的互惠正义观念相适应的，它构成了其存在的经济根源。与此同时，受到技术、自然环境等外部条件的限制，在传统社会，民众的首要目标就是保证能够安全生存下去，因而不太可能会轻率地改变一些祖祖辈辈积累、遗传下来的生产、生活习惯以及相应的制度安排，这又导致了人们对利润的追求意愿并不是十分强烈，或者说，在当时的各种条件下对利润的追求只能是一种奢望，而如何确保存在才是真正的"当务之急"。用马克斯·韦伯的话来说，就是"理性的经营方式的投资与理性的资本主义劳动组织尚未成为决定行为取向的支配力量"[3]。这种现象发生明显的改变是社会现代化进程的大门开启之后的事情。随着社会分工的规模不断扩大，商品经济逐渐兴起，大范围的商品交换开始发生，人们生产的目的不再主要是满足自身需要，而是追求利润，所有这些都在冲击着传统社群正义观念存在的经济基础。

（三）以差序格局为显著标识的乡土社会

中国传统社会的重要特征是乡土社会，它是与"土"联系在一起的。"土"不仅意味着人们是以农业为生，也揭示了人们的居住环境特征。"直接靠农业来谋生的人是黏

① 程倩.论政府信任关系的历史类型［M］.北京：光明日报出版社，2009：38.
② 波兰尼.巨变：当代政治与经济的起源［M］.黄树民，译.北京：社会科学文献出版社，2013：113.
③ 韦伯.新教伦理与资本主义精神［M］.康乐，简惠美，译.桂林：广西师范大学出版社，2007：34.

着在土地上的""以农为生的人，世代定居是常态，迁移是变态"①。乡土社会的一个重要特征就是封闭，社会成员的流动性是非常低的。一个个的村落构成了人们生活的单位，虽然村落之间是孤立的，不同村落之间可以做到"老死不相往来"，但是生活在同一个村落中的人们则是非常熟悉的，彼此"知根知底"，在日常生活中也是"低头不见抬头见"。这样的村落就构成了一个具有地域性的熟人社会，人们由于平时生活中的多次博弈而变得非常了解。在熟人社会里，人们之间由于熟悉而产生了信任，并且这种信任并不需要正式的契约来保障，而是由基于熟人社会所形成的一些行为规矩来规范。如果发生了"违约"的行为，"流言蜚语"足可以令其"身败名裂"。由此来看，"乡土社会的信任并不是对契约的重视，而是发生于对一种行为的规矩熟悉到不假思索时的可靠性"②。实际约束交往双方必须履约的是熟人之间的声望、名声和面子等因素。由于害怕丢了自己的面子或者害怕导致自己的名声不好，人们必须信守承诺。在这种情况下，正式规则就没有发挥作用的空间了，事实上，在一个可以多次博弈的社会中也根本不需要正式规则的存在。也正是由于人们遵循的是一种特殊主义的伦理原则，在"伦理"约束不到的地方，一些具有普遍意义的公共规则是很难被遵守的。只要可以实现自己的利益或者对自己有利，规则的要求就可以放到一边。这样的话，在熟人伦理所约束不到的地方，从心所欲不逾矩的原则和训诫就有可能被演绎成为"从心所欲频逾矩"的行为。在这个意义上，传统社会的这种熟人社会特征就成为实质正义观念产生的重要原因。此外，在熟人社会里，人们在生产以及生活过程中遇到困难时会互相提供必要的帮助，形成较为稳定的合作机制。"农民的这一经验提供了丰富的土壤，生长出了农民的风俗习惯和用来判断他们他们自己和他人行为的道德标准。"③而且人们的互惠观念就是从这种实践中逐渐习得、固定，并且流传下来的。

中国传统社会还是一个宗法社会，血缘因素在其中发挥着极为重要的作用。可以说，在传统社会，家庭制度是理解中国一切社会现象的前提和基础。正是在这个意义上，林语堂先生指出，"家族制度是中国社会的根底，中国的一切社会特性无不出自此家庭制度"④。在中国传统社会的家庭关系中，父子关系是最重要的关系，父权是家庭中最重要的权力。并且，家长的权力得到了相关法律的确认，在这种情况下，每一个家庭成员是依附于家庭的，很多选择都会受到家长的支配。"父母之命、媒妁之言"，个人的婚姻大事也是由家长决定的，这在"婚姻自主"已经成为普遍共识的今天是很难想象的。在传统社会，家庭成员是一种"群体"的存在，并没有今天的明确的自我意识。"家庭甚至家族成员都自然而然地被纳入一种'共产主义'的生活形态之中""也就是说，近代社会的那种以个人为原点的利益意识尚未出现"⑤。而"所有进步社会的运动在有一点上是一致的。在运动发展的过程中，其特点是家族依附的逐步消灭以及代之而起的个人义务的增长"⑥。在传统社会的这种依附关系中，服从于家长的权威就成了伦

---

① 费孝通.乡土中国 [M].北京：人民出版社，2008：3.
② 费孝通.乡土中国 [M].北京：人民出版社，2008：7.
③ 摩尔.专制与民主的社会起源 [M].王茁，顾洁，译.上海：上海译文出版社，2013：514-515.
④ 林语堂.吾国与吾民 [M].北京：群言出版社，2010：155.
⑤ 张康之，张乾友.共同体的进化 [M].北京：中国社会科学出版社，2012：3.
⑥ 梅因.古代法 [M].沈景一，译.北京：商务印书馆，2009：110.

理导向实质正义观念形成的一个重要原因。此外，人们之间的区分标准就是血缘关系，由于血缘关系的不同，社会便被分割成了具有不同血缘的"社群"。再加上传统社会人们居住地域的相对封闭性，相同血缘的人大多居住在同一个地方，这样的话，血缘与地缘两者就重叠了起来。这些特殊的关系就成了中国社会的差序格局。相应地，伦理关系就成了正义原则适用的基础。人们是基于面子的有无、关系的远近来选择相适应的原则的，血缘和地缘等因素便构成了差序正义观念产生的社会基础。"在民间，血缘和地缘的特殊关系规范往往比国家制度更有效力"①。

最后，从正义原则的依据来看，人们选择的依据是生活中形成的伦理，而不是相关的法律。中国是一个伦理本位的社会，每一个人都是置身于各种不同的伦理关系之中的，"人一生下来，便有与他相关系之人（父母，兄弟等），人生且将始终在与人相关系中而生活（不能离社会），如此则知，人生实存于各种关系之上。此种种关系，即是种种伦理"。再进一步来看，伦理就意味着人情。我们说伦理的重要性，并不是说传统社会没有法律。事实上，中国传统社会的刑法是比较完善的。法律和人情的存在使得人情与国法在现实中是混合在一起的。也就是说，人们在对社会正义状况进行评价的时候，往往会将情理法等不同的因素结合起来进行考虑，当这三者结合起来的时候，人们所实际遵循的便是基于人情所派生出来的一种特殊主义原则，人与人之间关系的远近、人们之间社会地位的差别就成为影响原则适用的关键因素。

（四）以儒家思想为主要根源的传统文化基因

中国传统文化的突出特征是以儒家思想为主导，儒释道相结合的文化。作为社会价值观念的一个组成部分，民众正义观念也在很大程度为传统文化的这种特征所规定。首先从儒家文化对于传统社群正义观念的影响来看。自从"罢黜百家独尊儒术"后，儒家思想就一直是传统中国社会的主导思想，在经历了长时期儒家思想的熏陶之后，儒家的一些思想主张对民众的价值观念产生了明显影响。就传统的社群正义观念来看，儒家思想中的"亲亲""尊尊""隐隐"、三纲五常、三从四德等思想都对民众正义观念产生了显著的影响，构成了传统社群正义观念中正义主体偏好、正义原则偏好、正义原则适用等内容的文化基础。具体来看，"亲亲""尊尊""隐隐"的主张对人们的差序正义原则选择的形成具有明显的影响，也正是由于这种影响，在对正义原则适用的过程中，人们总是根据亲疏关系来选择相适应的正义原则，因此，亲疏关系的不同导致了人们在交往的过程中适用正义原则的差别。所谓"一表三千里"就是这种差别的典型体现。与之同样的是，"三从四德""三纲四维五伦八德"等儒家思想的主张对人们处理纵向关系以及横向的交往关系时所遵循的原则也产生了明显的影响。从纵向关系来看，儒家的相关主张使得人们接受了等级的差别，服从于君主的权威、服从于家长的权威、妇女还要服从于丈夫的权威。其中，与"忠"和"礼"等相关的一些主张不仅使得人们接受和认可等级社会秩序的存在，而且在很大程度上也促使了民众依附性人格的形成，这种人格是义务导向的，这可能也是传统社会的民众不认为提供公共服务是政府的职责的原因之一。

---

① 季卫东.法治秩序的建构［M］.北京：商务印书馆，2014：254.

从横向关系来看，人们主要是以五伦的关系来选择相应的正义原则，关系远近也就决定了适用原则差异。

除了儒家思想的影响，道家以及佛教的一些思想对传统中国民众正义观念的形成也产生了影响。道家思想的核心之一是出世，这一思想对于民众的生存伦理原则等具有重要影响。其中，道家对生活态度的逍遥主张就与民众的生存伦理观念、乐天知命的观念之间具有密切的关系。佛教的一些主张也对传统民众正义观念的形成产生了重要影响。自佛教传入中国以来，传统的天人感应以及佛教的"六道轮回"和"三世因果"等相关主张共同对民众的善恶报应观念形成了影响，使得人们能够接受已有的社会伦理和秩序[1]。此外，佛教的一些主张也会使得人们接受和认可社会的不平等，认为这是命运的安排，除了接受之外并没有什么更好的选择。"因为没有人常能交好运，而好运又不能降临到每个人头上，人遂很愿意容忍这种不平等，认为一种合乎天然的法则。"[2]

民众正义观念是普通民众内心中所持有的用来衡量社会资源的分配状况是否合理的标尺，从历时态的视角来看，其具有动态性的特征，随着社会的发展而不断变化。如果以社会成员结合形式的不同为划分标准，民众正义观念可以分为社群正义和社会正义两种类型。两种观念不仅各自包含不同的内容，而且分别对应传统与现代两种不同的社会形态。社会的现代化必然会要求社群正义向社会正义观念转型，在当前的社会转型期，只有系统比较当前正义观念与传统社群正义观念的差别，才能全面了解正义观念的现代化程度及影响因素。系统"还原"传统社群正义观念的主要特征，阐释其社会根源不仅是测量当前的民众正义观念在现代化的道路上究竟走了多远的前提，也是正义观念现代转型问题研究的"原点"，可以为后续民众正义观念转型的实证研究奠定坚实的基础。因此，本书从主体偏好、客体认知、比较对象选择、正义原则及其适用等维度对传统社群正义观念的主要特征进行分析，并且从政治、经济、文化和社会等方面来深入发掘了其社会根源。接下来，我们将采用问卷调查等方法对正义观念的转型问题进行深入研究。

第二节 当前中国民众正义观念的总体特征

本研究将从社会正义主体偏好、社会正义原则偏好、社会正义客体认知、社会正义比较对象选择等几个维度来对民众正义观念从传统向现代转型过程中的总体特征进行分析和介绍。在具体的设计上，民众正义观念的不同维度的内容各自对应着不同的问题。其中，民众社会正义主体偏好状况包括两个方面：民众社会纠纷解决主体的偏好；民众的政府再分配偏好。民众社会正义原则偏好状况的分析包括两个不同的方面：民众社会正义原则的重心状况，即公正导向还是公平导向，更为关注结果的合理性还是更为关注过程的合理性；民众公平原则的偏好，即民众的机会平等原则偏好、结果平等原则偏好、平均主义分配原则偏好。民众的社会正义客体认知状况的考察包括两个方面：民众是否具有权利意识；在成本不高时、得不偿失时的维权行为选择。民众社会正义比较对

---

① 李四龙.中国佛教与民间社会 [M]. 郑州：大象出版社，2009.
② 林语堂.吾国与吾民 [M]. 北京：群言出版社，2010：177.

象选择情况的考察是从民众在对个人收入的合理性进行评价的选择对象入手的，具体包括两个不同维度的内容：自身维度比较，选择与自己过去的收入进行比较、将自身的收入与贡献进行比较、看自身的实际需要是否能够得到有效满足；横向维度比较，选择条件比自己强的人进行比较、选择条件和自己相似的人进行比较、选择条件比自己差的人进行比较，见表5-1。

表5-1　　　　　　　　　　中国民众正义观念总体状况研究设计

民众正义观念		问题设计
社会正义主体偏好	纠纷解决	若遭遇不公平对待，您第一选择的解决途径是（自己解决、向亲朋好友求助、上访、法院、媒体）；在调研过程中由调查对象自己进行排序
	再分配	救助生活有困难的人是政府的责任 （非常不同意、不同意、说不清楚、同意、非常同意）
社会正义原则偏好	原则重心	只要决策是合理的，我参不参与决策过程不重要 （非常不同意、不同意、说不清楚、同意、非常同意）
	经济领域公平原则	生活在一个贫穷但平等的社会比生活在富裕但不平等的社会要好 （非常不同意、不同意、说不清楚、同意、非常同意）
		只要机会均等，就算有穷有富也是可以接受的 （非常不同意、不同意、说不清楚、同意、非常同意）
		我希望回到20世纪80年代之前人们平等生活的时代 （非常不同意、不同意、说不清楚、同意、非常同意）
	家庭领域公平原则	当我的家人遇到困难时，我会尽最大可能帮助 （非常不同意、不同意、说不清楚、同意、非常同意）
社会正义客体认知	权利意识	若没有得到应得的利益，我首先会想我的合法权利是否受到了侵犯 （非常不同意、不同意、说不清楚、同意、非常同意）
	维权行为选择	若没有得到应得利益，如果成本不高，我会考虑去维护自己的利益 （非常不同意、不同意、说不清楚、同意、非常同意）
		若没有得到应得利益，即使得不偿失我也会努力维护自身权利 （非常不同意、不同意、说不清楚、同意、非常同意）
社会正义比较对象选择	自身比较	没必要和别人比，我只看我的贡献和收入是否成正比 （非常不同意、不同意、说不清楚、同意、非常同意）
		没必要和别人比，我只在乎收入是否比以前有提高 （非常不同意、不同意、说不清楚、同意、非常同意）
		没必要和别人比，我只看现在的收入能否满足我的需要 （非常不同意、不同意、说不清楚、同意、非常同意）
	横向比较	与自身条件和我相似的人相比 （非常不同意、不同意、说不清楚、同意、非常同意）
		与自身条件比我强的人相比 （非常不同意、不同意、说不清楚、同意、非常同意）
		与自身条件比我差的人相比 （非常不同意、不同意、说不清楚、同意、非常同意）

在表5-1中,不同的题目所考查的内容以及要实现的目标是不同的。随着社会的转型,在民众社会正义主体偏好维度,民众的社会纠纷解决主体偏好逐渐会从传统权威向现代权威转变,民众会认为救助生活有困难的人是政府的责任;在民众社会正义原则偏好维度,民众社会正义原则的重心会逐渐从公平导向转移到公正导向,经济领域的公平原则逐渐转变到机会公平的原则,但是家庭领域的需要原则不会随着社会的转型而发生变化;在民众的社会正义客体认知维度,民众的权利意识和主张会逐渐增强;在民众的社会正义比较对象选择维度,民众在对于自身的收入状况是否合理进行评价时,从自身维度会越来越多地对贡献与收入进行比较,与此同时,也会在横向维度进行比较。接下来,我们依据调查数据对上述问题加以具体分析。

一、民众的社会正义主体偏好状况

在转型时期,民众的社会正义主体是否发生变化?又会在多大程度发生变化?本书主要从社会纠纷解决主体偏好以及再分配偏好两个方面对民众社会正义主体偏好的状况进行分析。

(一)民众的社会纠纷解决机制偏好状况

当遇到社会纠纷的时候,民众首先会选择哪一种途径进行解决?课题组所选择的题目是"若遭遇不公平对待,您选择的解决途径是(自己解决、向亲朋好友求助、上访、法院、媒体)",在调查的过程中由调查对象根据自身实际按照选择顺序进行排序。最后,我们对问卷调查所获得的数据进行了统计,见表5-2。

表5-2　　　　　　　　　　　民众的社会纠纷解决机制偏好状况

若遭遇不公平对待,您选择的解决途径是(法院、上访、媒体、向亲朋好友求助、靠自己解决)

选项	第一选择		第二选择		第三选择		第四选择		第五选择	
	频次	比例	频次	比例	频次	比例	频次	比例	频次	比例
法院	423	17.6%	271	11.3%	663	27.6%	518	21.6%	522	21.8%
上访	231	9.6%	333	13.9%	697	29.0%	654	27.3%	478	19.9%
媒体	138	5.8%	284	11.8%	594	24.8%	627	26.1%	751	31.3%
向亲朋好友求助助	275	11.5%	1 239	51.6%	271	11.3%	380	15.8%	229	9.5%
靠自己解决	1 330	55.4%	270	11.2%	168	7.0%	214	8.9%	413	17.2%
缺失	2	0.1%	4	0.2%	7	0.3%	7	0.3%	7	0.3%

我们将受访者的第一选择和第二选择进行了分析。

在第一选择中,排名第一的选项是"靠自己解决",共有1 330人,占全部调查对象的55.4%;排名第二的选择是"法院",共有423人,占全部调查对象的17.6%;排名第三的选择是"向亲朋好友求助",共有275人,占全部调查对象的11.5%;排名第四的选择是"上访",共有231人,占全部调查对象的9.6%;排名第五的选择是"媒体",共有138人,占全部调查对象的5.8%;有2人漏答,占全部调查对象的0.1%。

在第二选择中,排名第一的选项是"向亲朋好友求助",共有1 239人,占全部调查对象的51.6%；排名第二的选择是"上访"，共有333人，占全部调查对象的13.9%；排名第三的是选择"媒体"，共有284人，占全部调查对象的11.8%；排名第四的选择是"法院"，共有271人，占全部调查对象的11.3%；排名第五的选择是"靠自己解决"，共有270人，占全部调查对象的11.2%；有4人漏答，占全部调查对象的0.2%。

这一结果反映出，在社会正义实现机制上，中国民众的偏好还是侧重于传统的纠纷解决机制。从民众正义观念转型的视角来看，这一维度的现代化程度并不是很高。

（二）民众的政府再分配偏好状况

在传统社会，民众的政府再分配偏好强度是较低的，那么，目前中国民众对政府的再分配作何理解？为了了解民众的政府再分配偏好状况，我们设计了"救助生活有困难的人是政府的责任（非常同意、同意、不同意、非常不同意、说不清楚）"这一题目。最后根据问卷调查所获得的数据，对问题的回答结果进行了统计，见表5-3。

表5-3　　　　　　　　　　民众的政府再分配偏好状况

救助生活有困难的人是政府的责任	人数	百分比（%）	累积百分比（%）
非常同意	431	18.0	18.0
同意	1 543	64.2	82.2
不同意	297	12.4	94.6
非常不同意	35	1.5	96.1
说不清楚	91	3.8	99.9
缺失	1	0.1	100.0

从表5-3的结果中可以看出，一共有82.2%的调查对象支持政府对生活困难的人进行帮助，认为救助生活有困难的人是政府的责任（选择同意和非常同意的加总）。这一结果表明，目前中国大多数民众是支持政府通过再分配的方式来帮助弱势群体、缓解社会不平等问题的。这与传统的民众正义观念状况具有很大不同，因为在传统社会民众并没有类似的主张，没有将救助生活困难的人视为政府应当承担的责任。与之前的类似研究相比，民众对政府再分配的支持强度有了一定程度的提高。从民众正义观念转型的视角来看的话，这一结论表明，在民众的政府再分配偏好这一维度上，中国民众的正义观念已经具有了较高的现代化程度。

二、民众的社会正义原则的偏好状况

社会转型的一个重要内容就是社会领域的不断分化，相应地，不同领域具有相应的正义原则。从社会转型的视角来看，经济领域所适用的首要原则就是应得，当然，在现实中由于人们的努力和能力等方面的差别，应得原则的适用必然会带来一定的收入差距问题，因此，持有应得正义原则的人往往会接受因能力差异而带来的不平等问题；家庭领域所适用的首要原则就是需要，即将资源分配给最需要的家庭成员。

（一）民众对机会平等原则的偏好

从社会正义认知重心的调查结论中可以看出，现阶段民众对公平原则的偏好要强于对公正原则的偏好。进一步来看，公平原则可以分为机会平等和结果平等两个不同的维度。那么，在机会分配的合理性与结果分配的合理性两者之间，民众更倾向于哪一种分配的合理性？本研究根据问卷的数据，对"只要机会均等，就算有穷有富也是可以接受的（非常同意、同意、不同意、非常不同意、说不清楚）"这一问题的回答情况进行了统计，见表5-4。

表5-4　　　　　　　　　　　　民众对机会平等原则的偏好状况

只要机会均等，就算有穷有富也是可以接受的	人数	百分比（%）	累积百分比（%）
非常同意	282	11.8	11.8
同意	1687	70.3	82.1
不同意	259	10.8	92.9
非常不同意	59	2.5	95.4
说不清楚	111	4.6	100.0
缺失	1	0.0	100.0

从表5-4中可以看出，有82.1%的调查对象选择了非常同意或者同意，这一结果说明民众普遍认可机会的平等要优先于结果的平等，只要机会是平等的，即使结果不平等也可以接受。在现代社会，人们之间由于能力的差异，分配结果存在差异也属于正常状况。因此，民众正义观念的这一维度的现代化程度是较高的。

（二）民众对经济领域正义原则的偏好

在现代社会，应得是经济领域的首要正义原则，但是它也会带来收入差距和不平等问题。为了考察中国民众在经济领域的正义原则偏好，课题组根据问卷调查数据，对"生活在一个贫穷但平等的社会比生活在富裕但不平等的社会要好（非常同意、同意、不同意、非常不同意、说不清楚）"这一问题的回答状况进行了统计，见表5-5。

表5-5　　　　　　　　　　　　民众对经济领域正义原则的偏好状况

生活在一个贫穷但平等的社会比生活在富裕但不平等的社会要好	人数	百分比（%）	累积百分比（%）
非常同意	227	9.5	9.5
同意	983	41.0	50.5
不同意	749	31.2	81.7
非常不同意	143	6.0	87.7
说不清楚	297	12.3	100.0

从表5-5中可以看出，有50.5%的调查对象选择了同意或者非常同意。这一结论说明，有一半调查对象认为生活在一个贫穷但平等的社会比生活在富裕但不平等的社会要好。与之相反，有37.2%的调查对象选择了不同意或者非常不同意，认为生活在富裕但不平等的社会要比贫穷但平等的社会要好。有12.3%的调查对象选择了说不清楚，对这一问题没有清晰的认识和理解，也反映出在做选择时内心中的纠结。从民众正义观念转型的视角来看，经济领域的正义原则这一维度的现代化程度并不是很高，与市场经济的要求还存在一定的差距。

（三）民众的平均主义分配原则偏好

为了考察民众平均主义分配原则偏好状况，本研究根据问卷调查获得的数据，对"我希望回到20世纪80年代之前人们平等生活的时代（非常不同意、不同意、说不清楚、同意、非常同意）"这一问题的回答状况进行了统计，见表5-6。

表5-6　　　　　　　　　　民众的平均主义分配原则的偏好状况

我希望回到20世纪80年代之前人们平等生活的时代	人数	百分比（%）	累积百分比（%）
非常同意	145	6.0	6.0
同意	551	23.0	29.0
不同意	1 168	48.7	77.7
非常不同意	344	14.3	92.0
说不清楚	189	7.9	99.9
缺失	3	0.1	100.0

从5-6表中可以看出，选择不同意或者非常不同意的占全部调查对象的63.0%。这说明有一半以上的调查对象不支持平均主义的分配原则。这一结论与上一个问题有一定反差，在上一个题目中，有超过一半的调查对象认为结果平等的状况是可以接受的。其中的原因需要进一步分析。

（四）家庭领域的需要原则状况

无论是在传统社会，还是在现代社会，需要都是家庭领域的正义原则。那么，在社会转型时期，民众是否认同这一原则？我们根据问卷调查数据，对"当我的家人遇到困难时，我会尽最大可能帮助（非常同意、同意、不同意、非常不同意、说不清楚）"这一问题的回答情况进行了统计，见表5-7。

表5-7　　　　　　　　　　家庭领域的需要原则状况

当我的家人遇到困难时，我会尽最大可能帮助	人数	百分比（%）	累积百分比（%）
非常同意	828	34.5	34.5
同意	1501	62.5	97.0
不同意	29	1.2	98.2
非常不同意	21	0.9	99.1
说不清楚	22	0.9	100.0

从表5-7中可以看出，有97.0%的调查对象选择了同意或者非常同意。这一结果表明，调查对象普遍认可家庭领域的需要原则，认为在家庭成员遇到困难时应当尽最大可能提供帮助。这一原则并没有随着社会的转型而发生变化，事实上，需要原则也是在现代社会家庭领域中应该遵循的正义原则。

三、民众的社会正义客体认知状况

社会正义的客体是与权利紧密联系在一起的，在这一意义上，民众的社会正义客体认知所反映的是权利意识问题。在传统社会，民众对正义客体的认知并不是用权利的话语体系来认识的。那么，在转型时期，民众是否具备应有的权利观念？维护合法权利的意愿有多么强烈？为了系统了解民众的社会正义客体认知状况，我们选择了三个相关的题目："若没有得到应得的利益，我首先会想我的合法权利是否受到了侵犯（非常同意、同意、不同意、非常不同意、说不清楚）"；"若没有得到应得利益，如果成本不高，我会考虑去维护自己的利益（非常同意、同意、不同意、非常不同意、说不清楚）"；"若没有得到应得利益，即使得不偿失我也会努力维护自身权利（非常同意、同意、不同意、非常不同意、说不清楚）"。本研究试图通过民众对这三个问题的回答来分析其权利意识，也就是社会正义客体认知状况。

（一）民众的权利认知状况

从社会正义的视角来看，权利往往是与具体的利益联系在一起的，在这一意义上，可以从具体的利益来对民众的权利意识问题进行分析。那么，目前中国民众是否具备了应有的权利意识？课题组根据问卷调查的数据，对"若没有得到应得的利益，我首先会想我的合法权利是否受到了侵犯（非常同意、同意、不同意、非常不同意、说不清楚）"这一问题的回答情况进行了统计，见表5-8。

表5-8　　　　　　　　　　　　　民众的权利认知状况

若没有得到应得的利益，我首先会想我的合法权利是否受到了侵犯	人数	百分比（%）	累积百分比（%）
非常同意	351	14.6	14.6
同意	1 740	72.5	87.1
不同意	164	6.9	94.0
非常不同意	13	0.5	94.5
说不清楚	132	5.5	100.0

从表5-8中可以看出，有87.1%的调查对象选择了同意或者非常同意。这一结论说明，目前民众大多数已经具有了权利意识和观念。从民众正义观念转型的视角来看，这一维度的现代化程度是比较高的。

（二）成本不高时的民众维权行为选择

当民众意识到自己的权利受到损害并且维权的成本不高时，民众会考虑维护自己的合法利益吗？课题组根据问卷调查的数据对"若没有得到应得利益，如果成本不高，我会考虑去维护自己的利益（非常同意、同意、不同意、非常不同意、说不清楚）"这一问题的回答情况进行了统计见表5-9。

表5-9　　　　　　　　　　　成本不高时的民众维权行为选择状况

若没有得到应得利益，如果成本不高，我会考虑去维护自己的利益	人数	百分比（%）	累积百分比（%）
非常同意	258	10.8	10.8
同意	1 762	73.4	84.2
不同意	269	11.2	95.4
非常不同意	11	0.5	95.9
说不清楚	99	4.1	100.0

从表5-9中可以看出，一共有84.2%的调查对象选择了同意或者非常同意。这一结果说明，当维权的成本不是很高的时候，民众大多数都愿意去维护自身合法的权利。从民众正义观念转型的视角来看的话，这一维度的现代化程度是比较高的。

（三）成本过高时的民众维权行为选择状况

沿着上一个问题继续追问下去，当维权的成本过高，甚至是得不偿失的时候，如果没有获得应得的利益，民众是否还会选择进行维权？这也是考察民众是否具备现代法权观念和维权意识的重要切入点之一。我们根据问卷调查获得的数据，对"若没有得到应得利益，即使得不偿失我也会努力维护自身权利（非常同意、同意、不同意、非常不同意、说不清楚）"这一问题的回答情况进行了统计，见表5-10。

表5-10　　　　　　　　　　成本过高时的民众维权行为选择状况

若没有得到应得利益，即使得不偿失我也会努力维护自身权利	人数	百分比（%）	累积百分比（%）
非常同意	231	9.7	9.7
同意	1 407	58.6	68.3
不同意	561	23.4	91.7
非常不同意	58	2.4	94.1
说不清楚	142	5.9	100.0

从表5-10中可以看出，一共有68.3%的调查对象选择了同意或者非常同意。相比较而言，这一问题的支持强度要低于前一个问题84.2%的支持强度。这一结论说明，民众在进行维权的过程中，可能会进行一个成本与收益的计算，如果成本过高或者是得不偿失的时候就有可能选择放弃进行维权。从民众正义观念转型的视角来看的话，这一维度的现代化程度并不如前两个维度的程度高。

四、民众的社会正义比较对象选择状况

民众在评价社会价值分配的公平性时，会选择相应的对象进行比较，其中，既可能选择自身的需要或者之前的收入进行比较，也有可能选择其他的对象进行比较。在传统社会，受"安全第一"的生存伦理影响，民众往往会只会看收入是否能够满足自身的实际需要。但是在现代社会，人们更加倾向于与他人进行比较。为了系统了解中国民众的社会正义比较对象选择状况，课题组选择了六个相关问题："没必要和别人比，我只看我的贡献和收入是否成正比"；"没必要和别人比，我只在乎收入是否比以前有提高"；"没必要和别人比，我只看现在的收入能否满足我的需要"；"与自身条件和我相似的人相比"；"与自身条件比我强的人相比"；"与自身条件比我差的人相比"。

（一）将自己的贡献与收入进行比较状况

民众在判断收入水平的公平性的过程中，可能会选择将自身的贡献与收入进行比较。为了系统了解中国民众对这一问题的认知，我们根据问卷调查的数据，对"没必要和别人比，我只看我的贡献和收入是否成正比（非常同意、同意、不同意、非常不同

意、说不清楚）"这一问题的回答情况进行了统计，见表5-11。

表5-11 　　　　　　　　　将自己的贡献与收入进行比较状况

没必要和别人比，我只看我的贡献和收入是否成正比	人数	百分比（%）	累积百分比（%）
非常同意	290	12.1	12.1
同意	1 852	77.2	89.3
不同意	170	7.1	96.4
非常不同意	10	0.4	96.8
说不清楚	78	3.2	100.0

从表5-13中可以看出，一共有89.3%的调查对象选择了同意或者非常同意。也就是说，民众对社会正义问题进行评价的过程中会对自身的付出与收获进行比较。这一维度的现代化程度是比较高的。

（二）同自己的过去进行比较状况

在对收入的公平性进行衡量的过程中，民众是否不是同周边的人进行比较，而是会选择同自己过去的收入进行比较？为了系统了解这一问题，课题组对"没必要和别人比，我只在乎收入是否比以前有提高（非常同意、同意、不同意、非常不同意、说不清楚）"这一问题的回答情况进行了统计，见表5-12。

表5-12 　　　　　　　　　同自己的过去进行比较状况

没必要和别人比，我只在乎收入是否比以前有提高	人数	百分比（%）	累积百分比（%）
非常同意	226	9.4	9.4
同意	1 754	73.1	82.5
不同意	327	13.6	96.1
非常不同意	26	1.1	97.2
说不清楚	66	2.8	100.0

从表5-12中可以看出，一共有82.5%的调查对象选择了同意或者非常同意。这一结论说明，大多数民众在对社会正义状况进行评价的过程总会选择同自己过去的一些经历进行比较。

（三）看收入是否能够满足自身的需要状况

传统民众正义观念的一个重要特征就是"安全第一"的生存伦理，即人们并不倾向于同周边的人进行比较，而是看自己的收入是否能够满足自身的实际需要。那么，在现代社会民众对于这一问题具有怎样的认识？我们根据问卷调查所获得数据对"没必要和别人比，我只看现在的收入能否满足我的需要（非常同意、同意、不同意、非常不同意、说不清楚）"这一问题的回答情况进行了统计，见表5-13。

表5-13　　　　　　　　看收入是否能够满足自身的需要状况

没必要和别人比，我只看现在的收入能否满足我的需要	人数	百分比（%）	累积百分比（%）
非常同意	213	8.9	8.9
同意	1 707	71.1	80.0
不同意	354	14.7	94.7
非常不同意	33	1.4	96.1
说不清楚	92	3.8	99.9
缺失	1	0.1	100.0

从表5-13中可以看出，有80.0%的调查对象选择了非常同意或者同意。这一结论说明，在现代社会，人们在对社会正义状况进行评价时，也会看自己的收入是否能够满足自身的需要。

（四）与自身条件相似的人进行比较状况

民众在对社会正义状况进行评价的过程中，是否会选择与自身条件相似的人进行比较？为了系统了解这一问题，我们根据问卷调查结果对"与自身条件和我相似的人相比（非常同意、同意、不同意、非常不同意、说不清楚）"这一问题的回答情况进行了统计，见表5-14。

表5-14　　　　　　　　与自身条件相似的人进行比较

与自身条件和我相似的人相比	人数	百分比（%）	累积百分比（%）
非常同意	93	3.9	3.9
同意	1 028	42.8	46.7
不同意	1 027	42.8	89.5
非常不同意	89	3.7	93.2
说不清楚	156	6.5	99.7
缺失	7	0.3	100.0

从表5-14中可以看出，有46.7%的调查对象选择了同意或者非常同意。与前面的"个人"比较相比，选择与他人进行横向比较的明显下降了不少。这一结论说明，人们还是更加倾向于自身维度的比较。

（五）与条件比自己强的人进行比较状况

在选择比较对象的时候，民众是否会选择比自己条件强的人进行比较？我们根据问卷调查的数据对"与自身条件比我强的人相比（非常同意、同意、不同意、非常不同意、说不清楚）"这一问题的回答情况进行了统计，见表5-15。

表5-15   与条件比自己强的人进行比较状况

与自身条件比我强的人相比	人数	百分比（%）	累积百分比（%）
非常同意	79	3.3	3.3
同意	660	27.5	30.8
不同意	1 387	57.8	88.6
非常不同意	119	5.0	93.6
说不清楚	153	6.3	99.9
缺失	2	0.1	100.0

从表5-15中可以看出，有30.8%的调查对象选择了同意或者比较同意。这一比例要明显小于同自己条件相似的人进行比较的比例。

（六）与条件比自己差的人进行比较状况

民众在选择比较对象的时候，是否会选择比自己条件差的人进行比较？为了系统了解这一问题，我们根据问卷调查数据对"与自身条件比我差的人相比（非常同意、同意、不同意、非常不同意、说不清楚）"这一问题的回答情况进行了统计，见表5-16。

表5-16   与条件比自己差的人进行比较状况

与自身条件比我差的人相比	人数	百分比（%）	累积百分比（%）
非常同意	49	2.0	2.0
同意	347	14.5	16.5
不同意	1 642	68.4	84.9
非常不同意	215	8.9	93.8
说不清楚	148	6.2	100.0

从表5-16中可以看出，共有16.5%的调查对象选择了同意或者比较同意。这一结论说明，大部分民众都不支持选择与条件比自己差的人进行比较。

综合上述六个方面的分析结论可以看出，目前中国民众在对社会正义的比较对象进行选择的过程中更倾向于与自己（贡献与收入、实际需要、过去的状况）进行比较，而不是选择与他人进行横向比较，并且在进行横向比较的过程中更倾向于选择与自己条件相似的人进行比较，其次是选择比自己条件好的人进行比较，选择比自己条件差的人进行比较的最少。

五、转型时期民众正义观念的总体状况

在这一章的前几部分，我们根据问卷调查结果，从社会正义主体偏好、社会正义原则偏好、社会正义客体的认知、社会正义比较对象选择等四个不同的维度对当前中国民众正义观念的总体状况进行了考察。结果发现，民众正义观念不同维度的内容的现代化程度存在较大程度的差异，其中，一些内容的现代化程度较高，而也有一些内容的现代

化程度较低，见表5-17。

表5-17　　　　　　　中国民众正义观念不同维度的现代化程度比较

民众正义观念	问题设计	现代化程度
社会正义实现机制偏好	若遭遇不公平对待，您第一选择的解决途径是 （自己解决、向亲朋好友求助、上访、法院、媒体）	不高
	救助生活有困难的人是政府的责任 （非常同意、同意、不同意、非常不同意、说不清楚）	较高
社会正义原则偏好	只要决策是合理的，我参不参与决策过程不重要 （非常同意、同意、不同意、非常不同意、说不清楚）	不高
	生活在一个贫穷但平等的社会比生活在富裕但不平等的社会要好 （非常同意、同意、不同意、非常不同意、说不清楚）	不高
	只要机会均等，就算有穷有富也是可以接受的 （非常同意、同意、不同意、非常不同意、说不清楚）	较高
	当我的家人遇到困难时，我会尽最大可能帮助 （非常同意、同意、不同意、非常不同意、说不清楚）	不应随社会转型而变化
社会正义客体认知	若没有得到应得的利益，我首先会想我的合法权利是否受到了侵犯 （非常同意、同意、不同意、非常不同意、说不清楚）	较高
	若没有得到应得利益，如果成本不高，我会考虑去维护自己的利益 （非常同意、同意、不同意、非常不同意、说不清楚）	较高
	若没有得到应得利益，即使得不偿失我也会努力维护自身权利 （非常同意、同意、不同意、非常不同意、说不清楚）	较高（但强度要低于上一项）
社会正义比较对象选择	没必要和别人比，我只看我的贡献和收入是否成正比 （非常同意、同意、不同意、非常不同意、说不清楚）	民众更多的是选择与自己（贡献与收入、实际需要、过去收入）进行比较，在选择他人进行比较时更多地选择与自己条件相似的人进行比较
	没必要和别人比，我只在乎收入是否比以前有提高 （非常同意、同意、不同意、非常不同意、说不清楚）	
	没必要和别人比，我只看现在的收入能否满足我的需要 （非常同意、同意、不同意、非常不同意、说不清楚）	
	与自身条件和我相似的人相比 （非常同意、同意、不同意、非常不同意、说不清楚）	
	与自身条件比我强的人相比 （非常同意、同意、不同意、非常不同意、说不清楚）	
	与自身条件比我差的人相比 （非常同意、同意、不同意、非常不同意、说不清楚）	

表5-17从不同的维度较为系统地呈现出了中国民众正义观念的现代化程度。从价值观念转型的视角来看，当前中国民众正义观念现代化具有鲜明的"变与不变"共存的特征。这一结论也验证了课题组所提出的转型中国民众正义观念状况总体特征的研究假设。

第三节　民众正义观念的影响因素

一、社会转型、生活经历变化与民众正义观念变迁

（一）着眼于历时态视角研究民众正义观念问题

在一定意义上，社会可以理解为人与人之间的结合，由于任何形式的合作都会伴随收益以及负担的分配等问题，因此就不可避免地要在不同的社会成员之间合理分配社会资源，以更好地促进社会合作，进而维护良好的社会秩序，事实上，这也是正义问题产生的根本原因。由此来看，正义可以说是人类社会发展进程中所面临的一个永恒的话题，古今中外的学者对于何为正义这一问题的探讨由来已久，与正义相关的文献资料可以说是浩如烟海。沿着古今中外正义理论演进的历史脉络，我们不仅可以"穿越时空"来到孔子、柏拉图、亚里士多德等先哲的著作中去寻找正义理论的源头，也能够到罗尔斯、诺奇克、哈贝马斯、德沃金、森、米勒、欧金以及纳斯鲍姆等学者的相关著作中去了解正义理论的最新进展和发展趋势。既然正义问题是与社会资源的分配紧密联系的，那么对于该问题的理解也就并不只是伦理学、哲学、政治学和社会学等学科相关学者的"专利"。在现实生活中，每一个社会成员的心目中也同样有着对于什么是正义、应当怎样分配社会资源才合理等问题的理解和认知。在这个意义上，一个稳定有序的社会必然是具有较大程度正义共识的社会，或者是即使存在观念差异但也能够达成正义共识的社会。在现实生活中，我们也经常会切实感受到类似的情况：每个社会成员都认为正义是重要的，而且每个人在讨论起正义问题时也都会滔滔不绝；但实际上每个社会成员的内心中对于正义的理解各有不同，有些时候甚至谁都不能说服对方。也正是因为如此，罗尔斯提出用正义的概念与观念[①]这一组概念来对上述现象进行区分，基于这种划分标准，每个人都是根据自身的观念来对正义概念所包含的具体内容进行理解的。沿着这种思路，我们会发现，每个人对于正义概念都有着属于自己的理解，这也揭示出不同社会成员对正义概念理解的差异在实质上所反映的就是正义观念的差异，也就是对于何为正义理解的不同，而且正义观念的这种差异也在影响着人们对于教育、医疗卫生以及再分配等公共政策合理性的评价。类比来看，上述正义的概念与观念之间的区别就如同每个企业都有自己的使命，但是每个企业对于自身组织使命和定位的具体阐述又是存在明显差异的；在人生的道路上，每个人都会有自己的人生追求和目标，但是每个人所追求的目标的具体内容同样也存在着明显的不同。

---

① 罗尔斯.正义论［M］.何怀宏，等译.北京：中国社会科学出版社，2009：3.

如果进一步拓宽视野，我们还可以发现不仅仅是正义观念，几乎所有的社会价值观念也都存在着类似的情况：不同社会群体或者社会成员的价值观念之间存在着一定程度的差异。为了更好地认识这些价值观念之间的差异，社会学等不同学科的相关研究陆续提出了对于社会价值观念进行划分的标准。例如，著名学者米德曾经采用"代沟"这一概念形象地对不同代际群体社会价值观念的差异问题进行了分析[①]；而芮德菲尔德则是提出了"大传统"（以城市为中心的、精英群体的文化）和"小传统"（以农村为中心的、农村居民所代表的文化）这一对概念来对社会精英和普通民众的观念进行区分[②]。事实上不仅是在西方，类似芮德菲尔德的这种区分在中国社会也是一直存在的。例如，相关研究表明，传统儒家文化中"仁""义""礼"等一些内容与人们在日常生活中所遵循的"人情""面子""关系"等行为原则是不同的，而且两者之间的关系既具有衔接性又具有紧张性。[③]借鉴芮德菲尔德的上述分类方法，我们同样可以将普通民众心目中的正义评价标准称为民众正义观念，也就是普通民众对于何为正义这一问题的理解。在这个意义上，民众正义观念是与自由主义、社群主义、功利主义等社会正义的相关理论相对应的。但需要注意的是，我们进行类似的区分并不意味着民众正义观念与社会正义的相关理论之间是毫无联系的，恰恰相反，两者之间的内在关联在于：一方面，社会正义的相关理论可以为民众正义观念状况的研究提供理论层面的依据和分析框架，进而为系统了解民众正义观念的实际状况提供有效的认识工具；另一方面，民众正义观念状况的研究结论和发现可以检验相关社会正义理论的内容，进而推动正义理论的发展。例如，无论是豪尔绍尼采用实证研究对罗尔斯所提出的相关正义原则的检验[④]，还是米歇尔·伯克利基于实证研究对戴维·米勒所提出的需要、平等和应得等三种社会正义原则进行的检验[⑤]所得出的结论都与相关的正义理论之间存在一些差异。这些研究发现和结论无疑都有助于推动社会正义理论的进一步发展。

从历时态的视角来看，无论是正义的相关理论还是民众正义观念，都是处在不断变化之中的，而且为了更好地理解和认识这种变化，许多学者都提出了相应的划分标准。我们倾向于从社会成员的结合形式出发对正义理论的演进进行划分，这是因为社会正义理论是以"社会"的形成为前提的，而这种新的结合形式是在社会现代化的进程中才出现的。我们知道，在最一般的意义上，社会可以看作人的结合，但是这种结合也是持续发展变化的，围绕这一问题，滕尼斯、涂尔干和梅因等学者都对于人类社会发展进程中社会成员结合形式的变化问题进行了卓有成效的研究，并且详细比较了传统社会与现代社会中社会成员结合形式的差异。按照社会成员结合形式的这种差异，正义的相关理论可以分为社群正义理论和社会正义理论两种。与社群正义理论所对应的是传统社会中的

---

① 米德.代沟［M］.曾胡，译.北京：光明日报出版社，1988.
② 芮德菲尔德.农民社会与文化：人类学对文明的一种诠释［M］.王莹，译.北京：中国社会科学出版社，2013.
③ 沈毅."仁""义""礼"的日常实践："关系""人情"与"面子"——从"差序格局"看儒家"大传统"在日常"小传统"中的现实定位［J］.开放时代，2007（4）.
④ HARSANYI J C. Can the Maximin Principle Serve as a Basis for Morality? A Critique of John Rawls's Theory ［J］. The American Political Science Review，1975，69（2）.
⑤ MICHAEL B . Justice in Context：Assessing Contextualism as an Approach to Justice ［J］. Ethics &Global Politics，2012，5（2）.

"社群"结合形态，传统社会的人们是基于血缘等因素结合在一起的，这种熟人之间的"天然"结合形式是与生俱来的，不仅每个人都无法选择，而且也缺乏来自外界的力量打破这种结合形式。后来，随着工业化以及城市化的发展，受到来自外部的"拉力"的影响，越来越多的人开始"背井离乡"，从农村来到城市从事各种类型的工作，家庭的规模在变小、家庭所承担的功能在减少，传统社群的功能也日益削弱，相应地，由陌生人所组成的"社会"这一种新的结合形式逐渐开始取代社群的传统结合形式。这种变化还会推动价值观念从传统向现代过渡，这是因为，城市化、工业化等现代性的相关促进因素使得人们的生活经历有了截然不同于传统社会的显著变化。与此同时，随着现代国家的持续成长和发展，现代社会的基本结构在社会基本善的分配中发挥着越来越重要的作用，因此，旨在分析社会基本结构设计原则的社会正义理论也逐渐繁荣起来。社会正义理论在分配主体、分配的客体等很多方面都与社群正义理论存在着本质的区别。社会结构与正义观念之间是相互适应的，因此，在社会转型的过程中，社会基本结构的相应变化也必然要求并且推动着民众正义观念逐渐从社群正义观念向社会正义观念变迁。与社会正义理论在正义理论演进历程中的作用一样，正义观念的这种变化在民众正义观念的演进历程中同样具有"范式"意义。从社会转型的视角来看，就中国而言，在"双重"社会转型的时代坐标中，随着市场化、城市化以及工业化等进程的持续深入，社会的急剧和快速转型对于民众正义观念的变迁产生了怎样的影响？这是当前我国民众正义观念问题研究绕不过的话题，更是需要进一步加强的问题。在之前的研究中，我们基于相关社会正义理论提出了一个包括主体、客体以及原则等多个维度在内的民众正义观念状况研究的分析框架，并且从这几个维度对社会转型期民众正义观念的总体状况进行了分析，结果表明，当前的民众正义观念呈现出"变与不变"的总体特征①。既然社会转型会通过生活经历的变化来影响社会价值观念的变迁，那么我们应当基于怎样的理论来对社会转型与民众正义观念变迁进行分析？进一步来看，相关研究的理论构想是什么？只有回答了社会转型与民众正义观念变迁问题的理论模型以及研究假设之后，才能推动民众正义观念变迁实证研究的进一步深入。已有关于民众正义观念影响因素问题的研究主要可以分为社会结构、文化传统、经济发展、制度设计等几种不同的研究进路。理清社会转型过程中民众正义观念变迁影响因素的理论构想和分析假设等问题，可以为后续的实证研究提供切实可行的"地图"。

（二）社会转型与民众正义观念变迁研究的理论基础

社会转型与民众正义观念变迁研究的理论基础主要包括社会转型理论、生命历程理论以及社会正义理论等。

1.社会转型理论

（1）现代化理论。

社会现代化是指人类社会从农业社会向工业社会转变的过程，它体现在政治、经济、文化和社会等不同的领域。已有相关研究既有从其中某一个方面展开的专门研究，

---

① 麻宝斌，杜平.正义图景的"变与不变"：转型中国民众正义观念的总体特征［J］.理论探讨，2017（3）.

也有围绕其中多个方面进行的综合研究。

政治现代化理论主要是围绕现代化进程中的现代国家建设、政治发展、行政系统完善、国家职能范围拓展等问题展开的。在现代国家建设上，与本书相关的内容包括现代民族国家不同于传统国家的特征等问题。"各自独立的、几乎只有同盟关系的、各有不同利益、不同法律、不同政府、不同关税的各个地区，现在已经结合为一个拥有统一的政府、统一的法律、统一的民族阶级利益和统一的关税的统一的民族"①。查尔斯·蒂利则认为，民族国家的特征是，通过有效的中央集权来对一些相邻的地区进行治理。安东尼·吉登斯从现代民族国家对社会的整合上进行了阐述，认为这些特征主要体现为：行政体制的控制力有了明显的增强；与此同时，传统的城乡关系日益被消解。②布莱克认为，随着现代国家的出现，国家的职能范围不断扩展，一些原来由私人管辖的范围逐渐开始由国家管辖；权威也逐渐向国家集中；教育、社会治安等都成为国家的重要职能；行政体系的逐渐完善使得国家职能的实现有了组织层面的依托；国家职能的实现需要得到公民的合作。③从政治发展角度看，亨廷顿认为政治现代化的重要标志就是政治权威的变化、行政体制的完善以及民主参与的发展。从政治权威的变化来看，政治现代化体现为单一的、世俗的、全国性的权威逐渐取代了传统的权威。阿尔蒙德等学者采用"结构-功能"主义的分析方法对政治发展的过程进行了阐述。政治发展主要是体现在两个不同的方面：结构持续的分化，也就是体系结构的分化，出现一些新型的专门化的结构；体系开始出现政治文化的世俗化，人们普遍相信自己拥有改变环境的能力，并且选择有助于改变环境的行动方案。④从行政体系来看，政治现代化体现为行政体制日益专业化。从政治参与来看，政治现代化体现为民主参与渠道的拓展。⑤

经济现代化指的是，"18世纪以来经济领域发生的一种革命性变化"⑥，"资产阶级在它已经取得了统治的地方把一切封建的、宗法的和田园诗般的关系都破坏了"⑦。罗斯托从经济史的视角提出了一种分阶段的经济发展理论。该理论将经济发展划分为五个不同的阶段：传统社会、起飞前提条件、起飞、走向成熟、大众消费阶段⑧，而且这些阶段分别具有不同的特征。钱纳里等从积累（投资、政府收入、教育）、资源配置过程（国内需求结构、生产结构、贸易部门）、人口和分配过程（劳力配置、城市化、收入分配和人口变动）等方面对经济结构的变迁进行了分析，认为经济发展就是一个经济结构全面转变的过程。⑨库兹涅茨认为，经济现代化主要体现为生产总值以及生产率的快速增长，农业在生产结构中所占的份额下降以及工业等在生产结构中所占份额上升。⑩刘

① 马克思，恩格斯.共产党宣言 [M]. 中共中央马克思恩格斯列宁斯大林著作编译局，译.北京：人民出版社，2014：32.
② 吉登斯.民族-国家与暴力 [M]. 胡宗泽译，等译.北京：三联书店，1998.
③ 布莱克.现代化的动力——一个比较史的研究 [M]. 景跃进，张静，等译.杭州：浙江人民出版社，1989.
④ 阿尔蒙德，等.比较政治学——体系、过程和政策 [M]. 曹沛霖，等译.北京：东方出版社，2007.
⑤ 亨廷顿.变化社会中的政治秩序 [M]. 王冠华，等译.上海：上海人民出版社，2008.
⑥ 中国现代化战略研究课题组，中国科学院中国现代化研究中心.中国现代化报告（2005）——经济现代化研究 [M]. 北京：北京大学出版社，2005：101.
⑦ 马克思，恩格斯.共产党宣言 [M]. 中共中央马克思恩格斯列宁斯大林著作编译局，译.北京：人民出版社，2014：30.
⑧ 罗斯托.经济增长的阶段：非共产党宣言 [M]. 郭熙保，等译.北京：中国社会科学出版社，2001.
⑨ 钱纳里，塞尔昆.发展的格局（1950—1970）[M]. 李小青，等译.北京：中国财政经济出版社，1989；钱纳里，鲁宾逊，塞尔奎因.工业化和经济增长的比较研究 [M]. 吴奇，等译.上海：格致出版社，2015.
⑩ 库兹涅茨.各国的经济增长 [M]. 常勋，等译.北京：商务印书馆，2011.

易斯指出，与经济增长相联系的因素主要有个人行为以及经济制度的设计等。[①]在发展中国家和地区，城市的工业部门和农村的农业部门之间在工资收入等方面存在一定的差异，正是这种差异会导致农村剩余劳动力向城市的流动。布莱克认为，国民收入的剩余使得有了足够的储备进行投资，这是与传统经济的本质区别。[②]

社会现代化理论认为，社会现代化的实质就是社会结构和领域不断分化与整合的一个过程。涂尔干认为，社会现代化的过程就是有机团结逐渐取代机械团结占据主导地位的过程，而社会分工则是其中的动力。[③]滕尼斯认为，社会转型的过程就是结合形式从共同体向社会转化的过程，但是，在这一过程中，社会并不会完全取代共同体，两者是并存的。[④]从社会不同领域功能分化来看。韦伯认为，社会领域现代化的重要表现就是家计与经营活动的分离。[⑤]在这一过程中，经营活动逐渐从家庭领域中分离出来，由一些专业的组织来负责。帕森斯采用"结构-功能"主义分析方法对社会现代化过程中的社会结构变迁问题进行了研究。他提出了五对由对立极值组成的"模式变量"概念：与情绪相关的"情感投注性"和"情感无涉性"；与义务相关的"扩散性"和"专一性"；与规范相关的"特殊性"和"普遍性"；与地位相关的"先赋性"和"自致性"；与利益相关的"无利性"和"自利性"。这五对变量都体现了传统与现代的对立，社会转型的过程也是对立的变量从一方向另一方转化的过程。此外，帕森斯还指出，社会系统可以分为经济、社区、价值和政治等子系统。社会转型主要体现为系统分化程度的提高等。[⑥]与帕森斯类似，列维也从"结构-功能"主义出发对现代社会和传统社会之间的差别进行了区分。[⑦]斯梅尔瑟认为，社会结构的分化体现在经济活动的分化、家庭活动的分化、价值体系的分化和社会分层体制的分化等四个方面。[⑧]从社会领域的分化来看，哈贝马斯对资产阶级公共领域问题的研究也属于社会转型的理论之一。哈贝马斯在《公共领域的结构转型》一书中对公共性的历程进行了回顾，他认为，从历史发展的视角来看，公共性主要有三种：古代希腊时期的古典公共性、欧洲中世纪时期的代表型公共领域、资产阶级公共领域[⑨]。社会现代化的重要内容就是资产阶级公共领域的兴起，这一领域的兴起是随着商品交换、信息交换以及国家机器的不断完善而出现的。与上述从功能分化的角度来解读社会现代化的思路不同，安东尼·吉登斯从时间和空间分析角度对社会现代化的问题进行了分析。社会现代化体现为"脱域"，有两种具体的脱域机制：象征标志和专家系统。其中，前者指的是人们之间交流的中介，有了这种交流中介，人们在交往的过程中就可以不用考虑特定场景下的特殊要求；专家系统指的则是由

① 刘易斯.经济增长理论 [M].周师铭，等译.北京：商务印书馆，2009.
② 布莱克.现代化的动力——一个比较史的研究 [M].景跃进，张静，译.杭州：浙江人民出版社，1989.
③ 涂尔干.社会分工论 [M].渠东，译.北京：三联书店，2013.
④ 滕尼斯.共同体与社会：纯粹社会学的基本概念 [M].林荣远，译.北京：北京大学出版社，2010；滕尼斯.社会学引论 [M].林荣远，译.北京：中国人民大学出版社，2015.
⑤ 韦伯.新教伦理与资本主义精神 [M].康乐，简惠美，译.桂林：广西师范大学出版社，2007.
⑥ PARSONS T. The Social System [M]. New York: Routledge, 1991；帕森斯，斯梅尔瑟.经济与社会——对经济与社会的理论统一的研究 [M].刘进，等译.北京：华夏出版社，1989；帕森斯.社会行动的结构 [M].张明德，等译.南京：译林出版社，2012；帕森斯.现代社会的结构与过程 [M].梁向阳，译.北京：光明日报出版社，1988.
⑦ 谢立中，孙立平.20世纪西方现代化理论文选 [M].北京：三联书店，2002.
⑧ 谢立中，孙立平.20世纪西方现代化理论文选 [M].北京：三联书店，2002.
⑨ 哈贝马斯.公共领域的结构转型 [M].曹卫东，等译.上海：学林出版社，1999.

专业技术人才所组成的体系，在现代社会，人们对专业技术人才的知识和能力更为信赖。[①]最后，布莱克认为，社会现代化的标志包括：城市化的发展以及由此带来的家庭规模的变化；大规模的人口流动；受教育人口的增加；男性和女性之间的关系走向平等；传播媒介的普及；平均寿命的提高。[②]

在社会从传统向现代转型的过程中，也必然会伴随着文化的变迁，而这恰恰是文化现代化理论主要研究的问题。其中，最具有代表性的就是马克斯·韦伯对理性相关问题的研究以及奥格本对文化变迁的研究。马克斯·韦伯在《经济与社会》中认为，社会行为和其他行为一样，主要是由目的理性、价值理性、感情因素和传统因素等决定的。社会转型的最核心要素就是对价值进行"祛魅"，也就是说，随着社会现代化的持续深入，目的理性和形式理性将会取代价值理性和实质理性而在社会上占据主导地位。此外，马克斯·韦伯在《新教伦理与资本主义精神》一书中对资本主义精神进行了解读，认为资本主义精神的内容就是经营活动中成本与收益的计算等。[③]英克尔斯对人的现代化素质的特征进行了测量。人的现代化的特征主要有12个不同的方面[④]。奥格本认为，社会变迁主要是文化的变迁，而文化变迁的影响因素主要包括四类：发明、积累、传播、调适，文化不同组成部分的变迁速度存在很大程度的不一致，这也导致了不同部分之间的张力。具体来看，文化可以分为物质文化和适应文化（制度文化、精神文化）两种类型。但是，在文化转型的过程中，受多方面因素的影响，与物质文化相比，适应文化的变迁较为缓慢。因此，两者之间不可避免地会发生冲突。[⑤]

（2）后现代化理论。

从社会发展的视角来看，人类社会演进的轨迹并不是线性的，从这个意义来看，现代化并不意味着人类社会发展史上的"历史的终结"，那么，在现代化的浪潮日渐式微之后，人类社会发展进程中的下一个"拐点"是什么？事实上，大约从20世纪中后期开始，西方发达国家陆续出现了后工业社会理论、后现代化理论等一些对未来社会的特征进行研究的成果。贝尔在《后工业社会的来临》一书中将人类社会的发展划分为前工业社会、工业社会和后工业社会三个不同的阶段，并且对后工业社会的总体特征进行了详细描述。第一，在经济结构的变化上，制造业经济将逐渐被服务性经济取代。第二，在职业变化上，专业和科技人员的重要性逐渐增强，日益取代企业主在企业中占主导地位。第三，在中轴原理的变化上，理论知识居于中心的地位成为社会改革和政策制定的源泉。第四，在未来方向上，技术发展是有计划、有节制的。第五，在政策制定的工具上，新的"智能技术"得到了越来越多的运用。[⑥]此外，二战以来，相对和平的国家环境为经济的发展提供了重要的外部条件，在这一时期，西方发达国家的经济都有了较快的发展，进而推动着文化的后现代转型，即当生活水平逐步改善之后，人们的关注焦点

①　吉登斯.现代性的后果［M］.田禾，译.南京：译林出版社，2000.
②　布莱克.现代化的动力——一个比较史的研究［M］.景跃进，张静，译.杭州：浙江人民出版社，1989.
③　韦伯.新教伦理与资本主义精神［M］.康乐，简惠美，译.桂林：广西师范大学出版社，2007.
④　英克尔斯，史密斯.从传统人到现代人——六个发展中国家中的个人变化［M］.顾昕，译.北京：中国人民大学出版社，1992；英克尔斯.人的现代化素质探索［M］.曹中德，等译.天津：天津社会科学院出版社，1995.
⑤　奥格本.社会变迁——关于文化和先天的本质［M］.王晓毅，等译.杭州：浙江人民出版社，1989.
⑥　贝尔.后工业社会的来临［M］.高铦，等译.北京：新华出版社，1997.

会从收入向参与等问题转移。英格尔哈特将西方发达国家社会成员价值观所发生的这种变化称为"静悄悄的革命"①。后来，英格尔哈特在《发达工业社会的文化转型》和《现代化与后现代化》等著作中对后现代化文化转型的相关问题进行了更为详细的分析。具体来看，经济发展和生活水平提高会推动社会成员价值观的变化，使得人们的关注重心从安全和秩序向参与等转变，而且这种变化又会推动社会的发展变化。

2.社会正义理论

规范的社会正义理论虽然并不完全等同于民众心目中的正义图景，但可以为考察民众正义观念提供系统的分析框架，因此，"对正义的经验研究必须依赖于规范的正义理论"②。人类社会对于正义问题的探讨由来已久，而正义的相关理论可以分为古典正义和现代社会正义（分配正义）两种类型，两者在主体、客体以及原则等方面存在着明显的差异。例如，古典正义理论认为获得特定物品的基础是美德；而现代社会正义理论则认为每一个社会成员都有合法的权利来获得一定数量的物品，而且政府应当承担相应的责任。除此之外，现代社会正义的相关理论之间也存在着明显的差异，其中具有代表性的主要有马克思主义正义理论、自由主义正义理论、社群主义正义理论、多元主义正义理论、承认正义理论、女性主义正义理论等。这些理论具有不同的划分标准：有学者按照目的论和义务论对上述理论进行了划分；也有学者按照平等的主体、客体和原则等③进行了区分；还有学者按照"实质性正义原则"和"达成政治共识的程序和方法"进行了划分④。其中，后一种划分标准与本书的研究思路最为契合。

就实质性的正义原则而言，在当前社会正义的相关理论中，影响最大的就是罗尔斯提出的"作为公平的正义"理论。罗尔斯将社会的基本结构作为正义的研究主题，围绕社会基本结构的设计原则问题进行了分析。罗尔斯将权利放在首要的位置，但是，与此同时，他尽可能协调权利与平等之间的张力，在保证自由的前提下，尽可能做到兼顾平等，他所提出的正义原则包括两个方面：平等自由原则；差别原则和机会的公正平等原则⑤。与罗尔斯不同的是，诺齐克在《无政府、国家与乌托邦》一书中提出了资格理论。这一理论的核心是"持有正义"。虽然都属于自由主义的阵营，但相比较而言，诺齐克比罗尔斯更为强调权利和自由的重要性，主张不能为了平等而牺牲自由。只要人们对财产的持有和交换依据相应的原则，并且符合对不正义的矫正原则，那么这种持有就是正义的。进一步看，如果每个人的持有都是正义的，那么，总体的持有就是正义的。⑥阿玛蒂亚·森在分析罗尔斯正义理论等已有相关理论的"信息基础"所存在不足的基础上，提出了可行能力平等的正义理论。具体来看，他认为自由既是发展的目的，也是发展的手段。从前者来看，经济社会发展的过程实质上也是一个不断扩大人们的实质自由的过程。在这个意义上看，为了保障每个人的实质自由，应当实现可行能力的平等，也

① INGLEHART R. The Silent Revolution in Europe：Intergenerational Change in Post-Industrial Societies［J］. The American Political Science Review，1971（4）.
② 米勒.社会正义原则［M］.应奇，译.南京：江苏人民出版社，2008：51.
③ 高景柱.当代政治哲学视阈中的平等理论［M］.天津：天津人民出版社，2015.
④ 谭安奎.公共理性与民主理想［M］.北京：三联书店，2016.
⑤ 罗尔斯.正义论［M］.何怀宏，等译.北京：中国社会科学出版社，2009.
⑥ 诺齐克.无政府、国家和乌托邦［M］.姚大志，译.北京：中国社会科学出版社，2008.

就是确保每个人都能免受饥饿、贫穷、疾病等的困扰，并且能够拥有接受教育、政治参与的机会。[1]纳斯鲍姆意识到了罗尔斯社会契约正义理论中的一些不足：如何对待残障人士；如何将正义的范围拓展到所有世界公民；如何对待非人类动物，并且针对这些不足提出了一种基于能力的正义理论[2]。

德沃金的资源平等理论则认为，平等的客体不是福利，而应该是资源。德沃金的资源平等理论具体包括重要性平等原则和个人责任原则两个不同的方面。其中，重要性平等原则指的是成功对于每一个人的人生来说都是同等重要的；而个人责任原则指的是，尽管成功对每一个人都具有同等的重要性，但是个人应当为成功承担责任。[3]沃尔泽的复合平等理论认为，物品的价值，也就是人们对物品意义的理解和认知决定了相应的分配原则。而且，在实际分配的过程中，对一种社会基本善的简单的平等分配容易导致暴政，而复合平等则能够有效克服这一现象。因此，他主张不同的社会资源应当按照不同的原则来进行分配。[4]戴维·米勒认为，社会正义理论应当关注现实生活中人们的想法，而且并不存在唯一的可以适用于不同领域的正义原则，因为它不仅无法解释为什么会有各种各样不同的正义理论出现，也不能有效回答为什么人们在对社会正义进行评价时所持有的正义原则的多样性问题。[5]但是，米勒的多元正义理论不是基于物品的，而是建立在不同的关系模式之上的。其中，在团结性的社群中，正义的首要原则是需要；在工具性的联合体中，正义的首要原则是应得；在公民身份的联合体中，正义的首要原则是平等。[6]与自由主义正义理论将权利放在首位不同，社群主义正义理论鲜明地主张"善优先于正义"。社群主义的主张是在与自由主义相关理论的"交锋"中逐渐成长起来的，其中的代表主要有麦金太尔、桑德尔等。在内容上，社群主义主张共同体的价值是要优先于个人的权利的，因而，社群主义又被称为"共同体主义"。桑德尔将共同体主义按照观点的差异划分为两类：一类是要从现存共同体中人们所共同信奉的一些价值中来获取道德力量；另一类则认为，正义原则应当取决于它们所服务的目的的善或价值。在社会正义的诸多理论中，还有女性主义的正义理论，其代表人物是欧金。欧金认为，当前流行的社会正义理论都是从男性的视角出发的，这些研究忽略了女性群体，也没有将家庭制度纳入分析视野，因而使得家庭内部的一些不平等得以延续。为了有效改善这一状况，应当把正义理论引入到家庭领域里来，建立没有性别差异的正义社会。因此，平等分配家务劳动以及学校教育制度的改革就成了实现这一目标的重要途径。[7]

与上述正义理论关注对客观的物品进行分配不同的是，霍耐特（Axel Honneth）提出了一种基于"承认"的多元正义理论。该理论主要认为，正义的客体不仅包括物品，还应当包括不同行为主体之间的相互承认。作为法兰克福学派的第三代领军人物，霍耐

---

① 森.以自由看待发展［M］.任赜，于真，译.北京：中国人民大学出版社，2013.
② 纳斯鲍姆.正义的前沿［M］.陈文娟，等译.北京：中国人民大学出版社，2016.
③ 德沃金.至上的美德：平等的理论与实践［M］.冯克利，译.南京：江苏人民出版社，2008.
④ 沃尔泽.正义诸领域：为多元主义与平等一辩［M］.褚松燕，译.南京：译林出版社，2009.
⑤ MILLER D . Two Ways to Think About Justice［J］. Politics Philosophy & Economics，2002（1）.
⑥ 米勒.社会正义原则［M］.应奇，译.南京：江苏人民出版社，2008.
⑦ 奥金.正义、社会性别与家庭［M］.王新宇，译.北京：中国政法大学出版社，2017.

特继续高举学派社会批判理论的大旗，从黑格尔在《法哲学原理》中提出的"为承认而斗争"中吸取了资源，借用社会学的研究方法，将规范研究与实证分析有机地结合了起来，从而实现了社会批判理论"形而下"的突破。霍耐特认为，维护社会关系的原则主要有三种：爱、权利和团结。①与霍耐特类似，弗雷泽也对承认的问题进行了研究。但是，她认为承认和再分配是同一个层面的内容，而不是像霍耐特所理解的那样：再分配只是承认的一个子集，并且，社会不公现象更多地体现为制度设计局限与文化观念之间的混合。②

其次，从达成共识的程序和方法来看。罗尔斯的后期正义理论开始关注如何在多元价值观念的背景下达成共识。在《政治自由主义》一书中，罗尔斯对《正义论》中的一些假设进行了修正。在现实生活中，社会价值观念是多元的，而不是同质的。因此，需要在不同宗教信仰、文化背景的群体之间就政治正义的相关问题达成"重叠共识"，而公共理性则是形成这种共识的重要前提和基础。③哈贝马斯同样认为，在一个价值多元化的社会中，人们很难在某一项实质性的正义标准上形成一致的认识，而只能是通过一种程序的设计来达成。具体来看，哈贝马斯将交往行为理论应用到法治和民主制度的运行过程中，认为从交往理性的视角来看，传统的形式法和实质法都由于存在明显的不足而出现了合法化危机。而程序主义和商谈民主则是走出上述危机的重要创新，该理论主张在交往理性的范畴内，所有的利益相关者都能够有平等的机会参与到协商的过程中，就相关问题达成一致的共识。④

3.生命历程理论

从内容上看，生命历程的研究主要分析的是社会历史的变迁对于人的生活机会以及生活机遇等所产生的一系列影响。从时间来看，对生命历程问题最早的研究可以追溯到托马斯等学者所著的《身处欧美的波兰农民：一部移民史经典》一书。该书中，托马斯等学者采用生活史的研究方法对身在欧美的一些波兰移民的生活经历等问题进行了研究。⑤20世纪60年代以来，随着经济社会的不断发展，人们的生命历程、生活机遇等与社会发展和变化之间的关系变得日益紧密起来，相应地，生命历程的研究也逐渐开始进入了繁荣阶段。例如，埃尔德在《大萧条的孩子们》一书中分析了大萧条时期，也就是1920—1921年龄阶段的社会群体在幼年以及成年时期的经历所产生的影响，大萧条时期的生活经历不仅对人们的生活以及职业生涯具有明显的影响，而且这种影响还有可能延续到下一代身上。⑥埃尔德还指出了生命历程的分析必须具备的四个核心原理：一定时空中的生活；个人能动性；相互联系的生活；生活的时间性。⑦此外，周雪光等采用生命史的研究方法分析了"上山下乡"经历对1967—1978年间进入劳动力市场的不同

① 霍耐特.为承认而斗争 [M]. 胡继华，译.上海：上海人民出版社，2005；霍耐特.承认与正义——多元正义理论纲要 [J]. 学海，2009（3）.
② 弗雷泽.正义的尺度：全球化世界中政治空间的再认识 [M]. 欧阳英，译.上海：上海人民出版社，2009；弗雷泽，霍耐特.再分配，还是承认？一个政治哲学对话 [M]. 周穗明，译.上海：上海人民出版社，2009.
③ 罗尔斯.政治自由主义 [M]. 万俊人，译.南京：译林出版社，2011.
④ 哈贝马斯.在事实与规范之间：关于法律和民主法治国的商谈理论 [M]. 童世骏，译.北京：三联书店，2003.
⑤ 托马斯，兹纳涅茨基.身处欧美的波兰农民 [M]. 张友云，译.南京：译林出版社，2002.
⑥ 埃尔德.大萧条的孩子们 [M]. 田禾，马春华，译.南京：译林出版社，2002.
⑦ 李强.社会变迁与个人发展：生命历程研究的范式与方法 [J]. 社会学研究，1999（1）.

群体的生活经历的影响。[1]但是，需要注意的是，已有生命历程的理论主要是针对社会的发展与变化对社会成员的生活机遇和经历等客观层面内容的影响展开的。

事实上，社会结构的这种变迁也会影响人们的价值观念。当前中国正处于从传统向现代、从现代向后现代的双重社会转型时期，在这一过程中，受到社会结构变迁等因素的影响，社会的价值观念发生了明显的变化。[2]近年来，随着中国现代化进程的持续深入，已有研究从多个方面对中国的现代化水平进行了评估[3]，相比较而言，很少注意到"13亿中国人民的精神世界所经历的巨大的震荡，他们在价值观、生活态度和行为模式上的变化"[4]。尽管一些学者也曾对农民心理的变化[5]、当前的社会价值观[6]等进行了分析，但总体来看，价值观念变化问题依然"缺乏有说服力的实证材料来证明"[7]。那么，社会结构的变迁究竟是如何影响民众正义观念现代变迁的？这一问题还有待实证研究作出回答。因此，本书尝试将生命历程理论引入社会转型对民众正义观念变化影响的研究中来，以生活经历的变化为切入点，分析社会转型如何通过改变人们的生活经历对人们的正义观念变迁产生相关影响的内在机理，进而形成系统的理论认识。

（四）社会转型与民众正义观念变迁研究的理论构想

在实质意义上，社会转型对民众正义观念变迁的影响所涉及的是社会结构与社会价值观念之间的关系问题。具体来看，社会的发展必然会伴随着价值观念的变迁。在之前，也有研究对这一问题进行了较为系统的分析，随着社会的发展和进步，在采集者社会、农业社会以及工业社会，不同的时代会要求相应的社会价值观念与之相适应。[8]与之类似的是，英格尔斯对国民性（又称为众数人格，指的是一种文化中人们所共有的心理特征）与社会结构之间关系的相关研究发现，众数人格和社会的文化、社会结构之间是相互影响的。一方面，人格模式的分化程度将随着社会系统内部分化、角色专业化以及制度复杂性的加剧而加剧；另一方面，众数人格为了适应不断变化的角色的要求必须随之进行改变。[9]从具体的影响机制来看，西美尔分析了货币经济的兴起对于社会心理变化所起的推动作用，不仅使得人们更抽象地对目的进行思考，也使得社会总体上不断朝着理性的方向发展[10]。而英克尔斯则认为，从影响因素来看，教育、工厂以及大众媒体等现代化的媒介因素等都是促使人现代化、增强人的现代性的重要力量。[11]此外，还有研究发现，在社会结构对人格的影响上，无论是在社会的相对稳定时期还是在社会转

① 周雪光.国家与生活机遇：中国城市中的再分配与分层 1949—1994 [M]. 郝大海，等译.北京：中国人民大学出版社，2015.
② 周晓虹.中国体验：全球化、社会转型与中国社会心态的嬗变 [M]. 北京：社会科学文献出版社，2017.
③ 中国现代化战略研究课题组，中国科学院中国现代化研究中心.中国现代化报告 2010：世界现代化概览 [M]. 北京：北京大学出版社，2010.
④ 周晓虹.中国经验与中国体验：理解社会变迁的双重视角 [J]. 天津社会科学，2011（6）.
⑤ 周晓虹.传统与变迁：江浙农民的社会心理及其近代以来的嬗变 [M]. 北京：三联书店，1998.
⑥ 赵孟营.跨入现代之门：当代中国的社会价值观报告 [M]. 北京：北京师范大学出版社，2008；金盛华，辛志勇.人价值观研究的现状及发展趋势 [J]. 北京师范大学学报：社会科学，2003（3）.
⑦ 刘伟.普通人话语中的政治：转型中国的农民政治心理透视 [M]. 北京：北京大学出版社，2015.
⑧ 莫里斯.人类的演变：采集者、农夫与大工业时代 [M]. 马睿，译.北京：中信出版社，2016.
⑨ 英格尔斯.国民性：心理——社会的视角 [M]. 王今一，译.北京：社会科学文献出版社，2012.
⑩ 西美尔.货币哲学 [M]. 陈戎女，译.北京：华夏出版社，2002.
⑪ 英克尔斯，史密斯.从传统人到现代人——六个发展中国家中的个人变化 [M]. 顾昕，译.北京：中国人民大学出版社，1992；英克尔斯.人的现代化素质探索 [M]. 曹中德，等译.天津：天津社会科学院出版社，1995.

型时期,社会结构都能够通过给人们的生活施加影响进而影响社会成员的人格。[①]

总体来看,社会转型与民众正义观念变迁问题的研究就是要立足当前中国社会转型的时代背景,按照规范分析与实证分析相结合的思路,以社会转型理论、社会正义理论以及生命历程理论为指导,对于转型时期民众正义观念的总体状况及社会转型对民众正义观念所产生的影响等几个方面的问题进行研究,尝试构建起"社会转型→民众生活经历改变→推动民众正义观念现代变迁"之间的联系,进而根据相关的实证研究发现来进一步丰富相关的理论,从而推动相关理论的进一步发展和完善,如图5-1所示。

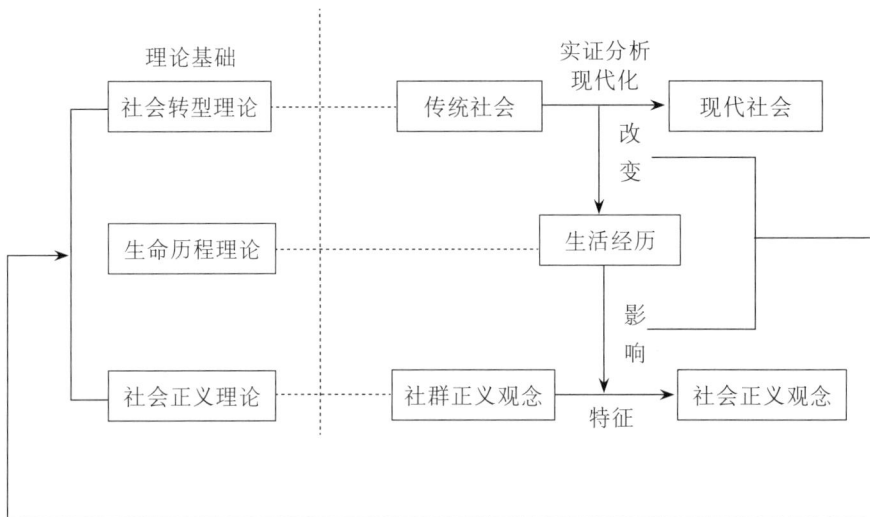

图5-1 社会转型与民众正义观念变迁研究的理论构想

(五)社会转型与民众正义观念变迁研究的分析框架

综上所述,本书认为,社会转型对民众正义观念变迁的影响机理体现为,在社会转型的过程中,协调社会关系、分配社会资源的社会基本结构已经发生了明显的变化,并且这种变化使得人们具有了不同于传统社会的生活经历。进一步来看,现代的生活经历成为价值观念转型的重要推动力量,因此,民众的正义观念逐渐开始从传统向现代变迁。中华人民共和国成立以来,尤其是改革开放以来,中国的社会基本结构发生明显的变化,在政治上,国家的行政组织体系不断完善、社会主义民主建设持续深入、社会主义法律体制日臻完善、服务型政府建设全面实施;在经济上,市场经济有了长足发展,市场在资源配置中的作用越来越突出;在社会上,城市化和工业化不断深入、家庭规模和功能日益缩小、社会结构持续分化;在文化上,现代的社会价值观念日益影响人们的内心世界。

在前一部分,我们对社会转型与民众正义观念变迁问题研究的理论构想进行了介绍。相应的工作就是围绕这一研究命题通过实证研究方法来研究社会转型对民众正义观

---

① 科恩.社会变革与稳定:社会结构与人格的跨国分析 [M]. 范长风,潘华,译.北京:社会科学文献出版社,2007.

念变迁的影响。在内容上，社会转型是一个全方位变迁的过程，体现在多个方面。同样，民众正义观念也包含主体、客体、原则等不同维度的内容。但是，受条件限制，在具体的分析过程中，我们对一些研究的内容进行了取舍。具体来看，本研究所选择的自变量主要包括城市化、个人收入水平、区域市场化程度、工作单位性质、受教育程度等几个维度。其中，城市化变量主要是尝试分析城市化进程是否能够对民众正义观念的转型产生推动作用；个人收入水平变量尝试分析的是生活水平的提高是否能够对民众正义观念的变化产生影响；区域市场化程度变量、工作单位性质变量尝试分析的是市场化进程是否能够对民众正义观念的变迁产生影响；受教育程度变量尝试分析的是社会整体教育程度的提高是否能够推动民众正义观念的变迁。课题组选择的因变量则主要包括民众社会正义主体偏好、社会正义原则偏好、社会正义客体认知以及社会正义比较对象等几个维度。这一分析框架如图5-2所示。

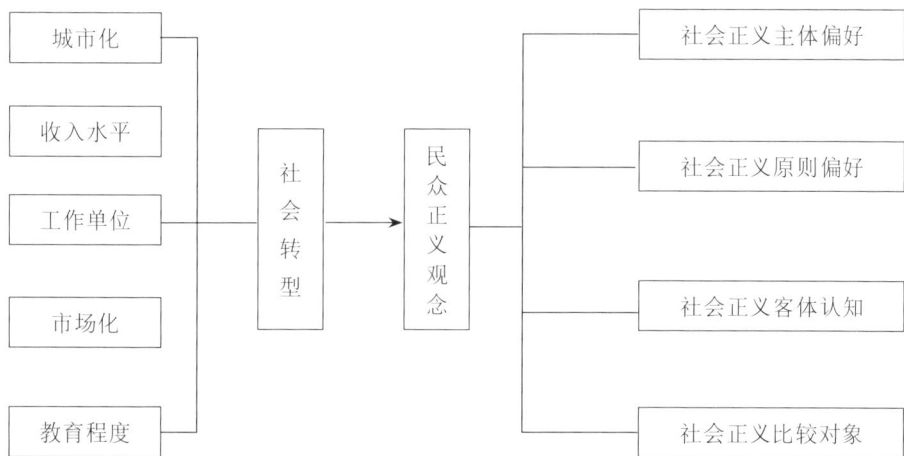

图5-2　社会转型与民众正义观念变迁研究的分析框架

接下来，我们将根据问卷调查所获得的数据，围绕所提出的民众正义观念影响因素研究假设和分析框架，采用回归分析方法对社会转型与民众正义观念变迁的问题进行实证分析，以有效揭示社会转型对民众正义观念相关内容变迁的影响机理。具体来看，本研究将分别对民众的政府再分配偏好、社会正义原则偏好、社会正义客体认知、社会正义比较对象选择偏好等问题的影响因素进行分析。

二、民众政府再分配偏好的影响因素分析

（一）问题的提出

正义是一项重要的社会价值，人类社会对于什么是正义这一问题的探讨由来已久。虽然从古代到现代的正义理论所回答的都是社会资源应当如何分配才合理的问题，但是这些正义理论又具有古典正义和现代社会正义（分配正义）的差异。具体来看，两者之间的区别体现为，古典正义理论认为人们得到一定数量社会资源的基础是个人的美德，而现代社会正义理论则认为每一个社会成员都有权利得到一定数量的社会资源，政府在

这一过程中承担着重要的职责。①社会正义的相关理论也在推动和影响着实践的发展，在现代社会，通过再分配的方式来缩小收入差距、提供基本的公共服务、促进社会公平正义成为政府的一项重要职能。促进社会公平正义不仅需要规范正义理论的引领，还需要深入了解社会公平正义的实际状况。近年来，随着全球化进程的不断深入，发达工业社会的收入不平等问题变得越来越明显，由此，有研究认为，社会对政府的再分配需求会呈现出不断增强的趋势，然而事实却并非如此②。其中的原因在于，这些研究只是单纯从社会实际的收入不平等程度来预测社会的再分配需求，没有将民众的政府再分配状况纳入分析的视野。社会公平正义现状的测评可以从主观和客观两个不同的维度入手③，而民众的政府再分配偏好则是社会公平认知状况的重要组成部分。从20世纪中后期开始，民众的政府再分配偏好问题日益受到国外学术界的广泛关注，越来越多的研究表明，政府再分配偏好对于税收、收入分配以及公共服务等政策和制度设计具有重要影响。此外，从影响因素上看，民众的政府再分配偏好会受到社会实际的不平等程度④、社会价值观念⑤、政策设计⑥、制度传统⑦、社会经济地位及其流动⑧等多种不同因素的影响。

与此同时，世界上不同国家和地区民众的政府再分配偏好之间又存在着明显的差异。改革开放以来，随着中国的收入差距等一些社会不平等问题的日益显现，民众社会不平等问题的认知状况逐渐开始进入相关研究的视野。其中，在民众政府再分配偏好状况的研究上，已有研究围绕民众政府再分配偏好状况的群体差异及其影响因素等问题进行了较为深入的研究，不仅在相关的研究中逐渐达成了从主观和客观等不同的方面来对相关影响因素进行分析的共识，而且也形成了从理性主义、公平正义认知状况、制度设计等不同的视角来对民众政府再分配偏好的影响因素进行分析的解释范式。但是，其中也存在着一些明显的困惑需要进一步的研究来回答。例如，理性主义研究视角认为，人们对于政府再分配的态度是由客观的经济社会地位因素决定的。但是，沿着这一思路，已有研究在经济社会地位对政府再分配偏好的影响上得出了截然相反的结论，有研究发现，经济社会高的群体对政府再分配的支持程度更低；也有研究发现，经济社会地位较低的群体对于政府再分配的支持程度更低。就后者来看，城乡居民在对待政府再分配的态度上存在明显的差异，城市居民的支持程度要明显高于农村居民。对于这一问题，我们很难在理性主义视角上找到满意的答案，而是应当逐渐拓宽分析的视野、把公平认知状况等因素纳入进来。沿着这种思路，城乡居民在看待政府再分配态度上的差异可能是

① SAMUEL F . A Short History of Distributive Justice［M］. Cambridge：Harvard University Press，2004；JACK-SON B . The Conceptual History of Social Justice［J］. Political Studies Review，2005，3.
② URSULA D . Public Support for Redistribution：What Explains Cross-national Differences?［J］. Journal of European Social Policy，2010，20（4）.
③ 麻宝斌，杜平.社会正义测评：主题、内容与框架［J］. 理论探讨，2014（2）.
④ MELTZER A H,RICHARD S F. A Rational Theory of the Size of Government ［J］. Journal of Public Economy，1981，89（5）.
⑤ ROMINA B ，CHRISTINE L C . Social Preferences for Public Intervention：An Empirical Investigation Based on French Data［J］. The Journal of Socio-Economics，2009，38.
⑥ HANS-JÜRGEN，ANDREß，THORSTEN H. Four Worlds of Welfare State Attitudes? A Comparison of Germany，Norway，and the United States［J］. European Sociological Review，2001，17（4）.
⑦ BONOLI G. Public Attitudes to Social Protection and Political Economy Traditions in Western Europe［J］. European Societies，2000，2（4）.
⑧ THOMAS P. Social Mobility and Redistributive Politics［J］. European Societies，2000，110（3）.

由于公平认知状况的不同所导致的。公平认知状况又可以分为公平感受和公平观念两个部分[①]，它们也能够对政府再分配偏好产生影响。一般来说，公平感受越高，对政府再分配的支持程度会越低。已有研究虽然表明城市居民的公平感受比农村低、政府再分配偏好要比农村居民高。但是这种研究是针对两者分别进行的研究，并没有将对公平感受作为政府再分配偏好的影响变量来进行分析，也就是说，相关结论可能只是属于一种"巧合"。接下来让我们再将注意力放到公平观念上，从理论上看，公平观念所包含的公平原则、收入不平等归因、比较对象选择等内容都会对民众的政府再分配偏好产生影响。上述城乡居民态度的差异也可能是公平观念的不同所致。社会转型是当前中国最为突出的特征，在社会转型时期，社会价值观念也会逐渐从传统向现代过渡，而城市化等因素则是推动这种变迁发生的动力，在这个意义上，接受的现代城市生活洗礼越多，其价值观念的现代性特征就越强。在传统社会，中国民众并不认为通过提供基本的公共服务是政府应当承担的责任，但是在遇到基层无法解决的社会纠纷时会选择向基层政府求助。[②]随着社会现代化进程的持续深入，人们对政府再分配的态度也在发生变化，认为政府有责任来帮助社会弱势群体。由此来看，城乡居民对政府再分配态度的差异可能是由于公平观念现代化程度的不同。那么，从公平原则来看，持有机会平等原则与结果平等原则的民众对政府再分配的态度之间是否存在着差异？将收入不平等归结为命运等因素的群体和将收入不平等归结为制度等因素的群体在看待政府再分配的态度上是否存在差异？类似的问题还有待通过进一步的研究来回答。最后，制度设计也会对民众的政府再分配态度产生影响。中华人民共和国成立以来，城乡之间、不同部门之间在公共服务制度的设计上存在一定程度的差异，那么，城乡居民对政府再分配态度的差异是否是由于这种差异所导致的？这是另外一个有待回答的问题。基于这种分析，本书主要是立足社会转型的时代背景，将社会经济地位、公平观念等几个视角整合起来分析转型期民众政府再分配偏好的影响因素。在全面深化改革的背景下，中国正在进行收入分配、公共服务等相关制度的设计与调整，这显然离不开对于民众政府再分配偏好相关问题的研究。本书的研究无疑能够为相关改革提供积极的政策建议。

（二）文献综述与研究假设

综合来看，已有研究主要是从理性主义、公平正义认知、制度设计等几个视角来对民众政府再分配偏好的影响因素问题进行分析的。

1.理性主义分析视角

在实质上，理性主义视角的分析主要是基于"理性经济人"的逻辑展开的，也就是说，经济社会地位越高就越不支持政府的再分配，对于这一群体而言，政府再分配力度的增强往往会意味着更高水平的税收；与之相反的是，经济社会地位较低的群体往往会支持较高程度的政府再分配，因为这会显著改善其生活状况。相关研究也证明了这一点，例如，马明德和陈福平的研究表明，经济社会地位低的群体对政府再分配的偏好更

---

①　麻宝斌，钱花花，杜平.公平优先于公正［J］.吉林大学社会科学学报，2016（2）.
②　麻宝斌，杜平.中国人的正义观念及其现代转型［J］.新视野，2016（6）.

为强烈；[1]还有研究发现，收入的不平等程度越高，中间选民的政府再分配偏好就会越强烈。[2]此外，还需要注意的一点是，理性主义研究在分析社会经济地位对民众政府再分配偏好的影响上出现了"失灵"的现象，也就是说，经济社会地位较低的群体对政府再分配的支持程度也较低。例如，怀默霆、韩春萍等的研究发现，农村居民等经济社会地位低的群体对政府再分配偏好反而最低。[3]从动态的视角来看，在现代社会，社会的流动性比传统社会有了明显的增强，而且这种趋势也会具体体现为社会经济地位变化的频繁程度。因此，社会经济地位的实际变化以及人们对这种变化的预期对民众的再分配偏好也有着重要的影响。这种视角对于解释社会经济地位与政府再分配偏好之间的"悖论"是有较强解释力的，对于经济社会地位较低的群体来说，如果人们预期未来的经济社会地位会有明显上升，对政府再分配的需求就不会很强烈。[4]沿着这种思路，在过去具有向下流动经历的群体、预期在未来会发生向下流动的群体对政府再分配的支持程度要更强一些。[5]这种未来向上流动的预期、过去流动经历的分析视角和理性经济人的视角之间是相互兼容的。而且在实质意义上，这种分析视角依然没有跳出理性经济人的分析前提，因而不可能对相关问题给出充分的解释，而回答这些问题则需要引入新的分析视角。基于以上分析，我们提出如下社会经济地位对民众政府再分配偏好的研究假设：

假设 1：个人收入水平越高，就越不支持政府通过再分配的方式来缩小收入差距、帮助社会弱势群体。

在社会经济地位的相关因素中，受教育程度对民众政府再分配偏好的影响具有一定的复杂性，受教育程度越高，就越有可能从更大的范围内来对社会不平等状况进行判断，因而会更为支持政府通过再分配的方式来缩小收入差距、帮助社会弱势群体。因此，本书提出如下受教育程度对民众政府再分配态度影响的研究假设：

假设 2：受教育程度越高，就越会支持政府通过再分配的方式来缩小收入差距、帮助社会弱势群体。

2.公平正义认知分析视角

社会公平正义认知分析视角主要是从人们对社会资源分配状况的主观认知来分析政府再分配偏好的影响因素。在现实生活中，每个社会成员的心目中都有一种正义世界的信念，而且这种信念会影响民众对于政府再分配的态度。已有的研究表明，无论是公平观念还是公平感受都能对民众的政府再分配偏好产生影响。从公平感受的影响来看，当人们认为当前的社会是公平的时候，就会支持较低程度的政府再分配。[6]就社会公平感受对民众政府再分配偏好的影响来看，两者之间是负相关的关系，公平感受越高，就越

① 徐建斌.中国居民的再分配偏好及其影响机制研究［M］.北京：科学出版社，2016.
② ALLAN H，MELTZER，SCOTT F，et al.. A Rational Theory of the Size of Government［J］. Journal of Political Economy，1981，89（5）.
③ CHUNPING H. Rural-Urban Cleavages in Perceptions of Inequality in Contemporary China. Cambridge：Harvard University，2007；WHYTE M K . Myth of the social volcano：perceptions of inequality and distributive injustice in contemporary China［M］. Redwood：Stanford University press，2010.
④ ROLAND B，EFE A O. Social Mobility and The Demand For Redistribution［J］. The Quarterly Journal of Economics，2001，116（2）.
⑤ 徐建斌.中国居民的再分配偏好及其影响机制研究［M］.北京：科学出版社，2016.
⑥ ROLAND B，JEAN T . Belief in a Just World and Redistributive Politics［J］. The Quarterly Journal of Economics，2006，121（2）.

不支持政府通过再分配的方式来缩小收入差距、帮助弱势群体。[①]徐建斌的一项研究也表明，各观层面的收入不平等状况并不必然带来民众政府再分配需求的增加，如果人们认为收入差距是合理的，那么对政府再分配的需求并不高；与之相反的是，如果人们认为当前的收入不平等状况是不合理的，那么就会支持较高水平的政府再分配。[②]从公平观念对政府再分配偏好的影响来看，如果人们普遍认为个人的努力程度是收入分配水平的决定性因素，并且每个人都能得到自己所应得的，那么就会支持较低的再分配和税收政策；与之相反的是，如果人们普遍认为运气、关系、背景等因素是财富和收入的重要来源，那么就会支持很高的税收政策。[③]与此同时，个人主义文化、阶层主义文化、平等主义文化以及命运主义文化对究竟应当由何种主体来分担社会风险的理解上存在明显不同，这也影响了社会福利制度的设计、从而导致了福利制度之间的差异。[④]从公平原则来看，如果人们认可机会平等原则，就会认为有穷有富是正常现象，因而就不太可能会支持政府的再分配。与之相反，持有结果平等原则和平均主义分配原则的民众则有可能支持政府的再分配。此外，比较对象选择也是公平观念的重要内容，这也会对民众的政府再分配偏好产生影响，比较而言，选择同自己条件相似的对象进行比较的民众对于政府再分配的态度更为积极。根据这种认识，本书提出如下研究假设：

假设3：如果民众在对社会资源分配状况的合理性进行判断时更愿意选择条件同自己相似的对象进行比较，那么对政府再分配的态度更为积极。

3.制度设计分析视角

民众的政府再分配偏好状况还会受到相关制度设计的影响。该视角的基本逻辑是，一个国家或地区相关制度的设计会对民众的政府再分配偏好产生影响。从另一个角度来看，一个国家或地区的相关制度设计也会影响民众对福利国家的态度。[⑤]徐建斌的研究表明，税制结构会影响民众的政府再分配偏好。相比较而言，城市的间接税比例越高，居民的政府再分配偏好就会更加强烈。[⑥]在这个意义上，上述城乡居民政府再分配态度的差异可能是由于制度设计导致的，中华人民共和国成立以来，城乡分立的公共服务制度设计也可能会导致上述差异的出现。基于这种分析，本书提出如下研究假设：

假设4：与农村户籍人口和农村居住人口相比，城镇户籍人口和城镇居住人口更支持政府通过再分配的方式来缩小收入差距、帮助弱势群体。

中华人民共和国成立以来，在计划经济体制下，相关制度的设计不仅体现在城乡之间，还体现在不同性质的工作部门之间。由此来看，公共服务制度的这种部门差异也有可能对不同性质工作部门人员的政府再分配态度产生明显的影响。由此，本书提出如下研究假设：

假设5：与农民相比，国有部门和民营部门的工作人员更支持政府通过再分配方式来缩小收入差距、帮助弱势群体。

① 马明德，陈福平.什么决定了居民对再分配的需求［J］.南方经济，2010（7）.
② 徐建斌.中国居民的再分配偏好及其影响机制研究［M］.北京：科学出版社，2016.
③ ALBERTO A，ANGELETOS.Fairness and Redistribution［J］.The American Economic Review，2005，95（4）.
④ 朴炳炫.社会福利与文化——用文化解析社会福利的发展［M］.高春兰，等译.北京：商务印书馆，2012.
⑤ 安德森.福利资本主义的三个世界［M］.苗正民，滕玉英，译.北京：商务印书馆，2010.
⑥ 徐建斌.中国居民的再分配偏好及其影响机制研究［M］.北京：科学出版社，2016.

（三）研究设计

1.因变量

本书的因变量是民众的政府再分配偏好状况。具体来看，该变量是通过"救助生活有困难的人是政府的责任"这一问题来进行测量的。在调查过程中，由受访对象根据自身实际从"非常不同意、不同意、说不清楚、同意、非常同意"等五个选项中进行选择。在具体分析的过程中，我们将其作为二分变量进行了处理，将"非常同意、同意"的选择编码为1，表示调查对象认为政府有责任帮助生活有困难的人；将"非常不同意、不同意和说不清楚"的选择编码为0，表示调查对象认为政府没有责任来帮助生活有困难的人。

2.自变量

本研究的自变量包括主观和客观两个不同的维度。主观层面的变量是民众的社会公平正义认知状况，又可以分为公平观念和公平感受，前者是判断社会资源分配状况是否合理时持有的价值标准，而后者则是基于公平观念形成的对于社会资源实际分配状况是否合理的主观感受。在本书中，公平原则变量则包括机会平等原则和结果平等原则两个方面。机会平等原则对应的问题是"只要机会均等，就算有穷有富也是可以接受的（非常不同意、不同意、说不清楚、同意、非常同意）"；结果平等原则对应的题目是"生活在一个贫穷但平等的社会比生活在富裕但不平等的社会要好（非常不同意、不同意、说不清楚、同意、非常同意）"。在分析过程中，我们将公平观念的相关变量作为定序变量进行了处理，将非常不同意的评价记为1、不同意的评价记为2、说不清楚的评价记为3、同意的评价记为4、非常同意的评价记为5，数字越大表示调查对象越认可相关主张。此外，在比较的过程中，横向比较对象选择是通过"在对收入水平进行评价时会选择条件和自己相似的进行比较"（非常不同意、不同意、说不清楚、同意、非常同意）这一问题来测量的。在分析过程中，我们将非常不同意的评价记为2、不同意的评价记为2、说不清楚的评价记为3、同意的评价记为4、非常同意的评价记为5，数字越大表示调查对象越认可相关主张。

客观层面的相关变量主要有受教育程度、职业类型、户籍类型、现居住地等。按照受教育程度不同，将全部样本分为初中及以下、高中（含中专和技校）、大学、研究生，分别编码为1、2、3、4，数字越大表示受访者的受教育程度越高。按照工作部门性质差异，将全部样本分为农民、民营部门和国有部门，分别编码为0、1、2。按照户籍不同，将全部样本分为城镇户籍和农村户籍，分别编码为1、0。按照现居住地不同，将全部样本分为城镇居民和农村居民，分别编码为1、0。其中，受教育程度和收入水平变量是定序变量，其余变量都是分类变量。此外，按照个人年收入差别，将全部样本分为低收入者、中低收入者、中等收入者、中高收入者、高收入者，分别编码为1、2、3、4、5，数字越大表示收入水平越高。

3.控制变量

本研究的控制变量主要包括性别（男、女）、政治面貌（是否中共党员）、年龄（1949年之前出生、20世纪50年代出生、60年代出生、70年代出生、80年代出生、90

年代出生）、宗教信仰（是否信仰宗教）、所在区域等。其中，年龄变量作为定序变量，1949年之前出生编码为1，20世纪50年代出生编码为2，20世纪60年代出生编码为3，20世纪70年代出生编码为4，20世纪80年代出生编码为5，20世纪90年代出生编码为6，数字越大表示调查对象的年龄越小。其余的控制变量都作为分类变量处理。在性别变量中，男性编码为1，女性编码为0；在政治面貌中，中共党员编码为1，不是中共党员的编码为0；在宗教信仰变量中，信仰宗教的编码为1，不信仰宗教的编码为0；按照所在区域的不同，将全部样本分为西部地区（陕西、内蒙古）、中部地区（湖南、河南）、东部地区（北京、上海、广东、山东），分别编码为0、1、2。

按照上述设计，我们对相关变量的具体构成情况进行了统计，见表5-18。

表5-18　　　　　　　　　　　　相关变量的统计性描述

变量		比例	变量		比例
再分配偏好	是	68.4%	居住地	城镇	46.1%
	否	31.6%		农村	53.9%
性别	男	52.1%	户籍	城镇	35.1%
	女	47.9%		农村	64.9%
中共党员	是	15.6%	教育程度	初中及以下	52.8%
	否	84.4%		高中（中专、技校）	32.2%
出生年代	1949年前	6.5%		大学（大专、高职）	14.4%
	20世纪50年代	13.6%		研究生	0.6%
	20世纪60年代	22.1%	地区	东部	38.5%
	20世纪70年代	25.3%		中部	40.5%
	20世纪80年代	21.2%		西部	21.0%
	20世纪90年代	11.4%	个人年收入	低收入	34.3%
宗教信仰	是	20.4%		中低	16.8%
	否	79.6%		中等	31.7%
职业类型	国有	25.1%		中高	14.1%
	民营	42.7%		高收入	3.1%
	农村	32.2%	变量	最小值	最大值	均值	标准差
变量	最小值	最大值	均值	标准差	机会均等	1	5	3.78	0.88
相似比较	1	5	3.00	1.79	结果均等	1	5	2.58	1.16

（四）研究发现

由于政府再分配偏好的因变量是二分变量，因此我们根据问卷调查获得的数据，采用二元 Logistic 回归分析方法对转型时期民众政府再分配偏好的影响因素进行了分析，见表5-19。

表5-19　　　　　　　　　　民众政府再分配偏好的影响因素

		模型一	模型二	模型二	模型三
		回归系数（标准误）	回归系数（标准误）	回归系数（标准误）	回归系数（标准误）
自变量	个人年收入		−0.054（0.049）		−0.055（0.050）
	受教育程度		−0.146（0.087）*		−0.161（0.088）*
	国有部门 民营部门（农村）		0.053（0.181） −0.046（0.151）		0.043（0.182） −0.050（0.152）
	城镇户籍（农村）		0.317（0.152）*		0.293（0.153）
	城镇居民（农村）		−0.242（0.154）		−0.253（0.154）
	与相似的对象比较			0.108（0.050）*	0.119（0.051）*
	机会平等			0.049（0.161）	0.065（0.061）
	结果平等			0.077（0.047）	0.069（0.048）
控制变量	年龄	−0.128（0.040）**	−0.086（0.034）	−0.130（0.040）**	−0.084（0.045）
	男性（女性）	0.210（0.111）	−0.179（0.115）	−0.205（0.112）	−0.175（0.116）
	东部 中部（西部）	0.011（0.145） 0.086（145）	0.040（0.148） 0.096（0.146）	−0.022（0.146） 0.083（0.147）	0.033（0.149） 0.091（0.148）
	中共党员（否）	−0.052（0.149）	−0.055（0.159）	−0.072（0.150）	−0.011（0.160）
	宗教信仰（否）	−0.131（0.137）	−0.116（0.138）	−0.134（0.139）	−0.119（0.140）
卡方值		13.420	22.598	21.577	31.513
Log Likelihood		2 223.432	2 209.792	2 203.885	2 189.487
Nagelkerke R^2		0.009	0.016	0.015	0.022
样本数量		2 416	2 411	2 407	2 402

注：（1）*$p<0.05$，**$p<0.01$，***$p<0.001$。

（2）括号内为参照群体。

从表5-19可见，模型一只是放入了相关的控制变量，在这些变量中，只有年龄变量能够对因变量产生显著的影响，年龄越小就越不支持政府通过再分配的形式来缩小收入差距、帮助社会弱势群体。在模型二中，课题组又在模型一的基础上放入了相关的社会经济地位自变量，结果表明，在该模型中，年龄变量对因变量的影响变得不再显著。在相关的自变量中，只有受教育程度和户籍类型变量能够对因变量产生影响，具体来看，与农村户籍人口相比，城镇户籍人口更为支持政府通过再分配的方式来缩小社会的收入差距、帮助社会弱势群体，这一点与前文的研究假设是一致的。此外，就受教育程度对民众政府再分配偏好的影响来看，受教育程度越高，越不支持政府通过再分配的方式来缩小收入差距、帮助社会弱势群体，而这一结论与相关的研究假设正好相反。此外，其他的社会经济地位自变量对因变量的影响并没有得到有效的验证。在模型三中，我们又在模型一的基础上放入了民众公平认知状况的自变量，分析结果表明，在相关的公平认知状况变量中，横向比较对象选择变量能够对因变量产生影响，具体来看就是，如果人们在对自己收入状况的合理性进行评价时更愿意选择同条件和自己相似的对象进行比较，那么就会更为支持政府通过再分配的方式来缩小收入差距、帮助社会弱势群体。这一点与本书的研究假设相一致。但是机会平等原则和结果平等原则对因变量的影响并没有得到有效的验证。在模型四中，课题组在模型一的基础上，放入了全部的自变量。在这一模型中，户籍类型对因变量的影响已经变得不再显著，但是受教育程度和比较对象选择对因变量的影响依然显著。受教育程度越高，就越不支持政府通过再分配的形式来缩小收入差距、帮助社会弱势群体；如果人们更愿意选择同自己条件相似的对象进行比较，那么对政府再分配的态度就会更加积极一些。这一结果表明，户籍类型对民众政府再分配的影响可能不如横向比较对象选择对因变量的影响显著。也就是说，横向比较对象的选择影响了民众的政府再分配偏好，这一点与本书的研究假设是一致的。

（五）研究发现

民众的政府再分配偏好会受到主观和客观不同层面的因素的影响。从客观层面看，不同经济社会地位的群体对政府再分配的态度存在一定的差异；从主观层面看，不同社会群体公平正义认知状况的差异也同样会导致本书立足社会转型的时代背景，从主观和客观等几个不同的维度入手分析了转型时期民众政府再分配偏好的影响因素问题。结果表明，户籍类型、受教育程度、公平观念等变量能够对因变量产生显著的影响。具体来看，在户籍类型对因变量的影响上，与农村户籍人口相比，城镇户籍人口更倾向于政府通过再分配偏好来帮助社会弱势群体。从受教育程度的影响来看，受教育程度越高，就越不支持政府通过再分配的方式来缩小收入差距、帮助社会弱势群体。此外，从比较对象选择对因变量的影响来看，在对自己的收入状况合理性进行评价时选择同自己条件相似的对象进行比较的群体对政府再分配的态度就会更积极。与已有研究相比，这一发现也可以看作城乡户籍类型对民众政府再分配偏好差异影响因素研究的一个补充，我们发掘出了"比较对象选择"这个变量来对民众政府再分配偏好差异的影响因素进行分析。这一研究结论对于相关政策的设计与调整具有一定的借鉴意义。

三、民众社会正义原则偏好的影响因素分析

（一）问题的提出

在任何时代，人们都会依据不同的正义原则分配稀缺的社会资源，进而促进良好社会秩序的形成。从历时态的角度看，正义原则与社会结构之间要相互适应，也就是说，随着社会的发展变化以及社会结构的变迁，正义原则也应当持续发生变化。从社会成员的结合形式来看，正义具有社群正义和社会正义的区别。[①]其中，社会正义以"有机的社会"出现为前提，是与现代社会结构相适应的。在现代社会，随着社会不同领域功能

---

① 麻宝斌，杜平.中国人的正义观念及其现代转型［J］.新视野，2016（6）.

分化的日益明显，不同社会领域也要求相应的正义原则与之相适应。戴维·米勒按照社会成员结合方式的差异，将社会正义原则分为平等、应得和需要三种类型，这些原则分别对应着公民身份、工具性联合体以及团结性社群等三个不同的领域，而且是相应社会领域的首要正义原则。①其中，在经济领域，民众正义原则偏好从传统到现代的变迁体现为，应得的分配原则逐渐得到广泛的认可和接受；与之形成鲜明对比的是，在传统社会，人们所遵循的则是生存伦理原则②，关注的是自身能否生存下去的问题，而不是如何通过理性的方式来获得利润③。在社会现代化的进程中，社会的基本结构，也就是实现社会正义的经济社会制度安排等都发生了明显的变化。具体说来，推动民众正义原则偏好从传统向现代变迁的根本动力就在于社会结构的变迁所带来的民众生活经历的变化。在这个意义上，经历现代化生活的洗礼越多，其社会正义原则就可能会呈现更强的现代性特征。相应地，在经济领域，民众社会正义偏好的现代变迁就体现为更认可和接受应得的分配原则。

在传统中国社会，民众普遍遵循的是生存伦理原则，"过日子"④就是这种原则最为生动的表达。中华人民共和国成立以来，在计划经济体制下实行的是平均分配的分配制度，而且这种制度安排也在一定程度上"塑造"了民众的平均主义原则偏好。改革开放以来，随着市场化改革的持续深入，以按劳分配为主体的分配制度逐渐确立。在这种背景下，系统了解民众的社会正义原则偏好状况就具有格外重要的意义，这是因为，在一定程度上民众的社会正义原则偏好关系市场化改革能否顺利进行的问题。⑤我们之前的一项相关研究表明，当前中国民众经济领域的正义原则偏好呈现出复杂化的特征：一方面，大多数调查对象认可和接受经济领域中机会平等的分配原则；另一方面，又有相当数量的调查对象支持结果平等和平均分配的原则⑥。显然，这种现象不太适应市场经济发展要求。同时，不同社会群体的社会正义原则偏好之间也存在一定程度分歧，从而影响了社会正义共识的达成，当这种分歧严重到一定程度时，甚至会影响社会的和谐与稳定。社会正义原则是社会基本结构设计的重要依据，如果社会总体上无法就正义原则问题达成一致、达成有关资源如何分配才合理的"重叠共识"，那么就很难对经济社会制度进行有效的设计。在这个意义上，如何推动民众社会正义原则偏好的转型就成为现代化进程中的一项重要任务。随之而来的问题是，究竟有哪些因素在影响民众社会正义原则偏好的变化？在市场化改革深入推进的背景下，我们应当如何推动民众正义原则偏好的转型？民众正义原则的研究可以分为历时态和共时态两个视角，而时间与空间两个维度的相互交叉便构成了相关研究进行定位的坐标系。综合来看，已有的相关研究大多是从共时态的视角进行的，揭示了不同群体正义原则偏好的群体差异等问题，但是这种研究并不能充分解释差异背后的原因，因此有必要引入历时态的分析视角，将其放在

① 米勒.社会正义原则［M］.应奇，译.南京：江苏人民出版社，2008.
② 斯科特.农民的道义经济学——东南亚的反叛与生存［M］.程立显，刘建，译.南京：译林出版社，2013.
③ 韦伯.新教伦理与资本主义精神［M］.康乐，简惠美，译.桂林：广西师范大学出版社，2007.
④ 陈辉.过日子：农民的生活伦理——关中黄炎村日常生活叙事［M］.北京：社会科学文献出版社，2015.
⑤ 孟天广.转型期中国公众的分配公平感：结果公平与机会公平［J］.社会，2012（6）.
⑥ 麻宝斌，杜平.中国人的正义观念及其现代转型［J］.新视野，2016（6）.

社会转型的时代背景下进行分析。①基于这种认识，我们将根据问卷调查数据来分析民众社会正义原则偏好变迁的影响因素问题。

（二）文献回顾与研究假设

1.已有研究回顾

综合来看，已有研究主要是从社会经济地位、经济社会制度、社会心理文化、经济发展等几个进路来分析民众社会正义原则偏好的影响因素问题的，这些维度之间相互补充，在一个维度不能有效解释相关问题时就需要引入其他维度。

（1）社会经济地位与民众社会正义原则偏好。

民众的社会正义原则偏好与自身的社会经济地位密切相关，从这一进路出发对民众社会正义原则影响因素问题进行的研究，主要是围绕理性经济人的逻辑展开的。也就是说，收入水平的高低决定了个人的社会正义原则偏好。由此来看，一个很自然的逻辑就是，经济收入水平越高的群体就越支持经济领域应得的分配原则。孙明的相关研究表明，个人收入水平越高的群体就越支持应得的原则。②也有研究发现，社会经济地位能够对收入水平等的接受程度产生明显影响，个人收入水平越高，能够接受的收入不平等程度也越高。③这也从另一个方面揭示了收入水平对民众正义原则偏好的影响因素。此外，个人的受教育程度也能够对民众正义原则产生影响，但是受教育程度对民众正义原则偏好的影响并不完全符合"理性经济人"的逻辑。相关研究表明，受教育程度高的群体所能接受的社会不平等程度要比受教育程度低的群体低一些，这是因为教育具有启蒙的作用，如果受教育程度高的群体对实际的社会不平等状况有着较为全面的了解，那么所接受的不平等程度就低。④最后，还有研究揭示了经济社会地位与所接受的社会不平等程度之间的反向关系。正义感受是正义观念的外在体现，有什么样的观念就会有什么样的感受，从这个角度来看，社会经济地位与社会不平等接受程度之间的负相关关系所反映的是社会经济地位与正义原则偏好之间的负相关关系。而有效解释这种负相关关系就需要在社会经济地位视角之外引入新的分析视角。

（2）社会心理因素与民众社会正义原则偏好。

正义原则是一种主观认知，同时，它可以"嵌入"到社会心理因素之中。社会心理因素也可以看作民众正义原则偏好的影响因素。事实上，该研究进路是在经济社会地位的解释进路出现"失灵"后被引入的，其主要逻辑是人们的社会正义原则不仅会受到客观层面的社会经济地位等因素的影响，还会受到主观层面上社会的文化心理等因素的影响。前文提到的社会经济地位与所接受的社会不平等程度之间的负相关关系这一现象就涉及一些观念的因素。沿着这一思路，有研究发现文化传统会影响人们看待社会不平等的态度⑤，而且，人们往往将社会不平等归结为命运等因素，因而持有这种观念的社会

① 杜平.中国的社会转型与民众正义观念变迁［D］.长春：吉林大学，2016.
② 孙明.市场转型与民众的分配公平观［J］.社会学研究，2009（3）.
③ HADLER M. Why Do People Accept Different Income Ratios? A Multi-Level Comparison of Thirty Countries［J］. Acta Sociologica，2005，48（2）.
④ 李骏，吴晓刚.收入不平等与公平分配：对转型时期中国城镇居民公平观的一项实证分析［J］.中国社会科学，2012（3）.
⑤ 谢宇.认识中国的不平等［J］.社会，2010（3）.

群体往往能够接受较大程度的社会不平等。[①]此外，也有研究表明，欠发达地区的受教育程度较低的群体往往具有更为保守的心理倾向，因而更能够接受收入上的不平等。[②]最后，还有研究发现，不同文化背景下的社会群体在收入不平等的归因以及能够接受的收入不平等程度等方面都存在一定程度的差异。

（3）经济社会制度与民众社会正义原则偏好。

从理论上看，正义原则是社会基本结构设计的依据和标准。但是，正义原则与经济社会制度之间是相互影响的，而不是其中的某一个单向地决定另一个。因此，经济社会制度也会对民众的社会正义原则偏好产生影响。例如，卢晖临的研究发现，改革开放以来中国农村居民的平均分配原则与计划经济时期所实施的平均主义分配制度之间存在着密切的关系。[③]卢晖临的研究证明了制度传统的惯性依然在发挥作用，也有研究表明，经济社会制度的转型会对民众的社会正义原则偏好状况产生影响。具体来看，首先，经济社会的转型会影响民众的社会不平等认可程度，在社会转型的过程中，人们所能接受的社会不平等程度会越来越高。[④]其次，还有研究进一步表明，社会转型的方式也会影响民众经济领域的正义原则偏好的变化，相比渐进的转型方式而言，激进的社会转型方式更能增强人们对收入不平等的接受程度。[⑤]

（4）市场化与民众社会正义原则偏好。

市场化水平也会对民众的社会正义原则偏好产生影响。改革开放以来，随着市场化改革的深入，资源配置机制发生了明显的变化，由政府主导再分配体制逐渐走向政府和市场两种机制共同在社会资源的配置中发挥重要作用。[⑥]在这一过程中，我国的经济成分和所有制形式日益多样化，民营部门已经超过国有部门成为吸纳社会就业的重要力量。但不同性质工作部门之间的市场化程度是存在差异的，而且这种差异在国有和民营部门之间体现得较为明显。进一步来看，这种差别也会对民众的社会正义原则偏好产生明显的影响。有研究表明，相比较而言，市场化程度高的部门的工作人员更容易接受和认可应得的分配原则。[⑦]此外，还有研究表明，经济的发展会对民众的公平原则偏好产生影响，进而使得民众能够接受较大幅度的收入不平等。[⑧]

综合来看，虽然已有研究在民众社会正义原则偏好影响因素的多个方面都达成了共识，但是还存在一些较为明显的不足。例如，城市化是社会价值观念变迁的重要因素，已有研究虽然揭示了城乡居民看待收入不平等态度的差距问题，但并没有对城市化对民众正义原则偏好变迁影响机制的相关问题进行分析。此外，还需要注

① IM D K .Attitudes and Beliefs about Distributive Justice in China ［D］. Cambridge：Harvard University ， 2014.
② IM D K. The Legitimation of Inequality：Psychosocial Dispositions，Education and Attitudes toward Income Iequality in China ［J］. Sociological Perspectives，2014，57（4）.
③ 卢晖临.通向集体之路：一项关于文化观念和制度形成的个案研究［M］. 北京：社会科学文献出版社，2015.
④ HAN C . Rural-Urban Cleavages in Perceptions of Inequality in Contemporary China ［M］. Cambridge：Harvard University Press，2007；GIJSBERTS M . The Legitimation of Income Inequality in State-Socialist and Market Societies ［J］. Acta Sociologica，2002，45（4）.
⑤ GIJSBERTS M . The Legitimation of Income Inequality in State-Socialist and Market Societies ［J］. Acta Sociologica，2002，54（4）.
⑥ NEE V. A Theory of Market Transition：From Redistribution to Markets in State Socialism ［J］. American Sociological Review，1989，54（4）.
⑦ 孙明.市场转型与民众的分配公平观［J］. 社会学研究，2009（3）.
⑧ HALLER M，JOWELL R， SMITH T W .The Internatioal Social Survey Programme，1984—2009：Charting the globe ［M］. New York：Routledge，2009.

意的是，市场化水平的差异不仅体现为工作部门之间的微观差别，还体现为宏观区域之间的差别。当前中国不同区域之间的市场化水平存在明显的区别，这种区别也会影响民众的社会正义原则偏好，已有研究尚未关注到区域市场化水平差异对民众社会正义原则偏好的影响。

2.研究假设

通过对已有研究的回顾，本书尝试从社会经济地位、城市化以及市场化等几个维度来分析社会转型时期民众社会正义原则偏好变迁的影响因素。

首先，从社会经济地位来看，社会经济地位越高就越倾向于支持机会平等的分配原则。具体来看就是，在收入水平上，按照"理性经济人"的逻辑，收入水平越高的社会群体就越倾向于支持机会平等的分配原则。基于这种分析，我们提出如下研究假设：

假设1：收入水平越高，就越倾向于支持应得的分配原则，反对结果平等和平均分配的原则。

与收入水平不同的是，受教育程度对社会正义原则偏好的影响更为复杂一些。我们在之前对于民众正义原则及其适用的相关研究中提出，社会正义原则的适用除了因为领域的不同之外，还可以分为微观和宏观两个不同的层面。也就是说，民众正义原则除了领域之外，在宏观和微观两个层面适用的正义原则也存在着较大的差异。[1]就受教育程度对民众正义原则偏好的影响来看，在微观层面，受教育程度越高就意味着越有可能倾向于支持应得的分配原则；但在宏观层面，教育又具有"启蒙"[2]的性质，受教育程度高的群体所接受的收入不平等程度反而会低一些。本书主要是从微观层面分析受教育程度对社会正义原则偏好的影响。基于以上分析，提出如下研究假设：

假设2：受教育程度越高，就越倾向于支持应得的分配原则，反对结果平等和平均分配的原则。

其次，城市化会对民众的正义原则偏好变迁产生影响。其影响机理在于，城市化和工业化的生活环境在很大程度上改变了人们的生活经历，这使得人们更倾向于支持应得的分配原则。改革开放以来，中国的城市化有了长足发展。但受到户籍制度的影响，中国的城市化进程中出现了"户居分离"的现象，因此造成了常住人口城镇化率比户籍人口城镇化率高的情况。在这种情况下，与农村户籍人口和农村居民相比，城镇户籍人口和常住人口更倾向于支持应得的分配原则，反对结果平等和平均分配的原则。基于这种分析，我们提出如下研究假设：

假设3：与农村户籍人口和农村居民相比，城镇户籍人口和城镇常住人口更倾向于支持应得的分配原则，反对结果平等和平均分配的原则。

最后，市场化水平也会对民众的社会正义原则偏好产生影响。与计划经济体制相适应的是平均主义分配原则。改革开放以来，随着市场化改革的不断深入，中国的资源配置机制和所有制形式都发生了明显变化。这就导致了工作组织性质的差异，出现了国有

---

[1] 杜平.中国的社会转型与民众正义观念变迁［D］.长春：吉林大学，2016.
[2] 李骏，吴晓刚.收入不平等与公平分配：对转型时期中国城镇居民公平观的一项实证分析［J］.中国社会科学，2012（3）.

部门和民营部门。事实上，除了性质差异之外，不同工作部门的差别还体现在市场化程度上。民营部门本身就是市场化改革的产物，具有较强的市场化特征。此外，通过近年来一系列收入分配制度等相关改革，国有企事业单位的市场化程度也有较大提高。不同工作部门之间市场化程度的差别就有可能导致在不同部门工作社会群体的社会正义原则偏好的差异，比较而言，在市场化程度高的工作部门中的群体，更倾向于应得的分配原则。

假设4：与农民相比，国有部门和民营部门工作人员更倾向于支持应得的分配原则，反对结果平等和平均分配的原则。

从更大的范围来看，区域的市场化程度也会对民众的社会正义原则偏好产生影响。从区域市场化程度上，随着市场化的发展，不同区域之间在生产要素的配置方面存在一定的差异。这也会对民众的社会正义原则偏好产生影响。

假设5：区域市场化程度越高，就越倾向于支持应得的分配原则，反对结果平等和平均分配的原则。

最后，改革开放以来，中国的经济社会发展水平有了很大的提高，但是不同区域之间又存在明显的发展差距，由于这种差距的影响，不同区域民众的社会正义原则偏好可能会存在差异。比较而言，经济社会发展水平较高地区的民众可能更倾向于支持应得的分配原则。基于此，我们提出如下研究假设：

假设6：与西部地区居民相比，中部和东部地区居民更倾向于支持应得的分配原则，反对结果平等和平均分配的原则。

（三）研究设计

1.因变量

本书主要是分析民众经济领域社会正义原则偏好的影响因素，相应地，本书的因变量也就是民众的正义原则。具体来看，在经济领域中，公平原则可以分为多种[①]，本书聚焦于机会平等原则和结果平等原则。在本书中，机会平等原则偏好对应的问题是"只要机会均等，就算有穷有富也是可以接受的（非常不同意、不同意、说不清楚、同意、非常同意）"。结果平等原则偏好对应的题目是"生活在一个贫穷但平等的社会比生活在富裕但不平等的社会要好（非常不同意、不同意、说不清楚、同意、非常同意）"。同时，考虑到结果平等原则所考察题目的设计较为抽象，可能影响调查对象对这一问题的理解，我们结合中国社会转型的实际情况又增加了"我希望回到1980年以前人们平等生活的时代"（非常不同意、不同意、说不清楚、同意、非常同意）这一问题，以考察民众的平均主义分配原则偏好变化状况。在变量操作化分析过程中，本书将这三个变量都作为二分变量进行了处理，其中，将非常不同意、不同意和说不清楚的选择编码为0，表示调查对象不认可相关问题的主张；将选择同意和非常同意的编码为1，表示调

---

① HOCHSCHILD J L . What's Fair?American Beliefs about Distributive Justice ［M］. Cambridge：Harvard University press，1981；DEUTSCH M. Distributive Justice：A Social-Psychological perspective ［M］. New Haven： Yale University Press，1985;DEUTSCH M. Equity，Equality，and Need：What Determines Which Value Will Be Used as the Basis of Distributive Justice? ［J］. Journal of Social Issues，1975，31（3）；杜建政，等.国民公正观的结构 ［J］. 心理科学进展，2010（7）.

查对象认可相关问题的主张。

2.自变量

本书的自变量主要包括社会经济地位、城市化、市场化等几种类型。其中，社会经济地位变量有个人收入水平、受教育程度等。按照个人年收入数量的不同，将全部样本分为低收入者、中低收入者、中等收入者、中高收入者、高收入者，分别编码为1、2、3、4、5，数字越大表示收入水平越高。按照受教育程度的不同，将全部样本分为初中及以下、高中（含中专和技校）、大学、研究生，分别编码为1、2、3、4，数字越大表示受教育程度越高。按照工作部门性质的差异，将全部样本分为农民、民营部门和国有部门，分别编码为0、1、2。按照户籍的不同，将全部样本分为城镇户籍和农村户籍，分别编码为1、0。按照现居住地的不同，将全部样本分为城镇居民和农村居民，分别编码为1、0。按照所在区域的不同，将全部样本分为西部地区（陕西、内蒙古）、中部地区（湖南、河南）、东部地区（北京、上海、广东、山东），编码为0、1、2。在区域市场化水平变量的测量上，本书使用的是《中国市场化指数——各地区市场化相对进程2011年报告》中的相关数据，其中，相关地区的市场化水平分别为，北京9.87，内蒙古6.27，上海10.96，广东10.42，山东8.93，河南8.04，湖南7.39，陕西5.65。[①]其中，受教育程度、收入水平、区域市场化水平是定序变量，其余都是分类变量。

3.控制变量

本书的控制变量主要包括性别（男、女）、政治面貌（是否中共党员）、年龄（1949年之前出生、20世纪50年代出生、60年代出生、70年代出生、80年代出生、90年代出生）、宗教信仰（是否信仰宗教）等。其中，年龄变量作为定序变量，1949年之前出生编码为1，20世纪50年代出生编码为2，20世纪60年代出生编码为3，20世纪70年代出生编码为4，20世纪80年代出生编码为5，20世纪90年代出生编码为6，数字越大表示调查对象的年龄越小。其余的控制变量都作为分类变量处理。在性别变量中，男性编码为1，女性编码为0；在政治面貌中，中共党员编码为1，不是中共党员的编码为0；在宗教信仰变量中，信仰宗教的编码为1，不信仰宗教的编码为0。

按照上述设计，本书对相关变量的具体构成情况进行了统计，见表5-20。

表5-20　　　　　　　　　　　　**相关变量的统计性描述**

变量		比例	变量		比例
机会平等	1	82.1%	结果平等	1	50.4%
	0	17.9%		0	49.6%
性别	男	52.1%	平均分配	1	29.0%
	女	47.9%		0	71.0%
中共党员	是	15.6%	居住地	城镇	46.1%
	否	84.4%		农村	53.9%

① 樊纲，王小鲁，朱恒鹏.中国市场化指数——各地区市场化相对进程2011年报告［M］.北京：经济科学出版社，2011.

续表

变量		比例	变量		比例
出生年代	1949年前	6.5%	户籍	城镇	35.1%
	20世纪50年代	13.6%		农村	64.9%
	20世纪60年代	22.1%	受教育程度	初中及以下	52.8%
	20世纪70年代	25.3%		高中（中专、技校）	32.2%
	20世纪80年代	21.2%		大学（大专、高职）	14.4%
	20世纪90年代	11.3%		研究生	0.6%
宗教信仰	是	20.4%	地区	东部	38.5%
	否	79.6%		中部	40.5%
职业类型	国有	25.1%		西部	21.0%
	民营	42.7%	个人年收入	低收入	34.2%
				中低	16.8%
	农村	32.2%		中等	31.7%
				中高	14.1%
				高收入	3.2%

（四）民众社会正义原则偏好的影响因素分析

1.民众机会平等原则偏好的影响因素

为了系统了解民众机会平等原则偏好状况的影响因素，本书采用二元 Logistic 回归分析方法对相关问题进行分析，见表5-21。

表5-21　　　　　　　　　　　民众机会平等原则偏好的影响因素分析

		模型一 回归系数（标准误）	模型二 回归系数（标准误）	模型三 回归系数（标准误）
自变量	个人年收入		0.202（0.052）***	0.203（0.052）***
	受教育程度		0.151（0.092）	0.156（0.092）
	户籍类型（农村）		−0.185（0.165）	−0.185（0.165）
	居住地区（农村）		0.479（0.163）**	0.438（0.167）**
	国有部门 民营部门（农村）		−0.302（0.179） −0.226（0.147）	−0.321（0.179） −0.241（0.147）
	东部 中部（西部）		0.234（0.139） 0.649（0.142）***	−0.213（0.424） 0.434（0.240）
	区域市场化程度			0.120（0.108）
控制变量	男性（女性）	−0.224（0.111）*	−0.226（0.117）	−0.222（0.117）
	中共党员（否）	−0.232（0.141）	−0.329（0.153）*	0.335（0.153）*
	年龄	0.050（0.039）	0.020（0.044）	0.022（0.044）
	宗教信仰（否）	−0.134（0.139）	0.145（0.143）	0.123（0.144）
	常量	0.874（0.331）	−0.205（0.406）	−0.900（0.747）
	Nagelkerke R^2	0.009	0.048	0.049
	Log Likelihood	2 232.108	2 169.988	2 168.757
	样本数量	2 416	2 411	2 411

注：（1）*p<0.05，**p<0.01，***p<0.001。
（2）括号内为参照群体。

从表5-21可以看出，模型一只是对相关控制变量对因变量的影响进行了分析。其中，只有性别变量能够对因变量产生影响，与女性相比，男性更加不认可机会平等的原则。在模型二中，课题组又放入了相关的自变量，结果表明，个人收入水平、居住地区（城市或农村）、所在区域等变量能够对民众的机会平等原则偏好产生影响。具体来看，个人收入水平越高就越有可能接受机会平等的分配原则，这与前文的研究假设一致，也就是民众的正义原则符合理性自利的逻辑。与农村居民相比，城镇居民更加认可和接受机会平等的原则，但是城镇户籍人口却不认可机会平等原则，尽管两者在统计意义上不显著，这一结论部分和研究假设不一致，究竟是什么原因导致了城镇居民比城镇户籍人口更认可机会平等原则这一问题还需要进一步分析。从所在地区变量来看，中部地区民众比西部地区民众更认可机会平等原则，但是东部地区民众对机会平等原则的认可在统计意义上并不显著。在模型三中，课题组又放入了区域市场化程度变量，结果表明所在地区变量对因变量的影响变得不再显著，但是，区域市场化变量对因变量的影响同样也不显著。此外，个人年收入变量和居住地区变量依然能够对因变量产生影响。这一结论表明，要对区域经济社会发展差距和区域市场化水平对因变量的交互影响问题进行更为深入的分析。

2.民众结果平等原则偏好的影响因素

从前文对于相关变量的描述中可以看出，当前还有相当数量的受访者支持结果平等的原则，那么，究竟有哪些因素在影响着民众的结果平等原则偏好？我们对这一问题进行了分析，见表5-22。

表5-22　　　　　　　　　民众结果平等原则偏好的影响因素分析

| | | 模型一 | 模型二 | 模型三 |
		回归系数（标准误）	回归系数（标准误）	回归系数（标准误）
自变量	个人年收入		−0.054（0.039）	−0.052（0.039）
	受教育程度		−0.189（0.069）**	−0.184（0.069）**
	户籍类型（农村）		0.285（0.121）*	0.285（0.121）*
	居住地区（农村）		−0.103（0.122）	−0.137（0.124）
	国有部门 民营部门（农村）		0.414（0.139）** 0.108（0.115）	0.396（0.139）** 0.095（0.116）
	东部 中部（西部）		−0.399（0.115）** −0.034（0.113）	−0.809（0.335）* −0.225（0.184）
	区域市场化程度			0.108（0.083）
控制变量	男性（女性）	−0.129（0.084）	−0.081（0.089）	−0.077（0.089）
	中共党员（否）	0.271（0.115）*	0.283（0.123）*	0.278（0.124）*
	年龄	0.078（0.030）**	0.102（0.034）**	0.105（0.034）**
	宗教信仰（否）	−0.323（0.104）**	−0.350（0.106）**	−0.334（0.06）**
	常量	0.010（0.167）	0.309（0.205）	−0.352（0.545）
	Nagelkerke R^2	0.014	0.036	0.037
	Log Likelihood	3 289.295	3 242.742	3 241.209
	样本数量	2 417	2 412	2 412

注：（1）$^*p<0.05$，$^{**}p<0.01$，$^{***}p<0.001$。

（2）括号内为参照群体。

在表5-22中，模型一只放入了相关的控制变量，结果表明，除了性别变量之外，其余的变量都能对因变量产生影响。在模型二中，课题组又在模型一的基础上放入了相关的自变量，其中，工作组织性质变量、受教育程度变量、户籍变量能够对因变量产生显著的影响。具体到职业方面，与农民相比，国有部门工作人员更支持结果平等的原则，这一发现与研究假设相反，这可能是因为国有部门的平均分配特征还比较明显；在受教育程度上，受教育程度越高就越不支持结果平等的原则；在户籍制度上，与农村户籍相比，城镇户籍人口反而更加支持结果平等的原则，这一结论与研究假设相反，它也可能或多或少揭示出为什么近年来城镇户籍群体的社会公平感要比农村户籍群体的公平感受要低，这只是表明，在已有研究中遇到的经济社会地位与公平感成负相关关系的困惑应当从民众社会正义原则的偏好中寻找答案，而系统回答相关问题还需要引入更多的自变量进行分析；在所在区域上，与西部地区居民相比，东部地区更加反对结果平等的原则。在模型三中，课题组又放入了区域市场化水平这一变量，结果表明工作单位性质、所在区域、受教育程度和户籍等变量依然能够对因变量产生影响，而区域市场化水平与因变量之间没有显著的相关性，这与本书的研究假设正好相反。

3.民众平均主义分配原则偏好的影响因素

那么，社会转型对民众平均主义原则偏好的变迁产生了怎样的影响？为了回答这一问题，本书对相关影响因素等问题进行了分析，见表5-23。

表5-23　　　　社会转型对民众平均主义分配原则偏好的影响因素分析

		模型一	模型二	模型三
		回归系数（标准误）	回归系数（标准误）	回归系数（标准误）
自变量	个人年收入		−0.043（0.042）	−0.037（0.042）
	受教育程度		−0.191（0.076）*	−0.179（0.077）*
	户籍类型（农村）		0.358（0.132）**	0.359（0.133）**
	居住地区（农村）		−0.046（0.134）	−0.138（0.137）
	国有部门 民营部门（农村）		0.042（0.150） −0.113（0.126）	−0.009（0.152） −0.150（0.127）
	东部 中部（西部）		−0.209（0.124） −0.135（0.121）	−1.388（0.375）*** −0.679（0.203）**
	区域市场化程度			0.309（0.121）**
控制变量	男性（女性）	−0.015（0.033）	0.035（0.097）	0.047（0.097）
	中共党员（否）	0.015（0.126）	−0.034（0.136）	−0.022（0.133）
	年龄	−0.021（0.033）	0.021（0.037）	0.029（0.037）
	宗教信仰（否）	−0.222（0.111）*	0.228（0.113）*	0.185（0.113）
	常量	−1.075（0.290）***	−0.734（0.347）*	−2.557（0.645）***
	Nagelkerke R^2	0.002	0.013	0.020
	Log Likelihood	2 877.929	2 848.622	2 837.212
	样本数量	2 415	2 410	2 410

注：（1）*p<0.05，**p<0.01，***p<0.001。

（2）括号内为参照群体。

在表5-23中，模型一只放入了相关的控制变量，其中只有宗教信仰变量能够对因变量产生影响。在模型二中，课题组又在模型一的基础上放入了相关的自变量，结果表明，受教育程度和户籍能够对因变量产生显著影响，其中，受教育程度越高就越倾向于反对平均分配的原则；与农村户籍群体相比，城镇户籍群体更加支持平均分配的原则，这一结论与本书的研究假设是相反的，这说明，尽管我们采用了不同的问题进行测量，但实际的效果是一样的。在模型三中，课题组又放入了区域市场化水平变量，结果表明，受教育程度和户籍变量依然可以对因变量产生影响，而且区域市场化水平与因变量之间呈现正相关关系，表明宏观层面上的区域市场化水平的提高并没有带来民众社会正义原则偏好的变迁。还有一点需要注意的是，在该模型中，所在区域变量能够对因变量产生显著的影响，与西部地区相比，中部和东部地区民众更加不接受和认可平均主义的分配原则。这说明所在区域变量和区域市场化水平变量对因变量的影响正好相反，究竟是什么原因导致了这种现象的出现还需要更进一步的研究。

（五）研究发现

本书基于调查数据对中国社会转型时期民众经济领域社会正义原则偏好变化的影响因素进行了分析。研究结果表明，民众社会正义原则偏好受到多个方面因素的影响。其中，个人收入水平越高越倾向于支持机会平等的原则；受教育程度越高就越倾向于反对结果平等和平均分配原则，但是对机会平等的原则的支持在统计意义上并不显著；区域市场化水平越高就越倾向于平均分配原则；城镇居民比农村居民更支持机会平等原则，但是城镇户籍群体比农村户籍更支持结果平等和平均分配原则；东部地区民众比西部地区更加反对结果平等原则和平均分配原则。与已有研究相比，个人收入水平、受教育程度、工作部门性质等变量对民众社会正义原则偏好的影响得到了较好的验证。但是，需要注意的是，受教育程度对正义原则偏好的影响具有一定复杂性，由于本书没有纳入相关的公平感受等因素，因此受教育程度对民众社会正义原则偏好的启蒙作用并没有得到很好的验证。最后，从市场化水平的影响来看，在工作部门性质上，国有部门工作人员更为支持结果平等的原则；在区域之间市场化水平上，区域市场化水平越高就越支持平均主义的原则；经济社会发展水平越高，就越不认可结果平等和平均分配的原则。

基于上述相关的研究结果，我们认为，为了更好地推动民众经济领域社会正义原则偏好从平均向应得的转型，需要重点做好以下几点工作。第一，大力发展教育事业，努力提高社会总体的受教育程度和水平，这对于推动社会正义原则偏好的转型具有重要意义。第二，深入推进户籍制度改革，逐渐消除城乡之别，积极促进城乡一体化的发展，尽快实现城乡基本公共服务的均等化。第三，继续保持经济平稳较快增长，努力提高社会整体的收入水平，这对于促进机会平等原则的形成具有积极作用。第四，不断完善相关制度和政策，进一步规范收入分配秩序。不可否认的是，目前的收入分配还存在明显的不规范之处，有效规范收入分配秩序才能树立人们对于市场机制分配的信心，进而形成应得的分配原则。

四、社会转型对民众社会正义客体认知状况的影响

(一) 问题的提出

从历史演进的视角来看，正义理论具有古典正义和现代社会正义（分配正义）之分。①尽管古典正义和现代社会正义所回答的都是人们为什么能够得到一定数量的社会资源的问题，但是其中的区别在于，古典正义理论认为人们之所以得到一定数量社会资源的基础是美德或者慈善；而现代社会正义理论则认为每个社会成员都有权利得到一定数量的社会资源，而且政府在此过程中负有相应的责任。早在古希腊时期，柏拉图将正义看作理想国的组织方式，认为正义就是每个人必须在国家里执行最适合自己天性的一种职务。每个人天性的不同就决定了自己实际应当承担的职务的差异，例如，有些人一生下来身上就加入了黄金，因而他们就应当是宝贵的统治者；有些人一生下来身上就加入了白银，因而他们就应当承担辅助者（军人）的职务；还有些人一生下来身上加入了铁和铜，所以他们就只能承担农民和其他技工的角色。②与之不同的是，在现代社会，权利则取代了美德成为社会正义的一个重要构成要件，也就是说，每个社会成员都有法定的权利来获得一定数量的物品。例如，罗尔斯所提出的"作为公平的正义"理论就是围绕政治权利、经济和社会权利等展开的；诺奇克对"持有正义"相关问题的阐述也同样是围绕着权利这一概念进行的。从实践来看，这种以权利为突出特征的社会正义观念也在很大程度上在影响着经济社会的制度安排。我们可以看到，在今天，相关经济社会制度安排的目的就是为了有效保障每个社会成员的合法权利，因此每个社会成员都有政治参与的权利，也都有享有基本公共服务的权利。换一个角度来看，相关制度的不断完善必然会要求社会成员普遍形成相应的法律意识和观念。促进社会正义不仅需要正义理论的引领，还需要对社会正义的状况进行分析。社会正义现状测评的内容可以分为主观和客观两个不同的维度。③社会公平正义主观认知状况研究一个重要内容就是对民众的权利意识和权利观念状况进行系统了解。④

对中国来说，权利这一概念属于舶来品，是在现代化的进程中，随着"西学东渐"的不断深入而从西方传入的。⑤在此之前，尽管中国没有现代的权利话语体系，但这并不意味着传统中国社会没有对这一问题的理解和认识。两者之间的区别就在于，中国传统社会的民众是采用一系列具有鲜明"本土化"色彩的话语体系来进行表达的。⑥"气""委屈""面子"等就是其中具有代表性的表达方式。具体来看，首先，当个人的利益受到了损害之后，就会觉得自己很"委屈"或者是没有"面子"，而相应的维护利益的行为就会被称为"出气""爱面子""讨说法""诉苦"等。其次，从维护利益的行为选择来看，传统社会民众的维权行为往往是与利益得失的考量联系在一起的，如果成

① FLEISCHACKER S . A Short History of Distributive Justice [M]. Cambridge：Harvard University Press，2004；JACKSON B . The Conceptual History of Social Justice [J]. Political studies Review，2003 (3)．
② 柏拉图.理想国 [M]. 郭斌和，等译.北京：商务印书馆，2011.
③ 麻宝斌，杜平.社会正义测评：主题、内容与框架 [J]. 理论探讨，2014 (2)．
④ 杜平.中国的社会转型与民众正义观念变迁 [D]. 长春：吉林大学，2016.
⑤ 金观涛，刘青峰.观念史研究：中国现代重要政治术语的形成 [M]. 北京：法律出版社，2010.
⑥ 麻宝斌，杜平.中国人的正义观念及其现代转型 [J]. 新视野，2016 (6)．

本过大就可能会选择放弃相应的行为。也就是说，现在我们看来神圣不可剥夺的权利在占代社会就被利益得失的考量进行置换。最后，由于传统社会民众持有的是一种实证正义观念，这种观念一方面体现为结果导向的实质正义观念，也就是认为结果要比过程更为重要；另一方面体现为一定程度的反制度的观念，即为了有效维护自己的利益，可以突破相关制度的一些要求。社会价值观念并不是一成不变的，而是随着社会的发展以及社会结构的变化而不断从传统向现代、从现代向后现代变迁。其中的动力就在于社会结构变迁所引起的生活经历的变化，在这个意义上，所经历的现代化生活经历越多就越具有现代化的特征。中华人民共和国成立以来，尤其是改革开放以来，通过法律制度的不断完善来保障社会成员的权利是中国国家治理现代化进程中的一项重要内容。经过多年的发展，到2010年底，随着法律法规的不断完善，中国特色的社会主义法律体系已经形成。中国的社会主义建设事业开始实现了有法可依，相应地，广大社会成员的各项权利都有了明确的制度保障。换一个视角来看，这同样要求民众逐渐形成相应的权利意识，而且能够在相关制度规定的范围之内选择自己的维权行为。因此，推动民众权利意识和观念的现代转型是国家治理现代化的重要任务。20世纪80年代以来，为了提高全民的法律意识和法律素质，使广大民众逐步树立起与法治社会相适应的理念，中国政府组织实施了每五年为一个周期的普法活动，这些活动取得了积极的效果。

在社会转型期，系统了解民众的权利观念状况以及影响因素对于更好地推进权利观念的现代转型具有重要的意义。综合来看已有的研究主要包括以下几个方面。围绕着权利这一核心概念衍生出了政治参与、公共服务、收入分配等不同类型的具体的社会资源，那么民众在这些不同社会资源中具有怎样的偏好次序？既然社会资源的分配是以权利为基础的，那么当自己的应得利益被损害以后是否认为自己的权利受到了侵犯？又是否具有相应的权利维护行为？具体来看，在社会资源的偏好状况研究上，英格尔哈特的研究表明，随着经济的增长，人们对社会正义客体的偏好从经济和安全逐渐向参与等的转变。[1]在民众权利观念的研究上，苏力分析了在"送法下乡"的过程，现代权利话语体系与民众内心的理解之间的不一致现象；[2]应星等从"气"这一现象入手，对民众社会正义客体的认知状况进行了分析；[3]吴飞认为，民众的相关认知在不同的情景下存在一定的差异，在家庭之外的公共领域中遇到的不合理对待称为"冤枉"，而遭到诸如家庭成员等有亲密关系的人的不合理对待则称为"委屈"；[4]陈柏峰发现，传统熟人社会由面子等组成的平衡机制逐渐失效，当人们不能达到常识的平衡时就会选择自杀等"出气"的方式。[5]此外，有学者对近年来中国民众的权利话语问题进行了研究，认为这是权利意识的觉醒；而有的学者认为这只是规则意识，而不是权利意识；[6]而李连江的研

① 英格尔哈特.发达工业社会的文化转型［M］.张秀琴，译.北京：社会科学文献出版社，2013；英格尔哈特.现代化与后现代化：43个国家的文化、经济与政治变迁［M］.严挺，译.北京：社会科学文献出版社，2013.
② 苏力.法治及其本土资源［M］.北京：中国政法大学出版社，1996：23-37.
③ 应星.大河移民上访的故事：从"讨个说法"到"摆平理顺"［M］.北京：三联书店，2001；应星."气"与抗争政治：当代中国乡村社会稳定问题研究[M].北京：社会科学文献出版社，2011；陈柏峰."气"与村庄生活的互动——皖北李圩村调查．开放时代，2007.
④ 吴飞.浮生取义：对华北某县自杀现象的文化解读［M］.北京：中国人民大学出版社，2009.
⑤ 陈柏峰."气"与村庄生活的互动——皖北李圩村调查［J］.开放时代，2007（6）.
⑥ PERRY E J. A New Rights Consciousness［J］. Journal of Democracy，2009，20（3）.

究则指出，权利意识和规则意识这两者是并存的。[1]综合来看，就中国民众对正义客体认知状况的研究而言，在民众的权利观念问题上还相对缺乏以民众的权利意识和权利主张为主题的实证研究。此外，在研究视角上，还缺乏从社会转型视角对相关问题进行的研究，因而没有揭示出究竟有哪些因素在影响权利观念从传统到现代的转型。在本书中，我们将基于2014年进行的全国性问卷调查数据对转型期民众权利观念的影响因素问题进行分析。

（二）理论分析与研究假设

随着中国现代化进程的不断深入，社会价值观念的现代特征也越来越明显。[2]已有的相关研究表明，城市化、市场化、受教育程度等因素能够对民众的正义观念产生影响，而本书主要是从城市化、受教育程度以及个人收入等方面来对社会转型时期民众社会正义客体认知状况的影响因素进行分析。

首先，从城市化对民众权利观念的影响来看。城市化对于民众正义观念的现代转型具有重要的推动作用。就发展中国家和地区而言，随着城市化和工业化的快速发展，人口会大规模地从农村向城市流动。而城市的生活经历会使得人们的价值观念具有更强的现代化特征。中华人民共和国成立以来，尤其是改革开放以来，中国的城镇化水平有了很大的提高。在这一过程中，有大量的人口从农村走向城市。最新统计数据显示，当前中国流动人口的规模已经达到了2亿多。但是，由于户籍制度的影响，城镇常住人口中出现了一些"户居分离"的现象，这就有可能导致户籍人口和常住人口权利观念的差异。基于这种分析，本书提出如下研究假设：

假设1：与农村户籍人口和农村居民相比，城镇户籍人口和城镇常住人口更具有较为稳定的权利观念，也就是说，不仅具有较强的权利意识，而且更倾向于在相关制度许可的范围内主张自己的合法权利。

其次，从个人收入水平来看。已有收入水平对民众社会正义认知状况影响问题的研究大多是基于"理性主义"的逻辑展开的。沿着这种思路，收入水平高的群体不仅具有较强的权利意识，而且在维护权利时可能不会对利益的得失进行考量。也就是说，个人收入水平越高，就越有可能具有较稳定的权利观念。因此，本书提出如下研究假设：

假设2：收入水平越高就越具有较为稳定的权利观念，也就是说，不仅具有较强的权利意识，而且更倾向于在相关制度许可的范围内主张自己的合法权利。

再次，从受教育程度对民众权利观念的影响来看。一般来说，受教育具有"启蒙"的作用，受教育程度越高，不仅越有可能具有较强的权利意识和主张，而且越愿意在相关制度允许的范围内进行维权。这表明，受教育程度越高，就越有可能具有稳定的权利观念。基于这种分析，本书提出如下受教育程度对民众权利观念影响的研究假设：

假设3：受教育程度越高就越具有较为稳定的权利观念，也就是说，不仅具有较强的权利意识，而且更倾向于在相关制度许可的范围内主张自己的合法权利。

最后，市场化水平也会对民众的权利观念产生影响。具体来看，市场经济的发展以

① 李连江.当代中国的权利意识与规则意识［J］.中国社会公共安全研究报告，2014（1）.
② 周晓虹.中国体验：全球化、社会转型与中国社会心态的嬗变［M］.北京：社会科学文献出版社，2017.

及市场化程度的提高能否显著增强民众的权利意识和权利主张。近年来，中国的市场化水平有了显著的提高，而且这种市场化水平体现在多个不同的方面。在工作部门性质上，民营部门和国有部门的市场化水平要相对高一些，因此，与农民相比，国有部门和民营部门工作人员可能会具有更为稳定的权利观念。基于这种分析，本书提出如下市场化水平对民众权利观念的研究假设：

假设4：工作部门市场化水平越高就越具有较为稳定的权利观念，也就是说，与农民相比，国有部门和民营部门工作人员不仅具有较强的权利意识，而且更倾向于在相关制度许可的范围内主张自己的合法权利。

（三）研究设计

1.因变量

在现代社会，社会正义的客体是与权利联系在一起的，因此，对民众社会正义客体的认知状况进行分析需要将其与权利意识联系起来。随着社会现代化程度的提高，民众的权利观念也越来越稳定，不仅具有稳定的权利意识，而且更愿意在相关制度的范围内进行维权，在维权的过程中也不会考虑利益的得失。围绕这一问题，本书一共选择了四个相关的题目：若没有得到应得的利益，我首先会想我的合法权利是否受到了侵犯（非常不同意、不同意、说不清楚、同意、非常同意）；若没有得到应得利益，如果成本不高，我会考虑去维护自己的利益（非常不同意、不同意、说不清楚、同意、非常同意）；若没有得到应得利益，即使得不偿失我也会努力维护自身权利（非常不同意、不同意、说不清楚、同意、非常同意）；为了获得应得利益，即使没有正常途径，我也会选择其他途径解决（非常不同意、不同意、说不清楚、同意、非常同意）。在变量操作化分析的具体过程中，我们将第一和第三个问题按照顺序从非常不同意到非常同意分别编码为1、2、3、4、5；将第二和第四个问题按照顺序从非常同意到非常不同意分别编码为1、2、3、4、5。之所以这样处理是因为，第一和第三个问题所反映的是稳定的权利观念，而第二和第四个问题则正好相反。最后，我们将四个问题的结果进行了加总，从而得到了一个定序变量，也就是本书的因变量，该变量的数值越大意味着受访者的权利观念就越稳定。

2.自变量

相关的自变量主要包括收入水平、受教育程度、城市化等几种类型。按照个人年收入数量的不同，将全部样本分为低收入者、中低收入者、中等收入者、中高收入者、高收入者，分别编码为1、2、3、4、5，数字越大表示收入水平越高。按照受教育程度的不同，将全部样本分为初中及以下、高中（含中专和技校）、大学、研究生，分别编码为1、2、3、4，数字越大表示受教育程度越高。按照工作部门性质的差异，将全部样本分为农民、民营部门和国有部门，其中农民为参照群体，首先将国有部门编码为1，农民和民营部门编码为0；然后将民营部门编码为1，农民和国有部门编码为0。按照户籍的不同，将全部样本分为城镇户籍和农村户籍，分别编码为1、0。按照现居住地的不同，将全部样本分为城镇居民和农村居民，分别编码为1、0。其中，受教育程度、收入水平是定序变量，其余都是分类变量。

3.控制变量

相关的控制变量主要包括性别（男、女）、政治面貌（是否中共党员）、宗教信仰（是否信仰宗教）等。在性别变量中，男性编码为1，女性编码为0；在政治面貌中，中共党员编码为1，不是中共党员的编码为0；在宗教信仰变量中，信仰宗教的编码为1，不信仰宗教的编码为0。

按照上述设计，本书对相关变量的具体构成情况进行了统计，见表5-24。

表5-24 　　　　　　　　　　　　　　　**相关变量的统计性描述**

变量		比例	变量	最大值	最小值	均值	标准差
性别	男	52.1%	权利观念	20	6	12.65	1.66
	女	47.9%	变量			比例	
中共党员	是	15.6%	受教育程度	初中及以下		52.8%	
	否	84.4%		高中（中专、技校）		32.2%	
居住地	城镇	46.1%		大学（大专、高职）		14.4%	
	农村	53.9%		研究生		0.6%	
户籍	城镇	35.1%	地区	东部		38.5%	
	农村	64.9%		中部		40.5%	
宗教信仰	是	20.4%		西部		21.0%	
	否	79.6%	个人年收入	低收入		34.3%	
职业类型	国有	25.1%		中低		16.8%	
	民营	42.7%		中等		31.7%	
	农村	32.2%		中高		14.1%	
				高收入		3.2%	

（四）研究发现

我们根据问卷调查获得的数据，采用多元回归分析方法对转型期民众社会正义客体认知状况的影响因素问题进行了分析。

表5-25 　　　　　　　　　　　　　　　**社会转型期对民众权利意识形成的影响**

		模型一	模型二
		回归系数（标准误）	回归系数（标准误）
自变量	个人年收入		-0.014（0.031）
	受教育程度		0.112（0.053）*
	户籍类型（农村）		-0.119（0.096）
	居住地区（农村）		0.088（0.098）
	国有部门		0.083（0.112）
	民营部门（农村）		0.260（0.091）**
控制变量	男性（女性）	-0.127（0.069）	-0.104（0.071）
	中共党员（否）	0.048（0.094）	0.015（0.100）
	宗教信仰（否）	-0.241（0.084）**	-0.195（0.085）*
	常量	12.898（0.082）***	12.574（0.125）***
	样本数量	2 411	2 411
	调整后R²	0.019	0.036

注：（1）*$p<0.05$，**$p<0.01$，***$p<0.001$。

（2）括号内为参照群体。

从表5-25可以看出，在模型一中，本书只放入了相关的控制变量，分析结果表明，只有宗教信仰变量可以对因变量产生影响，与不信仰宗教的社会群体相比，信仰宗教的社会群体的权利观念不稳定。在模型二中，本书又放入了相关的自变量，回归分析结果表明，受教育程度、工作部门性质等变量都能够对因变量产生显著的影响。具体来看，受教育程度越高就越有可能具有稳定的权利观念，也就是说，不仅具有稳定权利观念，而且对权利的主张也比较强，一方面，不会基于利益得失的考量来选择维权行为，即使得不偿失也会选择维护自己的合法利益；另一方面，受教育程度越高就越愿意在相关法律规定的途径内维护自己的合法利益。这一研究结论和本书的研究假设是一致的。除此之外，工作部门性质变量也会对因变量产生影响，具体来看，与农民相比，民营部门工作人员具有更为稳定的权利观念，但是国有部门工作人员并不具有稳定的权利观念。这一结论表明，本书的相关研究假设只是部分得到了验证，之所以民营部门工作人员具有更为稳定的权利观念，可能是因为民营部门的市场化程度更高一些。其中具体的原因还有待在今后的研究中进一步分析。除此之外，本书提出的有关个人收入水平、城市化等对民众稳定权利观念的影响并不显著，本书的研究假设没有得到有效验证。

（五）主要结论

我们主要是立足社会转型的背景，基于一项全国调查数据采用多元回归分析方法对民众的权利观念状况及其影响因素进行分析。结果表明，受教育程度对于权利观念具有显著影响，受教育程度越高，就越有可能具有稳定的权利观念。从工作部门性质看，与农民相比，民营部门的工作人员具有更为稳定的权利观念，这可能与民营部门的市场化水平更高具有一定的关系。事实上，影响民众权利观念的因素可能有多种，而本书只是从受教育程度等几个方面进行了分析。在今后的研究中，我们将进一步拓宽分析的视野，纳入更多的影响因素进行分析。最后，本书的相关结论对于如何增强社会总体的权利观念也具有一定的借鉴意义。为了有效提升社会总体的权利观念，不仅需要增强总体的受教育程度和水平，还需要进一步推进市场化改革，更好地发挥市场在资源配置中的作用。

五、社会转型对民众社会正义比较对象选择的影响

（一）问题的提出

公平是一项重要的社会价值，它解决的是社会资源应当如何分配才合理的问题。在现实生活中，每一个社会成员的心目中都有一种公平世界的信念，认为社会应该是公平的，每个人都能得到自己所应得的。社会公平状况问题的研究不能只是局限在社会资源的客观状况上，还应当关注民众的社会公平认知状况。公平感受和公平观念都是社会公平认知状况的内容，公平观念是民众对社会资源分配状况合理性的评价标准，社会成员在对自身收入水平以及社会资源分配状况的合理性进行判断时往往会选择特定的比较对象进行比较。因此，社会公平比较对象选择问题的研究就逐渐成为研究的热点。学术界一致认为，社会公平比较对象研究的源头可以追溯到20世纪60年代。著名学者亚当斯（Adams）提出的公平理论认为，人们对自身收入状况的合理性进行评价时会选择特定对象进行比较，但是这一研究只是指出人们会选择特定的对象进行比较，并没有对比较

对象的选择状况进行更为深入的分析。沿着这种分析思路，后来的研究进一步发现，人们的比较对象选择具有很强的稳定性。[①]为了更好地研究比较对象问题，有研究将多种类型的比较对象分为不同的维度。例如，卡罗尔（Karol）从时间维度对比较对象选择问题进行了分析，也就是说，人们在对自己收入水平的合理性进行评价时会对自己的过去、现在以及未来进行比较。[②]除了时间维度之外，还有横向维度的比较对象选择问题，乔治（Greg R.Oldham）等认为，人们进行比较的过程中选择的比较对象可以分为组织内和组织外两个不同的方面。[③]那么，随之而来的问题是，在现实生活中，人们是在一个维度进行比较，还是同时在两个维度进行比较。围绕这一问题，有研究表明，人们会同时从时间和横向两个不同的维度进行比较[④]，而且不同社会群体的比较维度选择存在明显的差异，与城市居民相比，农民工更多的是与家乡的农民、自己的过去的生活状况进行比较。[⑤]围绕着比较维度又衍生出了比较内容的问题，也就是具体比较什么的问题。有研究表明，在具体比较的内容上，人们会从结果、程序等多个方面进行[⑥]，涉及收入等不同的内容[⑦]。最后，将比较对象和比较内容整合起来的研究发现，不同维度的对象选择以及比较内容也是存在差异的。其中，从组织的范围内来看，尽管从理论上看比较对象的选择范围是很大的，人们还是更重视组织内部的比较，在组织中的所有成员都可以选择进行比较，但更倾向于选择与自己相似的群体进行比较，一般不和信息无法得到的、工作性质差异很大的、级别比自己低的进行比较，在比较过程中关心均值和极值；在组织外部则会把同行业和类似组织进行比较。[⑧]相关研究给我们的启示是，社会公平比较对象选择问题的研究应当从反身和横向两个维度来展开，社会公平比较对象的选择会受到主观和客观不同层面因素的影响。

改革开放以来，随着中国的收入差距等社会不平等问题的日益显现，在对收入差距等问题进行研究的同时，对社会公平主观认知问题的研究也逐渐成为研究的热点问题。其中也包括民众社会公平比较对象选择问题的研究，但是这些研究大多是将社会公平比较对象作为自变量来分析其对社会公平感的影响。既然人们在对收入水平等问题的合理性进行评价时会选择特定的对象和内容进行比较，那么，通过比较之后，当人们认为自己的收入水平不合理时就会产生"相对剥夺感"。基于这种认识，近年来很多研究从比较对象选择出发对相对剥夺感问题进行了较为详细的分析。在具体的影响机制上，不同维度的比较对象对公平感的影响存在一定的差异，结果公平感受到横向剥夺的影响，而

① STEPINA L P， PERREWE P L. The Stability of Comparative Referent Choice and Feelings of Inequality： A Longitudinal Field Study［J］. Journal of Organizational Behavior，1991，12（3）.
② KULIK C T， AMBROSE M L. Personal and Situational Determinants of Referent Choice［J］. The Academy of Management Review，1992，17（2）.
③ OLDHAM G R， KULIK C T， STEPINA L P， et al.. Relations between Situational Factors and the Comparative Referents Used by Employees［J］. The Academy of Management Journal，1986，29（2）.
④ 于海波，郑晓明.薪酬满意的动力机制：比较、公平、满意［J］. 科学学与科学技术管理，2013（6）；张静.转型中国：社会公正观研究［M］. 北京：中国人民大学出版社，2008.
⑤ 李培林，李炜.农民工在中国转型中的经济地位和社会态度［J］. 社会学研究，2007（3）.
⑥ JERALD G， CLAIRE E .ASHTON-JAMES， ASHKANASY N M. Social Comparison processes in organizations ［J］. Organizational Behavior and Human Decision Processess，2007，102.
⑦ 赵德雷.黑龙江垦区居民社会公平心态的调查报告［M］//载王俊秀，杨宜音.中国社会心态研究报告（2014）. 北京：社会科学文献出版社，2014.
⑧ 周浩.中国组织员工公平感研究［M］. 成都：四川大学出版社，2011.

机会公平感则受到纵向剥夺的影响；[1]也有研究表明，企业员工的公平感受到自我比较、本单位比较、外单位和家庭比较等的影响，其中，外单位和家庭比较的影响最为明显。[2]在横向比较对象选择上，民众在比较过程中更倾向于与自己条件相似的人进行比较，如果发现低于比较对象的水平，公平感会降低；[3]而马磊和刘欣对城市居民的研究则发现，局部比较是微观收入分配公平感的重要影响因素，如果在与过去的经历和周围的人进行比较时对自己的经济状况感到满意，公平感就有较高。[4]事实上，人们在选择横向比较对象时会同时选择单个和多个比较对象。周浩、龙立荣对组织员工公平感的研究发现，在与单参照对象比较的时候，有利和不利的比较结果在敏感度上存在显著差异，对不利的薪酬比较结果更为敏感，公平感的下降幅度较大；在与多参照对象比较的时候，参照对象平均水平是最重要的信息，当个人所得高于比较对象的平均水平时，公平感最强；当个人所得等于平均水平时，公平感居中；当所得低于平均水平时，公平感最低。[5]

　　需要注意的是，在对社会公平认知状况的研究中，除了将社会公平比较对象的选择作为社会公平感的一个自变量进行分析之外，我们也可以单独将社会公平比较对象从社会公平认知状况中抽离出来，将其作为自变量，对社会公平比较对象选择的影响因素问题进行深入和系统的分析。近年来，随着中国民众社会公平认知问题研究的逐渐深入，也有关于对民众社会公平比较对象选择问题的研究，并且逐渐形成了从客观层面的经济社会地位、生活环境等方面对其影响因素进行研究的分析视角。但是其中也存在一些不足。第一，主要是在组织层面上进行分析，没有将视野拓展到社会层面上，因此随着单位制和户籍制度的逐渐松动，社会的流动性逐渐增大，在这种背景下，人们就有可能从更大的范围来选择比较对象。第二，在对社会公平比较对象选择问题的研究中没有将反身公平和横向公平两个不同的维度整合起来进行分析。第三，当前中国正处于社会转型阶段，社会价值观念也在逐步由传统向现代进行过渡，但是由于多种因素的影响，不同社会群体的价值观念的现代化程度存在很大差异。这种差异也会影响比较对象的选择，因此，在传统社会，人们遵循的是生存伦理，所关心的是日子能不能过下去的问题，因而不会同其他社会群体进行比较，但是随着价值观念现代化程度的提高，人们会逐渐开始进行反身和横向的比较。已有研究并没有对这一点给予充分的重视。基于上述认识，本研究尝试采用问卷调查等实证分析方法，将反身和横向两个不同的维度整合起来，并对社会公平比较对象选择的影响因素问题进行分析。

（二）文献综述与研究假设

　　综合来看，已有研究主要是从客观层面的社会经济地位、文化心理等几个不同的视角对民众社会公平比较对象选择的影响因素等问题进行分析的。

　　具体来看，客观的社会经济地位会影响人们的社会公平比较对象的选择。例如，受教育程度高的群体对社会公平的感受却不高，与之形成对比的是，受教育程度低的群体

---

① 孟天广.转型期中国公众的分配公平感：结果公平与机会公平 [J].社会，2012（6）.
② 于海波，郑晓明.薪酬满意的动力机制：比较、公平、满意 [J].科学学与科学技术管理，2013（3）.
③ 史耀疆，崔瑜.公民公平观及其对社会公平评价和生活满意度影响分析 [J].管理世界，2006（10）.
④ 马磊，刘欣.中国城市居民的分配公平感研究 [J].社会学研究，2010（5）.
⑤ 周浩.中国组织员工公平感研究 [M].成都：四川大学出版社，2011；周浩，龙立荣.参照对象信息对分配公平感的影响：攀比效应与虚荣效应 [J].华东师范大学学报：教育科学版，2015（2）.

的社会公平感反而更高，这表明教育具有"启蒙"的作用，受教育程度较高的群体，在选择社会公平比较对象的时候会在更大的范围内进行比较，因而会更能够看到一些宏观层面的社会不平等问题。同样，还有研究表明，城市居民在公平感受上要明显低于农村居民，这可能是因为，城市居民会在更大的范围内进行比较[①]，而农村居民的比较对象较为狭窄，主要是选择身边的群体进行比较[②]。约翰（John Knight）等研究发现，农村居民大多将比较对象局限在狭小的范围内，主要是基于与个人过去经历的比较以及对未来的期待作出判断。[③]也有研究发现，个人利益是决定比较对象选择的重要影响因素[④]，而且，企业员工在组织内部职位的变化会导致比较对象选择的变化[⑤]。这一结论已经开始逐渐将视角转移到动态的层面上，将社会经济地位的流动作为民众社会公平比较对象选择的重要影响因素问题进行分析。沿着这种思路，有研究表明，社会经济地位的流动还能够对民众社会公平比较对象的选择产生明显的影响，例如，戴维（David Gartrell）研究发现，可及性、习惯以及流动性等是影响比较对象选择重要因素。[⑥]最后，还有研究表明，一些文化心理等因素还会影响民众的社会正义比较对象选择。[⑦]基于以上分析，本研究提出如下研究假设：

假设1：客观层面的经济社会地位越高，就越倾向于进行反身和横向比较，也就是个人收入水平、受教育程度越高，就更倾向于既同自己过去的收入水平进行比较，也同条件和自己相似的人进行比较。

基于对已有文献的分析，我们可以发现，城市化会对民众的社会公平比较对象选择产生明显的影响，其中的原因在于城市的生活环境相对较为开放、流动性也更强，因而人们能够进行横向的比较。由此，我们提出如下研究假设：

假设2：与农村户籍人口和农村居住人口相比，城镇户籍人口和城镇居住人口更倾向于既同自己过去的收入水平进行比较，也同条件和自己相似的人进行比较。

最后，公平原则等因素也会对民众的社会公平比较对象选择产生影响。这种原则的差异会体现在工作组织性质上，相比较而言，国有部门的工作人员更倾向于进行反身和横向比较。基于这种分析，本书提出如下研究假设：

假设3：国有部门的工作人员更倾向于进行反身和横向比较，也就是，更倾向于既同自己过去的收入水平进行比较，也同条件和自己相似的人进行比较。

（三）研究设计

1.因变量

社会公平的比较对象选择可以分为反身公平和横向公平两个不同的维度，其中，与反身公平对应的题目是，"我只在乎收入是否比以前有提高"（非常不同意、不同意、说不清

① 李骏，吴晓刚.收入不平等与公平分配：对转型时期中国城镇居民公平观的一项实证分析［J］.中国社会科学，2012（3）.
② 麻宝斌，杜平.中国人的正义观念及其现代转型［J］.新视野，2016（6）.
③ KNIGHT J，SONG L，GUNATILAKA R.Subjective Well-being and its Determinants in Rural China［J］.China Economic Review，2009，20.
④ 张静.转型中国：社会公正观研究［M］.北京：中国人民大学出版社，2008.
⑤ 周浩.中国组织员工公平感研究［M］.成都：四川大学出版社，2011.
⑥ GARTRELL D . On the Visibility of Wage Referents. The Canadian Journal of Sociology［J］.1982，7（2）.
⑦ 周浩，龙立荣.公平感社会比较的参照对象选择研究述评［J］.心理科学进展，2010（6）.

楚、同意、非常同意）；而与横向公平对应的题目则是"与自身条件和我相似的人相比"（非常不同意、不同意、说不清楚、同意、非常同意）。在具体分析的过程中，我们将这两个变量作为二分变量进行了处理，其中，将同意、非常同意的评价记为1，表示调查对象支持这一主张。将非常不同意、不同意、说不清楚的评价记为0，表示调查对象不支持这一主张。

2.自变量

民众社会公平比较对象选择影响因素的自变量主要有如下几种：个人年收入水平、个人受教育程度、户籍类型、居住地区、职业性质、所在地区。其中，前四者属于定序变量，后二者属于分类变量。在具体分析的过程中，本书按照工作单位性质的差异将全部调查样本分为国有部门、民营部门、农村集体三种类型。按照所在地区的不同，将全部对象分为三种类型：西部地区（陕西、内蒙古）、中部地区（河南、湖南）和东部地区（北京、上海、广东、山东）。按照个人年收入数量的不同，将全部样本分为低收入者、中低收入者、中等收入者、中高收入者、高收入者，分别编码为1、2、3、4、5，数字越大表示收入水平越高。按照受教育程度的不同，将全部样本分为初中及以下、高中（含中专和技校）、大学、研究生，分别编码为1、2、3、4，数字越大表示受教育程度越高。按照工作部门性质的差异，将全部样本分为农民、民营部门和国有部门，分别编码为0、1、2。按照户籍的不同，将全部样本分为城镇户籍和农村户籍，分别编码为1、0。按照现居住地的不同，将全部样本分为城镇居民和农村居民，分别编码为1、0。按照所在区域的不同，将全部样本分为西部地区（陕西、内蒙古）、中部地区（湖南、河南）、东部地区（北京、上海、广东、山东），编码为0、1、2。

3.控制变量

本书的控制变量主要包括性别（男、女）、政治面貌（是否中共党员）、年龄（1949年之前出生、20世纪50年代出生、60年代出生、70年代出生、80年代出生、90年代出生）、宗教信仰（是否信仰宗教）等。其中，年龄变量作为定序变量，1949年之前出生编码为1，20世纪50年代出生编码为2，20世纪60年代出生编码为3，20世纪70年代出生编码为4，20世纪80年代出生编码为5，20世纪90年代出生编码为6，数字越大表示调查对象的年龄越小。其余的控制变量都作为分类变量处理。在性别变量中，男性编码为1，女性编码为0；在政治面貌中，中共党员编码为1，不是中共党员的编码为0；在宗教信仰变量中，信仰宗教的编码为1，不信仰宗教的编码为0。

按照上述设计，本书对相关变量的具体构成情况进行了统计，见表5-26。

表5-26 相关变量的统计性描述

变量		比例	变量		比例
反身公平	1	63.1%	横向公平	1	53.4%
	0	36.9%		0	46.6%
性别	男	52.1%	平均分配	1	29.0%
	女	47.9%		0	71.0%
中共党员	是	15.6%	居住地	城镇	46.1%
	否	84.4%		农村	53.9%

续表

变量		比例	变量		比例
出生年代	1949年前	6.5%	户籍	城镇	35.1%
	20世纪50年代	13.6%		农村	64.9%
	20世纪60年代	22.1%	受教育程度	初中及以下	52.8%
	20世纪70年代	25.3%		高中（中专、技校）	32.2%
	20世纪80年代	21.2%		大学（大专、高职）	14.4%
	20世纪90年代	11.3%		研究生	0.6%
宗教信仰	是	20.4%	地区	东部	38.5%
	否	79.6%		中部	40.5%
职业类型	国有	25.1%		西部	21.0%
	民营	42.7%	个人年收入	低收入	34.2%
				中低	16.8%
				中等	31.7%
	农村	32.2%		中高	14.1%
				高收入	3.2%

（四）主要研究发现

1.民众反身公平比较对象选择的影响因素

在这一部分，我们以同自己过去的收入水平比较为切入点，首先对民众反身公平比较对象选择问题的影响因素进行了分析，见表5-27。在模型一中，我们只放入了相关的控制变量，结果表明，在相关变量中，只有年龄变量能够对因变量产生影响，年龄越小就越不会选择同自己过去的收入水平进行比较。在模型二中，我们又在模型一的基础上放入了相关的自变量，回归分析结果表明，个人收入水平、受教育程度以及所在地区变量都能够对因变量产生影响。具体来看，个人的年收入水平越高，就越倾向于同自己过去的收入水平进行比较；个人的受教育程度越高，就越不支持同自己过去的收入水平进行比较；与西部地区居民相比，中部地区居民在对自己收入水平的合理性进行评价时更加倾向于同自己过去的收入水平进行比较。

表5-27 　　　　　　　　　　反身公平比较对象选择的影响因素

		模型一	模型二
		回归系数（标准误）	回归系数（标准误）
自变量	个人年收入		0.170（0.051）***
	受教育程度		−0.360（0.088）***
	户籍类型（农村）		0.111（0.154）
	居住地区（农村）		−0.045（0.157）
	国有部门		−0.129（0.185）
	民营部门（农村）		−0.089（0.155）
	东部		−0.026（0.148）
	中部（西部）		0.359（0.150）*

续表

		模型一	模型二
		回归系数（标准误）	回归系数（标准误）
控制变量	男性（女性）	0.038（0.111）	0.009（0.116）
	中共党员（否）	-0.019（0.156）	0.193（0.168）
	年龄	-0.257（0.042）***	-0.189（0.046）***
	宗教信仰（否）	-0.120（0.136）	-0.139（0.140）
	R^2	0.029	0.057
	Log Likelihood	2 171.242	2 122.345
	样本数量	2 417	2 412

注：（1）*$p<0.05$，**$p<0.01$，***$p<0.001$。

（2）括号内为参照群体。

2.民众横向公平比较对象选择的影响因素

接下来，在这一部分，我们又对民众横向公平比较对象选择问题的影响因素进行了分析，见表5-28。在模型一中，本书只放入了相关的控制变量，相关分析结果表明，在相关的控制变量中，只有政治面貌变量能够对因变量产生影响，相比较而言，中共党员群体在对自己收入水平的合理性进行评价时更倾向于同条件和自己相似的群体进行比较。在模型二中，本书又在模型一的基础上放入了相关的自变量，回归分析结果表明，收入水平、受教育程度、户籍类型以及工作部门性质等变量能够对因变量产生显著的影响。具体来看，个人收入水平越高，在对自己收入水平的合理性进行评价时就越倾向于同条件和自己相似得到群体进行比较；受教育程度越高，在对自己收入水平的合理性进行评价时就越倾向于同条件和自己相似的群体进行比较；与农村户籍人口相比，城市户籍人口在对自己收入水平的合理性进行评价时更倾向于同条件和自己差不多的群体进行比较；与农民相比，国有部门工作人员在对自己收入水平的合理性进行评价时更倾向于同条件和自己差不多的群体进行比较。

表5-28 民众横向公平比较对象选择的影响因素

		模型一	模型二
		回归系数（标准误）	回归系数（标准误）
自变量	个人年收入		0.097（0.039）*
	受教育程度		0.191（0.068）**
	户籍类型（农村）		0.277（0.120）*
	居住地区（农村）		-0.066（0.122）
	国有部门		0.284（0.138）*
	民营部门（农村）		0.083（0.116）
	东部		-0.134（0.116）
	中部（西部）		-0.060（0.113）

续表

控制变量		模型一	模型二
		回归系数（标准误）	回归系数（标准误）
控制变量	男性（女性）	0.006（0.085）	-0.020（0.089）
	中共党员（否）	0.381（0.115）***	0.113（0.125）
	年龄	0.018（0.030）	-0.020（0.034）
	宗教信仰（否）	0.022（0.103）	0.006（0.105）
R^2		0.006	0.036
Log Likelihood		3 284.373	3 223.812
样本数量		2 411	2 406

注：（1）*p<0.05，**p<0.01，***p<0.001。

（2）括号内为参照群体。

（五）主要结论

我们主要是基于全国问卷调查数据，从反身公平和横向公平两个维度对民众社会公平比较对象选择的影响因素问题进行了分析。相关分析结果表明，在反身公平的维度上，个人收入水平越高就越倾向于同自己过去的收入水平进行比较，受教育程度越高就越不倾向于同过去的收入水平进行比较，与西部地区民众相比，中部地区民众更愿意同自己过去的收入水平进行比较；在横向公平的维度上，个人收入水平越高就越倾向于同自己条件相似的对象进行比较，受教育程度越高就越倾向于同自己条件相似的对象进行比较，城镇户籍人口比农村户籍人口更倾向于同自己条件相似的对象比较，国有部门工作人员更倾向于同自己条件相似的对象进行比较。与已有相关研究相比，本书研究的可能贡献是，将社会公平比较对象从社会公平认知状况中抽离出来，对其影响因素问题进行了分析。但是本书的研究也存在明显的不足，在今后的研究过程中，我们将会纳入更多的文化心理等变量对民众社会公平比较对象选择的影响因素问题进行分析。

第六章

当前中国民众社会正义认知状况的整合性分析

在前几个部分的论述中，我们已经明确指出，社会正义现状测评的内容包括主观和客观两个维度、多个方面的内容，因此，相关研究还需要将不同维度的内容有机整合起来进行综合性分析。基于这种认识，在本部分，本书将按照最初提出的社会正义状况综合性分析框架，以民众的总体社会公平感和城镇民众的住房政策偏好为切入点，通过主观和客观等不同纬度的内容对社会正义认知状况进行整合性分析。

第一节 社会总体公平感及其影响因素

一、问题的提出

公平是人们对社会资源实际分配状况是否合理的主观评价。现实生活中，人们心中会有这样一种对公平认知的需要，即认为社会是公平的，每个人都能够得到其所应得的[①]，并且大多都认可和接受一定程度的收入差距[②]。这意味着，社会不平等问题的研究需要将民众的社会公平认知与客观的收入、财产差距测量等问题结合起来分析。[③]遵循这种研究思路，20世纪中期以来，一些欧美学者围绕民众看待收入不平等的态度[④]、相对剥夺感受[⑤]等问题对民众社会公平认知状况进行了卓有成效的研究，逐渐形成了从社会经济地位、比较对象选择等视角对其形成机制加以阐释且具有较强说服力的分析范

① LERNER M J, Miller D T. Just World Research and the Attribution Process: Looking back and ahead [J]. Psychological Bulletin, 1978, 8 (5).
② GIJSBERTS M. The Legitimation of Income Inequality in State - Socialist and Market Societies [J]. Acta Sociologica, 2002, 45 (4); KLUEGEL J R. Eliot R.Smith.Beliefs About Stratification [J]. Annual Review of Sociology, 1981, 7; FEHR E, SCHMIDT K M. A Theory of Fairness, Competition, and Cooperation [J]. The Quarterly Journal of Economics, 1999, 114 (3).
③ 麻宝斌，杜平. 社会正义测评：主题、内容与框架 [J]. 理论探讨，2014 (2).
④ KLUEGEL J R, SMITH E R. Beliefs About Inequality: Americans' Views of What is and What Ought to Be. Aldine De Gruyter, 1986; HOCHSCHILD J L. What's Fair? American Beliefs about Distributive Justice [M]. Cambridge: Harvard University Press. 1981.
⑤ WEGENER B. Relative Deprivation and Social Mobility: Structural Constraints on Distributive Justice Judgments [J]. European Sociological Review, 1991, 7 (1); WALKER I, SMITH H J. Relative Deprivation: specification, development, and integration [M]. Cambridge: Cambridge University Press. 2002.

式。改革开放以来，随着中国社会资源配置机制和收入分配制度的改革①，社会阶层分化②、收入和财产差距③等问题日益显现。社会转型必然要求民众心理的适应和重新定位④，只有当民众切实感受到与市场经济相适应的收入分配制度是公平的时候，才会认同和支持改革⑤。在这种情况下，民众如何理解和认知社会转型中出现的问题就成为关系市场化改革能否有效推进的重要因素。相应地，从如何看待社会不平等、是否支持应得的分配原则等方面研究民众社会公平认知状况的成果也逐渐增加。有研究发现，目前不同社会群体在社会公平相关问题的认知上存在着一定程度的分歧⑥，这显然不利于社会和谐与稳定，因为相关研究已经揭示出公平感受与社会冲突意识之间的紧密联系⑦。由此来看，深入了解社会公平认知状况及其影响因素，对于提高社会正义共识、促进社会和谐具有重要意义。

民众的社会公平认知包括公平观念和公平感受两个部分。⑧其中，公平观念是人们评价社会资源分配是否合理时持有的价值标准，反映的是怎样才合理的问题；而公平感受则是人们根据特定公平观念对社会资源的实际分配状况加以判断进而形成的主观感受，反映的是资源分配是否公平的问题。只有明确区分二者才能更好地剖析民众的社会公平认知状况。稍显遗憾的是，前期相关研究或者只是模糊地指出了两者的差别⑨，或者只区分了概念却未能系统揭示两者各自包含的内容⑩，这使得公平观念的一些内容没有被纳入分析视野当中，制约了对公平感影响因素的分析。之前也有一些研究从不平等归因、比较对象、实得与预期之间的差距等视角对经济社会地位与公平感的负相关问题进行了分析，但是，相关研究得出的结论依然不能对其中的一些问题给出充分解释。例如，为什么农村居民的公平感反而比城市居民和职业地位较高群体的公平感高？⑪为什么从农村走向城市的流动人口的公平感要比农村居民低？⑫这种转变是因为流动人口的不平等归因变化了？还是因为流动人口在对收入水平判断时比较对象的范围扩大了？我们认为，回答这些疑惑需要深入挖掘公平观念的相关因素。事实上，除了比较对象、不平等归因之外，公平观念还包括公平原则等内容，这些同样能对公平感产生影响。例如，持有应得原则的民众和持有平均原则的民众对相同数量的收入分配肯定会有不同的

① NEE V. A Theory of Market Transition：From Redistribution to Markets in State Socialism ［J］. American Sociological Review，1989，54（5）；周雪光. 国家与生活机遇：中国城市中的再分配与分层1949—1994 ［M］. 郝大海，等. 译. 北京：中国人民大学出版社，2015.
② 陆学艺. 当代中国社会阶层研究报告 ［M］. 北京：社会科学文献出版社，2002.
③ 李实，佐藤宏，史泰丽. 中国收入差距变动分析——中国居民收入分配研究Ⅳ ［M］. 北京：人民出版社，2013；谢宇，等. 中国民生发展报告（2014）［M］. 北京：北京大学出版社，2014.
④ MASON D S，KLUEGEL J R. Marketing Democracy：Changing Opinion about Inequality and Politics in East Central Europe ［M］. Washington：Rowman & Littlefield，2000.
⑤ KLUEGEL J R，MASON D S. Fairness Matters：Social Justice and Political Legitimacy in Post-Communist Europe ［J］. Europe-Asia Studies，2006，56（6）.
⑥ 李培林，陈光金，张翼. 2014年中国社会形势分析与预测 ［M］. 北京：社会科学文献出版社，2013；孙明. 市场转型与民众的分配公平观 ［J］. 社会学研究，2009（3）；WHYTE M K. Myth of the social volcano：perceptions of inequality and distributive injustice in contemporary China ［M］. Redwood：Stanford University Press，2010.
⑦ 李路路，唐丽娜，秦广强. "患不均、更患不公"——转型期的"公平感"与"冲突感" ［J］. 中国人民大学学报，2012（4）.
⑧ 麻宝斌，钱花花，杜平. 公平优先于公正 ［J］. 吉林大学社会科学学报，2016（2）.
⑨ 张海东. 城市居民对社会不平等现象的态度研究 ［J］. 社会学研究，2004（6）.
⑩ 史耀疆，崔瑜. 公民公平观及其对社会公平评价和生活满意度影响分析 ［J］. 管理世界，2006（10）.
⑪ 怀默霆. 中国民众如何看待当前的社会不平等 ［J］. 社会学研究，2009（1）.
⑫ WHYTE M K. One country，two societies：rural-urban inequality in contemporary China ［M］. Cambridge：Harvard University Press. 2010.

公平感受。当前，中国正处于全面社会转型时期，在这一过程中，民众的正义观念也在经历着从传统到现代的转型，推动这种转型的力量是生活经历的变化。由于多种因素的影响，不同群体的生活经历是存在差异的，生活经历的差异又造成了不同群体公平原则现代化程度的差异。相比较而言，农村居民公平原则的传统特征更为明显一些，更多看自身需要是否能够得到满足，因而更可能认为自己当前的收入分配是公平的。[1]此外，对农村居民主观幸福感的研究发现，农村居民幸福感高的原因是比较对象范围的限制[2]，那么，这一结论是否也可以用来解释为什么农村居民的公平感比城市居民的公平感高呢？当然，这些还只是一种理论上的推论和假设，究竟是否正确还需要通过实证研究来进一步检验。基于以上认识，课题组力图以已有研究为基础，在区分公平感受和公平观念及各自包含内容的基础上，从转型的视角，遵循将社会结构和公平观念整合起来的思路，拓展公平观念的内容来对当前民众社会公平感的影响因素进行分析。公平感通常可以从宏观和微观两个层面进行分析。其中，宏观层面是指对社会总体的收入分配等是否合理的评价；微观层面指的是对个人的收入分配是否合理的评价。[3]这两个层面的公平感具有明显的差异[4]，但是已有研究并没有对不同层次和领域的公平感进行区分[5]。近年来，随着城市化、信息化进程的持续深入，人们能够切身感受到区域之间、城乡之间的发展差距问题，所以，我们将研究对象聚焦在了民众的总体社会公平感上。

二、前期研究回顾

综合来看，按照分析视角的不同，前期民众社会公平感影响因素问题的研究可以分为社会结构、公平观念和生活经历三种分析进路。

第一种是社会结构进路，主要是基于自利人的逻辑分析客观层面的社会经济地位对公平感的影响。沿着这种思路，一个很自然的推论就是，社会经济地位较高群体的公平感要比其他群体高一些。一些研究的结论也支持了这一假设，社会结构确实与公平感之间存在显著的正相关关系，高收入群体和高职业地位群体的公平感也较高。[6]但是，在具体的影响机制上，社会结构的不同侧面对公平感的相关内容会产生不同影响。孟天广的研究发现，收入水平会影响结果公平感受，而受教育程度则会影响机会公平感受。[7]必须承认的是，这一研究进路也遇到了很大的挑战，在解释公平感受的形成机制上出现了"失灵"现象。因为有一些研究表明，社会结构与公平感受之间并非正相关关系，而是负相关关系，即经济社会地位较高群体的公平感受反而更低一些。例如，有研究发

① 杜平. 中国的社会转型与民众正义观念变迁 [D]. 长春：吉林大学，2016.
② KNIGHT J，SONG L，GUNATILAKA R. Subjective Well-being and Its Determinants in Rural China [J]. China Economic Review，2009，20.
③ WEGENER B. Relative Deprivation and Social Mobility：Structural Constraints on Distributive Justice Judgments [J]. European Sociological Review，1991，7（1）.
④ WU M S，YAN X D，ZHOU C，CHEN Y W，LI J. General Belief in a Just World and Resilience：Evidence from a Collectivistic Culture [J]. European Journal of Personality，2011，25.
⑤ 徐富明，等. 民众收入不公平感的机制与对策——基于参照依赖和损失规避双视角 [J]. 心理科学进展，2016（5）.
⑥ 王甫勤. 当代中国大城市居民的分配公平感：一项基于上海的实证研究 [J]. 社会，2011（3）.
⑦ 孟天广. 转型期中国公众的分配公平感：结果公平与机会公平 [J]. 社会，2012（6）.

现，受教育程度越高的群体，其社会公平感受越低[1]，并且对一些具体公共政策的公平感受也越低[2]。同样，中国城市居民的公平感反而比农村居民的公平感要低[3]，并且农村居民的公平感在一段时间之内保持了较大程度的稳定性[4]。

同时，社会结构并不是固定不变的，具有流动性的特征。在现代社会，不同阶层之间、城乡之间的流动性不断增加，这一过程必然带来利益的得失，利益的得失也会引起民众公平感的变化。刘少杰的研究表明，静态的社会结构已经不能有效解释目前民众公平感受的形成机制，而是应当引入动态的视角，从社会成员持续发展变化的生活条件以及社会境遇来入手对民众公平感受的影响因素进行解释[5]。具体来看，职业流动、教育流动以及户籍流动等都会对民众公平感产生一定程度的影响，但是其中的影响机制也存在明显的区别[6]，一般来说，顺利实现社会流动能够显著提高人们的公平感受[7]。与之不同的是，谢宇认为，即使暂时没有实现流动，只要人们相信能够通过自己的努力向更高的社会地位流动，就会接受较高程度的不平等。[8]此外，有学者基于对转型国家和地区的研究发现，经济社会转型对民众看待收入不平等的态度同样会产生影响，随着社会转型的深入，人们所能接受和认可的收入水平差距会不断增大[9]；甚至，社会转型方式也会影响社会公平感，相比较而言，激进改革方式更能增强对收入不平等的接受程度[10]。

第二种是公平观念进路，着重分析公平观念对公平感受的影响。这一进路是基于自利的社会结构进路不能有效解释民众公平感受的情况下提出的，因为公平感受"也受相关价值观的影响和塑造"[11]。公平观念体现为民众对主体、客体、原则、比较对象选择等问题的偏好[12]，它们都能对公平感产生影响。

首先，从比较对象的选择上看，亚当斯认为，人们对所得的合理性进行判断时一般都会进行比较[13]，后来，相关研究开始引入社会比较理论[14]来对公平感进行分析。这是因为公平感往往是人们在各种比较关系或者是社会联系中形成的[15]，会从结果、程序等方面进行比较[16]，在比较中获得的优越感越强，公平感就会越高[17]；如果从比较中得不到优

① 李颖晖. 教育程度与分配公平感：结构地位与相对剥夺视角下的双重考察 [J]. 社会，2015（1）；赵晓航. 转型期中国民众的分配公平感与不平等归因——基于中国综合社会调查（CGSS2010）的实证分析 [J]. 甘肃行政学院学报，2015（5）.
② 王俊秀，杨宜音. 中国社会心态研究报告（2015）[M]. 北京：社会科学文献出版社，2015.
③ WHYTE M K. One country, two societies：rural‐urban inequality in contemporary China [M]. Cambridge：Harvard University Press，2010.
④ WHYTE M K，IM D K. Is the Social Volcano still dormant? Trends in Chinese Attitudes toward Inequality [J]. Social Science Research，2014，48.
⑤ 刘少杰. 当代中国意识形态变迁 [M]. 北京：中央编译出版社，2012.
⑥ 王甫勤. 社会流动与分配公平感研究 [D]. 上海：复旦大学，2010.
⑦ 胡建国. 社会流动对收入分配公平感的影响——中国公众收入分配公平感的再探讨 [J]. 人文杂志，2012（6）.
⑧ 谢宇. 认识中国的不平等 [J]. 社会，2010（3）.
⑨ KLUEGEL J R，MASON D S，WEGENER B. Social justice and political change：public opinion in capitalist and post communist states [M]. Berlin：Walter De Gruyter，1995.
⑩ GIJSBERTS M. The Legitimation of Income Inequality in State‐Socialist and Market Societies" [J]. Acta Sociologica，2002，45（4）.
⑪ 李骏，吴晓刚. 收入不平等与公平分配：对转型时期中国城镇居民公平观的一项实证分析 [J]. 中国社会科学，2012（3）.
⑫ 杜平. 中国的社会转型与民众正义观念变迁 [D]. 长春：吉林大学，2016.
⑬ ADAMS J S. Inequity in Social Exchange [J]. Advances in Experimental Social Psychology，1965，2.
⑭ FESTINGER L. A Theory of Social Comparison Processes [J]. Human Relations，1954，7.
⑮ 刘少杰. 当代中国意识形态变迁 [M]. 北京：中央编译出版社，2012.
⑯ GREENBERG J，ASHTON-JAMES C E，ASHKANASY N M. Social Comparison processes in organizations [J]. Organizational Behaviorand Human Decision Processes，2007，102.
⑰ 王俊秀，杨宜音. 中国社会心态研究报告（2014）[M]. 北京：社会科学文献出版社，2014：183-203.

越感，就会产生相对剥夺感，其公平感就会随之下降。具体的比较对象可以分为自身和他人两个维度。在具体的影响机制上，不同维度的比较对象对公平感的影响存在一定的差异，结果公平感受到横向剥夺的影响，而机会公平感则受到纵向剥夺的影响[①]；也有研究表明，企业员工的公平感受到自我比较、本单位比较、外单位和家庭比较等的影响，其中，外单位和家庭比较的影响最为明显[②]。在横向比较对象选择上，民众在比较过程中更倾向于与自己条件相似的人进行比较，如果发现低于比较对象的水平，公平感会降低[③]；而马磊和刘欣对城市居民的研究则发现，局部比较是微观收入分配公平感的重要影响因素，如果在与过去的经历和周围的人进行比较时对自己的经济状况感到满意，公平感就会较高[④]。事实上，人们在选择横向比较对象时会同时选择单个和多个比较对象。周浩、龙立荣对组织员工公平感的研究发现，在单个参照对象比较的时候，有利和不利的比较结果在敏感度上存在显著差异，对不利的薪酬比较结果更为敏感，公平感的下降幅度要大；在多参照对象比较的时候，参照对象平均水平是最重要的信息，当个人所得高于比较对象的平均水平时，公平感最强，当个人所得等于平均水平时，公平感居中，当所得低于平均水平时，公平感最低[⑤]。还有研究发现，人们的比较对象会呈现出不稳定的特征，1987—2012 年间，公平感的影响因素是不断变化的。[⑥]在比较的过程中，个人实得与应得之间的比较也是公平感的影响因素，它能有效回答一些自利逻辑无法解答的问题。例如，针对受教育程度与公平感之间的负相关关系，李骏、吴晓刚认为，教育的启蒙作用可以使人超越自利逻辑，因而受教育程度越高就越会对不平等持批评的态度[⑦]，而李颖晖的研究则发现，受教育程度对收入分配公平感的正向影响是有条件的，受教育程度越高就越会激发相应的期待，但是当相应的期待无法实现时，收入分配公平感就会下降[⑧]。还需要注意的是，为了有效回答主观与客观不一致的问题，刘欣和胡安宁提出了一种新制度主义的解释，认为公平感取决于自我认知与社会评价之间的一致程度，当主观阶层地位低于职业声望时，不公平感就会上升[⑨]。

其次，从收入不平等归因来看，若将不平等的原因归结为个人因素，那么其公平感就越强[⑩]。也有研究认为，欠发达地区受教育程度较低的群体往往倾向于持有一种保守的心理倾向，因而更能够接受收入上的不平等[⑪]；王甫勤的研究表明，大城市居民的归因偏好比社会经济地位更能影响其公平感[⑫]。

① 孟天广. 转型期中国公众的分配公平感：结果公平与机会公平 [J]. 社会，2012（6）.
② 于海波，郑晓明. 薪酬满意的动力机制：比较、公平、满意 [J]. 科学学与科学技术管理，2013（6）.
③ 史耀疆，崔瑜. 公民公平观及其对社会公平评价和生活满意度影响分析 [J]. 管理世界，2006（10）.
④ 马磊，刘欣. 中国城市居民的分配公平感研究 [J]. 社会学研究，2010（5）.
⑤ 周浩. 中国组织员工公平感研究 [M]. 成都：四川大学出版社，2011；周浩，龙立荣. 参照对象信息对分配公平感的影响：攀比效应与虚荣效应 [J]. 华东师范大学学报：教育科学版，2015（2）.
⑥ 李汉林. 中国单位社会：议论、思考与研究 [M]. 北京：中国社会科学出版社，2014.
⑦ 李骏，吴晓刚. 收入不平等与公平分配：对转型时期中国城镇居民公平观的一项实证分析 [J]. 中国社会科学，2012（3）.
⑧ 李颖晖. 教育程度与分配公平感：结构地位与相对剥夺视角下的双重考察 [J]. 社会，2015（1）.
⑨ 刘欣，胡安宁. 中国公众的收入公平感：一种新制度主义社会学的解释 [J]. 社会，2016（4）；赵晓航. 转型期中国民众的分配公平感与不平等归因——基于中国综合社会调查（CGSS2010）的实证分析 [J]. 甘肃行政学院学报，2015（5）.
⑩ 王甫勤. 当代中国大城市居民的分配公平感：一项基于上海的实证研究 [J]. 社会，2011（3）.
⑪ IM D K. The Legitimation of Inequality: Psychosocial Dispositions, Education and Attitudes toward Income Iequality in China [J]. Sociological Perspectives, 2014, 57（4）.
⑫ 王甫勤. 当代中国大城市居民的分配公平感：一项基于上海的实证研究 [J]. 社会，2011（3）.

最后，从公平原则上看，持有平均主义原则的民众所能接受的收入水平差距一般较小，其公平感就较低[1]；机会平等观念与收入不平等的接纳程度存在正相关关系，如果人们认为机会是平等的，即使结果是不平等的也可以接受[2]。

第三种是生活经历进路，即分析人们生活环境的变化或者实际经历对公平感受的影响。这一进路的逻辑是，民众公平感会受到生活环境变化的影响。例如，在一个流动性较小的生活环境中，人们比较对象的范围被客观条件限制了。当社会的流动性持续增强，信息通信技术日益发达的时候，人们就可以在更大的范围内进行比较，社会公平感也可能会发生变化。[3]日常生活中遭遇的一些不公事件也会影响公平感受。有学者在对组织公平问题进行研究后发现，权益挫折、尊重挫折和地位挫折等都会对社会公平感产生明显影响[4]；从严重程度上来看，在不同类型的不公经历中，严重程度较低的更能对社会公平感产生影响[5]。周浩的研究表明，在中国组织语境下，企业组织内部分配制度的安排也会对公平感产生影响，这种影响甚至会超过其他因素的影响。[6]

已有研究成果给我们的最大启发是需要将主观与客观两个维度的内容整合起来分析社会公平感的影响因素。相比较而言，从社会结构维度进行的研究已经较为成熟，而引入公平观念这一变量的研究还比较薄弱，尤其忽略了从转型的视角来分析不同群体公平原则的差异等因素。在社会转型时期，民众价值观念的突出特征就是传统与现代并存。在传统社会，人们是接受不平等存在的[7]，所持有的公平原则是生存伦理[8]导向的，主要看能否满足自身以及家庭生活的需要，而不是应得的分配原则。中华人民共和国成立后，在计划经济体制下实行的是平均分配原则，改革开放以来开始实施按劳分配为主的分配制度。这就有可能导致民众的公平原则偏好中出现了传统原则、平均主义原则和应得原则并存的情况，而已有研究在变量选择上对传统原则的关注并不够。在比较对象选择对公平感的研究上，主要是集中在微观层面，对宏观层面的关注还不够。还应当注意的是，对少数几个企业的员工的研究表明，不公平经历也会对公平感产生影响，在社会层面上，不公平经历能否对社会公平感产生影响尚需要检验。为了系统了解社会公平感的影响因素，更好地推动社会公平感的研究，需要设计一个整合性分析框架将前述内容纳入到研究范围。为此，课题组从主观、客观和生活经历维度出发提出一个民众公平感影响因素的综合分析框架，如图6-1所示。

由图6-1可见，广义的社会公平包括公平感受（结果）和公正感受（过程）两个方面的内容，又分别体现在宏观和微观两个不同的层面上。民众公平感的影响因素可分为三类：客观层面的社会结构，包括动态和静态两个层面；主观层面的公平观念，包括民

① CHOI J W. Public perceptions of income inequality and popular distributive justice sentiments in Korea [J]. International Journal of Applied Sociology，2013，3（3）.

② WU X G. Income Inequality and Distributive Justice：A Comparative Analysis of Mainland China and Hong Kong [J]. The China Quarterly，2009，200.

③ 孟天广. 转型期中国公众的分配公平感：结果公平与机会公平 [J]. 社会，2012（6）.

④ 罗忠勇，尉建文. 挫折经历、人力资本、企业制度与城市工人的社会不公平感——以10家企业工人的社会不公平感为例 [J]. 社会，2009（2）.

⑤ COREY M，TROISI J D，NICKSA. S C.Tipping the Scales of Justice：The Influence of Victimization on Belief in a just world [J]. Social Justice Research，2015，28.

⑥ 周浩. 中国组织员工公平感研究 [M]. 成都：四川大学出版社，2011.

⑦ 卢晖临. 通向集体之路：一项关于文化观念和制度形成的个案研究 [M]. 北京：社会科学文献出版社，2015.

⑧ 斯科特. 农民的道义经济学——东南亚的反叛与生存 [M]. 程立显，刘建，译. 南京：译林出版社，2013.

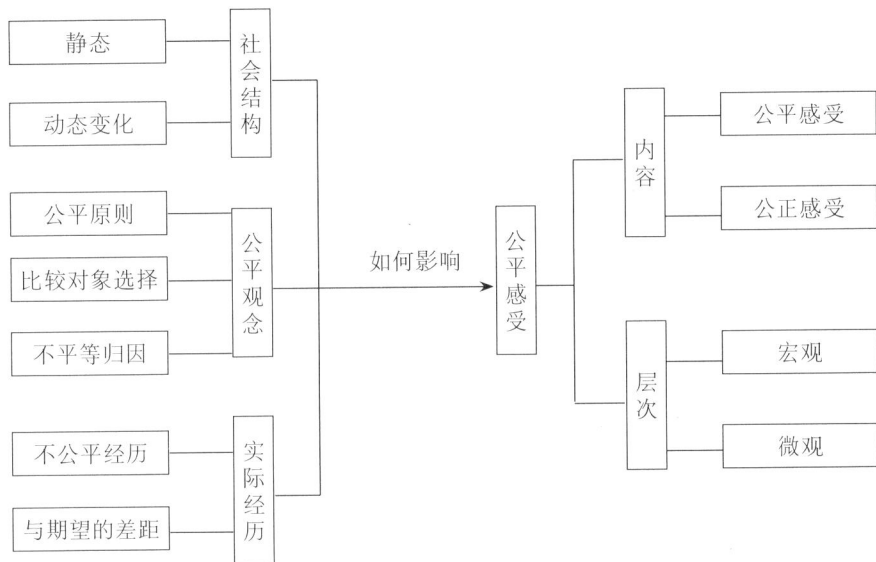

图6-1 社会公平感影响因素的分析框架

众的公平原则偏好（公平与公正）、比较对象选择（自身比较与横向比较）以及对收入不平等问题的归因（自身因素与制度因素）；个人在生活中的实际经历，包括实际遇到的不公平经历以及现实的收入水平与期望水平之间的差距等内容。

三、理论分析与研究假设

按照上一部分所提出的公平感影响因素分析框架，课题组主要从社会结构、公平观念以及生活经历等方面提出如下转型时期民众社会公平总体感受状况影响因素问题的研究假设。

假设1：社会结构对民众社会公平总体感受的影响。与已有研究相同的是，课题组从社会结构角度对民众公平感影响因素的研究也是基于自利的逻辑展开的，即经济社会地位越高，公平感受就越强，具体的研究假设包括：

1A：收入水平与公平感是正相关的，也就是说收入水平越高，社会公平总体感受就会越强，越认为当前的社会是公平的。

1B：受教育程度与公平感是正相关的，也就是说受教育程度越高，社会公平总体感受就会越强，更倾向于认为当前的社会是公平的。

1C：城市化也会对社会公平感产生明显的影响。相比较而言，城市在经济发展、公共服务提供等方面都要明显好于农村，相应地，从自利逻辑的角度来看，城市居民的公平感应当强于农村居民。近年来，随着户籍制度的逐渐松动，城乡之间的流动性不断增强，"户居分离"现象持续增加，因此，有必要从户籍和居住地两个方面来对民众公平感进行分析。课题组假设，城市户籍和城市居民的社会公平感要比农村户籍和农村居民强。

1D：改革开放以来，随着经济制度的改革，民营经济等"体制外"部门快速发展，并且成为吸纳就业人员的重要力量，因此，工作部门性质的差异就成为公平感的重要影响因素。不同部门之间在社会保障、收入水平、工作环境等之间存在一定程度的差异，而这些差异在很大程度上形成了"体制内"和"体制外"两种不同的公平原则。[①]我们假设，与私营部门工作者和农民相比，国有部门工作人员的社会公平总体感受要更高一些。

1F：区域经济社会发展水平对总体社会公平感的影响。改革开放以来，中国区域之间的发展差距问题日益显现出来，不同区域的民众在收入水平、享有公共服务等方面存在一定的差距。这些也有可能给民众的总体公平感带来影响。课题组假设，经济发达地区民众的公平感要强于欠发达地区民众的公平感。

假设2：公平观念对社会公平感受的影响。课题组主要是从公平原则偏好与比较对象选择两个方面来分析民众公平观念对公平感受的影响。

狭义的公平原则主要体现为民众对机会、收入等的分配结果是否合理的评价，并不包括对分配过程是否合理的评价。在实际生活中，民众对机会平等原则与结果平等原则偏好的差异会对社会公平感受产生不同的影响。一般来说，机会均等意味着应得的分配原则，因而可能接受较大程度的收入不平等；而结果平等则意味着平均主义的分配原则，持有这一原则的民众所能接受的收入不平等程度往往较小。基于这种认识，我们假设：

2A：持有机会平等原则的民众的公平感要强于持有结果平等原则的民众，更能接受现实中的一些收入不平等情况。

此外，在公平观念的内容中，选择对象的差异也会对民众公平感产生不同影响。一般来说，选择对象可以分为自身和横向两个维度。在自身比较上，主要包括与自己之前进行比较、看自己的付出与回报是否合理、看当前的收入是否能够满足自己的需要等内容。在横向维度上，比较对象可以分为平行比较、下行比较和上行比较。[②]其中，平行比较是指与自己条件相似的人进行比较，下行比较是与比自己条件差的人进行比较，上行比较是与比自己条件好的人进行比较。比较对象的差异会对公平感产生显著的影响。首先从自身维度上看，近年来，随着经济的快速发展以及收入水平的提高，民众在看自己的收入是否能够满足自身需要以及与过去进行比较的时候，就可能发现有了明显提高，因而其公平感就可能会高一些。但是由于社会转型期收入分配制度正在完善之中，还不是十分规范，灰色收入等问题较为明显，因而人们在将回报与付出进行比较时获得的公平感可能会不如与自己需要的满足状况、和过去进行比较时所获得的公平感。横向剥夺感是人们在横向比较的时候，发现自己的所得在横向维度比较的时候，上行比较获得的公平感最低。基于这种认识，我们提出如下比较对象选择对公平感受的影响假设：

2B：在自身比较维度上带来的公平感要强于横向比较所带来的公平感；在自身维度比较的过程中，自身需要的满足和过去比较带来的公平感要强于将自己的付出与回报进行比较带来的公平感；在横向维度比较的过程中，与自己条件相似的人进行比较、与

① 李强. 社会分层与社会空间领域的公平、公正 [J]. 中国人民大学学报，2012（1）.
② 周浩. 中国组织员工公平感研究 [M]. 成都：四川大学出版社，2011.

比自己条件差的人进行比较所带来的公平感要更高，与比自己条件好的人进行比较所形成的公平感最低。

假设3：在现代社会，对权利和义务进行分配的基本结构在促进社会正义的过程中发挥着重要作用，它规定了人们应该得到什么、如何得到等问题。因此，民众对相关制度设计与执行的公平性评价也有可能会对总体的社会公平感产生影响。高文珺的研究表明，民众对司法政治公平、区域待遇公平、教育制度公平、社会资源分配公平等的评价会显著影响其社会公平感。[①]孙敬水等人的研究也表明，人们对教育、就业、医疗等公共服务的公平性评价会对公平感产生影响。这表明，人们在生活中遇到的不公经历也会对社会公平感产生影响。目前中国的公共服务制度、工资分配制度等在设计上还存在明显的部门之别、城乡之别等问题，而这些问题也可能是社会公平感的影响变量。正是在这个意义上，课题组假设，人们在日常生活中遇到的不公平事件越多，其总体的社会公平感就越低。

四、研究设计

1.因变量

课题组因变量选择的题目是"对社会公平总体状况进行评价"。在调查实施的过程中，调查对象通过1—10分对目前社会公平的总体状况进行评价，分数越高说明社会越公平，如果调查对象保持中立的态度就选择不清楚。在具体分析过程中，我们将因变量作为二分变量进行了处理，将6—10分的评价记为1，表明调查对象认为当前社会总体上是公平的；将1—5分和不清楚的评价记为0，表示调查对象认为社会总体上来看是不公平的。

2.自变量

课题组的自变量主要包括社会结构、公平观念和生活中实际遇到的不公平经历三类。

社会结构变量有收入水平、受教育程度、职业、户籍类型、居住地区、所在区域。按照个人年收入数量的不同，将全部样本分为低收入者、中低收入者、中等收入者、中高收入者、高收入者，分别编码为1、2、3、4、5，数字越大表示收入水平越高。按照受教育程度的不同，将全部样本分为初中及以下、高中（含中专和技校）、大学、研究生，分别编码为1、2、3、4，数字越大表示受教育程度越高。按照工作部门性质的差异，将全部样本分为国有部门、民营部门和农民，分别编码为1、2、3。按照户籍的不同，将全部样本分为城镇户籍和农村户籍，分别编码为1、0。按照现居住地的不同，将全部样本分为城镇居民和农村居民，分别编码为1、0。按照所在区域的不同，将全部样本分为东部地区（北京、上海、广东、山东）、中部地区（湖南、河南）、西部地区（陕西、内蒙古），编码为1、2、3。其中，受教育程度、收入水平是定序变量，其余都是分类变量。

公平观念变量包括公平原则和比较对象选择两类。其中，公平原则包括机会平等原

---

① 王俊秀，杨宜音. 中国社会心态研究报告（2015）[M]. 北京：社会科学文献出版社，2015：72-90.

则和结果平等原则两个方面。机会平等原则对应的问题是"只要机会均等，就算有穷有富也是可以接受的（非常不同意、不同意、说不清楚、同意、非常同意）"。结果平等原则对应的题目是"生活在一个贫穷但平等的社会比生活在富裕但不平等的社会要好（非常不同意、不同意、说不清楚、同意、非常同意）"。在分析过程中，我们将公平原则变量作为定序变量，将非常不同意的评价记为1，不同意的评价记为2，说不清楚的评价记为3，同意的评价记为4，非常同意的评价记为5，数字越大表示调查对象越认可相关主张。另外，比较对象选择有六个题目：没必要和别人比，我只看我的贡献和收入是否成正比；没必要和别人比，我只在乎收入是否比以前有提高；没必要和别人比，我只看现在的收入能否满足我的需要；与自身条件和我相似的人相比；与自身条件比我强的人相比；与自身条件比我差的人相比。比较对象选择变量的相关问题都有五个选项：非常不同意、不同意、说不清楚、同意、非常同意。在分析的过程中，我们将非常不同意的评价记为1，不同意的评价记为2，说不清楚的评价记为3，同意的评价记为4，非常同意的评价记为5，数字越大表示调查对象越认可相关主张。

生活中遇到的不公经历。这一变量主要通过"您在生活中经历过哪些不公平的事件"加以测量。选项包括：同工不同酬、政府干部不秉公办事、高额择校费、到政府办事时被拖延或遭遇不合理收费、所在单位领导办事不公、被强制捐款、医患纠纷、不当执法、因出身或职业受到歧视、因性别或身体缺陷受到歧视、其他。由调查对象进行选择，没有数量限制，如果自己认为没有类似经历可以不选。在分析的过程中，如果调查对象选择了其中的一项记为1，没有选择的记为0，最后根据结果将每个调查对象的选择相加，得到个人受到不公平对待的总次数。将其作为分类变量进行处理，分为遇到较多的不公平对待（6~10项）、遇到较少的不公平对待（1~5项）、没有遇到不公平对待三种类型，编码为1、2、3。

3.控制变量

本书的控制变量主要包括性别（男、女）、政治面貌（是否为中共党员）、年龄（1949年之前出生、20世纪50年代出生、60年代出生、70年代出生、80年代出生、90年代出生）、宗教信仰（是否信仰宗教）等。其中，年龄变量作为定序变量，1949年之前出生编码为1，20世纪50年代出生编码为2，20世纪60年代出生编码为3，20世纪70年代出生编码为4，20世纪80年代出生编码为5，20世纪90年代出生编码为6，数字越大表示调查对象的年龄越小。其余的控制变量都作为分类变量处理。在性别变量中，男性编码为1，女性编码为0；在政治面貌中，中共党员编码为1，不是中共党员的编码为0；在宗教信仰变量中，信仰宗教的编码为1，不信仰宗教的编码为0。

按照上述设计，课题组对相关变量的具体构成情况进行了统计，见表6-1。

五、民众社会公平感的影响因素

相关的因变量是二分变量，自变量包括多个维度，因此，我们根据问卷调查获得的数据，采用二元Logistic分析方法，从社会结构、公平观念以及不公平经历三个维度对当前民众总体社会公平感受的影响因素进行了分析，见表6-2。

表6-1 相关变量的统计性描述

变量		比例	变量		最小值	最大值	平均值	标准差
总体感受	公平	58.9%	比较对象	与付出比	1	5	3.93	0.69
	不公平	41.1%		与过去比	1	5	3.76	0.84
性别	男	52.1%		满足需要	1	5	3.71	0.87
	女	47.9%		相似比较	1	5	3.00	1.08
中共党员	是	15.6%		差的比较	1	5	2.32	0.90
	否	84.4%		强的比较	1	5	2.66	1.03
出生年代	1949年前	6.5%	公平原则	机会平等	1	5	3.78	0.88
	20世纪50年代	13.6%		结果平等	1	5	2.58	1.16
	20世纪60年代	22.1%	户籍	城镇				35.1%
	20世纪70年代	25.3%		农村				64.9%
	20世纪80年代	21.2%	居住地	城镇				46.1%
	20世纪90年代	11.3%		农村				53.9%
宗教信仰	是	20.4%	受教育程度	初中及以下				52.9%
	否	79.6%		高中（中专、技校）				32.2%
职业类型	国有	25.1%		大学（大专、高职）				14.4%
	民营	42.7%		研究生				0.6%
	农村	32.1%	地区	东部				38.5%
个人年收入	低收入	34.2%		中部				40.5%
	中低	16.8%		西部				21.0%
	中等	31.7%	不公平经历	遇到较多				3.9%
	中高	14.1%		遇到很少				80.1%
	高收入	3.2%		没有遇到				16.0%

表6-2　　　　　　　　　　　民众总体社会公平感的影响因素（1）

			模型一	模型二	模型三
			回归系数（标准误）	回归系数（标准误）	回归系数（标准误）
自变量	社会结构	个人年收入		0.051（0.039）	0.027（0.040）
		受教育程度		-0.200（0.070）**	-0.251（0.072）***
		国有部门		0.280（0.143）	0.327（0.146）*
		民营部门（农村）		0.136（0.117）	0.147（0.120）
		城镇户籍（农村）		0.025（0.122）	0.079（0.125）
		城镇居民（农村）		0.046（0.124）	0.035（0.126）
		东部		-0.255（0.120）*	-0.333（0.123）**
		中部（西部）		-0.250（0.117）*	-0.365（0.120）**
	公平观念	贡献与收入比			0.116（0.072）
		与过去比			-0.059（0.060）
		是否满足需要			0.139（0.057）*
		与相似的比较			0.020（0.043）
		与强的比较			0.073（0.046）
		与差的比较			-0.039（0.054）
		机会平等			0.217（0.050）***
		结果平等			-0.184（0.037）***
	不公经历	较多			
		很少（没有）			
控制变量		年龄	-0.193（0.032）***	-0.177（0.035）***	-0.189（0.036）***
		男性（女性）	0.214（0.086）*	0.195（0.090）*	0.225（0.092）*
		中共党员（否）	0.403（0.124）**	0.429（0.132）**	0.468（0.136）**
		宗教信仰（无）	0.085（0.105）	0.073（0.106）	0.091（0.108）
卡方值			74.422	72.652	154.326
Log Likelihood			3 163.227	3 156.972	3 057.482
Nagelkerke R^2			0.041	0.040	0.085
样本数量			2 417	2 412	2 401

注：（1）*p<0.05，**p<0.01，***p<0.001。

（2）括号内为参照群体。

从表6-2中可以看出，在模型一中，我们只放入了年龄、性别、政治面貌和宗教信仰四个控制变量。从分析结果中可以看出，年龄变量与社会总体公平感变量之间具有很强的负相关关系，也就是说，受访者越年轻就越认为当前社会总体上来说是不公平的。从政治面貌对公平感的影响上来看，相比较而言，中共党员对社会总体公平状况的感受要强于共青团员、民主党派成员和群众。从性别对总体公平感的影响上看，与女性相比，男性对社会公平状况的感受更高一些。

在模型二中，我们在模型一的基础上放入了受教育程度、个人年收入、工作部门性质、户籍类型、居住地、所在地区六个社会结构变量。回归分析结果表明，年龄、政治面貌和性别等变量对总体社会公平感的影响没有发生变化。在新放入的社会结构变量中，收入水平、工作部门性质、户籍、居住地等与因变量之间具有正相关的关系，但是相关影响在统计意义上不显著。这说明前文基于自利逻辑出发的假设虽然没有得到有效验证，但影响方向是一致的。从这一点来看，之前研究得出的城市居民公平感比农村居民公平感要低的结论与课题组的发现是冲突的，其中的原因还需要进一步分析。此外，需要注意的是受教育程度与社会总体公平感之间呈显著负相关关系，也就是说，受教育程度越高，就越认为社会总体上来看是不公平的。这一结论与已有相关研究得出的结论具有一致性，与本书的研究假设正好是相反的。从所在地区变量对总体社会公平感的影响上来看，与西部地区相比，中部地区和东部地区居民的公平感要低一些，这与课题组的假设正好相反，区域经济社会发展水平的提高并没有增强人们的公平感。

在模型三中，我们在模型二的基础放入了公平原则与比较对象选择两个公平观念方面的变量。回归分析结果表明，模型一中的控制变量依然能对社会公平总体感受产生影响。在模型二中能够对因变量产生影响的受教育程度和所在地区与因变量之间的负相关关系有了增强，也就是说，受教育程度越高，越认为当前的社会总体上是不公平的；与西部地区民众相比，中部和东部的民众更加认为社会总体上是不公平的。还有一点值得注意的是，在模型二中对因变量没有显著影响的工作单位性质变量开始对因变量产生显著影响，与农民相比，国有部门工作人员对社会总体公平程度的评价更高一些。在放入的相关公平观念变量中，机会平等原则、结果平等原则、看自己的收入是否能够满足自身需要等变量能够对因变量产生显著影响。其中，机会平等原则变量与社会公平总体评价之间呈现出很强的正相关关系，也就是说，如果一个人越认可和接受机会平等原则，那么他对社会公平总体状况的感受就越高，更加能够接受收入不平等；结果平等原则与因变量之间具有显著的负相关关系，也就是说，如果一个人越认可结果平等的原则，那么他就越认为当前的社会是不公平的。这些结论都验证了前文所提出的研究假设。从比较对象选择变量来看，相关变量中只有看自身需要是否能够得到满足变量与因变量之间具有正相关关系，也就是说，如果一个人越认为应当看自身实际需要是否得到满足，那么他就越有可能认为社会总体上是公平的。这一点与课题组的假设是一致的。

在模型四中（见表6-3），课题组在前一个模型的基础上又放入了生活中遇到的不公平经历这一变量。结果表明，在模型三中对因变量产生影响的变量仍然能够对总体公平感产生影响，但是，性别变量和受教育程度变量与因变量之间的关系发生了一定变化。具体来看，与女性相比，男性更加认为当前社会总体上是公平的；受教育程度与因变量之间的负相关关系有了一定程度的下降。这说明，生活中遇到的不公平经历这一变量引入之后，在一定程度上"稀释"了受教育程度变量对因变量的影响。而从生活中遇到的不公平对因变量的影响上来看，我们可以看出，人们在生活中遇到的一些不公平事件与社会公平总体感受之间呈现出强烈的负相关关系，相比没有遇到不公平事件的人来说，如果一个人在日常生活中遇到的不公平事件越多，就越倾向于认为社会是不公平的。此外，针对生活中遇到的不公平事件"稀释"作用与受教育程度的影响之间的关系，课题组将受教育程度与生活中经历的不公平事件进行了交互分析，分析结果表明，受教育程度越高的民众所经历的不公平事件就有可能越多，因而其总体社会公平感就越低。事实上，考虑到本书在调查民众在生活中遇到的不公平事件时的问题设计，我们的这一结论与相关研究得出的教育具有"启蒙"作用的结论存在很多共同点[①]，正是由于受教育程度高，人们才能意识到相关制度在设计以及执行过程中存在的一些不合理之处。

六、主要发现

本书主要是采用问卷调查方法从社会结构、公平观念以及生活经历三个方面对中国转型时期民众公平感的影响因素问题进行分析。在区分相关概念的基础上，我们确定了民众公平感影响因素的综合分析框架，以此为基础，本书采用二元 Logistic 分析方法对提出的研究假设进行了验证。分析结果表明，在社会结构方面，不同维度的变量都能够对社会公平总体感产生明显的影响。其中，受教育程度与总体公平感之间呈显著的负相关关系，受教育程度越高，人们的总体社会公平感就越低；与农民相比，国有部门工作人员的总体社会公平感要更强一些；东部和中部地区民众的公平感要明显低于西部地区民众，这表明，较高的经济社会发展水平并没有增强人们的总体社会公平感。机会平等原则与社会公平总体感之间呈显著的正相关关系，机会平等往往与应得原则是联系在一起的，人们越认可机会平等原则就越认为当前的社会总体上是公平的；结果平等原则与总体公平感之间具有显著负相关关系，也就是说，对持平均主义原则的民众来说，当前社会的总体公平感受要低。在比较对象选择上，如果更倾向于看自身需要是否得到满足时，人们的总体社会公平感会越高。在不公平经历的影响上，人们遇到的不公平经历越多，就越有可能认为社会总体上是不公平的。由于不公平经历变量"稀释"了受教育程度对因变量的影响，因此课题组将这两个变量进行了交互分析，结果表明，受教育程度对总体公平感的影响机制是复杂的，有可能是受教育程度越高的群体所认知到的一些区域差距等问题越多，因而其对社会总体公平性的评价也较低。课题组认为，相关结论的政策含义在于：要加快法治政府的建设步伐，通过完善的制度和提高制度执行力来有效约束政府权力；加大公共服务均等化力度，努力实现基本公共服务均等化；积极缩小城

[①] 李骏，吴晓刚. 收入不平等与公平分配：对转型时期中国城镇居民公平观的一项实证分析 [J]. 中国社会科学，2012（3）.

表6-3 民众总体社会公平感的影响因素（2）

			模型四	模型五
			回归系数（标准误）	回归系数（标准误）
自变量	社会结构	个人年收入	0.025（0.041）	0.025（0.041）
		受教育程度	−0.231（0.072）**	−0.085（0.183）
		国有部门	0.323（0.146）*	0.319（0.146）*
		民营部门（农村）	0.168（0.120）	0.166（0.120）
		城镇户籍（农村）	0.095（0.125）	0.099（0.126）
		城镇居民（农村）	0.028（0.126）	0.031（0.127）
		东部	−0.345（0.124）**	−0.346（0.124）**
		中部（西部）	−0.378（0.121）**	−0.386（0.121）**
	公平观念	贡献与收入比	0.119（0.027）	0.115（0.072）
		与过去比	−0.061（0.060）	−0.058（0.060）
		是否满足需要	0.130（0.057）*	0.127（0.057）*
		与相似的比较	0.031（0.043）	0.031（0.043）
		与强的比较	0.079（0.046）	0.077（0.046）
		与差的比较	−0.038（0.054）	−0.039（0.054）
		机会平等	0.209（0.050）***	0.213（0.051）***
		结果平等	−0.178（0.038）***	−0.175（0.038）***
	不公经历	较多	−0.901（0.246）***	0.327（0.659）
		很少（没有）	−0.505（0.127）***	−0.298（0.310）
	受教育程度 by 较多不公经历			−0.752（0.376）*
	受教育程度 by 很少不公经历			−0.140（0.189）
控制变量		年龄	−0.185（0.036）***	−0.185（0.036）***
		男性（女性）	0.262（0.093）**	0.263（0.093）**
		中共党员（否）	0.439（0.136）**	0.429（0.137）**
		宗教信仰（无）	0.070（0.169）	0.069（0.109）
卡方值			175.114	179.308
Log Likelihood			3 036.695	3 032.501
Nagelkerke R²			0.096	0.098
样本数量			2 401	2 401

注：（1）*p<0.05，**p<0.01，***p<0.001。

（2）括号内为参照群体。

乡、部门之间的发展差距；进一步规范收入分配秩序[1]，引导人们的公平原则从结果平等逐渐向机会平等转变。最后，需要说明的是，本书的研究在一些方面还存在明显不足。在变量选择上，没有将民众的实得与期望相关的变量纳入进来，因而没有回答究竟是实得与期望之间的差距还是受教育程度提高所带来的认知能力增强在对因变量产生影响；在社会公平感的研究方法上，结合具体情境的行为实验方法[2]以及案例分析方法能够很好地弥补问卷调查方法存在的缺陷，与问卷调查方法形成很好的互补。

第二节 城镇居民的住房政策偏好及其影响因素

一、城镇居民住房现状

作为人类的一项基本需求，居住"似乎是人类最早具有的概念之一，是与食物概念几乎同等重要的一个概念"[3]，而住房紧张则是随着城市化进程的深入才出现的问题[4]。将住房问题与生存权、政府责任等联系起来的时间还要更晚一些。据考证，住房权概念的源头可以追溯到1919年的德国魏玛宪法，而作为人权形式的住房权最早出现在国际人权法中。[5]《世界人权宣言》规定："人人有权享受为维持他本人和家属的健康和福利所需的生活水准，包括食物、衣着、住房、医疗和必要的社会服务。"到20世纪90年代，适足住房权概念的出现"将住房权从适足生活水准中提炼出来，使这一基础人权得到国际社会的普遍认可"[6]。保障社会成员的住房权利、满足社会的住房需求成为政府的一项重要职责，围绕这一责任便衍生出了住房政策。今天，住房权的内容包括机会平等、价格可承受、使用权稳定、适合居住等[7]，这也成为住房政策所要达成的目标。住房具有生活必需品和商品的双重属性。[8]从投资品性质上看，对个人来说，"住房是其所有者拥有的重要财产"[9]；对政府来说，房地产是财政收入的重要来源。而住房的必需品性质又意味着，如果完全将其交由市场调节，一些人就会面临住房困难。房价上涨不仅会增加生活成本，还会引发社会问题。[10]因此绝大多数政府都采取相应的住房政策对住房市场进行干预。住房政策的目标包括改善住房市场运行效率和提供公平住房机会，实现这些目标的工具包括住房产权制度、公共住房补贴制度、住房金融、住房税收、住房市场管制等。[11]在计划经济体制下，我国的住房政策呈现出明显的"城乡分立"特征，在城市实行的是福利分房制度。改革开放以来，为了克服福利分房制度的弊端，国家开始实行住房市场化改革，以市场供应为主的住房供应体系逐渐得以确立。到2003

① 麻宝斌，杜平. 中国人的正义观念及其现代转型 [J]. 新视野，2016 (6).
② LIEBIG S, SAUER C, FRIEDHOFF S. Using Factorial Surveys to Study Justice Perceptions: Five Methodological Problems of Attitudinal Justice Research [J]. Social Justice Research，2015，28 (4).
③ 阿韦尔. 居住与住房 [M]. 齐淑琴，译. 北京：商务印书馆，1996：9.
④ 阿布朗. 人人都要房子住 [M]. 丁寒，译. 北京：今日中国出版社，1975.
⑤ 张群. 居有其屋：中国住房权历史研究 [M]. 北京：社会科学文献出版社，2009.
⑥ 徐显明. 人权研究：第7卷 [M]. 济南：山东人民出版社，2007.
⑦ 张群. 居有其屋：中国住房权历史研究 [M]. 北京：社会科学文献出版社，2009.
⑧ 刘洪玉，郑思齐. 城市与房地产经济学 [M]. 北京：中国建筑工业出版社，2007.
⑨ 施瓦兹. 美国住房政策 [M]. 黄瑛，译. 北京：中信出版社，2008.
⑩ 孙洛龟. 房地产阶级社会 [M]. 芦恒，译. 北京：译林出版社，2012.
⑪ 刘洪玉，郑思齐. 城市与房地产经济学 [M]. 北京：中国建筑工业出版社，2007.

年，房地产"已经成为国民经济的支柱产业"。住房市场化改革以来，我国社会总体的居住条件有了很大改善，但是不断上涨的房价也给人们带来了很大负担。相应地，如何有效抑制房价、满足社会的住房需求便成为一项重要任务。目前，我国"住房政策目标实际上是隐含在一系列具体措施中，但并不清晰明确，尤其是在提供公平住房机会方面，没有具体的政策目标宣示"①。近年来，住房政策的重心随着宏观经济状况的变化而不断在政府干预与市场调节之间摆动。

随着住房市场化的深入，房产已经成为城镇家庭资产的最重要组成部分②，拥有产权房有助于提高居民的满意度③。不断上涨的房价使得一些居民面临住房困难④，调查表明，有52.7%的城镇居民认为当前的房价难以接受⑤，从而导致一些居民的满意度逐渐下降⑥。尽管如此，住房市场上还是出现了居民无力承担房价与高价房依然有相当需求并存的局面⑦。这意味着不同社会阶层的住房分化变得日益明显，而且在房价不断上涨的背景下，拥有产权房的"住房地位群体"的财产会不断增值，从而导致财产差距的持续扩大。此外，住房状况的分化还体现为城市空间中的居住分割现象⑧，这会降低居住资源分配的公平性⑨。城镇居民住房状况的持续分化还可能影响社会稳定。在这种背景下，按照公平正义的原则，通过有效的政策设计来满足社会的住房需求就成为住房政策的重要目标。政策的设计与调整应该将客观与主观认知等因素结合起来。⑩已有相关研究大多是从住房负担⑪、居住条件⑫、住房分化⑬等客观层面出发的；也有研究对居民的住房保障（住房类型），住房条件（住房面积、房屋基础设施），环境条件（噪声情况、空气质量、休闲环境或设施、水质、治安状况、环境卫生）等进行了分析⑭。相比较而言，从民众的主观认知角度着手并且将主观与客观等内容整合起来的研究还不是很多。当然，也有研究进行了类似的分析。例如，通过住房自有率、现居住房建筑面积、拥有其他住房与空置率、住房支出压力、住房满意度、住房政策诉求等方面进行的调查发现，降低房价、保护宅基地使用权与住房财产权、农村危旧房改造是排在前三位的政策诉求，城镇和农村等不同户籍受访者的政策诉求是存在差异的⑮；还有研究对城镇职工从房改中实际获得的住房利益、位置能力和市场能力等出发对其住房满意度的影响问题

①　刘洪玉，郑思齐. 城市与房地产经济学［M］. 北京：中国建筑工业出版社，2007.
②　谢宇，张晓波，李建新，等. 中国民生发展报告（2014）［M］. 北京：北京大学出版社，2014.
③　张海东. 社会质量研究：理论、方法与经验［M］. 北京：社会科学文献出版社，2011.
④　李友梅. 上海调查：2009［M］. 上海：上海大学出版社，2010.
⑤　中国人民银行. 2016年第四季度城镇储户问卷调查报告［EB/OL］.［2017-07-05］. http：//www.pbc.gov. cn/goutongjiaoliu/113456/113469/3222094/2016122914284392008.pdf.2017-07-5.
⑥　钟君，吴正杲. 中国城市基本公共服务力评价（2014）［M］. 北京：社会科学文献出版社，2014.
⑦　朱亚鹏. 住房制度改革：政策创新与住房公平［M］. 广州：中山大学出版社，2007.
⑧　郑思齐. 城市与房地产经济学［M］. 北京：中国建筑工业出版社，2007；李斌. 中国城市居住空间阶层化研究［M］. 北京：光明日报出版社，2013；唐晓岚. 城市居住分化现象研究：对南京城市居住社区的社会学分析［M］. 南京：东南大学出版社，2007.
⑨　黄怡. 城市社会分层与居住隔离［M］. 上海：同济大学出版社，2006；吴启焰. 大城市居住空间分异的理论与实证研究［M］. 北京：科学出版社，2016.
⑩　麻宝斌，杜平. 社会正义测评：主题、内容与框架［J］. 理论探讨，2014（2）.
⑪　张海东. 上海社会质量研究（2010—2013）［M］. 北京：社会科学文献出版社，2016.
⑫　谢宇，张晓波，李建新，等. 中国民生发展报告（2013）［M］. 北京：北京大学出版社，2013.
⑬　刘祖云，毛小平. 中国城市住房分层：基于2010年广州市千户问卷调查［M］. 北京：中国社会科学出版社，2012（2）.
⑭　张海东. 上海社会质量研究（2010—2013）［M］. 北京：社会科学文献出版社，2016.
⑮　国务院发展研究中心课题组. 中国民生调查2015［M］. 北京：中国发展出版社，2016.

进行了分析①。沿着这种思路继续追问下去，不同住房状况群体的政策诉求是否存在差异？住房价格接受程度、住房满意度等主观因素对相应的政策诉求是否会有影响？尽管前期一些相关的研究涉及相关的内容，但是并没有在客观住房状况、住房满意度、房价接受程度与政策诉求之间建立起系统的分析模型，因而并没有充分揭示究竟哪些因素在影响着民众的住房政策偏好问题。出于这种考虑，本书将主要采用问卷调查方法尝试将主观和客观两个方面的内容整合起来对相关问题进行分析。本书尝试回答的问题包括：城镇民众是支持政府对住房市场的行政干预，还是支持市场的自行调节？相应的住房政策偏好主要受哪些因素影响？

二、理论分析与研究假设

本书主要从社会经济地位、实际住房状况、住房价格接受程度、住房满意度以及房价上涨归因等几个方面来对当前城镇居民住房政策偏好的影响因素问题进行分析。

（一）社会经济地位与城镇居民住房政策偏好

从理论上来看，社会结构状况直接决定了居住状况的差异②，其中的原因就在于购买能力的差异，不同社会阶层在收入水平以及财产状况上存在一定程度上的差异，而这种差异又会导致住房购买能力的差异，进而会对民众的住房政策偏好产生影响。具体来看，社会经济地位越高，其在住房市场上的购买能力就会越强，因而越有可能支持市场通过自行调节的方式来调控房价，而不是支持政府对于市场的行政干预。由此，本书提出如下社会经济地位对民众住房政策偏好影响的研究假设：

假设1：个人收入水平越高，就越倾向于支持市场对住房市场的自行调节，而不是政府对于住房市场的行政干预。

收入水平还与个人的人力资本、市场能力等紧密联系在一起，换一个角度来看，受教育程度越高就会有更强的人力资本和市场能力，因而在住房市场上具有更强的购买能力。这反映在住房政策偏好上就是，受教育程度越高，就越有可能支持市场通过自行调节的方式来调控房价，而不是支持政府对于市场的行政干预。由此，提出如下受教育程度对住房政策偏好影响的研究假设：

假设2：个人的受教育程度越高，就越倾向于支持市场对住房市场的自行调节，而不是政府对于住房市场的行政干预。

工作部门性质也是民众住房政策偏好的重要影响因素。这是因为，与民营部门相比，国有部门工作人员在住房改革中的受益程度可能更多一些。因此，相比较而言，国有部门工作人员可能更加支持市场对住房市场的调控，而不是政府对住房市场的干预。基于此，本书假设：

假设3：与农村居民以及民营部门工作人员相比，国有部门工作人员更加倾向于支持市场对住房市场的自行调节，而不是政府对住房市场的行政干预。

最后，还有一点需要注意的是，目前我国不同地区之间的房价水平存在明显的差

---

① 李斌. 住房利益分化与社会分层机制变迁 [M]. 长沙：中南大学出版社，2004.
② WHITE M J.American Neighborhoods and Residential Differentiation [R]. Russell Sage Foundation，1988.

距，沿海发达城市的房价近年来出现了大幅增长，高企的房价使得广大居民在住房市场上变得力不从心。在这个意义上来看，不同区域城市居民的住房政策偏好也可能存在明显的差异，这种差异是由于当地房价水平的不同所导致的。相比较而言，由于东部地区房价较高，该地区城镇居民的住房政策偏好可能更加倾向于政府的干预，而不是市场的自发调节。基于这种认识，本书提出如下研究假设：

假设4：与西部地区居民相比，中部地区和东部地区居民更加支持政府对于住房市场的行政干预，而不是市场对住房市场的自行调节。

最后，改革开放以来，随着城乡二元分立的户籍制度的逐渐松动以及城市化的快速发展，城市从农村吸纳了大量的人口和劳动力，但是从农村走向城市的人口有的获得了居住地的户籍，有的则没有获得居住地的户籍。这也会影响相应群体的住房状况，有研究表明，在城市居住的本地户籍人口的持有住房率要高于外地人口。[①]因此，这种差异反映在住房政策偏好上就是，与外来人口相比，本地户籍人口不倾向于支持政府对房价的干预。基于此，本书提出如下研究假设：

假设5：与流动人口相比，在城镇居住的本地户籍人口更加倾向于支持市场对住房市场的自行调节，而不是政府对于住房市场的行政干预。

（二）实际住房状况与城镇居民住房政策偏好

改革开放以来，随着住房分配机制的变化，受到多方面因素的影响，城市住房的分层状况越来越明显，相应地，不同社会阶层的住房条件出现了明显的差别，而且在住房数量等方面出现了明显的分化。有研究认为，城市的住房分层从低到高可以分为：无产权房阶层、有产权房阶层（福利性产权房阶层、商品性产权房阶层、继承性产权房阶层）和多产权房阶层[②]；也有研究将住房地位群体分为如下几种：商品房户、回迁房户、单位房改房户、简易楼住户、廉租房户、传统私房户[③]。而随着这种住房状况分化的持续，不同住房阶层的关注重心是不同的，从这个意义来看，住房状况的差异可能影响民众的住房政策偏好。相比较而言，住房状况较好的群体更倾向于市场对住房的自发调节。基于这种认识，本书从是否拥有自己的产权房、实际住房面积的大小以及住房数量的多少等变量出发，提出如下相关研究假设：

假设6：与没有属于自己产权房的居民相比，拥有自己产权房的城镇居民更加倾向于支持市场对住房市场的自行调节，而不是政府对于住房市场的行政干预。

假设7：个人的实际住房面积越大，就更加倾向于支持市场对住房市场的自行调节，而不是政府对于住房市场的行政干预。

假设8：个人拥有的住房数量越多，就越倾向于支持市场对住房市场的自行调节，而不是政府对于住房市场的行政干预。

（三）住房满意度与城镇居民住房政策偏好

从影响因素上来看，居民的住房满意度可能对其住房政策偏好产生影响。具体来

① 张海东. 上海社会质量研究（2010—2013）[M]. 北京：社会科学文献出版社，2016.
② 刘祖云，毛小平. 中国城市住房分层：基于2010年广州市千户问卷调查 [J]. 中国社会科学，2012（2）.
③ 李强. 转型时期城市"住房地位群体"[J]. 江苏社会科学，2009（4）.

看，住房满意度可以分为横向和纵向两个维度，也就是说，民众在对住房满意度进行评价时不仅会同自己过去的住房状况进行比较，还可能和身边的人的住房状况进行比较，在比较的过程中获得的满意度越高，就越不会倾向于支持政府对于房价的调节。基于这种认识，本书提出如下研究假设：

假设9：纵向的住房满意度越高，在住房政策偏好上就更加倾向于支持市场对住房市场的自行调节，而不是政府对于住房市场的行政干预。

假设10：横向的住房满意度越高，在住房政策偏好上就更加倾向于支持市场对住房市场的自行调节，而不是政府对于住房市场的行政干预。

（四）房价认知状况与城镇居民住房政策偏好

近年来，我国住房价格的上涨幅度较大，而不同社会阶层对于房价的接受程度是不同的，这也使得房价的接受程度成为城镇居民住房政策偏好的重要影响变量。从理论上来看，认为目前的房价可以接受的社会群体，可能更为倾向于市场对住房市场的调节。相比较而言，房价接受程度较低的社会群体就越有可能支持政府对住房市场的干预。基于这种认识，本书提出如下假设：

假设11：房价接受程度越高，就更加倾向于支持市场对住房市场的自行调节，而不是政府对于住房市场的行政干预。

在民众的房价认知状况上，除了房价的接受程度之外，对于房价上涨的归因也会对民众的住房政策偏好产生明显的影响。综合来看，学术界认为房价上涨的原因主要有土地政策、炒房等几类。换一个视角来看，对于城镇居民而言，如果人们认为房价上涨是由于土地政策不合理、政府监管不力或者是炒房现象所导致的，那么就可能会支持政府对于住房市场的干预，而不是市场的自行调节。由此，本书提出如下研究假设：

假设12：如果民众认为房价过高是由于土地政策不合理导致的，就会支持政府对于住房市场的干预，而不是市场的自行调节。

假设13：如果民众认为房价过高是由于政府监管不力所导致的，就会支持政府对于住房市场的干预，而不是市场的自行调节。

假设14：如果民众认为房价过高是由于炒房所导致的，就会支持政府对于住房市场的干预，而不是市场的自行调节。

三、研究设计

（一）因变量

论文的因变量是民众的住房政策偏好状况，也就是分析民众在政府干预与市场自发调节之间更为支持哪一种。从形式上看，政府干预住房市场的选择可以有多种，既可以采用行政手段调控房价，也可以通过向困难群体提供保障性住房来干预住房市场。因此，在调查的过程中，本书因变量是通过"政府在调控房价方面做得还不够"和"政府在提供保障性住房方面做得还不够"这两个问题来考查的，都包括同意、非常同意、说不清楚、不同意和非常不同意五个选项。其中，第一个问题对应的是政府对住房价格的行政干预，而第二个问题对应的则是市场通过提供保障性住房来对住房市场进行调节。

我们将这两个因变量作为二分变量进行了处理。其中，将选择同意和非常同意的编码为1，表示调查对象认可相关主张；将选择不同意、非常不同意和说不清楚的编码为0，表示调查对象不认可相关主张。

（二）自变量

社会经济地位变量包括受教育程度、个人收入水平、工作单位性质、所在区域等。按照个人年收入差别，将全部样本分为低收入者、中低收入者、中等收入者、中高收入者、高收入者，分别编码为1、2、3、4、5，数字越大表示收入水平越高。按照受教育程度不同，将全部样本分为初中及以下、高中（含中专和技校）、大学、研究生，分别编码为1、2、3、4，数字越大表示受教育程度越高。按照工作部门性质差异，将全部样本分为农民、民营部门和国有部门，分别编码为0、1、2。按照所在区域不同，将全部样本分为西部地区（陕西、内蒙古）、中部地区（湖南、河南）、东部地区（北京、上海、广东、山东），分别编码为0、1、2。其中，受教育程度、收入水平是定序变量，其余都是分类变量。

实际住房状况变量，该变量包括住房类型、住房数量、住房面积大小等方面。其中，拥有住房数量变量是通过"您拥有产权的住房套数是"（0套，1套，2套，3套或更多）这一问题来测量的。在分析的过程中，论文将其作为分类变量进行了处理，将0套的编码为0，将1套的编码为1，将2套的编码为2，将3套或更多的编码为3。住房来源变量是通过"您的住房来源是"（购买的经济适用房，购买的商品房，购买的单位福利房，租用公有住房，租用商品房或其他房主的房，父母、公婆（岳父母）的房，自建住房，集体宿舍，办公室，回迁房，其他）这一问题来测量的。论文将其作为二分变量进行了处理，将购买的经济适用房、购买的商品房、购买的单位福利房、自建住房、回迁房编码为1，表示有产权房阶层；将租用公有住房，租用商品房或其他房主的房，父母、公婆（岳父母）的房，集体宿舍，办公室和其他编码为2，表示无产权房阶层。住房面积变量是通过"您目前的家庭住房面积是（50平方米以下，50~80平方米，80~130平方米，130~180平方米，180平方米以上）"这一问题来测量的。在分析的过程中，将其作为定序变量进行处理，分别编码为1、2、3、4、5，数字越大表示住房面积越大。

住房满意度变量包括纵向满意度和横向满意度两个方面。横向满意度是通过"与他人相比，我对自己的住房状况感到满意"来测量的；而纵向满意度则是通过"和以前相比，我对现在的住房条件感到满意"来测量的。两个问题都包括非常不同意，不同意，说不清楚，同意，非常同意五个选项。在分析的过程中，论文将两个变量作为定序变量进行了处理，分别编码为1、2、3、4、5，数字越大表示调查对象的住房满意度越高。

房价接受程度，该变量是通过"我能够承受目前的房价（非常不同意，不同意，说不清楚，同意，非常同意）"这一问题测量的。在分析的过程中，将其作为定序变量进行了处理，分别编码为1、2、3、4、5，数字越大表示调查对象的横向或纵向住房满意度越高。房价偏高归因变量是通过"政府的土地和房地产政策不合理导致了房价偏高""政府对房地产市场监管不力导致了房价偏高""炒房导致了房价偏高"三个问题来进行测量的，每一个问题都包含非常不同意、不同意、说不清楚、同意、非常同意五个选项。在分析的过程中，将该变量作为定序变量进行了处理，分别编码为1、2、3、4、5，数字越大表示调查对象越认可相关主张。

（三）控制变量

本研究的控制变量主要包括性别（男、女）、政治面貌（是否为中共党员）、年龄（1949年之前出生、20世纪50年代出生、60年代出生、70年代出生、80年代出生、90年代出生）、宗教信仰（是否信仰宗教）等。其中，年龄变量作为定序变量，1949年之前出生编码为1，20世纪50年代出生编码为2，60年代出生编码为3，70年代出生编码为4，80年代出生编码为5，90年代出生编码为6，数字越大表示调查对象的年龄越小。其余的控制变量都作为分类变量处理。在性别变量中，男性编码为1，女性编码为0；在政治面貌中，中共党员编码为1，不是中共党员的编码为0；在宗教信仰变量中，信仰宗教的编码为1，不信仰宗教的编码为0。

按照上述设计，我们对相关变量的具体构成情况进行了统计，见表6-4。

表6-4　　　　　　　　　　　　**相关变量的统计性描述**

变量		比例	变量		比例		
调控房价	是	70.9%	市场调节	是	70.4%		
	否	29.1%		否	29.6%		
性别	男	52.1%	户籍	城镇	74.1%		
	女	47.9%		农村	25.9%		
中共党员	是	15.6%	产权房	是	75.8%		
	否	84.4%		否	24.2%		
出生年代	1949年以前	6.5%	受教育程度	初中及以下	52.9%		
	20世纪50年代	13.6%		高中（中专、技校）	32.2%		
	20世纪60年代	22.1%		大学（大专、高职）	14.4%		
	20世纪70年代	25.4%		研究生	0.6%		
	20世纪80年代	21.2%	地区	东部	38.5%		
	20世纪90年代	11.3%		中部	40.5%		
宗教信仰	有	20.4%		西部	21.0%		
	无	79.6%	住房数量	0	23.3%		
职业类型	国有	25.1%		1	68.9%		
	民营	42.8%		2	7.0%		
	农村	32.1%		3及3以上	0.8%		
个人年收入	低收入	34.2%	变量		最小值	最大值	平均值	标准差
	中低	16.8%	房价接受程度		1	5	2.24	1.01
	中等	31.7%	满意度	横向	1	5	3.39	1.09
	中高	14.1%		纵向	1	5	3.72	0.92
	高收入	3.2%	房价归因	政策	1	5	3.52	0.95
				监管	1	5	3.54	0.94
				炒房	1	5	3.66	0.96

四、城镇居民住房政策偏好的影响因素分析

我们根据问卷调查获得的数据，采用二元 Logistic 分析方法，从社会结构、实际住房状况、住房满意度、房价认知等几个不同的维度对当前城镇居民住房政策偏好的影响因素问题进行了分析。

（一）城镇居民对政府干预房价偏好的影响因素

我们首先围绕城镇居民对政府干预房价偏好的影响因素进行了分析（见表 6-5）。其中，模型一只放入了相关的控制变量，分析结果表明，年龄变量能够对因变量产生显著的影响，具体来看，年龄越小就越倾向于支持政府对房价的调控和干预，这可能与几年来住房价格的持续上涨，年轻一代所面临的购房和生活压力较大具有较大的关系。已有相关研究表明，年龄越大，住房自有率就会越高[①]，因此，相比较而言，年龄较大的群体所面临的购房压力并不是很大。模型二中，在模型一的基础上放入了社会结构维度的相关自变量，结果表明，在相关控制变量中，年龄变量依然能够对因变量产生显著的影响。就相关社会结构维度的自变量对因变量的影响来看，个人收入水平越高、个人的受教育程度越高就越倾向于支持政府对于房价的调控和干预。这一结论与本书的研究假设正好是相反的，因为本书在一开始假设的是，受教育程度和收入水平越高，其住房的购买能力就会越强，因而对政府调控房价的态度意愿可能相要对弱一些。模型三中，在模型二的基础上放入了相关的住房状况主观认知自变量。回归分析结果表明，在相关的控制变量中，年龄变量依然能够对因变量产生影响。此外，模型二中的个人收入变量也能够对因变量产生影响，个人年收入水平越高就越倾向于支持政府对于房价的干预；但是，受教育程度变量对因变量的影响在该模型中变得不再显著。在住房状况主观认知的相关变量中，当前房价接受程度对因变量具有明显的影响，对当前房价的接受程度越高就越不会支持政府对于房价的干预，这与本书的研究假设是一致的，能够接受当前的房价说明具有较强的支付能力，因而不倾向于政府对房价的干预。在房价上涨归因变量对因变量的影响上，如果人们认可房价偏高是由于政府监管不力导致的，就越倾向于支持政府对于房价的干预；如果人们认可房价偏高是由于炒房造成的，就越倾向于支持政府对于房价的干预。这些研究结论与本书的研究假设是一致的。模型四中，在模型三的基础上放入了相关的客观住房状况变量，结果表明，客观住房状况的相关变量并不能对因变量产生显著的影响，本书的相关研究假设没有得到有效验证，但是，模型三中能够对因变量产生影响的相关自变量依然能够对因变量产生影响。此外，本书提出的其他研究假设并没有在该模型中得到有效的验证。

（二）民众对政府提供保障性住房偏好的影响因素

接下来，我们又围绕民众对政府提供保障性住房偏好的影响因素问题进行了分析（见表 6-6）。其中，模型一只放入了相关的控制变量，分析结果表明，年龄变量能够对因变量产生显著影响，年龄越小就越倾向于支持政府加大保障性住房的提供力度，在实

---

① 张海东. 上海社会质量研究（2010—2013）［M］. 北京：社会科学文献出版社，2016.

表6-5 　　　　　　　　　　　民众对政府干预房价偏好的影响因素

			模型一 回归系数（标准误）	模型二 回归系数（标准误）	模型三 回归系数（标准误）	模型四 回归系数（标准误）
自变量	社会结构	个人年收入		0.169（0.068）*	0.156（0.073）*	0.164（0.074）*
		受教育程度		0.298（0.115）*	0.193（0.122）	0.200（0.123）
		国有部门		0.136（0.335）	0.274（0.354）	0.276（0.358）
		民营部门（农村）		0.227（0.320）	0.399（0.343）	0.409（0.347）
		城镇户籍（农村）		-0.358（0.185）	-0.329（0.195）	-0.327（0.196）
		东部		0.373（0.202）	-0.048（0.221）	-0.028（0.224）
		中部（西部）		0.077（0.209）	-0.272（0.226）	-0.282（0.240）
	满意度	横向			-0.149（0.088）	-0.143（0.091）
		纵向			0.038（0.103）	0.039（0.104）
	房价接受度				-0.204（0.080）*	-0.207（0.081）*
	房价上涨归因	土地政策			0.181（0.097）	0.177（0.098）
		监管不力			0.500（0.103）***	0.495（0.104）***
		炒房			0.284（0.090）**	0.293（0.091）**
	住房状况	3套以上				-0.355（0.718）
		2套				-0.162（0.392）
		1套（没有）				0.253（0.261）
		有产权房（无）				-0.253（0.263）
		住房面积				0.026（0.087）
控制变量		年龄	0.256（0.053）***	0.199（0.062）**	0.194（0.065）**	0.187（0.068）**
		男性（女性）	-0.010（0.149）	-0.124（0.157）	-0.127（0.169）	-0.130（0.170）
		中共党员（否）	0.011（0.199）	-0.203（0.210）	-0.166（0.233）	-0.161（0.224）
		宗教信仰（无）	-0.350（0.193）	-0.350（0.198）	-0.340（0.212）	-0.368（0.213）
卡方值			30.433	56.407	163.342	166.825
Log Likelihood			1 128.830	1 096.548	988.180	984.071
Nagelkerke R^2			0.042	0.077	0.213	0.217
样本数量			1 365	1 360	1 358	1 357

注：（1）*p<0.05，**p<0.01，***p<0.001。

（2）括号内为参照群体。

表6-6　　　　　　　　　　民众对政府提供保障性住房偏好的影响因素

			模型一 回归系数（标准误）	模型二 回归系数（标准误）	模型二 回归系数（标准误）	模型四 回归系数（标准误）
自变量	社会结构	个人年收入		0.130（0.066）*	0.091（0.068）	0.102（0.070）
		受教育程度		0.266（0.112）*	0.169（0.117）	0.186（0.118）
		国有部门		-0.455（0.367）	-0.314（0.378）	-0.353（0.381）
		民营部门（农村）		-0.438（0.353）	-0.259（0.366）	-0.306（0.369）
		城镇户籍（农村）		-0.056（0.173）	-0.021（0.181）	-0.021（0.181）
		东部		0.524（0.196）**	0.232（0.210）	0.214（0.213）
		中部（西部）		0.310（0.214）	0.080（0.216）	0.153（0.228）
	满意	横向			-0.090（0.083）	-0.064（0.086）
		纵向			0.053（0.097）	0.070（0.098）
	房价归因	房价接受度			-0.187（0.077）*	-0.180（0.078）*
		土地政策			0.233（0.094）*	0.245（0.094）**
		监管不力			0.432（0.100）***	0.421（0.100）***
		炒房			0.077（0.090）	0.076（0.090）
	住房状况	3套以上				-0.069（0.732）
		2套				0.067（0.386）
		1套（没有）				0.057（0.250）
		有产权房（无）				-0.168（0.249）
		住房面积				-0.094（0.083）
控制变量		年龄	0.157（0.052）**	0.123（0.061）*	0.107（0.063）	0.095（0.066）
		男性（女性）	0.074（0.147）	0.006（0.154）	0.004（0.162）	0.016（0.163）
		中共党员（否）	0.320（0.201）	0.095（0.217）	0.208（0.228）	0.225（0.229）
		宗教信仰（无）	-0.142（0.180）	-0.113（0.184）	-0.063（0.192）	-0.069（0.194）
		卡方值	11.642	33.262	105.875	108.306
		Log Likelihood	1 160.067	1 138.170	1 060.952	1 057.875
		Nagelkerke R^2	0.016	0.045	0.140	0.144
		样本数量	1 363	1 358	1 356	1 355

注：（1）*p<0.05，**p<0.01，***p<0.001。

（2）括号内为参照群体。

质上，这可能是与年轻一代的购房压力较大有密切关系，因而支持政府加大保障性住房的提供力度。模型二中，在模型一的基础上放入了相关的社会经济地位自变量，分析结果表明，在相关的自变量中，个人收入水平、受教育程度等变量与因变量之间是显著的正相关关系，这一结论与本书的研究假设正好是相反的。此外，与西部地区居民相比，东部地区居民更倾向于支持政府加大保障性住房的提供力度，从原因上来看，这可能与东部地区的住房价格偏高、民众的购房压力普遍较大具有一定的关系。模型三中，在模型二的基础上放入了相关的住房状况主观认知变量，结果表明，模型二中能够对因变量产生影响的个人收入水平和受教育程度等变量在该模型中变得不再显著。就住房状况主观认知变量的影响来看，对房价的接受程度越高就越不可能支持政府提供保障性住房，这与论文的研究假设是一致的，能够接受房价的话，就可以到市场上购买住房，因而无须政府提供保障性住房；如果认为房价上涨是由于土地政策的不合理所导致的，就有可能支持政府加大提供保障性住房的力度；如果认为房价上涨是由于政府监管不力导致的，就有可能支持政府加大提供保障性住房的力度。这也是与论文的研究假设相一致的。模型四中，又放入了相关的客观住房状况变量，相关变量对因变量的影响并不显著，但是在模型三中能够对因变量有影响的相关变量依然能够对因变量产生影响。此外，本书提出的其他研究假设并没有得到有效验证。

五、研究发现与政策建议

本研究主要是基于一项全国问卷调查数据，采用二元逻辑蒂斯分析方法从主观和客观两个维度的相关内容分析了当前我国城镇居民住房政策偏好的影响因素问题。结果发现，政府对于房价的行政干预以及政府向社会提供保障性住房均得到了绝大多数城镇居民的支持，此外，主观层面和客观层面的相关因素都能够对因变量产生显著的影响。具体来看，在城镇居民对政府干预房价偏好的影响因素上，个人年收入水平越高就越倾向于支持政府对于房价的行政干预；对当前房价的接受程度越高就越不会支持政府对于房价的干预；如果人们认可房价偏高是由于政府监管不力导致的，就越倾向于支持政府对于房价的干预；如果人们认可房价偏高是由于炒房造成的，就越倾向于支持政府对于房价的干预。此外，在城镇居民对政府提供保障性住房偏好的影响因素上，房价接受程度越高就越不支持政府提供保障性住房；如果人们认为土地政策不合理导致房价上涨就更支持政府提供保障性住房；如果人们认为房价偏高是政府监管不力导致的，就越倾向于支持政府对于房价的干预。本书的部分研究假设得到了有效验证，但是也留下了一些需要进一步探讨的问题。例如，为什么个人年收入水平越高就越倾向于支持政府对于房价的行政干预？这些问题有待我们在今后的研究中进一步探讨。

相关研究结论的政策含义在于，政府应当采取积极措施来抑制住房价格的上涨，严格规范住房市场的秩序，切实按照"房子是用来住的，不是用来炒的"的定位，严厉打击炒房现象。与此同时，还要通过财政体制的改革来积极破解"土地财政"问题。要进一步加大基础设施建设，并且以此为基础，通过有效改善城镇居民的居住环境来逐渐提高人们的住房满意度。最后，面对多元化的住房分层状况，还要逐步建立起适应不同家庭需求的住房供应体系①，也就是通过"供给侧改革"的方式来满足不同社会阶层的住房需求。

---

① 建设部课题组. 多层次住房保障体系研究 [M]. 北京：中国建筑工业出版社，2007.

第七章

研究发现与政策建议

第一节 主要研究发现

公平正义是一项重要的社会价值，它回答的是社会资源应当如何分配才合理的问题，对于维护社会的和谐与稳定具有重要意义。就中国来看，公平正义是社会主义的本质要求。近年来，随着收入分配差距、公共服务水平差距一些等社会不平等问题的日益显现，国家陆续出台了一系列的方针政策来促进社会的公平正义，以切实提高广大人民群众的获得感。促进社会公平正义不仅需要正义理论的引领，而且还需要系统了解社会公平正义的现状。从这个意义上来看，以相关社会正义理论为基础，对我国社会公平正义的现状进行系统测评具有重要的理论和现实意义，不仅有助于在理论与实践的互动中推动理论的进步，还可以提供有针对性的政策建议来促进社会公平正义。基于以上认识，本书采用理论研究与实证研究相结合的方法，对当前我国的社会公平正义状况进行了系统分析，并且以相关测评结论为基础提出有助于进一步促进社会公平正义的对策建议。综合来看，本研究认为社会公平正义现状的测评需要从主观和客观两个维度的不同内容入手，不仅要对其中的某一项内容进行分析，还应当将相关内容整合起来进行综合分析。具体来看，本书主要是从正义观念和正义感受等几个方面对我国社会正义认知状况进行系统测评的基础上，提出有助于进一步促进社会公平正义的政策建议。在正义理论的演进历程上，本研究将正义理论分为社群正义和社会正义两种类型，它们分别包含不同的内容，对应不同的社会形态。民众社会正义认知状况的研究就是要立足社会转型的背景，分析公平正义认知状况的总体特征和影响因素、公平感受和公平观念的现状与影响因素等问题。

一、社会正义认知总体状况

我们根据所确定的社会公平正义现状测评分析框架，围绕公平正义重不重要、公平正义认知总体上呈现出怎样的特征、公平感受状况及其影响因素、公平观念状况及其影响因素等问题进行了系统分析。现就相关的研究结论进行系统总结，从而较为全面地呈现当前我国民众社会公平正义认知状况的全貌。社会转型是当前中国最为突出和鲜明的特征，发达国家和地区的经验告诉我们，现代化包括多个层面的内容，体现在政治、经济等多个方面。作为社会价值观念的一部分，民众的社会公平正义状况也深深地"镶嵌"到了社会转型的进程中。因此，在社会公平正义主观认知状况的研究上，我们着力突出了社会转型的视角，立足社会转型的时代背景对当前中国的社会公平正义认知状况进行了分析。

首先，回答了民众对正义价值的重视程度问题。也就是对于民众来说，公平正义重不重要？这是民众社会公平正义认知状况研究过程中的一项基础性的工作，这是因为，如果社会普遍认为公平正义根本不重要，那么，对这一问题进行研究就没有任何意义了。基于这种认识，在借鉴已有相关研究的基础上，课题组根据研究的需要设计了一个由15个选项（养老和医疗保障、经济发展、社会安全、政治稳定、官员廉洁、国力强大、环境优美、收入分配公平、权利平等、机会均等、民族团结、诚信友爱、公民参与、新闻自由和其他）组成的选择题。在调查过程中，由调查对象根据自身实际情况从中选择自己认为最为重要的三项社会价值。调查结果表明，养老和医疗保障、经济发展和社会安全是调查对象选择最多的三项，而公民参与、机会均等和新闻自由则是调查对象选择最少的三项。其中，选择最多的三项分别与公平、效率和安全价值有关，并且其相互之间的差距并不是很大，这表明，当前中国民众的价值偏好集中在公平、效率和安全上，对这些价值重要性的认识要远远超过了对于自由、参与等价值重要性的认识。这一结论表明，我国民众普遍认为公平正义是一项重要的社会价值。

其次，从历时态角度概括了正义观念演进的历史规律。在实质意义上，公平正义所回答的是社会资源应当如何分配才合理的问题。但是，从历时态的视角来看，正义的理论又可以分为古典正义和现代社会正义（分配正义）两种类型，它们在社会成员基于何种因素获得一定的社会资源这一问题的回答上存在明显差异。其中，古典正义认为人们得到一定数量的社会资源基础是个人的一种美德；而社会正义则将其归结为每一个人的权利，而且政府在其中负有重要的责任。对于社会正义的问题，我们可以从结果和过程两个维度进行分析，具体来看，结果是与社会资源分配的实质性标准联系在一起的，也就是作为公平的正义；而过程则是与人们如何就某种实质性的标准达成一致的问题联系在一起的，也就是作为公正的正义。由此来看，我们可以考察民众的社会公平正义认知重心是集中在公平上还是集中在公正上。因此，我们将两个维度整合起来对这一问题进行了分析。在传统社会，民众的社会公平正义认知是公平导向的，也就是认为结果的重要性要明显高于过程的合理性。但是，在社会转型的过程中，民众的社会公平正义认知重心会逐渐从公平向公正转变，其中的动力在于社会转型所引起的民众生活经历的变化。我们的研究表明，当前中国民众的社会公平正义认知总体上依然呈现出较强的"公平优先于公正"的特征，无论是公平感受还是公平观念都是公平导向的，也就是在对社会资源分配的合理性进行评价时认为结果的重要性要高于过程的重要性。从具体的影响因素来看，受教育程度会对正义观念重心及其变化产生影响，受教育程度越高越重视公正问题，对程序合理性的相关问题更加敏感；与农民相比，国有部门和民营部门工作人员的公平观念呈现出更强的公正导向特征；与西部地区居民相比，中部地区居民更重视与公平相关的问题；与农村户籍人口相比，城镇户籍人口更为看重公平问题，其公平观念呈现出更强的公平导向特征。

最后，从总体上对当前民众的公平感受及影响因素问题进行了分析。课题组在借鉴已有相关研究的基础上，设计了由13个问题组成的一组当前中国民众社会公平感受的调查题目，其中包括1个社会公平总体感受的问题和12个具体的社会政策公平感受问题。这也是当前中国社会普遍关注的热点问题，具体包括：收入差距，就业机会，高考制度，选拔干部，公共医疗，义务教育，公民实际享有的政治权利，司法与执法，不同地区之间的发展差距，不同地区之间的待遇差距，城乡居民之间的权利、待遇的差距，养老等社会保障待遇。在社会公平感受现状调查实施的过程中，由调查对象根据自身的切实感受从1分到10分由低到高对上述13个问题的公平程度进行评价，1分为很不公平，10分为很公平。从以上调查结果中可以看出，当前中国民众对社会公平总体状况评价的平均得分为5.99分。这一分数说明，目前民众认为从总体上来看中国社会是基本公平的。从以上不同公平感受得分均值的比较中可以看出，社会公平总体状况均值（5.99）在13个问题中位于第六位。其中，平均值高于社会公平总体状况均值（5.99）的一共有5个：义务教育（7.49），高考制度（7.03），公共医疗（6.47），养老等社会保障待遇（6.33），公民实际享有的政治权利（6.17）。这说明当前民众对这些问题的公平感受是好于社会公平总体感受的。平均值低于社会公平总体状况（5.99）平均值的有7个：司法与执法（5.59），就业机会（5.35），选拔干部（5.11），城乡居民之间的权利、待遇的差距（4.89），不同地区之间的发展差距（4.79），不同地区之间的待遇差距（4.79），收入差距（4.39）。这意味着，当前民众对这些问题的评价是低于社会公平总体感受的。在调查对象中选择很不公平的有175人，占全部调查对象的7.3%；选择不大公平的有676人，占全部调查对象的28.2%；选择比较公平（6~8分）的有1 159人，占全部调查对象的48.3%；选择很公平（9~10分）的有256人，占全部调查对象的10.7%；选择不清楚的有134人，占全部调查对象的5.6%。将选择比较公平和很公平的调查对象相加，一共有1 415人的评价在6分以上，占全部调查对象的59%。也就是说，有超过一半的调查对象认为当前中国社会总体上来看是比较公平的。与其他12个具体问题相比，调查对象对社会公平的总体状况的公平感受要低于义务教育、公共医疗、高考制度、养老等社会保障待遇。为了更好地理解当前我国社会公平总体状况的感受，我们将调查对象的评价进行了重新组合，其中，1~2分为很不公平，3~5分为不大公平，6~8分为比较公平，9~10分为很公平。由于近年来政府在义务教育、医疗卫生等方面的较大投入，人们普遍能够从中受益，也就是能够从中得到充分的获得感。此外，我们还对这13个问题进行了因子分析，因子旋转结果表明，按照载荷可以将13个变量分为三类。第一类，不同行业之间的待遇差距，不同地区之间的发展差距，城乡居民之间的权利、待遇的差距。第二类，义务教育、高考制度、选拔干部、公民实际享有的政治权利、司法与执法、就业机会、社会公平的总体状况。第三类，养老等社会保障待遇、公共医疗、收入差距。相比较而言，第一类所反映的问题较为集中。

二、具体政策的公平感受状况

我们从医疗卫生、教育、政治参与、就业、户籍等几个政策领域，对民众具体的社会公平感受及其影响因素问题进行了分析。第一，我们从总体状况、医疗保障制度、医疗服务三个方面对中国民众的医疗卫生政策公平感受状况及其影响因素问题进行了分析。研究发现，民众总体公平感受状况有了很大程度的提高，同时也普遍认为医疗保障制度的城乡差别、部门差别等问题是不公平的。教育程度、年龄等因素都能对总体的公平感受产生显著影响。第二，在教育的公平感受上，我们的一项有关民众教育政策公平感受状况的描述性研究发现，民众的宏观教育政策公平感受较高，大多数民众认为义务教育和高考制度是合理的。而对于微观教育政策的公平感受呈现出不同的趋势，在义务教育的具体政策方面，表现为民众认为择校费、义务教育阶段教育资源分配不均是不合理的；在高考制度的具体政策方面，民众较认可在高考中给少数民族子女加分，但却认为大城市限制异地高考是不合理的。虽然性别、年龄等人口学变量和受教育程度、收入水平、所在区域等社会结构变量都能对民众的教育政策公平认知产生影响，但是不同层次和内容的教育政策公平认知的具体影响因素是存在一定程度差异的。第三，在就业政策的公平感受上，民众的宏观就业政策公平感受较低，但是微观就业政策公平感受较高；虽然性别、年龄等人口学变量和受教育程度、收入水平等社会结构变量都能对民众的就业政策公平感产生影响，但是不同层次和内容的就业政策公平感的具体影响因素是存在一定程度差异的。第四，在户籍制度相关功能的主观认知上，中华人民共和国成立以来所实行的城乡二元分立的户籍制度虽然有助于社会的治安管理，但在一定程度上也限制了人口在城乡之间的自由流动，导致了社会保障等公共服务制度的城乡差别。那么，民众对相关问题具有怎样的评价和看法呢？系统了解这些问题对于深入推进户籍制度的改革具有重要意义。基于全国问卷调查数据、民众对户籍制度功能的评价及影响因素等的研究发现，民众大多认可户籍制度对社会治安管理的作用，但不认可户籍制度所带来的公共服务城乡差别等问题；民众对户籍制度相关功能评价的影响因素也存在一定程度的差异；城镇户籍和农村户籍、城镇居民和农村居民对户籍制度功能评价的影响因素也存在一些差异。第五，在政治参与机会的认知上，我们对民众政治参与机会认知状况的研究表明，当前中国民众的政治参与认知呈现出明显的"机会不等于意愿"的特征。调查对象选择同意的比例从低到高依次是：参与意愿，21.6%；能够参与国家事务的管理，25.3%；能够参与地方政府的决策，38.4%；能够参与所在工作单位的管理，55.6%；能够参与所在社区事务的管理，68.4%。其中，参与意愿的比例是最低的。因此，这一比较结果反映出中国民众对政治参与机会的认知是高于政治参与的意愿的。在现代化的过程中，社会转型所引起的社会结构的变化会推动民众的政治参与机会认知和意愿不断增强。立足社会转型的背景，分析中国的社会结构转型对民众政治参与认知状况的影响，结果表明社会转型的确能够推动民众政治参与认知的现代变迁，但是政治参与认知状况具体内容的影响因素又存在一定的差异。在政治参与机会认知的影响因素上，区域现代化等宏观影响因素与因变量是负相关关系，个人收入和受教育程度等微观因素则与因变量是正相关关系。

三、社会正义观念状况

首先，对当前中国民众正义观念总体特征的研究。民众正义观念是普通民众对于社会资源分配状况是否合理进行评价时所遵循的价值标准，体现在主体、客体、比较对象、原则及其适用方面等几个不同的维度。基于社会成员结合形式的差异，我们将正义观念分为社群正义观念和社会正义观念，两者分别对应于传统社会和现代社会。在社会转型的过程中，随着社会结构的变化，社群正义观念也会逐渐向社会正义观念变迁。我们在系统"还原"传统社群正义观念的基础上，对转型时期民众正义观念的总体特征进行了分析，结果表明，民众正义观念在主体、客体、原则、比较对象选择等不同内容上总体呈现出一种不均衡现代化的特征，一些维度的内容已经具有较高的现代化水平，但是也有一些维度的内容的现代化程度还比较低。从变化的方面来看，政府在分配偏好、机会平等原则等方面已经具有较高的现代化程度，而社会纠纷解决主体偏好等内容的现代化程度还不是很高。其中需要注意的是，家庭领域的需要原则依然得到了广泛的支持，这说明虽然社会的不断分化使得家庭的职能逐渐单一化，但是家庭的作用依然无法替代。

其次，当前我国的民众正义观念存在一定程度的"失衡"现象。第一，社会基本结构与民众正义观念之间存在"失衡"。从转型的视角来看，社会正义不仅要求社会结构的现代化，还要求民众正义观念的现代化，但两者的步伐并不总是一致的。中华人民共和国成立以来，尤其是改革开放以来，中国的社会结构发生了质的变化。从社会转型的实践来看，两者之间的不同步现象在当前民众正义观念领域也存在，这就导致了社会基本结构与民众正义观念之间的"失衡"现象。同时，不同社会群体的生活经历是存在差异的，这又会导致不同社会群体正义观念之间的"失衡"。在社会现代化的过程中，随着社会不同领域功能的分化以及经济社会制度的逐渐完善，必然要求全社会形成与现代社会相适应的正义观念。但从现实情况来看，民众正义观念中的一些内容明显是与现代社会结构的要求相违背的。对民众正义观念的调查结果较好地呈现出了其中存在的"失衡"现象。例如，在正义主体的偏好上，大多数民众在遇到社会纠纷时首先会选择找个人或者亲戚朋友解决，而不是选择通过正式权威来解决。在经济领域的公平原则偏好上，虽然有相当多的民众支持机会平等的分配原则，但是同样也有相当多的民众支持结果平等的原则，这显然是与市场经济的要求相违背的。在正义客体认知上，依然有相当数量的民众基于利益得失的考量来选择是否进行维权行为。第二，不同社会群体的正义观念之间也存在"失衡"的现象。由于生活经历的差异，不同社会群体的正义观念存在着明显的"裂痕"，在相关问题上缺乏"重叠共识"，这在很大程度上影响了社会正义共识的形成。我们的问卷调查结果表明，城乡之间，不同年龄、职业、收入水平、受教育程度的社会群体在正义主体、客体、原则、对象等维度的认知上均存在着一定程度的差异，缺乏充分的共识。

最后，我们对转型时期影响民众正义观念转型的主要因素进行了分析。在现代社会，通过再分配的方式来缩小收入差距、促进社会公平正义是政府的一项重要职能，而民众的政府再分配偏好则会对收入分配等相关政策的设计产生重要影响。从理论上看，公平正义认知状况、社会经济地位等因素都可能对民众的政府再分配偏好产生影响。立足社会转型的背景，从户籍类型、社会经济地位、公平认知状况等几个方面对转型期民众政府再分配偏好影响因素问题的研究表明，与农村户籍人口相比，城镇户籍人口具有更强的政府再分配偏好；在公平正义认知状况上，同条件与自己相似的对象进行比较的民众更倾向于政府通过再分配的方式来缩小收入差距；在受教育程度上，受教育程度越高就越有可能不支持通过政府再分配来缩小收入差距。在民众社会正义客体认知的影响因素上，公民权利是现代社会正义性的最基本要求，因此，民众的权利观念也就成为衡量社会正义程度的重要标志。在传统中国社会，民众更多的是通过"气""委屈""冤枉"等本土话语体系来表达利益诉求，相应的利益维护行为也是基于利益得失的考量来作出的。随着中国社会从传统向现代的转型，民众的社会正义客体认知也应当逐渐从利益得失的考量向稳定的权利观念转变。对民众社会正义客体认知状况影响因素的研究表明，受教育程度越高，就越有可能具有稳定的权利观念；从职业上看，与农民相比，民营部门的工作人员越有可能具有稳定的权利观念。在民众社会正义原则偏好的影响因素上，在社会现代化的进程中，市场经济的发展必然会要求民众的社会正义原则偏好逐渐从结果平等向机会平等转变，而推动这种转变发生的动力则是社会结构转型所导致的生活经历变化。立足社会转型的背景，基于问卷调查数据从机会平等和结果平等两个维度对转型期民众社会正义原则偏好影响因素的研究表明，个人收入水平越高就越支持机会平等的原则；受教育程度越高就越倾向于反对结果平等和平均分配的原则；城镇居民比农村居民更加支持机会平等原则，但是城镇户籍人口比农村户籍人口更认可结果平等和平均分配原则；区域市场化水平越高越倾向于平均分配原则；中部地区和东部地区民众比西部地区民众更加支持机会平等的原则。在民众社会正义比较对象选择的影响因素上，民众在对社会公平状况进行评价时会选择特定的对象进行比较，而且相应的比较对象可以分为反身和横向两个不同的维度。综合来看，社会公平比较对象的选择会受到主观和客观等多种不同因素的影响。基于问卷调查数据，对民众社会公平比较对象选择影响因素的研究表明，在反身公平的维度上，个人收入水平越高就越倾向于同自己过去的收入水平进行比较，受教育程度越高就越不倾向于同过去的收入水平进行比较，与西部地区民众相比，中部地区民众更愿意同自己过去的收入水平进行比较；在横向公平的维度上，个人收入水平越高就越倾向于同自己条件相似的对象进行比较，受教育程度越高就越倾向于同自己条件相似的对象进行比较，城镇户籍人口比农村户籍人口更倾向于同自己条件相似的对象比较，国有部门工作人员更倾向于同自己条件相似的对象进行比较。

四、社会正义认知状况的整合性分析

基于社会正义状况测评的分析框架，以社会总体公平感和城镇居民住房政策偏好为例，我们还对社会正义认知状况进行了整合性分析。

首先，关于在社会总体公平感的影响因素。社会公平感是人们对社会不平等状况的主观感受，受到客观社会结构和主观公平观念的综合影响。立足社会转型的背景，基于一项全国问卷调查数据，在区分公平感受和公平观念的基础上，本研究采用二元逻辑蒂斯回归分析方法分析了社会结构、公平观念和生活经历等因素对社会总体公平感的影响。结果表明，在社会结构维度，受教育程度与总体公平感之间是显著负相关关系；与农民相比，国有部门工作人员的公平感更强一些；东部和中部地区民众的公平感要明显低于西部地区民众。在公平观念维度上，结果平等原则与总体公平感之间是负相关关系；机会平等原则与总体公平感之间是正相关关系；如果人们在对收入分配合理性进行判断时将注意力集中在自身需要是否得到满足上，那么其公平感就会较高。在不公平经历维度上，生活中的不公平经历与社会总体公平感之间呈现显著负相关关系，遇到的不公平经历越多，人们的总体社会公平感就越低。受教育程度对总体公平感的影响作用是复杂的，通过对其与生活中的不公平经历的交互分析发现，教育具有"启蒙"的作用，受教育程度越高，越有可能认识到相关制度设计中的一些不合理之处，因而其总体公平感就越低。

其次，关于城镇居民住房政策偏好的影响因素。在现代社会，住房权是社会成员的一项基本权利，而通过有效的政策设计来满足社会的住房需求则是政府的重要职责。民众的政策偏好对于住房政策的设计与调整具有重要意义，它会受到客观和主观两个维度不同内容因素的影响。基于全国问卷调查数据，课题组从社会经济地位、实际住房状况、房价接受能力、住房满意度、房价上涨归因等几个方面对城镇居民住房政策偏好影响因素问题进行的研究发现，个人年收入水平越高就越倾向于支持政府对于房价的干预，对当前房价的接受程度越高就越不会支持政府对于房价的干预，如果人们认可房价偏高是由于政府监管不力导致的，就倾向于支持政府对于房价的干预，如果人们认可房价偏高是由于炒房造成的，就越倾向于支持政府对于房价的干预；房价接受程度越高就越不支持政府提供保障性住房，如果人们认为土地政策不合理导致房价上涨就更支持政府提供保障性住房，如果人们认为政府监管不力导致房价过高，就越倾向于支持政府对于房价的干预。本书的研究结论对于住房政策的进一步优化和调整具有积极意义。

第二节　主要政策建议

基于前一部分的研究发现，我们提出如下几个方面促进社会公平正义的相关政策建议。

第一，在继续保持经济平稳较快增长的同时，努力实现更为全面的发展。收入水平的提高不仅有助于民众机会平等原则和应得原则的形成，也有助于推动民众正义原则重心的变迁，而这些原则恰恰是与现代社会正义的要求一致的。因此，需要采取切实可行的措施来促进经济的增长。改革开放以来，随着中国经济的快速增长，人们的收入水平有了很大提高，但是区域、群体之间的收入差距问题也日益明显。在一定程度上，经济收入水平的差距也影响了民众正义观念的差异，导致了不同地区民众以及不同社会群体正义观念的现代化转型出现了不一致的现象。为了有效应对这些问题，必须积极贯彻落实协调、共享的发展理念，在转变经济增长方式、促进经济增长的同时，不断提高全社会的收入水平。

与此同时，2016年，中国的人均GDP达到了8 866美元，排名世界第69位，其中，天津、北京、上海、江苏、浙江、福建、内蒙古、广东和山东等省、自治区、直辖市的人均GDP超过10 000美元。这意味着中国已经进入了公共政策调整的关键时期，急需顺应社会发展形势开启"政策之窗"，从以经济增长为中心转向以社会发展为中心。近年来，虽然"保增长""稳增长"依然占据中央政府的决策重心，但社会、公众舆论对挂钩于增长问题的具体指标——"收入"与"就业"的关注却更多转向对存量分配方案合理性的讨论，即如何看待、解决收入差距和就业机会不平等的问题。这与中国政府原有经济增长命题中，努力实现更高收入、更多就业的增量思维出现了分歧。人们开始担心自己究竟能否从越做越大的"蛋糕"中分到应得的一份。对于前述担心，很多学者认为它是现实作用于社会心态的必然结果，中国的社会不公问题已经积累下大量矛盾，严重威胁社会稳定；但也有声音特别是一些来自决策者的意见认为，社会不公尽管存在，却容易被迅速普及、壮大的网络及新媒体宣传所放大，只要保证经济增长的速度、不断做大"蛋糕"，群众盘子里的所得就会增加，社会不公就不会在短期内威胁社会稳定。我们认为，中国改革开放40多年的历程已经形成了不同的利益团体，在改革开放前期所形成的既得利益团体会刻意维护现有利益格局，深化改革已经不是简单的针对改革开放之前的旧有体制，而是注定会触动在改革过程中形成的新的利益格局，在"权力-权利"的维度上重新确定改革目标和竞争起点。同时，服务型政府的本质要求就是政府要具有回应性，能够不断追随并满足人民群众不断增长的物质和文化需求。如今，人民群众所追求的幸福生活已经不仅是指经济收入的提高，还包括清洁的环境、健康的饮食、参与的机会、和谐的社会关系、完善的公共服务设施等一系列内容。为此，单纯依靠经济持续增长、不断做大"蛋糕"已经不足以满足社会公众对幸福生活的追求。如果说40多年改革开放的主要成就是建立起了社会主义市场经济的基本框架，那么未来的改革目标就应该是在现有基础上建设公平正义的社会，始终将公平正义作为政策设计的出发点和落脚点。

第二，公共政策的核心目标不是致力于消除经济收入和财富分配的不平等，而是要致力于实现权利（机会）的平等。所谓"公平正义"的社会，在一万个人眼中会有一万种图景。事实上，正义社会的建设，恰如真正民主开放的公共讨论，并不需要以特定的正义共识为先决条件或共同目标，而是必然将身份、利益、文化、社会地位或者权力方面的差异看作公共讨论与决策制定过程中必须加以考虑和认真对待的事情。虽然每个人都会有自己眼中的理想的社会正义，但是，所有旨在追求公平正义的社会都应该致力于为每个社会成员的自我发展和自决创造基础性的制度条件，都无一例外应该以"让社会充满机会，让生活充满希望"为基本目标。这样看来，一个正义社会的核心要求就在于对公民权利的平等保障。一个公民权利得到保障的社会，不会自动成为公民收入平等或差距不大的社会，但保障公民平等的政治、经济与社会权利，却无疑是促进作为公平的正义的良好起点。为此，必须处理好"维稳"与"维权"的关系，防止以"维稳"为借口打压公民维权行为；积极畅通民意的表达渠道，不断强化法律在化解矛盾中的权威地位，切实提高普通民众对自己利益进行保护的权力和能力。

第三，进一步规范社会的收入分配秩序，加大收入差距的调节力度。随着市场经济的不断深入，逐渐建立起了以按劳分配为主体的分配制度。相应地，这要求全社会尽快形成应得的分配原则。然而，事实可能并非如此，本书的实证研究结论表明，区域市场化程度的提升并没有对机会平等原则的形成起到很大作用。其中的原因可能是收入分配秩序还不是十分规范。改革开放之后，人们的收入水平的确有了大幅度的提高，但是收入差距的问题也显现了出来。由于收入分配秩序不规范，导致出现了一些灰色收入问题。必须完善相关制度来进一步规范收入分配秩序，使得民众逐步树立起与市场经济相适应的分配原则。

第四，继续坚持不懈地推行基本公共服务均等化策略。在现代社会，享有医疗卫生、基础教育、公共就业等基本公共服务是每个社会成员的权利。中华人民共和国成立以来，国家的公共服务制度设计呈现出明显的城乡二元分立的特征。改革开放以来，随着市场化改革的深入，国家开始对公共服务制度进行重新设计，以有效满足新形势下的公共服务需求。这种努力在医疗卫生服务供给、医疗保障制度设计、基础教育制度等领域已经得到了很好的体现。公共服务制度的差异也会影响民众的正义观念。因此，有必要打破城乡和部门之间在公共服务上的差别，努力实现基本公共服务均等化。

第五，健全公共政策体系，既要形成政治和社会、文化政策的综合体系，也要形成调节性政策、流动性政策和融合性政策相结合的政策体系，以"组合拳"的方式促进社会公平正义水平的不断提高。在我们看来，随着社会主义市场经济的不断发展和社会的进步，社会分化不可避免。但"社会分化"并不等于"非正义"或"不正义"，问题的关键在于社会是如何分化的？以及社会分化后是否形成了固化？此前党和政府已经意识到实行旨在防止差距过大的调节性政策的重要意义，但对旨在防止社会固化的流动性政策重视不够。市场经济与自然经济相比具有截然不同的流动性特征，经济社会发展中所需的各种资源得到了更加优化的配置和持续的流动，这其中既包括要素流动、商品流动和资本流动，也包括人口流动。人口流动也就是人力资源的流动是市场经济发展的核心力量，具有支撑市场经济发展的导向性、基础性作用，是市场经济发展的引擎。为此，在市场经济模式下，要从纵横两个方面促进和保障人口和社会阶层的流动。从横向方面看，必须加强人口在行业、地区间的流动机制的建设，利用人才市场的日趋完善，将户籍制度、就业制度、教育制度、社保制度与市场经济结合起来，使人口流动与产业发展、结构调整、产业布局等步伐相统一，实现人口流动与经济发展的相互促进。从纵向上看，则要促进社会阶层的良性流动。社会阶层流动是指个人或群体在整个社会群体中所处的经济、社会地位，以及社会属性（包括收入水平、生活质量、社会地位、职业特征）等的变化。其通常是指社会成员从社会经济地位不同的一种社会集团移向另一种社会集团或从社会集团内部一个层次移向另一个层次。当前中国面临的突出问题是生活在社会底层的群体相对被剥夺感较强，难以依靠自身努力改变处境。依靠公共政策促进社会阶层良性流动，需要从积极和消极两方面考虑：积极方面，着眼于增强社会成员的流动能力，提高其纵向上升的流动性。教育则是增强社会成员个人流动的最重要因素。政府需要在义务教育服务均等化方面加大工作力度，在一视同仁的基础上对处于竞争弱势的群体给予适当倾斜。消极方面，阻断社会阶层流动的路径依赖，防止社会阶层流动中的陷阱。核心是依靠地方政府加强对当地贫困、弱势群体的综合性社会救助工作，重点解决贫困人群向上流动面临的三大陷阱：一是长期失业带来的生活无着落；二是长期疾病带来的极端贫困；三是子女教育的沉重负担。另外，今后还需要探索实行防止社会割裂的包容性社会政策。从社会成员的心理与文化需求入手，运用非正式制度手段，不断增强不同社会阶层和职业群体间的认同与尊重。

第六，增强公共政策制定过程的开放性与包容性，"以民主促进正义"。从应然的角度来说，在公共政策制定过程中，程序正义要求决策者只是关心收集信息或作出决策的程序与方法是否公正，而不是去关心信息或决策本身。这有助于提高发现制定英明和正确决策所需可靠信息的概率；有助于保证决策过程中信息使用的公平与公正；也有助于保护隐私权、人格尊严、自由、分配正义和效率等重要的人类价值与利益。为此，政府要通过增加决策透明度、专家咨询、民意调查、公开听证乃至公民会议等方式，切实提高公共政策制定的正义性和包容性，防止掌权者与少数强势利益群体勾结，损害其他利益群体合法权益的现象发生。从现实的决策过程来看，因为普遍存在财富、社会与经济权力、获得知识的渠道、社会地位与工作预期等方面的不平等，这势必会导致政治参与的不平等。为此，决策民主化的关键就是要保证所有受到决策问题和解决方案影响的人都在平等基础上被包括在讨论和决策制定过程之中。如果讨论体现了所有人的社会经历，并且每个人都能够自由言说与批判，那么讨论的参与者将能够形成一种关于他们想要解决的问题的来源的集体性解释，同时也会为决策提供更为丰富的信息来源和知识基础，从而提高决策的合理性与科学性。当前时期，一些社会弱势群体倾向于以群体上访、越级上访等非制度化方式表达其利益诉求，向政府施加压力，恰恰反映出现有民主参与渠道不足和不畅通的问题，今后必须彻底转变"刚性维稳"的思维和观念，把群众多种非制度化乃至极端的政治参与活动视为其表达反对与批评的方式，同时也是一种对掌权者进行监督和问责的方式，拓展制度化的参与渠道，将所有弱势和边缘化的群体作为平等和完全有资格的公民包容进政治体制和决策过程，并保证其拥有影响决策结果的机会。

第七，公共政策的执行过程，坚持以"公正"为基本要求，"以公正保证正义"。在这个意义上，建设"公正的政府"应该成为未来政府改革的基本目标。在现实政治生活中，政府机构拥有严重影响公民生命和财产权的公共权力，为防止这些行政权力被滥用，就需要坚持程序正义的原则，通过制定一系列规则和程序来规范和限制行政权力。现代法治是静态的规范与动态的运作的有机整合。从静态的规范来说，法治之法首先取决于正当的立法程序；从动态的运作来说，法律的生命在于运用，而法的运用首先是一个程序问题。程序可以说是法治建构的起点，是法治运作的命脉。"程序决定了法治与恣意的人治之间的基本区别。"①只有通过正当而健全的行政程序，才能将法治之理想转换为依法行政的现实，才可以限制和防止行政权力对社会公正的干扰。在政策执行过程中，程序正义要求政府扮演客观中立的"裁判者"角色，确保政策执行过程公正无私，自觉维护法律与制度的尊严。主要要求有三：一是确保决策执行过程中的公正立场，不偏袒或歧视任何相对人，做到无偏私和偏见；二是保证利益相关者的知情权，帮助他们观察和了解决策执行过程中的信息使用状况；三是允许利益相关者进行辩论以便发现和纠正错误。总之，公正的政府要努力实现其所运用的程序有利于保护重要的相关价值和利益，包括保护个人隐私与自由、符合基本的分配正义原则、具有稳定性②、有助于促进人人享有平等的人类尊严及符合合理而现实的要求。

第八，加强公民教育，促进现代公民成长。现代社会是一个更为多元的社会，社会价值观念也在变得日益多元化，民众正义观念领域同样如此。这就意味着，如果要实现社会正义共识就必须寻找正义观念的"最大公约数"，而公共理性则是达成共识的基础。只有这样，持有不同观念的个体和群体才能通过积极参与和有效协商就社会正义的问题达成共识。当前，相当数量的民众还会遵循结果至上的实质正义观念，这显然不利于社会正义共识的形成。因此，要通过多种形式的公民教育来不断增强民众的程序正义观念、培育民众的公共理性，进而不断推动民众正义原则的重心实现从结果导向到程序导向的转变。

促进社会正义不仅是政府的责任，也不仅与公共政策的制定与执行有关，它还与社会文化的演进、生活方式的变迁和思想观念的变化息息相关。所以，社会正义不仅是政府的责任，还是企业、社会组织与公民的共同责任。从社会正义的基本社会功能来看，恰恰在于协调各种社会利益矛盾和冲突，通过和平的与遵守规则的决策制定方式来解决那些由于人们的集体行动所导致的冲突和矛盾，从而使人们过上安定、和谐、有序的共同社会生活。从社会正义的实现要求来看，并非是要获得各种关于社会正义原则的一般化的概括，而是要在特定的社会背景下针对各种特殊问题找到公正的解决方案。要在解决各种问题的过程中促进社会正义，就离不开民主的讨论与决策过程。为了达成公正的解决方案，不仅要尊重社会群体间客观存在的差异，还要在讨论与决策过程中为各社会群体创造表达自身观点与利益的机会，承认那些与各种议题相关的特殊社会群体的立场和合理性，在沟通过程中，不同社会群体以多视角的方式展示其生活情境与自身经历，会使所有人，特别是在权力、资源和影响力处于优势地位的群体和个人，得以跨越其差异去倾听他人的意见，从而纠正其固有的偏见，更好地理解各种提议与政策是如何影响那些处于不同境况中的其他人的。只有社会中充满了民主、宽容与合作的风气，才能对各种具有差异的社会群体给予足够的关注，并且激励他们公开表达其情境化的知识，这种方式通常会比其他方式更可能使人们将冲突与分歧转化为一致意见。比如，只有为那

---

① 季卫东. 法律程序的意义 [J]. 中国社会科学，1993（1）.
② 李辉."运动式治理"缘何长期存在？——一个本源性分析 [J]. 行政论坛，2017（5）.

些残障人士创造出表达其在职业工作与日常生活中所遭遇的偏见与歧视的机会时，每个健全人士才能真正体会到如何克服原有的偏颇的观察视角，学会从不同的角度来看待社会环境和认识社会问题。

总之，开放包容、求同存异的政治文化既是民主制度运转的基本前提，也是促进社会正义的良好条件。

参考文献

一、中文资料

1.中文论文

［1］边燕杰、肖阳. 中英居民主观幸福感比较研究［J］. 社会学研究，2014（2）.

［2］陈柏峰."气"与村庄生活的互动——皖北李圩村调查［J］. 开放时代，2007（6）.

［3］陈皆明. 投资与赡养——关于城市居民代际交换的因果分析［J］. 中国社会科学，1998（6）.

［4］陈叶烽，等. 人们关注的是分配动机还是分配结果？——最后通牒实验视角下两种公平观的考察［J］. 经济研究，2011（6）.

［5］程金华，吴晓刚. 社会阶层与民事纠纷的解决——转型时期中国的社会分化与法治发展［J］. 社会学研究，2010（2）.

［6］崔应令. 中国近代"社会"观念的生成［J］. 社会，2015（2）.

［7］狄金华，郑丹丹. 伦理沦丧抑或是伦理转向：现代化视域下中国农村家庭资源的代际分配研究［J］. 社会，2016（1）.

［8］丁建峰. 看得见的正义——行为经济学的分配正义研究［J］. 北京大学学报：哲学社会科学版，2009（1）.

［9］丁建峰. 社会选择的实证之维——当代西方实证社会选择理论评述［J］. 经济评论，2010（1）.

［10］丁建峰. 无知之幕下的社会福利判断——实验经济学的研究［J］. 经济社会体制比较，2010（3）.

［11］董志强. 我们为何偏好公平：一个演化视角的解释［J］. 经济研究，2011（8）.

［12］杜建政等. 国民公正观的结构［J］. 心理科学进展，2010（7）.

［13］费孝通. 家庭结构变动中的老年赡养问题——再论中国家庭结构的变动［J］. 北京大学学报：哲学社会科学版，1983（3）.

［14］何立新，潘春阳. 破解中国的"Easterlin悖论"：收入差距、机会不均与居民幸福感［J］. 管理世界，2011（8）.

［15］何蓉. 中国历史上的"均"与社会正义观［J］. 社会学研究，2014（5）.

［16］怀默霆. 中国民众如何看待当前的社会不平等［J］. 社会学研究，2009（1）.

［17］黄叶青，余慧，韩树蓉. 政府应承担何种福利责任？——公民福利态度的影响因素分析［J］. 公共行政评论，2014（6）.

［18］李秉勤. 社会公正的理论与英国的实践分析［J］. 南开学报：哲学社会科学

版，2010（4）．

[19] 李春玲．各阶层的社会不公平感比较分析 [J]．湖南社会科学，2006（1）．

[20] 李汉林、李路路．单位成员的满意度和相对剥夺感 [J]．社会学研究，2000（2）．

[21] 李骏，吴晓刚．收入不平等与公平分配：对转型时期中国城镇居民公平观的一项实证分析 [J]．中国社会科学，2012（3）．

[22] 李连江．当代中国的权利意识与规则意识 [J]．中国社会公共安全研究报告，2014（1）．

[23] 李路路，唐丽娜，秦广强．"患不均、更患不公"——转型期的"公平感"与"冲突感" [J]．中国人民大学学报，2012（4）．

[24] 李培林，李炜．农民工在中国转型中的经济地位和社会态度 [J]．社会学研究，2007（3）．

[25] 李强．社会分层与社会空间领域的公平、公正 [J]．中国人民大学学报，2012（1）．

[26] 李颖晖．教育程度与分配公平感：结构地位与相对剥夺视角下的双重考察 [J]．社会，2015（1）．

[27] 刘少杰．改革变迁中社会公正感的趋同性与差异性 [J]．甘肃社会科学，2011（4）．

[28] 刘祥琪，等．程序公正先于货币补偿：农民征地满意度的决定 [J]．管理世界，2012（2）．

[29] 刘欣，胡安宁．中国公众的收入公平感：一种新制度主义社会学的解释 [J]．社会，2016（4）．

[30] 麻宝斌．社会公平正义测评的理论前提与基本逻辑 [J]．中共天津市委党校学报，2012（5）．

[31] 马磊，刘欣．中国城市居民的分配公平感研究 [J]．社会学研究，2010（5）．

[32] 孟天广．转型期中国公众的分配公平感：结果公平与机会公平 [J]．社会，2012（6）．

[33] 潘春阳，何立新．独善其身还是兼济天下？——中国居民再分配偏好的实证研究 [J]．经济评论，2011（5）．

[34] 沈毅．"仁""义""礼"的日常实践："关系""人情"与"面子"——从"差序格局"看儒家"大传统"在日常"小传统"中的现实定位 [J]．开放时代，2007（4）．

[35] 史耀疆，崔瑜．公民公平观及其对社会公平评价和生活满意度影响分析 [J]．管理世界，2006（10）．

[36] 苏力．公民权利论的迷思：历史中国的国人、村民和分配正义 [J]．环球法律评论，2017（5）．

[37] 孙明．市场转型与民众的分配公平观 [J]．社会学研究，2009（3）．

[38] 王甫勤．当代中国大城市居民的分配公平感：一项基于上海的实证研究 [J]．社会，2011（3）．

[39] 谢宇．认识中国的不平等 [J]．社会，2010（3）．

[40] 徐梦秋. 公平的类别与公正中的比例 [J]. 中国社会科学，2001（1）.

[41] 阎云翔. 差序格局与中国文化的等级观 [J]. 社会学研究，2006（4）.

[42] 翟学伟. 人情与制度：平衡还是制衡？——兼论个案研究的代表性 [J]. 开放时代，2014（4）.

[43] 张光，刘伟伟. 重程序还是重结果？——大学生公平感的实证研究 [J]. 青年研究，2008（11）.

[44] 张海东. 城市居民对社会不平等现象的态度研究 [J]. 社会学研究，2004（6）.

[45] 周春燕，郭永玉. 公正世界信念——重建公正的双刃剑 [J]. 心理科学进展，2013（1）.

[46] 周飞舟. 差序格局和伦理本位：从丧服制度看中国社会结构的基本原则 [J]. 社会，2015（1）.

[47] 周浩，龙立荣. 分配制度公平对员工分配公平感的影响：中国组织情境下的实证研究 [J]. 心理与行为研究，2014（5）.

[48] 周浩，龙立荣. 公平感社会比较的参照对象选择研究述评 [J]. 心理科学进展，2010（6）.

2. 中文著作

[1] 森. 以自由看待发展 [M]. 任赜，于真，译. 北京：中国人民大学出版社，2013.

[2] 森. 正义的理念 [M]. 王磊，等，译. 北京：中国人民大学出版社，2012.

[3] 安德森. 美国平权运动史 [M]. 启蒙编译所，译. 上海：上海社会科学院出版社，2017.

[4] 麦金太尔. 谁之正义？何种合理性？[M]. 万俊人，等译. 北京：当代中国出版社，1996.

[5] 麦金太尔. 德性之后 [M]. 龚群，等译. 北京：中国社会科学出版社，1995.

[6] 边燕杰，吴晓刚，李路路. 社会分层与流动：国外学者对中国研究的新进展 [M]. 北京：中国人民大学出版社，2008.

[7] 边燕杰. 制度转型与社会分层：基于2003年全国综合社会调查 [M]. 北京：中国人民大学出版社，2008.

[8] 巴利. 作为公道的正义 [M]. 曹海军，允春喜，译. 南京：江苏人民出版社，2008.

[9] 常向群. 关系抑或礼尚往来？：江村互惠、社会支持网和社会创造的研究 [M]. 毛明华，译. 沈阳：辽宁人民出版社，2009.

[10] 陈辉. 过日子：农民的生活伦理——关中黄炎村日常生活叙事 [M]. 北京：社会科学文献出版社，2015.

[11] 米勒. 社会正义原则 [M]. 应奇，译. 南京：江苏人民出版社，2001.

[12] 德沃金. 认真对待权利 [M]. 信春鹰，等译. 北京：三联书店，2008.

[13] 德沃金. 至上的美德：平等的理论与实践 [M]. 冯克利，译. 南京：江苏人民出版社，2008.

[14] 房宁. 中国政治参与报告（2017）[M]. 北京：社会科学文献出版社，2017.

［15］费孝通. 乡土中国［M］. 北京：人民出版社，2008.

［16］弗雷泽，霍耐特. 再分配，还是承认？：一个政治哲学对话［M］. 周穗明，译. 上海：上海人民出版社，2009.

［17］滕尼斯. 共同体与社会——纯粹社会学的基本概念［M］. 林荣远，译. 北京：北京大学出版社，2010.

［18］高景柱. 当代政治哲学视阈中的平等理论［M］. 天津：天津人民出版社，2015.

［19］国家卫生计生委家庭司. 中国家庭发展报告（2015）［M］. 北京：中国人口出版社，2015.

［20］贺美德. "自我"中国［M］. 许烨芳，等译. 上海：上海译文出版社，2011.

［21］哈贝马斯. 在事实与规范之间：关于法律和民主法治国的商谈理论［M］. 童世骏，译. 北京：三联书店，2003.

［22］霍耐特. 为承认而斗争［M］. 胡继华，译. 上海：上海人民出版社，2005.

［23］黄光国，等. 人情与面子：中国人的权力游戏［M］. 北京：中国人民大学出版社，2010.

［24］黄宗智. 清代的法律、社会与文化：民间的表达与实践［M］. 上海：上海书店出版社，2007.

［25］金观涛、刘青峰. 观念史研究：中国现代重要政治术语的形成［M］. 北京：法律出版社，2009.

［26］李春玲. 境遇、态度与社会转型：80后青年的社会学研究［M］. 北京：社会科学文献出版社，2013.

［27］李培林，等. 当代中国城市化及其影响［M］. 北京：社会科学文献出版社，2013.

［28］李实，等. 中国居民收入分配研究Ⅲ［M］. 北京：北京师范大学出版社，2008.

［29］梁治平. 转型期的社会公正：问题与前景［M］. 北京：三联书店，2010.

［30］刘伟. 普通人话语中的政治：转型中国的农民政治心理透视［M］. 北京：北京大学出版社，2015.

［31］陆学艺. 当代中国社会阶层研究报告［M］. 北京：社会科学文献出版社，2002.

［32］英格尔哈特 R. 静悄悄的革命：西方民众变动中的价值与政治方式［M］. 叶娟丽，等译. 北京：社会科学文献出版社，2016.

［33］英格尔哈特 R. 现代化与后现代化［M］. 严挺，译. 北京：社会科学文献出版社，2013.

［34］英格尔哈特 R. 发达工业社会的文化转型［M］. 张秀琴，译. 北京：社会科学文献出版社，2013.

［35］麻宝斌. 社会正义与政府治理：在理想与现实之间［M］. 北京：社会科学文献出版社，2012.

［36］闵学勤. 城市人的理性化与现代化——一项关于城市人行为与观念变迁的实证比较研究［M］. 南京：南京大学出版社，2004.

［37］沃尔泽 M. 正义诸领域：为多元主义与平等一辩［M］. 褚松燕，译. 北京：

译林出版社，2009.

[38] 罗奇 M. 重新思考公民身份：现代社会中的福利、意识形态和变迁 [M]. 郭忠华等，译. 长春：吉林出版集团有限责任公司，2010.

[39] 麦金太尔. 追寻美德：道德理论研究 [M]. 宋继杰，译. 北京：译林出版社，2011.

[40] 科恩 M. 社会变革与稳定：社会结构与人格的跨国分析 [M]. 范长风、潘华，译. 北京：社会科学文献出版社，2007.

[41] 朴炳铉. 社会福利与文化 [M]. 高春兰，金炳彻，译. 北京：商务印书馆，2012.

[42] 萨托利 J. 民主新论 [M]. 冯克利，阎克文，译. 上海：东方出版社，1998.

[43] 芮德菲尔德. 农民社会与文化：人类学对文明的一种诠释 [M]. 王莹，译. 北京：中国社会科学出版社，2013.

[44] 弗莱施哈克尔 S. 分配正义简史 [M]. 北京：吴万伟，译. 北京：译林出版社，2010.

[45] 桑德尔. 自由主义与正义的局限 [M]. 万俊人，等译. 北京：译林出版社，2011.

[46] 斯科特. 农民的道义经济学——东南亚的反叛与生存 [M]. 程立显，刘建，译. 北京：译林出版社，2013.

[47] 斯科特. 弱者的武器：农民反抗的日常形式 [M]. 郑广怀，等译. 北京：译林出版社，2011.

[48] 谭安奎. 公共理性与民主理想 [M]. 北京：三联书店，2016.

[49] 泰勒. 人们为什么遵守法律 [M]. 黄永，译. 北京：中国法制出版社，2015.

[50] 汪丁丁. 新政治经济学讲义：在中国思索正义、效率与公共选择 [M]. 上海：上海人民出版社，2013.

[51] 王绍光. 安邦之道：国家转型的目标与途径 [M]. 北京：三联书店，2007.

[52] 王跃生. 中国当代家庭结构变动分析——立足于社会变革时代的农村 [M]. 北京：中国社会科学出版社，2009.

[53] 吴飞. 浮生取义——对华北某县自杀现象的文化解读 [M]. 北京：中国人民大学出版社，2009.

[54] 吴忠民. 社会公正论（第二版）[M]. 济南：山东人民出版社，2012.

[55] 谢宇，等. 中国民生发展报告（2014）[M]. 北京：北京大学出版社，2014.

[56] 徐忠明. 包公故事：一个考察中国法律文化的视角 [M]. 北京：中国政法大学出版社，2002.

[57] 应星. "气"与抗争政治：当代中国乡村社会稳定问题研究 [M]. 北京：社会科学文献出版社，2011.

[58] 阎云翔. 中国社会的个体化 [M]. 陆洋，等译. 上海：上海译文出版社，2012.

[59] 阎云翔. 礼物的流动：一个中国村庄中的互惠原则与社会网络 [M]. 李放春、刘瑜，译. 上海：上海人民出版社，2000.

[60] 罗尔斯 J. 政治自由主义 [M]. 万俊人，译. 北京：译林出版社，2000.

[61] 罗尔斯 J. 正义论 [M]. 何怀宏，等译. 北京：中国社会科学出版社，2009.

[62] 英格尔斯. 国民性：心理——社会的视角 [M]. 王今一，译. 北京：社会科

学文献出版社，2012.

　　［63］英克尔斯，史密斯．从传统人到现代人——六个发展中国家中的个人变化［M］．顾昕，译．北京：中国人民大学出版社，1992.

　　［64］张静．转型中国：社会公正观研究［M］．北京：中国人民大学出版社，2008.

　　［65］张明澍．中国人想要什么样民主［M］．北京：社会科学文献出版社，2013.

　　［66］周雪光．国家与生活机遇：中国城市中的再分配与分层1949—1994［M］．郝大海，等，译．北京：中国人民大学出版社，2015.

　　［67］周浩．中国组织员工公平感研究［M］．成都：四川大学出版社，2011.

　　［68］周晓虹．中国体验：全球化、社会转型与中国人社会心态的嬗变［M］．北京：社会科学文献出版社，2017.

　　［69］周晓虹．传统与变迁：江浙农民的社会心理及其近代以来的嬗变［M］．北京：三联书店，1998.

　　［70］赵旭东．法律与文化：法律人类学研究与中国经验［M］．北京：北京大学出版社，2011.

二、英文资料

　　［1］ALESINA A，ANGELETOS G M. Fairness and Redistribution ［J］. The American Economic Review，2005，95（4）.

　　［2］JACKSON B. The Conceptual History of Social Justice ［J］. Political studies Review，2005，3.

　　［3］WEGENER B. Relative Deprivation and Social Mobility：Structural Constraints on Distributive Justice Judgments ［J］. European Sociological Review，1991，7（1）.

　　［4］JASSO G. How Much Injustice is There in the World？ Two New Justice Index ［J］. American Sociological Review，1999，64（1）.

　　［5］JASSO G. Which Is the Fairest One of All？ A Positive Analysis of Justice Theories ［J］. Journal of Economic Literature，2003，41（4）.

　　［6］KLUEGEL J R，MASON D S，WEGENER B. The Legitimation of Capitalism in the Postcommunist Transition： Public Opinion about Market Justice， 1991—1996 ［J］. European Sociological Review，1999，15（3）.

　　［7］James R. Kluegel， and Eliot R. Smith. Beliefs About Stratification ［J］. Annual Review of Sociology，1981，7.

　　［8］KELLY J，EVANS M D R. The Legitimation of Inequality：Occupational Earnings in Nine Nations ［J］. American Journal of Sociology，1993，99（1）.

　　［9］BENABOU R，TIROLE J. Blief in a Just World and Redistributive Politics ［J］. The Quarterly Journal of Economics，2006，121（2）.

索 引